三國時期疆域圖
（魏元帝景元三年，西元262年）
西域長史府
西域長史府
高昌
戊己校尉
天山
鮮
涼
敦煌郡
酒泉郡
天竺
月
氏
圖例
京師 都城
保定府 省級駐所
徐州府 府級駐所
昌平州 其他居民點
國界
省界
地區界
京師 今首都
鄭州 今直轄市、省、自治區政府駐地
丹東 今市政府駐地
今其他居民點

劉備傳

張作耀 著

導讀　還英雄本來面目

王安泰

榜文行到涿縣，引出涿縣中一個英雄。那人不甚好讀書；性寬和，寡言語，喜怒不形於色；素有大志，專好結交天下豪傑；生得身長七尺五寸，兩耳垂肩，雙手過膝，目能自顧其耳，面如冠玉，唇若塗脂；中山靖王劉勝之後、漢景帝閣下玄孫，姓劉名備字玄德。（《三國演義》第一回《宴豪傑桃園三結義　斬黃巾英雄首立功》）

劉備是《三國演義》開篇首回第一個出場的「英雄」，但凡細讀過三國故事的人，很難理解劉備五易其主、四失妻子的慘淡經歷，如何同武功蓋世的豪傑相提並論。不解之處還在於劉備並非中國歷史上，甚至也不是三國政權第一個登基的皇帝，但長年來加諸於其身的奇異體貌——「兩耳垂肩、雙手過膝」卻構成了民間對帝王尊容的想像。劉備何德何能評上英雄，成就帝王之業，歷史學要如何還其本來面目，張作耀先生以這部數百頁的《劉備傳》作出了回答。

西元二二〇年，漢獻帝宣布退位，皇位禪讓給丞相魏王曹丕，東漢王朝至此名實俱亡。曹丕建國號魏，定都洛陽，改元黃初，封獻帝為山陽公。曹魏代漢雖然並非不可預料，但是對政局人心影響至鉅。隔年盤據漢中巴蜀的劉備於成都稱帝，立國號漢，年號章武。

劉備以「漢」為國號，高舉匡復漢室之旗，批判曹丕無道篡弒，不得民心，因此「人鬼忿毒，咸思劉氏」，指斥曹魏將如過去短暫代漢的新莽，終將覆滅伏誅，漢室社稷復存，有自詡為中興君主的企圖。也可以說出身漢家宗室的劉備，遙遙呼應了四百年前漢高祖劉邦的白馬之盟「非劉氏而王者，天下共擊之」（《史記・呂太后本紀》），強調自身的劉氏血胤，才是具備號令天下的正統之資。不過後世文獻仍將劉備政權稱作蜀漢以示區別，更常以劉備的根據地蜀，代指其政權。直到今日提及三國名號，一般人腦海中首先浮現的是魏、蜀、吳三國，而非魏、漢、吳。

細究劉備家世，本書已指出劉備實為東漢王室的遠系支庶。雖然涿縣劉氏血統上溯西漢景帝子中山靖王劉勝，其族為劉勝子琢縣陸城亭侯劉貞，但這一系劉姓人於劉貞在世時便失去了封爵，從數百年來涿縣劉氏開枝散葉，地位如尋常百姓，在東漢一朝雖有出仕任官者，終究難稱大族。從劉備幼時父亡，從寡母賣履織蓆為生的記載，也可推測劉家非富室巨賈。劉備年少時不好讀書，喜好出遊打獵與音樂華服，幸賴富商賞識贊助，得以結交豪俠，招攬地方少年依附。成年後的劉備以平定黃巾之戰功入仕，形象有別於標榜儒學氣節的儒生士人，卻隱然與漢高祖出身市井的作派合契。因此當中原洛陽傳來曹丕受禪代漢的消息，群臣上書勸進劉備稱帝，即云「夫漢者，高祖本所起定天下之國號也，大王襲先帝軌跡，亦興於漢中也。」（《三國志・蜀書・先主傳》）

東漢末年群雄競逐天下，地域社會力量隨之興起，在這其中有對剝削的反抗，也有對政治敗壞的不滿，還有更多意在取得天下的武裝力量散布各州郡，在沙場中浮沉的劉備也是胸懷大志的一員。不過劉備即便攀附宗室，他本人從未得到朝廷重視，距離政治核心甚為遙遠。再相較於招兵買馬豢養大量部曲的強宗豪族，缺乏根據地的劉備只能帶兵投靠各路強權，資源最為薄弱。更為關鍵的是劉備數十年的戎馬生涯成績稱不上顯赫，敗績多於取勝，同時代人已指出劉備缺乏軍事才能，也沒有根據地可積蓄力量，難以擴大勢力。漢末三國是一個戰爭頻仍、併吞盛行的時代，戰爭不僅帶來傷亡災禍，還瓦解原有的社會秩序，日常生活充滿各種不確定，但從另一個面向來看，擺脫舊制度的束縛也代表了新的機運。謀士武夫離開鄉里故地，不遠千里投奔各地軍事集團不僅是亂世謀生之道，更是企圖搶得先機，冀望主上一統天下，臣子也將隨之晉身為開國功臣。因此在講究武裝實力的戰爭時代，缺才也缺財的劉備不僅發展受限，還不時陷入狼狽敗逃的窘境。

不過縱使武功不濟，三國時人評價劉備仍不乏以「英雄」稱之。曹操曾言「今天下英雄，唯使君與操耳！」周瑜亦稱劉備「有梟雄之姿」，曹操與周瑜兩人的讚許是否出自真心無從驗證，但卻明白顯示曹魏與孫吳陣營深知劉備志在天下，不可能屈從他人，是一個會對自身政權帶來相當危脅的人物。套用現代流行的詞彙，劉備是一個缺乏硬實力（Hard Power）的人，但他最終突破了時代格局的硬道理，在困境之中逐漸壯大聲勢，招納更多的謀臣武將加入陣營，終而建立蜀漢政權，同曹魏、孫吳各據天下一端，箇中原因則在於劉備個人的軟實力（Soft Power）堅強。

一如《三國志》作者陳壽稱許劉備「弘毅寬厚，知人待士」，劉備最為人稱道的並非才能超群，而是其待人接物所顯示的仁德之性，散發出的超凡魅力（Chrisma），吸引各路謀臣武將追隨。由於在入蜀前未有固定領地，劉備集團資源短缺，長時間寄人籬下，軍隊的給養依賴他人，受制於依附的勢力。劉備與其臣屬可稱得上是以義結合的君臣從屬關係，確實難能可貴。劉備另一個人格特點則是懂得忍耐又有恆心毅力，檢視三國時期紀錄，劉備未曾顯露過亂世豪傑指畫江山、豪氣干雲的模樣，史書更以「少言語」、「喜怒不行於色」描述劉備的言行舉止。但細想劉備一生功業從北境幽州開始，輾轉於江淮的徐州、荊州，又從漢中再到蜀地益州。率部隊屈附各地州牧豪強，周旋在曹操、袁紹和孫權幾大勢力間，劉備承受了數十年的失意、數千公里的流離，卻未失其志，折而不撓，持續積聚力量，可說韌性十足。

當然，劉備的人格特點有其優勢，卻不代表完美無暇的道德。在三國相爭時期，持續的戰爭狀態讓競爭勝負成為生死攸關的大事，不顧現實利害將無法生存，多次死裡逃生的劉備自然深明此義。劉備在投奔荊州劉表入駐新野之後，聚養生息、廣納賢士，其後在謀臣諸葛亮策畫下，將曹操南攻帶來的危機，轉化為聯結孫權勢力遏阻曹操，又順勢入主荊州的生機。其後劉備與孫權表面以政治聯姻鞏固關係，暗地裡是對荊州的爭奪。劉備得益州牧劉璋之請，入蜀相約攻打張魯，實際卻是與益州部眾相結，取代劉璋為益州統治者。而當劉備擊敗曹操軍隊，占有漢中，建立起一方之霸地位，劉備還是需要東漢王室的認可，才得以表彰身為劉姓宗室，堅守漢朝皇權正統的形象，以強化其統治權力。因此群臣上表漢獻帝，請封漢中王。但是在曹丕代漢稱帝後，坊間流傳獻帝駕崩的訊息，劉備政權逕於蜀地為獻帝發喪，又以符應祥瑞展現劉備已承受天命，當承繼帝位，延續大統，而東漢王室的正統已無足輕重。這些權謀兼帶欺詐的作為不免招致非議，但亦是不可不為之。

以蜀漢角度鋪陳故事的《三國演義》，劉備的際遇是推動情節的主要內容，眾多饒富趣味的生動角色因為劉備而躍上小說舞台，但是劉備作為時代英雄的面貌也隨之模糊不清。《劉備傳》在最大程度上窮盡史料文獻，探求劉備生平，又詳細釐清小說與史實的差異，解構文學塑造的劉備形象，閱讀本書將是還原英雄本來面目的開始。

導讀作者簡介

王安泰

臺灣大學歷史學系博士、博士後，日本學術振興會外國人特別研究員，現為南開大學歷史學院副教授、南開大學韓國研究中心副主任。研究方向為魏晉南北朝史、東亞古代政治史。著有《開建五等——西晉五等爵制成立的政治史考察》、《再造封建——魏晉南北朝的爵制與政治秩序》，以及研究論文十餘篇。

目次

第八章　蜀漢皇帝

第九章　病死白帝城

第十章　折而不撓的一代人物

第十一章　後繼乏人

緒言

東漢中期以後，政治腐敗，外戚與宦官交互專權，社會陷入嚴重混亂。先是和帝年幼，竇太后臨朝，竇憲專權，父子兄弟並為卿校，充滿朝廷。和帝長大了，想奪回權力，便同中常侍鄭眾定計除掉了竇憲。鄭眾因功封侯，做了大長秋，乘勢豫政。這個頭一開，竟至不可收拾，時而太后臨朝，外戚掌權；時而宦官得勢，專斷朝廷。皇帝成了他們的傀儡。

順帝、桓帝期間，外戚梁商、梁冀父子先後為大將軍。梁冀秉政二十餘年，「威行內外，百僚側目，莫敢違命，天子恭己而不得有所親豫（意指皇帝大權旁落）。」梁冀搜刮的財富多達三十餘萬萬。史載，梁冀被殺後，以其財貨充歸朝廷，竟能「減天下稅租之半」。宦官握權，為惡更烈，他們「典據（掌控）州郡，辜榷（壟斷）財利，侵掠百姓，百姓之冤，無所告訴，故謀議不軌，聚為盜賊」。又加天災頻仍，水災、旱災、蝗災、風災、雹災、震災等接連發生。天災人禍，民不堪命，流離失所，餓殍遍地。勞動人民為了活命，不得不鋌而走險。漢靈帝中平元年（西元一八四年），終於爆發了規模宏大的以張角兄弟為首的黃巾農民起義。

黃巾起義雖然被鎮壓下去了，但它的歷史影響很大。它點燃了反抗漢朝統治者的烈火，「自張角之亂，所在盜賊並起，……大者二三萬，小者六七千人。」[1] 其中，張飛燕的「黑山軍」，部眾竟達一百萬人。他們使漢王朝的統治勢力削弱了，根基動搖了。另一方面，在鎮壓黃巾起義的過程中，用兵者和州郡史守、地方豪強，甚至一些野心家乘機招兵買馬發展了自己的勢力，很快形成了一些各霸一方的軍事集團。

外戚與宦官的鬥爭愈演愈烈，外戚何進謀誅宦官，反為宦官所殺；袁紹盡殺宦官二千餘人；董卓應何進之召，引兵入洛陽，廢劉辯，殺何太后，立劉協，是為漢獻帝。董卓專權及其部將李傕、郭汜之亂，釀成全國更大的混亂。一場歷時數十年、規模空前的軍閥混戰開始了。

這種特殊的歷史環境，給人民帶來了深重的災難，也為一批人提供了發揮才幹、表演自己的機會。數十年間，群雄割據，「大者連郡國，中者嬰（占據）城邑，小者聚阡陌。」[2] 你爭我奪，無有休止之時。老百姓渴望安定和統一。有本事的割據稱霸者，相對得到老百姓的支持，在戰爭中發展了自己，成為一方之主；平庸之輩和逆潮流者、對廣大民眾施暴不恤者，受到歷史的懲罰，由強變弱，由大變小，最終或被吞併，或被消滅。這其中，取得較大成功者是曹操，其次便是孫權和劉備。他們都堪稱為一代風流人物。

劉備雖為漢景帝後代，但世系久遠，實由布衣起步而終得一方天下。他少年孤苦，與母販履織席為業；二十四歲從軍，參加了鎮壓黃巾農民起義的戰爭；繼而投入軍閥戰爭，站在公孫瓚一邊，對抗袁紹。因為數有戰功，公孫瓚讓他做了平原相，成為郡守級的地方官。他在平原相任上表現出了一定的行政能力，取得了不少成績，頗得人心，頌聲日播。

劉備治民用兵都有作為，因而引起了時人，特別是方鎮大員的注意。不幾年，他便成了擁兵一方的軍事集團的首領和封疆大吏。興平元年（一九四），陶謙表薦劉備為豫州刺史，繼讓徐州，使他成為徐州牧。這是劉備人生道路上的重大轉折。從此，他便周旋於封疆大吏之間了。

但是，他的發展道路非常艱苦。袁術、呂布欺負他，打得他丟妻棄子，東奔西跑，沒有立身之地；曹操將他看作最為危險的敵人，必欲除之而後安。他名為州牧，卻沒有自己的地盤，只能寄人籬下，先是投靠袁紹，為袁紹所驅使；然後投靠劉表，懷著忐忑不安的心情，借地謀兵。曹操取荊州，當陽一戰，打得他形同喪家之犬。孫、劉聯合，取得赤壁戰爭的勝利，他雖然分得一杯羹，但從此受制於吳，難得伸其志向。可幸的是，最後他在諸葛亮、龐統、法正等人的輔佐下，智詐並用，終得巴蜀，自立為蜀漢皇帝。

《三國志》作者陳壽用「折而不撓」，概括他的性格和奮鬥歷程。《華陽國志》作者常璩說：「於時先主（劉備）名微人鮮，而能龍興鳳舉，伯豫君徐，假翼荊楚，翻飛梁、益之地，克胤漢祚，而吳、魏與之鼎峙。非英才名世，孰克如之！」這都是很有道理的。

本書試圖比較全面地論述劉備坎坷崎嶇、充滿危機的人生歷程，深刻地反映其折而不撓、敗不氣餒的戰鬥精神。同時，對其功業、某些思想主張，以及為人、平庸的一面做出適當的分析和研究。

劉備重義、愛民甚得歷史好評。被演義化了的劉、關、張結義的佳話，長期在中國歷史文化發展和社會道德培養中發揮重大作用。其中，雖然不無負面影響，但積極的一面始終是主要的。他以誠待人，收到了「以性情相契」的效果，關羽、張飛、趙雲等人，「自少結契，終身奉以周旋」；三顧諸葛亮於草廬之中，喜謂「孤之有孔明，猶魚之有水也」，遂使諸葛亮「由是感激，遂許先帝以驅馳」，鞠躬盡瘁，死而後已；他善待部屬，所以士兵甘為驅使；他甚知「得人心者得天下」的道理，認為「濟大事必以人為本」，所以大難當頭，寧知不利而不棄民；為政務寬，史無苛斂記載。

自然，他的民本思想是同他謀圖大事緊緊相連的。正如晉人習鑿齒所說：「先主（劉玄德）雖顛沛險難而信義愈明，勢逼事危而言不失道。追景升（劉表）之顧，則情感三軍；戀赴義之士，則甘與同敗。……其終濟大業，不亦宜乎！」3

書中指出，封建時代謀立大業的歷史人物，很少將信義作為目的而信守不移者。對他們來說，倡信崇義自始至終都是爭取人心，進而達到政治目的的手段。劉備自然也不例外。他崇尚信義，但決不為此自囿。所以，從另一角度看，劉備也有詭詐而不講信義的一面。劉備對待劉璋的態度是最為明顯的以怨報德。但從政治大局考慮，均可不以為非。

劉備少年時期不太喜歡讀書，但曾受過正規的儒學薰陶，在自處、辨事、建制、用人等方面都表現出了明顯的儒家色彩。另一方面，殘酷的歷史現實和坎坷的人生閱歷，又使他甚知諸子百家之可觀以及術法之可用。因此，他的思想具有明顯的霸王道雜之的特徵。既強調儒為學先，又重視峻刑苛法。

劉備一生，大部分時間是在戰爭環境下度過的。所以，他同曹操一樣，可謂是鞍馬勞頓，倥傯軍旅數十年。他重視兵書的學習，並在戰爭實踐中得知兵書之用，因而臨終能夠要求劉禪「閒暇」時讀《六韜》；他更知戰爭實踐的重要，因而當其脫離戰爭時間長了的時候，便覺不安。但是，他並不是一個善於用兵的人。如果說年輕時候在別人的統率下尚能「數有戰功」，那麼自從代領徐州牧、身為封疆大吏以後，由他自己指揮的戰爭便是敗多勝少了。可喜的是，他一舉奪得益州，成就大業。所以綜合考察，不能不承認，劉備雖然是通過軍事手段謀取天下，但其軍事才略遠不及曹操，也不如孫權。夷陵慘敗，走死白帝，是「備不曉兵」（曹丕語）的最後蓋棺論定的證明。

劉備做了兩年的皇帝便死了。由於忙於復仇戰爭，他在政治、經濟等方面都沒有值得稱道的建樹。考慮到諸多方面的因素，本書不以庸君視之，而稱他是一位未及有所作為的皇帝。

本書對諸葛亮、劉禪作為劉備事業的後繼者進行了討論，表明了作者對於諸葛亮的基本態度。諸葛亮是一個偉大的歷史人物，政治家，軍事家：定益治蜀，治民有道，使蜀漢地區得到一段相對穩定的時期；治軍嚴明，刑政峻急而不酷，給後人留下了許多可以借鑑的東西；東聯孫吳，南撫夷越，在外事交往和民族關係史上給人以諸多啟示；盡心事業，鞠躬盡瘁，一種高尚的做人精神垂範後世；為官清廉，倡儉節喪，聰明睿智，長於巧思，皆令後人佩服。但是，諸葛亮是人，不是神，所以也有人的局限和弱點。

劉備與諸葛亮的關係非常微妙。歷史的客觀條件和人才匱乏的情況，以及諸葛亮所表現出的出眾的才能，決定了劉備不能不重用諸葛亮。初謂「孤之有孔明，猶魚之有水也」，當是肺腑之言。但是，他對諸葛亮存有戒心，及至彌留之際，表現出了很大的不安。諸葛亮惶恐受託，心存芥蒂，雖然盡力國事，止於不篡，但並沒有按照劉備所希望的那樣去輔佐、培養後主。

本書認為，三國鼎立，蜀漢先亡，有許多方面的原因。諸如，國小力弱，難抗大國；後主暗弱，諸葛亮壯志未酬身先死；宦官誤國，等等。但最為重要的是人才問題，結論是：蜀無能臣謀將。造成這種局面，劉備、諸葛亮都有不可推卸的責任。亡國之責，不能全由後主承擔。

以上就是本書內容和作者基本觀點的簡單概括，是為緒言，權作導讀。

註釋

1《通鑑紀事本末》卷八。

2 曹丕：《典論·自敘》。

3《三國志·蜀書·先主傳》注。

第一章　家世及其青少年時代

劉備，字玄德，涿郡涿縣（今河北涿州市）人。生於東漢桓帝延熹四年（一六一），卒於三國蜀漢章武三年（魏黃初四年，西元二二三年），終年六十三歲。

漢室支庶

史云，劉備為漢景帝兒子中山靖王劉勝的後代。漢景帝有十四個兒子，賈夫人生劉勝。劉勝其人，樂酒好內，妻妾成群，有子一百二十餘人。其中二十人封侯，劉貞是最早封侯的五人之一。《三國志．蜀書．先主傳》說：「勝子貞，元狩六年（前一一七）封涿縣陸城亭侯，坐酎金失侯（酎，音ㄓㄡˋ，指醇酒），因家焉（家，動詞）。」此記與《漢書》所載不同。《漢書．王子侯表》說：「陸城侯貞，中山靖王子，（元朔二年，前一二七）六月甲午封，十五年，元鼎五年（前一一二）坐酎金免。」《三國志．先主傳》記載有兩個明顯的錯誤：一是時間不對，晚了十年；二是爵級不符，把縣級侯國降為鄉亭級的侯爵封號（實際上，西漢無鄉侯、亭侯之封）。劉貞為侯十五年，因「坐酎金失侯」，國除（封國被撤銷），子孫也沒有繼嗣為侯者，降為庶民百姓。所謂「坐酎金免」，實是元鼎年間，漢武帝大規模的削藩行動以便加強中央集權的組成部分。漢制，每年八月新酒釀成後皇帝要在宗廟舉行大祭，稱謂「天子飲酎」。「飲酎」時，諸侯王和列侯都要獻金助祭，稱為「酎金」。據《漢書・武帝紀》和《史記・平準書》注引如淳的話說：「《漢儀注》諸侯王歲以戶口酎黃金於漢廟，皇帝臨受獻金，金少不如斤兩，色惡（成色不好），王削縣，侯免國。」漢武帝利用這一機會，狠狠打擊、削弱了諸侯的勢力。《漢書・武帝紀》載：「（元鼎五年）九月，列侯坐獻黃金酎祭宗廟不如法奪爵者百六人。」劉貞便是其中之一。

從西元前一一二年劉貞失侯，到西元一九六年「曹公（操）表先主（劉備）為鎮東將軍，封宜城亭侯」，[1] 中經三百餘年，劉備的直系先人別無封侯者。裴松之注《三國志》時指出：「先主雖云出自孝景，而世數悠遠，昭穆難明，既紹漢祚，不知以何帝為元祖以立親廟。」元人胡三省注《資治通鑑》時也指出：「《蜀書》云備中山靖王勝子陸城亭侯貞之後，然自祖父以上世系不可考。」

具體的世系傳承是很難搞清楚了，但我們從歷史的考察中知道，東漢光武帝劉秀是漢高祖的九世孫，景帝的六世孫；漢獻帝是漢光武帝的八世孫。這樣算來，至少十三世以前，劉備才同東漢獻帝同一祖先——漢景帝。所以，稱他為東漢皇室的遠系支庶是頗為恰當的。[2]

《三國志・先主傳》說：「先主祖雄，父弘，世仕州郡。雄舉孝廉，官至東郡范令。先主少孤，與母販履織席為業。」據此，可以得到三個結論：一、劉備的先祖官居高位者很少，否則必會述及；二、祖父劉雄、父親劉弘都在州郡內做過職級不高的小官。劉雄孝廉出身，官至范縣（今河南范縣）令，說明家雖不顯，但也頗有一定社會地位；三、父親劉弘早逝，家勢頓落，劉備少孤，為了生存之計，不得不自食其力，與母販履織席為業，過著既非窮困也不富裕的一般的平民生活。這樣的家庭出身，對他的成長以及為人處事自然產生了微妙的影響。一方面，家庭的根基和社會地位使他不會甘於如此平淡的生活；另一方面，經濟的狀況又必然影響他的思想軌跡、制約他的發跡歷程以及交際和愛好。

少有大志

歷史上，凡已成其大業的人物，出生時的鄉土異象、少年時代表現出的若干異人和過人之處，常常被後人根據傳說編織出一些美麗的花環戴在他們的頭上。

《三國志・先主傳》說：「（劉備）舍東南角籬上有桑樹生高五丈餘。」劉備居住的村莊就是以他家的這株大桑樹命名的。這株大樹，由於同劉備有如此的關係，所以也便名留青史了。地理學家、劉備的同鄉、北魏時的涿縣人酈道元作《水經注》時特意提到這一點：「督亢溝水東經涿縣酈亭樓桑里南，即劉備之舊里也。」直到宋代，樓桑村依然比較有名，所以《方輿紀要》也特意提到了它的確切位置，說「樓桑村在涿州西南十五里」。

更有趣的是，劉備家的這株桑樹，不僅高大，而且形狀與眾不同，樹冠猶如大傘，「遙望見童童如小車蓋」，所以「往來者皆怪此樹非凡，或謂當出貴人」。中國歷史上第一個為劉備爭正統地位的歷史學家、晉人習鑿齒在寫《漢晉春秋》時，非常重視搜集這樣的異兆和傳說，因而在書中明確地記載著，當時涿縣有一位名叫李定的善知風水的人，看到了這株怪狀大樹，便向世人宣稱：「此家必出貴人。」這貴人，當然就是劉備了。

大樹之下往往是村民集談和少兒玩耍的地方。據載：「先主（劉備）少時，與宗中諸小兒於樹下戲，言：『吾必當乘此羽葆蓋車。』叔父子敬謂曰：『汝勿妄語，滅吾門也！』」[3]羽葆蓋車，指用鳥的羽毛裝飾的只有天子才能乘坐的華蓋車。如此企圖做皇帝的狂言，自然屬於大逆不道，會招來滅門之禍，所以引起了叔父的恐慌。著史者記載了這一故事，目的全在於要說明劉備其人自幼懷有大志，表現與眾不同；同時也要說明少年劉備已經引起了家族和世人的注意。

劉備的母親和同宗人等都察覺到劉備有過人之處，因而也都重視對他的教育和培養。十五歲那年，母親讓他出外求學，「與同宗劉德然、遼西公孫瓚俱事故九江太守同郡盧植。」[4]盧植亦涿郡涿縣人，是後漢大儒，「少與鄭玄俱事馬融，能通古今學，好研精而不守章句。」[5]著作甚多，曹操稱其為「名著海內，學為儒宗，士之楷模，乃國之楨幹」。[6]拜到這樣大儒的門下，自然很不容易，既需一定的學識根基，也需交納不菲的束脩費用。同宗劉德然的父親劉元起「常資給先主」，擔負了他的大部或全部費用，資助數量之多竟「與德然等」。據說，元起的妻子很不高興，因說：「各自一家，何能常爾邪！」元起當即說出了心裡話：「吾宗中有此兒，非常人也。」[7]可見，宗族中人們資助劉備求學，實是作為一種政治投資。

根據歷史的記載推測，劉備跟隨盧植求學時間不會太長。因為劉備十五歲是熹平四年（一七五）。這一年，盧植拜為九江太守，劉備、劉德然、公孫瓚都不可能跟隨到九江從學。不久，盧植「以病去官」，在家著書立說，並授學於緱氏山（今河南偃師東）中。熹平末年（一七七），「會南夷反叛，以植嘗在九江有恩信，拜為廬江太守。」歲餘，「復徵拜議郎，……轉為侍中，遷尚書。」[8]可見，劉備從盧植求學只可能在盧植「以病去官」後至再拜廬江太守之前的不足兩年的時間裡。因此，他雖然受到大儒的薰陶，但不會是很多、很深刻的，甚至還沒有養成讀書的習慣。

劉備的長相頗有一些與眾不同的特點。他身高七尺五寸（按東漢官尺算，約合一·七八公尺），「垂手下膝，顧自見其耳。」[9]長了兩條長胳臂可能是真的，但說垂手過膝，當屬言過其實。因為除非是畸形人，那不符合人類的生理特徵。耳朵較常人為大也可能是真的。呂布罵他「大耳兒，最叵信」！[10]曹操稱他為「大耳翁」，[11]都可以作為證明。但如《三國演義》所說「兩耳垂肩」，則是沒有歷史根據的。

史稱「先主不甚樂讀書，喜狗馬、音樂、美衣服」，[12]當是真的。惜無更多直接的事實證據。這說明，他的家境雖然不甚富裕，但也並非非常困難；同時說明，劉備不是一個善治產業的人，更非安分守己、滿於現狀之輩。

劉備身處東漢末年社會矛盾空前激烈之際。尤其在他二十歲前後的時候，社會必將大亂的形勢已很明顯。因此，他開始積極行動，謀劃在亂世中建功立業。史載，劉備「少語言，善下人，喜怒不形於色。好交結豪俠，年少爭附之」。「善下人」是謙虛待人之意；「喜怒不形於色」表現了善斷大事的風度。這都是能夠成其大事的重要條件。

在此期間，他終究結交了多少豪傑，把多少有志青少年籠絡在自己周圍，不得而知。但就「年少爭附之」推測，定當不少。其中名氣最大的自然是青年關羽和張飛。

關羽，字雲長，本字長生，河東解（今山西臨猗西南）人。《三國志·關羽傳》說，關羽「亡命奔涿郡。先主於鄉里合徒眾，而羽與張飛為之禦侮」。《華陽國志·劉先主志》也說，劉備合眾，「河東關侯雲長、同郡張飛益德並以壯烈為之禦侮。」關羽因何「亡命」，史無明記。《三國演義》說是因為殺了本地豪強而亡命，自然是一種合理的推測。「禦侮」是什麼意思呢？這是一種職務，是個名詞，而不是一般意義上的抵禦侵犯，語出《詩經．大雅．綿》「予曰有禦侮」。《疏》云：「禦侮者，有武力之臣，能折止敵人之衝突者，是能扞禦侵侮，故曰禦侮也。」用現代話說，就是貼身警衛，就是保鏢。《關羽傳》說：「先主與二人寢則同床，恩若兄弟，而稠人廣坐，侍立終日，隨先主周旋，不避艱險。」這段話，固然反映了他們之間的真摯情感，同時也表明了他們之間的尊卑關係。人們常見戲劇舞臺上劉備坐著，關、張肅立身後，而以為是關、張對劉備的尊敬，實非僅僅如此，更重要的是職所使然。

張飛，字益德，或作翼德，涿郡人。有關他的家世、出身，正史沒有記載，從而為演義類作品留下了廣泛馳騁的園地。至於其可信度有多少，自然是不得而知的。《三國志．張飛傳》說，張飛「少與關羽俱事先主。羽年長數歲，飛兄事之」。《華陽國志．劉先主志》說：「先主與二子寢則同床，食則共器，恩若兄弟，然於稠人廣眾中侍立終日。」所謂桃園三結義云云，就是根據這些記載演義出來的。

在經濟上，中山（今河北定縣）大商張世平、蘇雙等給了重大幫助。據載，這兩人「貲累千金，販馬周旋於涿郡，見（劉備）而異之，乃多與之金財。先主由是得用合徒眾」。[13]

亂世發跡

東漢末年，動盪的社會形勢為劉備的發跡提供了機會。靈帝中平元年（一八四），爆發了以鉅鹿（今河北巨鹿）人張角為首的黃巾起義，「所在燔燒官府，劫略聚邑，州郡失據，長吏多逃亡，旬日之間，天下響應，京師震動。」[14]朝廷慌了手腳，立即採取了以下措施：（一）急以外戚、河南尹何進為大將軍，率左右羽林五營營士屯駐洛陽周圍，修理器械，緊急備戰，以鎮守、保衛京師；（二）置函谷（今河南新安東北）、太谷（今河南洛陽南）、廣城（今河南伊川西南）、伊闕（今河南洛陽南）、轘轅（今河南偃師東南）、旋門（今河南滎陽西）、孟津（今河南孟縣南）、小平津（今河南孟津東北）八關都尉，構成京都屏障；（三）發天下精兵，以尚書盧植為北中郎將討張角，北地太守皇甫嵩為左中郎將、諫議大夫朱儁為右中郎將討潁川黃巾；（四）全國總動員，命令公卿捐獻馬匹和弓箭，選拔「列將子孫及吏民有明戰陣之略者」到有關部門報到。[15]可見，當時的形勢是，一方面起義軍如火如荼地發展，一方面各州郡紛紛舉兵自保，同時各地地主武裝和一些懷有野心或試圖借此以為進階的人也都行動起來。

劉備就是在此種形勢下率領自己的屬從，包括關羽和張飛等而毅然投軍的。這時，他的年齡是二十四歲。

一、從鎮壓黃巾軍起步

史載，「靈帝末，黃巾起，州郡各舉義兵，先主（劉備）率其屬從校尉鄒靖討黃巾賊有功。」[16]鄒靖其人，生平不詳，既任校尉（高級軍職），就當時的布軍態勢和地望看，當為北中郎將盧植或幽州牧劉虞的麾下，或為直屬朝廷的一支隊伍的長官。[17]

在此期間，劉備還參加了平定張純反叛的戰爭。中平四年（一八七），中山相漁陽張純與同郡故泰山太守張舉及烏桓大人丘力居等聯盟，反叛，劫略薊中，殺護烏桓校尉公綦稠、右北平太守劉政、遼東太守楊終等，眾至十餘萬，張舉稱天子，張純自號彌天將軍、安定王，寇略青、徐、幽、冀四州。朝廷下詔，令青、徐、幽、冀各州進討。《三國志・先主傳》注引《典略》說：「平原劉子平知備有武勇，時張純反叛，青州被詔，遣從事將兵討純，過平原，子平薦備於從事，遂與相隨。」進軍中，突與叛軍遭遇，劉備險些遇難，「遇賊於野，備中創陽死（按：陽死即佯死，裝死），賊去後，故人以車載之，得免。」中平六年（一八九），騎都尉公孫瓚、幽州牧劉虞平定了張純叛亂。史籍不載劉備有何戰績。

劉備因為參與鎮壓黃巾起義有功，被授為中山安喜（今河北定州境）尉。劉備所立軍功，史無具體記載。18

尉是縣長（或令）的佐官，武職，主掌按察盜賊、維護地方治安、徵發卒役等事。《後漢書・百官志》說：「縣萬戶以上為令，不滿為長，侯國為相。皆秦制也。丞各一人。尉，大縣二人，小縣一人。」劉備做安喜尉，也未見大的功業，但鞭打督郵一事卻是載於青史的。

《三國志・先主傳》說：「督郵以公事到縣，先主求謁，不通，直入縛督郵，杖二百，解綬（解下綬帶當繩子用）繫其頸著馬柳（音ㄤˋ，拴馬樁），棄官亡命。」裴松之注引《典略》更為詳細地記錄了事情的來龍去脈：「其後州郡被詔書，其有軍功為長吏者，當沙汰之，備疑在遣中。督郵至縣，當遣備，備素（早）知之。聞督郵在傳舍，備欲求見督郵，督郵稱疾不肯見備，備恨之，因還治（指治所），將吏卒更詣傳舍，突入門，言『我被府君（按：郡太守尊稱府君）密教收（捕）督郵』。遂就床縛之，將出到界，自解其綬以繫督郵頸，縛之著樹，鞭杖百餘下，欲殺之。督郵求哀，乃釋去之。」督郵是朝廷命官，郡太守的重要屬官，主要負責督察一郡之內所屬各縣長吏善惡和是否稱職。劉備怒打督郵，以下犯上，罪不容誅，便只好逃命了。19

劉備逃命，輾轉到了京師洛陽，不久又率領關羽、張飛等從軍了。《三國志・先主傳》注引《英雄記》說：「靈帝末年，備嘗在京師，後與曹公俱回沛國，募召合眾。會靈帝崩，天下大亂，備亦起軍從討董卓。」《三國志》劉備本傳說，「大將軍何進遣都尉毌丘毅詣丹楊（治今安徽宣城）募兵，先主與俱行，至下邳（今江蘇睢寧西北）遇賊，力戰有功，除為下密（今山東昌邑東南）丞。復去官。後為高唐（山東今縣）尉，遷為令。」

這是一些很不完整的記載。劉備「回沛國，募召合眾」，那是建安初年，他被呂布打敗以後的事。還有，他與都尉毌丘毅一起到丹楊募兵，在軍中被授予什麼軍職，立了什麼樣的功，為什麼做了縣丞又不做了，又憑著什麼得為高唐縣尉、令，均不清楚。

但是，從這些記載中則能準確無誤地看出，劉備的確是再次積極地參加了鎮壓農民起義的戰爭，立有戰功，並由此得官，從縣之丞尉到縣令。可見，如果說曹操是以鎮壓農民起義起家的話，那麼劉備何嘗不是由此起步。

靠公孫瓚發達

農民起義軍沒有放過劉備，不久便攻破高唐，把他打跑了。初平（一九〇—一九三）初，劉備無處安身，率領屬從投奔了公孫瓚。此即歷史所稱，劉備「為賊所破，往奔中郎將公孫瓚」。[20]

公孫瓚，字伯桂，遼西令支（今河北遷安境）人，是劉備的同窗好友，也是有助於劉備發跡的一位關鍵人物。二人曾經同學於盧植。《三國志·先主傳》說：「瓚深與先主（劉備）相友。瓚年長，先主以兄事之。」公孫瓚以孝廉為郎，被授予遼東屬國長史，後因抵禦鮮卑入塞和討伐張純有功，升涿縣令，再升騎都尉，又升中郎將，封都亭侯。後來，又因鎮壓農民起義軍有功，拜為奮武將軍，封薊侯；繼而，漢獻帝又自長安遣使拜瓚為前將軍，封易侯。他同袁紹的關係，先是互相利用，後是勢不兩立。他曾應袁紹之約，出兵攻擊冀州牧韓馥，迫使韓馥把冀州讓給了袁紹。根據當時的建制，公孫瓚應該接受幽州牧劉虞節度，但因對付烏桓、鮮卑策略上的不同而與劉虞不和：「瓚志掃滅烏桓，而劉虞欲以恩信招降，由是與虞相忤。」[21]袁紹謀立劉虞為帝，公孫瓚自然持反對態度。袁紹、袁術各懷異志，兄弟因立劉虞事不和，公孫瓚站到袁術一邊，派遣從弟公孫越率騎兵一千幫助袁術，結果公孫越被殺，從而更加與袁紹勢不兩立。公孫瓚上疏數袁紹十大罪狀，急劇向南發展，自置冀州、青州、兗州刺史和郡縣守令，以與袁紹所置州郡史守相對抗。繼而，他殺死了幽州刺史劉虞，控制了幽州地區。所以，公孫瓚雖非州牧，但卻是雄居一方的相當有影響的一股勢力。

劉備往奔中郎將公孫瓚後，瓚表請朝廷封劉備為別部司馬。據《後漢書・百官志》載，將軍屬官有長史、司馬各一人，秩千石，司馬主兵。又說：「其別營領屬為別部司馬，其兵多少各隨時宜。」可見，別部司馬，是一個職級相當高的具有一定獨立性的武職。[22]公孫瓚是很有名的血腥鎮壓黃巾農民起義的人物。史載：初平二年，公孫瓚迎擊青、徐黃巾軍於東光（河北今縣）南，「斬首三萬餘級」，黃巾「棄其車重數萬兩，奔走渡河」，瓚因其半濟而攻之，又殺黃巾數萬，流血丹水，收得生口七萬餘人，車甲財物不可勝算。由此「威名大震」。[23]劉備是否參加了公孫瓚這次大規模的殺害農民軍的行動，史無記載，但從時間上看，有可能劉備已經到了公孫瓚那裡。因而，他參加這次屠殺行動是非常可能的。

《三國志・先主傳》注引《英雄記》說：「天下大亂，備亦起軍從討董卓。」所謂「從討」，表明他還沒有一支像樣的軍事力量，而是作為公孫瓚的部屬參加了戰爭。但是，從正式的歷史記載看，公孫瓚和劉備在討伐董卓的戰爭中，都沒有什麼殊功卓勳，只是做了一些策應性的行動。《三國演義》所述的劉備跟隨公孫瓚參加討伐董卓的戰爭作為，以及關羽刀斬董卓驍將華雄[24]和劉、關、張三人戰呂布，統統不見於正史。

公孫瓚主要是用劉備來對付袁紹。公孫瓚派他到青州去，「使與青州刺史田楷以拒冀州牧袁紹」。這是初平三年與四年間（一九二—一九三）的事。史載：「袁紹與公孫瓚所置青州刺史田楷連戰二年，士卒疲困，糧食並盡，互掠百姓，野無青草。紹以其子譚為青州刺史，楷與戰，不勝。」[25]在對抗袁紹的戰爭中，劉備確實幫了公孫瓚大忙，數有戰功，因而公孫瓚讓他「試守平原（今山東平原南）令，後領平原相」。[26]侯國的相，與郡太守同級。至此，他已是享秩二千石的官了。

三、平原任上「雄姿傑出」

劉備做平原相的時候，以關羽、張飛為別部司馬，分統部曲。同時結交了趙雲，用主騎兵。趙雲，字子龍，常山真定（今河北正定）人。他曾是公孫瓚的部下，《三國志·趙雲傳》及注引《雲別傳》說：「雲身長八尺，姿顏雄偉，為本郡所舉（薦），將（率領）義從吏兵詣公孫瓚。」趙雲為什麼不就近追隨袁紹，而常山郡又為什麼要推舉趙雲投附公孫瓚，《雲別傳》的記載可見一斑。記載反映了常山郡一些地方官吏對於形勢的錯誤分析和趙雲期投明主的心情：「時袁紹稱冀州牧，瓚甚憂州人之從紹也，善雲來附，嘲雲曰（用調侃的口氣對趙雲說）：『聞貴州人皆願袁氏，君何獨迴心，迷而能反乎？』雲答曰：『天下訩訩，未知孰是，民有倒懸之厄，鄙州論議，從仁政所在，不為忽袁公私明將軍也。』遂與瓚征討。」當時，恰巧劉備也到了公孫瓚那裡，二人有了接觸，劉備「每（常常）接納雲，雲得深自結託」。

公孫瓚遣劉備配合田楷抗拒袁紹，同時讓趙雲隨從，「為先主（劉備）主騎」。不過，這段時間不會太長。因為趙雲很快認識到公孫瓚不是一個賢能而最終有所作為的人物，想找機會離開，於是「雲以兄喪，辭瓚暫歸」。這時，劉備與趙雲已深結友誼，知其驍勇可用，因此「知其不反，捉手而別」，從而充分表達了難捨難離和希望為己所用之意。趙雲自然明白劉備的意思，因而非常明確地對劉備說：「終不背德也。」數年之後，趙雲兌現了自己的諾言，終成劉備名將。

劉備在平原任上頗有政績。《三國志．先主傳》注引王沈《魏書》說：「是時人民飢饉，屯聚鈔暴。備外禦寇難，內豐財施，士之下者，必與同席而坐，同簋而食，無所簡擇。眾多歸焉。」他很得人心，頌聲遠播。

據載，他的政績和能力，竟然受到別有用心的人的妒忌。〈先主傳〉上有一段很有趣的記載：「郡民劉平素輕先主，恥為之下，使客刺之。客不忍刺，語之而去。其得人心如此。」本傳注引《魏書》也提到：「劉平結客刺備，備不知而待客甚厚，客以狀語之而去。」這些記載，頗令後人疑惑。盧弼《三國志集解》注引趙一清的話說：「前注引《典略》言平原劉子平薦先主，此言劉平刺之，何相反也?豈先主失歡於故人邪，抑別一人也?」看來，兩種可能都是有的，但就劉備當時力結士人的情況看，失歡於故人的可能性小，況且兩個名字並不完全相同，所以當以兩人為是。

他曾發兵援救過北海相孔融。雖無大功，卻獲得了一個難得的提高知名度的機會。

《華陽國志．劉先主志》說：「北海相魯國孔融為黃巾賊所圍，使太史慈求救於先主。」孔融，字文舉，是孔子二十世孫，少年時代即出了名。善言辭，崇禮讓，人稱「幼有異才」。《後漢書・孔融傳》注引《融家傳》記載孔融讓梨的故事，至今傳為佳話。據稱：「兄弟七人，融第六，幼有自然之性。年四歲時，每與諸兄共食梨，融輒引小者。大人問其故，答曰：『我小兒，法當取小者。』由是宗族奇之。」十歲時，隨父至京師，竟敢冒稱「通家」（指世交之家）子弟求見河南尹李膺，李膺謂其「高明必為偉器」。既長，先後做過侍御史、司空掾、虎賁中郎將，因為違忤董卓的意旨，被轉為議郎，繼而被派到最危險的地方做地方官。《後漢書・孔融傳》說：「時黃巾寇數州，而北海（治今山東壽光東南）最為賊沖，卓乃諷（婉轉地告訴）三府（按：指太尉、司徒、司空）同舉融為北海相。」孔融到北海，「承黃巾殘破之後，修復城邑，崇學校，設庠序，舉賢才，顯儒士」，並且「收合士民，起兵講武」，頗有令名。然而，此其人，志大才疏，不識時務，「高談教令，盈溢官曹，辭氣溫雅，可玩而誦」，及至動真格的，「論事考實，難可悉行。」在郡六年，「奸民汙吏，猾亂朝市，亦不能治。」他先是被黃巾張饒部打敗，「連年傾覆，事無所濟，遂不能保障四境，棄郡而去」，繼而又被黃巾管亥部圍困在都昌（今山東臨朐東北），情況危急，因遣太史慈向劉備求救。[27]

太史慈，字子義，東萊黃（今山東威海）人，是把劉備同當世名人孔融搭上關係的重要人物。慈少好學，仕郡為奏曹史。據說，當時郡守與州刺史有矛盾，太史慈受郡守之使截毀了州刺史給朝廷的奏章，「由是知名，而為州家所疾。」為了避禍，逃到遼東。他的行為，受到孔融的欣賞：「北海相孔融聞而奇之，數遣人訊問其母，並致餉遺。」慈從遼東回來以後，其母對慈說：「汝與孔北海未嘗相見，至汝行後，贍恤殷勤，過於故舊，今為賊所圍，汝宜赴之。」太史慈為報答孔融，單身步行，徑至都昌。融想向平原相劉備告急，但城中人無法衝出重圍。慈自告奮勇，願意擔此重任。融曰：「今賊圍甚密，眾人皆言不可，卿意雖壯，無乃實難乎？」慈對曰：「昔府君傾意於老母，老母感遇，遣慈赴府君之急，固以慈有可取，而來必有益也。今眾人言不可，慈亦言不可，豈府君愛顧之義，老母遣慈之意耶？事已急矣，願府君無疑。」孔融自然是求之不得，同意了。太史慈隨即衝出重圍，到達平原，對劉備說：「慈，東萊之鄙人也，與孔北海親非骨肉，比（地方基層組織，五家為比）非鄉黨，特以名志相好，有分災共患之義。今管亥暴亂，北海被圍，孤窮無援，危在旦夕。以君有仁義之名，能救人之急，故北海區區，延頸恃仰，使慈冒白刃，突重圍，從萬死之中自託於君，惟君所以存之。」

劉備得到當代名人孔融的求救，異常驚喜，高興地說：「孔北海知世間有劉備邪！」因而即刻發兵三千隨太史慈往救。黃巾軍聞劉備來救，亦即自動解圍散去。[28] 既然「賊乃散去」，未曾交手，自然也無《三國演義》所說關羽斬管亥的記載。

劉備治民用兵都有作為，因而引起了時人的注意。《華陽國志．劉先主志》載，廣陵（治今江蘇揚州東北）太守陳登曾對功曹陳矯說：「閨門雍穆，有德有行，吾敬陳元方父子；冰清玉潔，有德有言，吾敬華子魚；博聞強志，奇偉卓犖，吾敬孔文舉；雄姿傑出，有霸王之略，吾敬劉玄德。名器盡此。」[29]

註釋

1 《三國志．蜀書．先主傳》。
2 《三國演義》第二十回列述劉備先祖世系，自景帝至劉備歷十九世，並謂陸城亭侯劉貞以後至劉備祖父劉雄以前直系先人，兩漢期間有十三世封侯。不見史傳，當為小說家特意撰補。按，如果依此算來，劉備的輩分比獻帝小得多。可見，《三國演義》所列世系和讓獻帝稱劉備為皇叔的說法都是無稽的、矛盾的。
3 《三國志．蜀書．先主傳》。
4 同上。
5 《後漢書．盧植傳》。
6 《三國志．魏書．盧毓傳》注引《續漢書》。
7 《三國志．蜀書．先主傳》。
8 《後漢書．盧植傳》。
9 《三國志．蜀書．先主傳》。
10 《後漢書．呂布傳》。
11 《華陽國志．劉先主志》。
12 《三國志．蜀書．先主傳》。
13 《三國志．蜀書．先主傳》。
14 《後漢書．皇甫嵩傳》。
15 《後漢書．靈帝紀》。
16 《三國志．蜀書．先主傳》。
17 《三國演義》說鄒靖為涿郡太守劉焉屬下，誤。第一，劉焉歷任雒陽令、冀州刺史、南陽太守、宗正、太常，沒有擔任過幽州刺史，也沒有擔任過涿郡太守。天下方亂之時，他已自求為監軍使者，到益州「領益州牧」了，沒有直接參與鎮壓北方的農民起義；第二，據《後漢書．百官志》載，校尉是高級武職，秩比二千石，或為大將軍屬，或為特置，如司隸校尉、城門校尉、戊己校尉等，而郡太守的屬官最大的武職是都尉。所以，鄒靖不可能是太守的部下。
18 《三國演義》所說關雲長刀斬程遠志，三兄弟共同戰張角，並且救了董卓的命，以及劉備箭中張寶左臂、跟隨朱儁大戰黃巾餘部等，統統不見於史傳。
19 《三國演義》說張飛怒鞭督郵，劉備仁慈，出面阻止。這是為了塑造劉備、張飛的形象，非是。當以史傳為是，實係劉備自為，或督率屬下而為之。
20 《三國志．蜀書．先主傳》。
21 《後漢書．公孫瓚傳》。

22 元郝經《續後漢書》說，公孫瓚表劉備為別部司馬在初平二年（一九一）十月。

23 同上。

24 華雄是被孫堅殺死的。《三國志・吳書・孫堅傳》云，初平二年（一九一年），孫堅「復相收兵，合戰於陽人，大破卓軍，梟其都督華雄（一作葉雄）等」。

25 《資治通鑑》卷六〇，獻帝初平四年。

26 《三國志・蜀書・先主傳》。

27 以上見《後漢書・孔融傳》、《三國志・魏書・崔琰傳》注引《續漢書》、《九州春秋》。

28 《三國志・吳書・太史慈傳》。

29 另見《三國志・魏書・陳矯傳》，文稍異。陳矯，後仕魏，官至司徒；陳元方父子，指陳寔、陳紀父子，陳紀字元方，漢末官至尚書令、大鴻臚；華子魚，即華歆，漢末曾為尚書令，仕魏為司徒、太尉。

第二章　始為封疆大吏

袁紹與公孫瓚相互攻伐初期，劉備一直以別部司馬帶兵同青州刺史田楷屯兵齊地，抗拒袁譚。不幾年，他的治軍和為政能力，就得到了時人，包括諸多州牧的重視。因而，他很快便成了擁兵一方的軍事集團的首領和封疆大吏。對此，從客觀上說，自領兗州牧的曹操和徐州牧陶謙、冀州牧袁紹都為他的進一步發展提供了新的機遇。

援陶謙，代領徐州牧

初平、興平之交發生了曹操討伐陶謙的戰爭。

陶謙，字恭祖，丹楊（治今安徽宣城）人，時為安東將軍、徐州牧。陶謙為人，並不像《三國演義》裡說得那樣好。本來，「徐州百姓殷盛，穀米豐贍，流民多歸之，而謙背道任情」，疏遠忠直，親近小人，「刑政失和，良善多被其害，由是漸亂。」1

史載，初平四年（一九三），曹操的父親曹嵩攜妾及小子曹德避難琅琊，在泰山郡華、費間（今山東費縣境）被徐州牧陶謙的部下殺了。曹操為了報仇和擴大自己的勢力範圍，是年秋天，率領大軍出擊陶謙。曹操攻拔十餘城，很快打到陶謙的大本營彭城（今江蘇徐州市）。陶謙兵敗東奔，走保郯（今山東郯城）。據記載：「謙退保郯，操攻之不能克，乃還。過拔取慮（今江蘇睢寧西南）、睢陵（今江蘇睢寧）、夏丘（今安徽泗縣），皆屠之。凡殺男女數十萬人，雞犬無餘，泗水為之不流，自是五縣城保，無復行跡。初三輔遭李傕亂，百姓流移依謙者皆殲。」[2]

興平元年（一九四）夏，曹操第二次征陶謙，陶謙告急於青州刺史田楷和平原相劉備。田楷、劉備率兵往救。據載：「時先主自有兵千餘人及幽州烏丸雜胡騎，又略得飢民數千人。既到，謙以丹楊兵四千益先主，先主遂去楷歸謙。」[3]這說明，劉備已經有了近萬人的部隊。他自認該是謀取更大發展的時候了，於是脫離了公孫瓚和田楷，歸附陶謙，率兵駐紮到陶謙的臨時駐地郯城附近。但是，這支剛剛烏合的隊伍沒有很強的戰鬥力，再加遇上善於用兵的曹操，所以不久便吃了敗仗。《三國志．武帝紀》記載了這次戰鬥：「夏，（曹操）使荀彧、程昱守鄄城，復征陶謙，拔五城，遂略地到東海（郡治今山東郯城）。還過郯，謙將曹豹與劉備屯郯東，要（截擊）太祖（曹操）。太祖擊破之，遂攻拔襄賁（今山東臨沂），所過多所殘戮。」《後漢書．陶謙傳》說：「曹操復擊謙，略定琅邪、東海諸縣，謙懼不免，欲走歸丹楊。」幸曹操後院起火，陳留太守張邈和陳宮反曹操而迎呂布為兗州牧，曹操被迫撤離徐州，返回鄄城。否則，陶謙、劉備還會受到更大的打擊。這是劉備生平第一次同曹操的戰爭，親自體驗到曹操用兵之能和殘酷，從而在心中留下了懼怕與曹操交戰的陰影。

劉備歸附陶謙以後，陶謙自料不能長久以屬下視之，於是便做人情交易，表薦劉備為豫州刺史，屯駐小沛（今江蘇沛縣東）。[4]當時十三州刺史部之刺史已是地方的最高軍政長官，所以從此以後他也就可以名列封疆大吏了。

不久，陶謙憂憤成疾，彌留之際，慮及兒子平庸和州郡殘破的局面，以及劉備已經擁兵近處、曹操覬覦再進、袁術威脅於南的態勢，因對別駕麋竺說：「非劉備不能安此州也。」

陶謙死後，麋（一作糜）竺遵照陶謙的遺願，率領州人到小沛奉迎劉備接任徐州牧。據載，劉備甚有顧慮，不敢貿然承當。下邳（治今江蘇睢寧西北）人、廣陵太守陳登和北海相孔融極力促成其事。陳登出力最多，親到小沛，對劉備說：「今漢室陵遲，海內傾覆，立功立事，在於今日。彼（當作徐）州殷富，戶口百萬，欲屈使君撫臨州事。」劉備細度形勢，深知當時駐紮在近處的袁術自領了揚州刺史，又在覬覦徐州，便對陳登說：「袁公路（術）近在壽春，此君四世五公，海內所歸，君可以州與之。」陳登明確表示：「公路驕豪，非治亂之主。今欲為使君（按：指劉備。漢時，敬稱州刺史為使君）[5]合步騎十萬，上可以匡主濟民，成五霸之業，下可以割地守境，書功於竹帛。若使君不見聽許，登亦未敢聽使君也。」意思很明白，沒有商量的餘地，必要劉備接受徐州牧的職務。北海相孔融也跑到小沛，對劉備說：「袁公路豈憂國忘家者邪？塚中枯骨（指袁氏先世四世五公），何足介意。今日之事，百姓與（舉）能，天與不取，悔不可追。」其實，這正是劉備求之不得的。「天與不取，悔不可追」，自然更是打動了他的心，於是便在大家的勸勉、擁戴下，「遂領徐州。」[6]這就是世傳陶謙讓徐州之佳話的來歷。

劉備有了州牧資格，從而也有了薦置州郡大吏權力。為了報答孔融的知遇之恩，他捐棄舊誼，竟然置舊友、老上司公孫瓚和青州刺史田楷於不顧，上表另以孔融「領青州刺史」。客觀上，這也是一種叛離公孫瓚而依附袁紹的明確表示。當時公孫瓚、袁術和袁紹嚴重對立，任何對公孫瓚、袁術勢力的削弱或不利影響，都是對袁紹的支持。所以，劉備此舉深得時為討伐董卓聯軍盟主、地盤最大、勢力最強的冀州牧袁紹的欣賞和支持。

據《三國志・先主傳》注引《獻帝春秋》說，陳登等派人把奉迎劉備為徐州牧的事向袁紹做了報告，辭謂：「天降災沴（沴，音ㄌㄧˋ，災疫），禍臻鄙州，州將殂殞（死亡），生民無主，恐懼奸雄一旦承隙，以貽盟主日昃之憂，輒共奉故平原相劉備府君以為宗主，永使百姓知有依歸。方今寇難縱橫，不遑（來不及）釋甲，謹遣下吏奔告於執事（指主管長官）。」袁紹接到陳登等人的報告後，很高興，不暇思索，為了更好地籠絡劉備，當即表示支持，回答說：「劉玄德弘雅有信義，今徐州樂戴之，誠副所望也。」這樣，劉備便進一步獲得了相對合法的承認。這是興平元年（一九四）十二月發生的事，劉備三十四歲。

保徐州，頻戰袁術和呂布

袁紹說劉備「弘雅有信義」，但他羽毛初長便脫離了公孫瓚，所以相對公孫瓚來說，則無異於背信棄義。

當時，袁紹、袁術兄弟不睦，袁術正北聯公孫瓚對付袁紹；袁紹則南聯曹操、劉表牽制袁術，以求穩住南方，從而全力北戰公孫瓚。因此，當劉備身領徐州牧（治下邳，今江蘇宿遷境）的時候，自然面臨著如下軍事態勢：

（一）北有袁紹和曹操

袁紹，字本初，汝南汝陽（今河南商水西北）人，曾為西園八校尉之一，誅殺宦官出了名。董卓專權，他亡奔冀州，董卓知袁氏樹恩四世，門生故吏遍天下，怕袁紹「收豪傑以聚徒眾，英雄因之而起」，[7]不敢治其罪，反而封他為勃海太守，邟鄉侯。袁紹起兵討董卓，被推為盟主，自號車騎將軍，領（兼任）司隸校尉。不久又逼冀州牧韓馥讓位，自領冀州牧，控有冀、青、幽、并四州地，是北方最大最強的一股勢力。

曹操，字孟德，沛國譙（今安徽亳州）人，也曾是西園八校尉之一。黃巾起義後，他被任命為騎都尉，因功拜官濟南相。後為典軍校尉。董卓專權，曹操亡命陳留，首舉義兵。後因鎮壓黑山起義軍有功，被袁紹表薦為東郡太守，又在鎮壓黃巾起義中壯大了自己，被濟北相鮑信和部屬陳宮等擁戴，領兗州牧。

兗、徐緊緊相鄰。時，袁紹、曹操處於聯合之勢，不久之前打敗了袁術和陶謙，但他們依然各自忙於征戰和鞏固自己的地盤，所以暫時不對劉備構成威脅。

另外，公孫瓚署置的青州刺史田楷也是近鄰。但是公孫瓚的征戰目標不在徐州，而且公孫瓚、田楷與劉備本有宿誼，所以，雖有微嫌，但也不對劉備構成威脅。

（二）南有袁術

袁術，字公路，袁紹的異母兄弟，曾累官河南尹、虎賁中郎將。董卓入洛陽後，袁術怕為董卓所不容，出奔南陽。到了南陽，被荊州牧劉表薦為南陽太守。先是試圖向北發展，搶奪曹操的地盤，結果被曹操打敗，然後他「其餘眾奔九江，殺揚州刺史陳溫，而自領之（治今安徽壽縣）」，[8]又自稱徐州伯。意思很明白，他是既要占有揚州，又要北圖徐州，以實現他做皇帝的美夢。所以，劉備的勢力存在，是最為袁術所不能容忍的。從而袁術也就成了劉備最大、最迫近、最現實的威脅。

（三）近有呂布

呂布，字奉先，五原郡九原（今內蒙五原）人，初為并州刺史丁原的主簿，甚見親待。後來，丁原受何進召帶兵進入洛陽為執金吾（官名）。呂布不念舊誼，受董卓之誘，殺死丁原，投靠了董卓。董卓以呂布為騎都尉，誓為父子，繼而升為中郎將，封都亭侯。據載，司徒王允利用了他們之間的矛盾，以布為內應殺了董卓。後來，呂布被李傕、郭汜趕出長安，投袁術，袁術惡其反覆，拒而不受；投袁紹，袁紹陽為重用，並利用他領兵擊破黑山起義軍萬餘眾於常山（今河北元氏），但內實患之，想把他殺掉；然後，他走奔河內，投靠并州刺史張楊，「（張）楊及部曲諸將，皆受（李）傕、（郭）汜購募，共圖布。」幸張楊念及「州里」之誼（同為并州人），「外許汜、傕，內實保護布」，使得本怕呂布為亂的李傕、郭汜，改變了主意，反而「更下大封詔書，以布為潁川太守」。呂布在走投張楊經過陳留時，太守張邈待之甚厚，臨別，二人「把手共誓」圖大事。興平元年，張邈與陳宮等乘曹操出征在外，迎呂布為兗州牧以代曹操。曹操從討陶謙的前線匆匆趕回，開始了同呂布爭奪兗州地盤的戰爭。

興平二年，曹操大破呂布於鉅野（今山東巨野）、定陶（山東今縣），呂布東奔，投靠了劉備，屯於下邳（今江蘇睢寧西北）之西。[9] 呂布入居劉備腹地，對於劉備來說，實同引狼入室。《三國志．呂布傳》注引《英雄記》說：「布見備，甚敬之，謂備曰：『我與卿同邊地人也。布見關東起兵，欲誅董卓。布殺卓東出，關東諸將無安布者，皆欲殺布耳。』請備於帳中坐婦床上，令婦向拜，酌酒飲食，名備為弟。備見布語言無常，外然之而內不說。」

綜上可見，當時威脅劉備地位和地盤的主要敵人是袁術和呂布。

一、首戰袁術

建安元年（一九六）六月，袁術發動了攻打劉備的第一次戰爭。[10]是年八月，曹操控制了漢獻帝，自領司隸校尉，錄尚書事；九月，自為司空，行（代理）車騎將軍，「百官總己以聽」。為了籠絡劉備和激勵劉備抗拒袁術，曹操表薦劉備為鎮東將軍，封宜城亭侯。

對於袁術的進攻，劉備兵分兩路進行抵抗，「使司馬張飛守下邳，自將拒術於盱眙、淮陰，相持經月，更有勝負。」[11]《三國志・先主傳》注引《英雄記》也說：「備留張飛守下邳，引兵與袁術戰於淮陰石亭（今江蘇淮安境），更有勝負。」

「更有勝負」是互有勝負的意思。但情況很快發生了變化，一是自身力量迅速地削弱了。史載，陶謙故將、下邳相曹豹與張飛不和，張飛欲殺之，激起州治下邳城內大亂，「豹眾堅營自守」，不聽劉備、張飛的調遣和號令，「使人招呂布」，投降了呂布；中郎將丹楊許耽，也在醞釀投靠呂布。二是袁術與呂布聯合，敵方力量增強了。袁術為了拉攏呂布攻擊劉備，寫信大大誇獎呂布一番，勸令襲擊下邳，並答應資助軍糧二十萬斛。力量對比，劉備迅疾由相對劣勢變為絕對劣勢。呂布其人，有奶便是娘，於是「引軍水陸東下」。《三國志・呂布傳》注引《英雄記》說：「布水陸東下，軍到下邳西四十里。備中郎將丹楊許耽夜遣司馬章誑（按：章誑，人名）來詣布（去見呂布），言：『張益德與下邳相曹豹共爭，益德殺豹，城中大亂，（互）不相信。丹楊兵有千人屯西白城門內，聞將軍來東，大小踴躍，如復更生。將軍兵向城西門，丹楊軍便開門內（納）將軍矣。』布遂夜進，晨到城下。天明，丹楊兵悉開門內布兵。布於門上坐，步騎放火，大破益德兵。」張飛敗走，呂布取得下邳，盡獲劉備軍資，並俘獲了劉備的妻子及部曲將吏家口。

劉備聞知袁術以呂布攻下邳，立即率兵自盱眙、淮陰北還，及至下邳，張飛兵已經大潰。劉備收拾餘兵，東取廣陵（按：泛指廣陵郡轄區），再與袁術戰，結果又敗，不得已轉屯於海西（今江蘇東海縣南）。12

劉備抗拒袁術失敗，以致被呂布端了老窩，表面上看是力量對比懸殊，實則反映出：第一，劉備為徐州牧，雖然得到徐州刺史部少數文官如糜竺、陳登、孫乾等的擁護，但沒有得到擁兵武將的廣泛認同，甚至沒有得到陶謙親信部隊諸如州治（下邳）守將曹豹、嫡系丹楊兵及其首領許耽等人的支持；第二，劉備陶醉於周圍擁戴的氣氛，沒有重視並及時做好對陶謙舊部的團結工作；第三，劉備既知呂布反覆，而乏未雨綢繆之謀，沒有想到預防袁術、呂布軍事上的聯合；第四，劉備自將外出，以莽將軍張飛守下邳，說明他對客觀形勢缺乏清醒的分析和用人之不當。

二、投降呂布

劉備在海西，給養難供，陷入飢困，不僅難以應付袁術、呂布的攻勢，而且生存也成了問題。《三國志·糜竺傳》載，別駕從事糜竺「於是進妹於先主為夫人，奴客二千，金銀貨幣以助軍資；於時困匱，賴此復振」。「賴此復振」云云實是著史者為了表述糜竺的功勞而寫出的誇張之辭。實際上，困難依然很大。據〈先主傳〉注引《英雄記》說：「備軍在廣陵，飢餓困踧（踧，音ㄘㄨˋ，通蹙，急迫），吏士大小自相啖食，窮餓侵逼。」此是事實。劉備在廣陵海西實在是待不下去了，所以「欲還小沛」，派人到呂布那裡請求投降。

呂布本來是被曹操趕到徐州地界的，劉備准其在自己的地盤上立腳，他不僅不謀報答，反而為利所動，幫助袁術攻擊劉備。劉備在走投無路的情況下，反而倒過頭來又向呂布投降，[13]真是莫大的諷刺。

當劉備兵敗請降時，呂布正因袁術「運糧不復至」而不高興，想找機會給袁術一點顏色看看，於是派出車馬迎接劉備來歸，以壯大自己的聲勢。並且他乘機剝奪了劉備徐州牧的頭銜，讓其掛名豫州刺史，屯駐小沛（治今江蘇沛縣東，屬豫州境），自己取而代之做了徐州牧，[14]駐下邳，相約「並勢擊術」。據載，呂布還按照刺史的規格，為劉備舉行了歡送儀式：「具刺史車馬童僕，發遣備妻子部曲家屬於泗水上，祖道（指餞行）相樂。」[15]當然這也是劉備所願意的，所以有些記載說，劉備還屯小沛是主動要求去的。如〈先主傳〉注引《魏書》說：「諸將謂布曰：『備數反覆難養，宜早圖之。』布不聽，以狀語備。備心不安而求自託，使人說布，求屯小沛，布乃遣之。」不管何種情況，反正是劉備做了一年半的徐州牧後，便被袁術和呂布趕出徐州境了。

劉備屯駐小沛後，[16]不久，建安元年九月袁術第二次向劉備用兵，派遣大將紀靈等步騎三萬進攻劉備。劉備新敗以後，剛剛安頓，兵力很弱，自然無力抗拒，於是又向呂布求救。

呂布的將領們對呂布說：「將軍常欲殺劉備，今可假手於（袁）術。」簡短一句話，透露了呂布對待劉備的真實態度。但呂布沒有這樣做，因為他明白，暫與劉備成掎角之勢，有利於抑制、抵抗袁術的勢力，有利於穩定自己在徐州地區的地位，所以對諸將說：「不然。術若破備，則北連太山諸將，吾為在術圍中，不得不救也。」[17]可見，呂布雖屬有勇無謀之輩，但也有清醒之時。

據載，呂布率步騎千餘援救劉備，紀靈等聞呂布至，「皆斂兵而止」。紀靈斂兵，自然是因為考慮到懸軍敵境，難敵呂布與劉備的共同抵禦，一旦交手，難免吃虧。呂布屯兵小沛城外，「遣人招備，並請靈等與共饗飲。」劉備和紀靈等皆應招而至，呂布對紀靈說：「玄德，布弟也，為諸君所困，故來救之。布性不喜合鬥，但喜解鬥耳。」於是命令軍侯（執掌軍紀的軍官）植戟於營門，自彎弓，對劉備和紀靈等說：「諸君觀布射戟小支，中者當各解兵，不中可留決鬥。」說罷，一箭發出，正中戟支。據載：「靈等皆驚，言『將軍天威也』。明日復歡會，然後各罷。」[18] 這就是轅門射戟故事的來歷。

就當時的軍事態勢分析，「轅門射戟」不過是一個傳奇故事而已，迫使袁術收兵的真正原因當在：袁術想完全越過呂布的軍事存在而向劉備進攻是有顧慮的，試圖在極短時間內奄有徐、豫，也有困難，所以只好暫時罷手。

呂布為劉備解除了一次軍事危機。儘管是形勢使然，呂布的動機和根本目的主要是為了自己，但總算是對劉備有好處。

三、歸依曹操，助擒呂布

袁術的人馬撤離以後，劉備在小沛急謀恢復和發展勢力，「復合兵得萬餘人。」呂布雖然不願袁術將劉備消滅了，但也不願劉備強大起來，所以對其迅速合兵萬餘人非常不安。呂布感到了劉備的威脅，於是再次毅然親自率兵進攻劉備。劉備力弱，不敢戀戰，「敗走」，投奔曹操。這是一年之內劉備第二次被呂布打敗。

從此，劉備便成了曹操棋盤上的一顆棋子。

《三國志．先主傳》載，劉備歸操，「曹公厚遇之，以為豫州牧。」這是劉備從曹操控制的「朝廷」那裡取得的正式的封疆大吏頭銜，也是「朝廷」對呂布先時表薦劉備為豫州牧（刺史）的承認。嗣後，直至取益定蜀之前，官場上便以「劉豫州」尊稱劉備了。

劉備走歸曹操之日，也是曹操謀兵東南、征伐袁術和即將用兵呂布之時。

歷史表明，群雄並立，但時常縈迴於曹操腦海中的最主要的是兩大勁敵：一是北方袁紹，二是東方呂布。此期間，曹操的一切活動及其策略安排都是以最終消滅這兩股勢力為目標，南征張繡是為了消除後顧之憂，東伐袁術是為了削弱諸敵掎角之勢。

先戰袁紹，抑或先討呂布？這個問題，曹操一直在盤算。經過深思熟慮和群僚謀議，逐漸統一了認識，認識到：「不先取呂布，河北亦未易圖也。」[19]「不先取布，若紹為寇，布為之援，此深害也。」[20]

正當曹操謀取呂布的時候，劉備歸依到曹操麾下。毫無疑問，這對於曹操來說，是件好事。劉備的力量雖然不大，但曾數年轉戰徐淮，略知呂布、袁術的軍事勢力和地理形勢，自然會對打擊、牽制呂布、袁術有用。所以，曹操鼓勵劉備儘快返回小沛，收集散兵，再圖呂布，並且「給其軍糧，益與兵」，給予了切實的支持。

劉備在曹操的援助下，不久便以朝廷的正式命官豫州牧、鎮東將軍的名義率部返回小沛。此時，曹操已經醞釀成熟了剿滅呂布的計畫，並且開始付諸實施。有鑑於此，為了便於瞭解劉備在曹操剿滅呂布的軍事行動中的作用，不妨略述一下當時的徐淮形勢。

呂布與袁術本相安揚、徐。由於袁術急於稱帝和吞併徐州地盤，他們之間的矛盾加深了，表面化了。曹操抓緊時機，離間了袁術與呂布之間的關係，激化了二人之間的矛盾。建安二年，曹操以朝廷的名義，封呂布為左將軍，並親自寫了一封信，對呂布「深加尉（慰）納」。呂布受封，並接到這樣一封充滿「善意」的信，當然很高興，殊不知自己已墮入曹操的圈套之中。據載，起初袁術怕呂布為害，為子求婚，「夏五月，蝗，袁術遣使者韓胤以稱帝事告呂布，因求迎婦。布遣女隨之。」沛相陳珪怕袁、呂合縱為難，往說呂布：「曹公奉迎天子，輔贊國政，將軍宜與協同策謀，共存大計。今與袁術結姻，必受不義之名，將有累卵之危矣。」[21]呂布與袁術本有宿怨，嫁女亦非本願，聽了陳珪的話，立即把已在途中的女兒追還，並將袁術使者韓胤械送至許。曹操將韓胤殺了。果如曹操所期，袁術哪能容忍呂布無禮，於是派遣大將張勳、橋蕤與楊奉、韓暹聯兵，以步騎數萬，兵分七路攻擊呂布。呂布身邊這時僅有兵三千，馬四百匹，眾寡不敵，甚是害怕。呂布用陳珪計，策反韓暹、楊奉，暹、奉背叛袁術，反過頭來，配合布軍作戰，術大將張勳、橋蕤等落荒而走。隨後，呂布與韓暹、楊奉合軍向袁術的老巢壽春進發，水陸並進，一直追到鍾離（今安徽鳳陽東山）。袁術自將步騎五千退守淮水南邊，呂布的軍隊隔水對袁大加嘲笑而還。

呂布此舉，打擊了袁術的銳氣，削弱了袁術的兵力，並擄掠了袁術轄地的資財，發展了勢力。但同時也為曹操各個擊破提供了有利條件。

建安二年秋九月，曹操率軍東征袁術。色厲而內荏的袁術聽說曹操親自率軍東來，自知不敵，匆匆棄軍而走，又加天旱歲荒，士民凍餒，自此一蹶不振。

曹操激化袁術、呂布間的矛盾，收到了一石三鳥之效，打擊了袁術，孤立了呂布，同時也把劉備拉在自己一邊。

應該說，曹操自始至終都支持劉備抵抗袁術和呂布。先是表薦劉備為鎮東將軍，對抗袁術，至此又厚遇劉備，以為豫州牧，讓其收攏兵力攻打呂布。

劉備回到小沛以後，很不爭氣，不久又打了敗仗。呂布遣其中郎將高順與北地太守張遼攻劉備，曹操遣夏侯惇往救，結果也為順等所敗。高順等破小沛，再次俘虜了劉備的妻子，劉備再次單身走歸曹操。

《三國志・先主傳》注引《英雄記》簡單地記錄了這次戰爭的經過：「建安三年春，布使人齎金欲詣河內買馬，為備兵所鈔。布由是遣中郎將高順、北地太守張遼等攻備。九月，遂破沛城，備單身走，獲將士妻息。」這是劉備第三次被呂布打敗。

建安三年（一九八）九月，曹操親征呂布。曹操兵進，劉備於梁國界中（今安徽碭山境）與操相遇，遂隨操東征。冬十月，曹操屠彭城（今徐州），繼而引沂水、泗水灌下邳。呂布雖然驍猛，但無謀而多疑，諸將各懷異心，形不成戰鬥力，所以每戰多敗。曹操水困下邳，圍城三月，呂布部屬上下更加離心。十二月癸酉，其將侯成與宋憲、魏續等一起把呂布主將陳宮、高順捉起來，率眾投降曹操。呂布眾叛親離，知將不免，遂同麾下登下邳城南門（白門樓），[22]先令左右割下他的腦袋送給曹操，左右不忍，於是自己出降。

呂布投降後，劉備把他送上了斷頭臺。史載，曹操令人把呂布綁起來，「縛太急」（意謂捆綁時用力快、狠而緊），布請求「小緩之」，操曰：「縛虎不得不急也。」呂布試圖免死，表示願為其用，對操說：「明公所患不過於布，今已服矣，天下不足憂。明公將步，令布將騎，則天下不足定也。」[23]時，劉備在旁，呂布以乞求的眼光又對劉備說：「玄德，卿為坐上客，我為降虜，繩縛我急，獨不可一言邪？」曹操本來聽了呂布的話，有些動搖，不想殺死呂布，便讓人為呂布「寬縛」，劉備急忙阻止，說：「不可。明公不見呂布事丁建陽、董太師乎？」呂布曾經先後為丁原（字建陽）、董卓的部將，丁、董二人都是被呂布親手殺死的。曹操明白了劉備的意思，點頭表示理解。呂布怒視劉備說：「大耳兒，最叵信！」[24]曹操遂命人把呂布勒死，並將陳宮、高順同時處死，然後將其人頭送許。

這件事，世人常謂劉備為人的譎詐程度不在曹操之下。誠然如此。但從劉備的角度看，他吃呂布的虧實在是太多了，乘機除掉後患，似乎也是可以理解的。如從更高更遠的方面想想，也不排除以下可能：劉備是怕曹操收容呂布以後，力量更振，終將於己不利。假若此點能夠成立，說明這時劉備已能謀及將來，不失是一位具有一定頭腦的人物。

四、擊斬楊奉

《三國志・先主傳》說：「楊奉、韓暹寇徐、揚間，先主邀擊，盡斬之。」這是發生在劉備駐小沛期間的事。

楊奉、韓暹是怎樣的一支軍事勢力呢？楊奉本是黃巾農民起義軍白波部的一個頭領，後投董卓為李傕部將。董卓被殺後，李傕、郭汜為亂，轉相攻戰於長安城中數月，一人劫天子，一人質公卿，死者萬數。史載：「傕將楊奉與傕軍吏宋果等謀殺傕，事泄，遂將兵叛傕。傕眾叛，稍衰弱。」[25]李傕的力量稍弱之後，漢獻帝得到機會脫離了李傕的控制，到了新豐（今陝西臨潼東北）、霸陵（今陝西西安東）間。郭汜又想控制天子，脅迫獻帝都郿（今陝西眉縣），獻帝逃奔楊奉營。楊奉打敗了郭汜。期間，楊奉被封為興義將軍。韓暹亦本農民起義軍白波部帥。興平二年十月，安集將軍、國戚董承密連楊奉，並由楊奉「急招」河東故白波帥韓暹、胡才、李樂等，共擊李傕、郭汜，護駕（獻帝）東歸。

建安元年七月，歷經艱危，漢獻帝在董承、楊奉、韓暹的護衛下，終於回到了洛陽。無疑，楊奉、韓暹護駕之功很大，因此楊奉被封為車騎將軍，屯梁（今河南開封以東，商丘及安徽碭山境）；韓暹被封為大將軍，領司隸校尉。同時，河內太守、安國將軍張楊因「以食迎於道路」，被封為大司馬，屯野王（今河南沁陽縣）。

楊奉、韓暹、張楊均係武人，俱乏政治才能。新的權力分配，很快便引發出新的矛盾。其中，最重要的是董承圖謀更大的權力。

當時，曹操在許，謀迎天子。正當曹操積極謀劃進駐洛陽的時候，時局發生了戲劇性變化。過去董承憑險拒操，不讓曹操的使者到長安見漢獻帝，但這時曹操突然收到董承「潛召」。史載，韓暹「矜功恣睢（居功狂妄），干亂政事，董承患之」。這說明，董承與韓暹之間權力之爭已經到了不可調和的程度。張楊則居功自傲，竟然將漢獻帝住的地方以自己的姓氏命名，稱為「楊安殿」。董承「潛召」曹操，給了曹操一個很好的機會。曹操當機立斷，立即率兵進駐洛陽，「詣闕（闕，指皇帝殿廷）貢獻，稟公卿以下，因奏韓暹、張楊之罪。」據載，漢獻帝曾出面為韓暹、張楊說話，「帝以暹、楊有翼車駕之功，詔一切勿問。」韓暹、張楊雖然當時沒有被殺，但他們明白自己不是曹操、董承的對手，「暹懼誅，單騎奔楊奉。」[26]

這時張楊、楊奉之兵均在外，韓暹又跑了，洛陽城中兵勢最大的就是曹操。曹操甚知如何利用天子，更知如何對付反對力量。八月辛亥，曹操自領司隸校尉，錄尚書事。庚申（西元一九六年十月七日），也就是在其自領司隸校尉的第九天上，曹操趁諸多外兵尚無察覺自己的意圖的情況下，按照原來的謀劃，迅即「移駕」（實是挾持）出洛陽，經轘轅（今河南偃師東南）而東，遷都於許。《三國志・武帝紀》說：「天子之東也，（楊）奉自梁欲要之，不及。」《後漢書・董卓傳》注引《獻帝春秋》說：「車駕出洛陽，自轘轅而東，楊奉、韓暹引軍追之。輕騎既至，操設伏兵要於陽城山峽中，大敗之。」

楊奉、韓暹兵敗以後，投奔袁術，助術為惡，並作為一支相對獨立的軍事力量「縱暴」於揚、徐之間。可見，楊奉、韓暹等的軍事存在，雖然勢力不大，卻因駐地較近，構成了對許都的威脅。

對於曹操來說，不能不除。

是年十月，曹操征楊奉，「奉南奔袁術，遂攻其梁屯，拔之。」[27]建安二年，袁術稱帝於壽春（今安徽壽縣），遣其大將張勳、橋蕤等聯合韓暹、楊奉趨軍下邳，攻打呂布。前已述及，呂布用沛相陳珪之計，策反韓暹、楊奉，韓、楊反戈一擊，聯合呂布，把袁術打得大敗。十一月，曹操征張繡期間，韓暹、楊奉在下邳，寇掠徐、揚，軍飢餓，想離開呂布到荊州去，呂布不答應。楊奉也是一個反覆人物，想利用劉備的軍事存在，謀取自己的利益：「知劉備與布有宿憾，私與備相聞，欲共擊布。」[28]

劉備時在呂布的卵翼之下，不敢妄動，又怕開罪曹操，更怕楊奉、韓暹得勢而為害自己，但自慮訴諸武力沒有必勝的把握，所以採用陰謀手段除掉了他們。

《資治通鑑》卷六二載，楊奉派人同劉備聯絡，「備陽許之。奉引軍詣沛，備請奉入城，飲食未半，於座上縛奉，斬之。」楊奉被殺，韓暹處於孤立無援之地，知將不保，想帶領十餘騎逃奔并州，結果未出沛國界，便「為杼秋（沛國屬縣）令張宣所殺」。[29]

劉備殺楊奉、韓暹，消滅了竄居徐、揚間的一股軍事勢力，主觀上，自然是為了剪除周圍的敵對勢力，以利自己的發展，但在客觀上卻為曹操消滅異己，征伐呂布、袁術的戰爭做出了貢獻。所以，也可看作是對於曹操的一種報答。

註釋

1 《三國志·魏書·陶謙傳》。
2 《後漢書·陶謙傳》。《三國志·魏書·陶謙傳》所記不同，說「死者萬數」。
3 《三國志·蜀書·先主傳》。
4 漢末大亂，牧守可以私相署置或自領，無須經過朝廷同意，最多上表打個招呼就可以了，所以常常出現一州數牧（刺史）。例如：當時，本有豫州刺史郭貢，駐譙，陶謙又表劉備為豫州刺史，駐小沛；本有公孫瓚所置青州刺史田楷，劉備又表孔融為青州刺史，繼而袁紹又以自己的兒子袁譚為青州刺史。
5 漢時，常尊稱州刺史為使君、郡太守為府君。
6 《三國志·蜀書·先主傳》。
7 《三國志·魏書·袁紹傳》。
8 《後漢書·袁術傳》。《三國志·魏書·袁術傳》裴松之引《英雄記》說，陳溫先為揚州刺史，自病死，袁術更用陳瑀為刺史，術敗封丘，南向壽春，瑀拒術不納，術更合軍攻瑀，瑀走下邳。其說不同。
9 《三國志·魏書·呂布傳》並注。
10 《三國演義》說戰爭是劉備奉曹操假傳的詔旨主動發起的，非是。
11 《資治通鑑》卷六二，獻帝建安元年。
12 《三國志·蜀書·先主傳》、《三國志·魏書·呂布傳》並注。
13 《三國志·蜀書·先主傳》不言劉備「請降」，而稱「先主求和於呂布，布還其妻子」。當以「請降」為是，因為呂布是以受降者的姿態，把劉備趕出徐州境界的。
14 《後漢書·呂布傳》。
15 《三國志·蜀書·先主傳》注引《英雄記》。
16 《三國志·蜀書·先主傳》說：「遣關羽守下邳，先主還小沛。」此記不對，正如《通鑑考異》所說：「遣關羽守下邳，此在布敗後，備傳誤也。」故不取。
17 《三國志·魏書·呂布傳》。
18 《後漢書·呂布傳》。
19 《三國志·魏書·荀彧傳》。
20 《三國志·魏書·郭嘉傳》注引《傅子》。
21 《後漢書·呂布傳》。
22 《後漢書·呂布傳》注引《北征記》說：「下邳城有三重，大城周四里，呂布所守也。魏武禽布於白門。白門，大城之門也。」酈道元《水經注》說：「南門謂之白門，魏武禽陳宮於此。」取酈說。

23《三國志・魏書・呂布傳》。

24《後漢書・呂布傳》。

25《後漢書・董卓傳》。

26《後漢書・董卓傳》。

27《三國志・魏書・武帝紀》。

28《資治通鑑》卷六二，獻帝建安二年。

29《資治通鑑》卷六二，獻帝建安二年。《後漢書・董卓傳》注引《九州春秋》謂：「暹失奉，孤特，與千餘騎欲歸并州，為張宣所殺。」如有千人之眾，當不輕易為張宣殺害，故取通鑑之說。

第三章　周旋於曹操袁紹之間

劉備協助曹操擒殺呂布於下邳之後，曹操沒有讓他留在下邳，更沒有恢復他徐州牧的地位，而是以車冑為徐州刺史，把他帶回了許昌。所以，史稱「先主復得妻子，從曹公還許」。據說，曹操待劉備甚厚，「表先主為左將軍，禮之愈重，出則同輿，坐則同席。又拜關羽、張飛，皆中郎將。」[1]

其實，雙方心裡都有一本帳。曹操甚知劉備為非常人等，不可輕易授以方鎮。劉備則盡力隱蔽自己的野心，韜光養晦，等待時機，爭取脫離曹操的直接控制。

曹操屬下很多人勸曹操乘機除掉劉備。東中郎將程昱對操說：「觀劉備有雄才而甚得眾心，終不為人下，不如早圖之。」曹操則表示：「方今收英雄時也，殺一人而失天下之心，不可。」[2]但隨後還是有人提這件事，說：「備有英雄志，今不早圖，後必為患。」曹操因問司空軍祭酒郭嘉，嘉認為劉備的確會成後患，但不同意把他殺掉，嘉答操說：「有是。然公提劍起義兵，為百姓除暴，推誠仗信以招俊傑，猶懼其未也。今備有英雄名，以窮歸己而害之，是以害賢為名，則智士將自疑，回心擇主，公誰與定天下？夫除一人之患，以沮四海之望，安危之機，不可不察。」曹操聽了這番話很高興，認為郭嘉說得很對。[3]不過對於郭嘉的態度，還有相反的第二種記載：「初，劉備來降，太祖以客禮待之，使為豫州牧。嘉言於太祖曰：『備有雄才而甚得眾心。張飛、關羽者，皆萬人之敵也，為之死用。嘉觀之，備終不為人下，其謀未可測也。

古人有言：一日縱敵，數世之患。宜早為之所。』」對於郭嘉的態度雖然有兩種截然不同的記載，但曹操的態度都是完全一致的，他聽了前一種郭嘉的話後，很高興，讚郭嘉曰「君得之矣」；聽了後一種郭嘉的話，記載上說：「是時，太祖奉天子以號令天下，方招懷英雄以明大信，未得從嘉謀。」其實，就郭嘉之善謀看，當以第一種態度為是。曹操、郭嘉都會顧及當時，慮及久遠，決不會做出那種殺一人而失天下人心的傻事。[4]

曹操和他屬下的擔心是有道理的。此後，劉備終其一生，大部分精力便主要用來對付曹操了。

受密詔，陰謀誅操

劉備入許以後，很快受到反對曹操的人的重視。他完全自覺地，而且非常隱蔽地參與了謀圖曹操的密謀活動。

一、參與誅殺曹操的密謀

《三國志·先主傳》載：「獻帝舅車騎將軍董承辭受帝衣帶中密詔，當誅曹公。」[5]董承找到劉備，劉備遂與董承及長水校尉种輯、將軍吳子蘭、王子服等謀誅曹操。

曹操待劉備甚厚，但劉備卻在曹操的眼皮底下暗地裡同董承等相結。如從忠君大義上說，這自然不僅不為非，而且是非常值得讚賞的；但是，如果從人與人之間的關係論，毫無疑問是劉備先負於曹操。

劉備參與了劉協、董承的陰謀活動，自然心中有些打鼓。史載，正當他們密謀於密室而未發的時候，有一天曹操請劉備吃飯，漫不經心地對劉備說，「今天下英雄，唯使君與操耳。本初（袁紹）之徒，不足數也。」[6] 劉備聞言，一是怕曹操把自己視為英雄，於己將會不利，二是以為曹操知道了什麼，嚇得兩手發抖，筷子掉在地上。當時正值雨天打雷，劉備遂掩飾說：「聖人言：『迅雷風烈必變』，良有以也。一震之威，乃至於此也。」[7] 很奇怪，足智多詐的曹操當時竟然沒有發現劉備之詐。由於二人各懷鬼胎，事後曹操怕劉備起疑心，「亦悔失言」，便派人到劉備的住所觀察動靜。《華陽國志．劉先主志》記載當時的情節說：「先主還沛解（廨），公（操）使覘（派人偷視）之，見其方披蔥（方披蔥，意謂正在栽蔥），使廝人為之，不端正，舉杖擊之。公曰：『大耳翁未之覺也。』」劉備知道曹操會來窺視動靜。他的聰明的「表演」，蒙蔽了曹操。其實，劉備如坐針氈，亟想逃出許都。

事有湊巧，時袁術已是窮途末路，想從下邳北走投袁譚，因此曹操便派劉備督將軍朱靈、路招等截擊袁術。

這是曹操決策上的錯誤。劉備既出，曹操心腹程昱、郭嘉和董昭等焦急地對操說：「劉備不可縱。」程昱說：「公前日不圖備，昱等誠不及也。今借之以兵，必有異心。」郭嘉說：「放備，變作矣。」董昭說：「備勇而志大，關羽、張飛為之羽翼，恐備之心未可得論也。」[8] 曹操聽了郭嘉、程昱、董昭等人的話，也醒悟了，但劉備已經走遠，追之不及。

劉備、朱靈截擊袁術，袁術不得過，返回壽春（今安徽壽縣），不久死去。袁術既南走而死，朱靈等還許，劉備遂據下邳。

也有記載說，不是曹操放歸劉備，而是劉備主動逃離許都的。如《三國志·先主傳》注引胡沖《吳歷》說：「曹公數遣親近密覘諸將有賓客酒食者，輒因事害之。備時閉門，將（帶領）人種蕪菁，曹公使人窺門。既去，備謂張飛、關羽曰：『吾豈種菜者乎？曹公必有疑意，不可復留。』其夜開後柵，與飛等輕騎俱去，所得賜遺衣服，悉封留之，乃往小沛收合兵眾。」此說雖然有趣而生動，並為小說家所採用和渲染，但不盡合理，所以裴松之雖引而置疑。裴松之說：「魏武帝遣先主統諸將要擊（要擊，意同邀擊，截擊）袁術，郭嘉等並諫，魏武不從，其事顯然，非因種菜遁逃而去。如胡沖所云，何乖僻之甚乎！」司馬光《資治通鑑》也不錄用胡沖《吳歷》之說，是有道理的。

二、徹底與曹操決裂

劉備到達下邳以後，乘機殺死曹操所置徐州刺史車冑，然後留關羽代理下邳太守事，自還小沛。獨自發展勢力，不再聽從曹操的號令。史謂：「備到下邳，殺徐州刺史車冑，反。」[9] 一個「反」字，表明劉備與曹操徹底決裂了，自此成為終生敵人。

應該說，劉備投靠曹操，隨操入許，得益甚多。其中最為重要的是，他不僅成了被朝廷正式承認的豫州牧，封宜城亭侯，而且先後得為鎮東將軍、左將軍。這樣，他在曹操的「幫助」下，也成了正式「拜爵受命」的人物。這一點，在當時的條件下，對於欲乘天下大亂謀大事者的作用是非常大的。因為從此，劉備也可以舉起受命「為國除賊」的旗幟了。

劉備回到小沛以後，東海昌豨（即昌霸）及郡縣大多叛操歸劉備。劉備兵馬很快發展為數萬人，即「遣從事北海孫乾自結於袁紹」，連兵共同對付曹操。

頓時，曹操由於決策錯誤，又增加了一股新的敵人，成了腹背受敵之勢。曹操遣司空長史劉岱、中郎將王忠擊劉備，結果沒有奏效。劉備傲氣十足地對劉岱等揚言，像你們這樣的人來一百個對我也沒辦法，即使曹操自己來，勝負也未可知。[10]

建安五年（二〇〇）正月，董承衣帶詔事暴露，曹操殺董承及王子服、种輯等，夷其三族。此時，曹操更知劉備其人，欲謀大事，不可不除。因此決定趁袁紹遲疑未發之際，親自率兵討伐劉備。

當時，曹操已經率軍駐紮官渡，諸將都不同意他親征劉備，他們說：「與公爭天下者，袁紹也。今紹方來而棄之東，紹乘人後，若何？」曹操對大家解釋說：「劉備，人傑也，今不擊，必為後患。」郭嘉支持曹操的決定，幫助曹操做說服諸將的工作，說：「紹性遲而多疑，來必不速；備新起，眾心未附，急擊之，必敗。此存亡之機，不可失也。」[11]

曹操同他的謀士及諸將很快統一了認識，立即率兵急趨而東，打了劉備一個措手不及。當時劉備錯誤地估計了形勢，認為曹操正與大敵袁紹對峙，不能東顧；及至探子來報曹操兵馬即到，便慌了手腳。《三國志・先主傳》注引《魏書》說：「是時，公（曹操）方有急於官渡，乃分留諸將屯官渡，自勒精兵征備。備初謂公與大敵連，不得東，而候騎（偵探騎兵）卒至，言曹公自來。備大驚，然猶未信。自將數十騎出望公軍，見麾旌，便棄眾而走。」曹操盡收其眾，虜備妻子，進拔下邳，擒關羽，又擊破昌豨。

對於這次戰爭，王夫之《讀通鑑論》（卷九）做過如下分析：一是戰爭是劉備為了制約袁紹而主動發動的，他說：「紹之進黎陽，圍白馬，操戰屢北，軍糧且匱，……操且必為紹禽。而先主遽發以先紹者，亦慮操為紹禽，而己擁天子之空質，則紹且梟張於外而逼我，孤危將為王允之續矣。惟先紹而舉，則大功自己以建，而紹之威不張。」二是袁紹不援劉備，亦不乘機襲擊曹操的後路，是怕「先主誅操入許而擁帝」，所以「今日弗進，亦猶昔者擁兵冀州，視王允之誅卓而為之援，其謀一也」。結果是，劉備與袁紹「兩相制，兩相持，而曹操之計得矣」。此種分析，純屬心理揣測，全無事實根據。

劉備剛剛積聚起來的軍隊被擊垮以後，無處安身，只有北奔袁紹一條路可走。於是急走青州見袁紹的兒子——青州刺史袁譚，通過袁譚投靠了袁紹。

曹操正月出征，當月還軍官渡，大約只有十數天的時間即解決了劉備的威脅，免除了兩面作戰的危險。足見，劉備所謂「曹公自來，未可知耳」[12]的話，實為壯膽之言，而非自信之語。

投袁紹，助戰官渡

《三國志．先主傳》載，劉備棄眾而逃，北走青州，「青州刺史袁譚，先主故茂才也，[13]將步騎迎先主。先主隨譚到平原，譚馳使白紹。紹遣將道路奉迎，身去鄴（今河北臨漳西南）二百里，與先主相見。」可見，袁紹父子非常看重劉備。正如〈先主傳〉注引《魏書》所說：「備歸紹，紹父子傾心敬重。」

劉備投靠袁紹之日，亦是曹操和袁紹準備在官渡決戰之時。劉備「駐月餘日，所失亡士卒稍稍來集」，遂即自以部眾歸袁紹驅使。

一、聯兵戰操於延津南阪下

建安五年（二〇〇）正月間，曹操擊潰劉備，俘虜了劉備的妻子和關羽。曹操不僅善待劉備的妻子，而且以關羽為偏將軍，示以重用。劉備、關羽各在一方，分別為袁紹和曹操效力。其中所謂斬顏良、誅文醜的故事，尤為小說家所樂道。其實，關雲長斬顏良是有的，但說文醜也是他斬殺的，卻不見於史籍，純屬於張冠李戴。

顏良、文醜確屬袁紹猛將，所以孔融在反對曹操出兵戰袁紹時說出了如下的話：「紹地廣兵強；田豐、許攸，智計之士也，為之謀；審配、逢紀盡忠之臣也，任其事；顏良、文醜，勇冠三軍，統其兵，殆難克乎！」但也正如荀彧所說：「紹兵雖多而法不整，田豐剛而犯上，許攸貪而不治，審配專而無謀，逢紀果（決斷）而自用，……顏良、文醜，一夫之勇耳，可一戰而禽也。」[14]

建安五年二月，曹操還軍官渡（今河南中牟東北）。袁紹進軍黎陽（今河南浚縣東北），遣其將郭圖、淳于瓊和顏良渡河攻東郡太守劉延於白馬（今河南滑縣境）。夏四月，曹操北救劉延，荀攸對曹操說：「今兵少不敵，分其勢乃可。公到延津（今河南延津境，在白馬以西），若將渡兵向其後者，紹必西應之，然後輕兵襲白馬，掩其不備，顏良可禽也。」[15]曹操採納了荀攸的計策，引兵西向延津。袁紹聞操將渡河擊其後，立即分兵西應；操乃引軍東趨白馬，直到離顏良營地十餘里，顏良才發現曹軍，大驚，倉促迎戰。操使裨將軍張遼、偏將軍關羽為先鋒率先擊敵，關羽「望見（顏）良麾蓋，策馬刺良於萬眾之中，斬其首還，紹諸將莫能當者，遂解白馬圍。」[16]

曹操「聲東擊西」的戰術獲得了圓滿成功，關羽斬顏良也立了大功，曹操遂表封關羽為漢壽亭侯。

曹操解白馬圍，然後「徙其民，循河而西」。袁紹氣極，命令文醜和劉備渡河追操。劉備和文醜所部到達延津南，曹操勒兵駐營白馬山南阪下，立即醞釀成誘敵之計。他令人登高瞭望來敵情況。瞭望哨先是報告大約有五六百騎來到；繼而報告，又來了一些騎兵和不可勝數的步兵。曹操說，不用報告了。遂令騎兵「解鞍放馬」。是時，自白馬撤下的輜重都放在路上。諸將以為敵騎多，不如還保營。荀攸明白曹操的計謀，對大家說：「此所以餌敵，如何去之。」不久，劉備和紹將文醜率領五六千騎兵先後來到，諸將說，可以上馬了。曹操說，還沒到時候。不一會兒，敵騎來得更多了，而且分頭爭搶輜重。曹操說，可以上馬了。時曹操騎兵不滿六百，縱兵而出，大破紹軍五六千騎，斬其將文醜。曹操的誘敵戰術獲得了成功。劉備倖免於死，落荒而走。

講到顏良、文醜被誅的事，不能不談一下關羽反覆於曹操、劉備之間的問題。曹操一貫重視人才的籠絡和使用。他不疑歸從，對於歸從的人，不管是文官，還是武將，都以誠相待，聽其言，重其謀，授以重任，不以外人視之，致力於盡速將其變為自己的心腹。他大膽用降，量功必賞。曹操屬下屢建功勳的武將和卓有才華的文臣，有不少是其主人失敗後投降曹操的。曹操對待這些人，尤其注意待之以誠，授以實權，使其冰釋疑慮，盡力國事。例如：張遼，本呂布屬下，降操，拜為中郎將，賜爵關內侯，數有戰功，累遷裨將軍、蕩寇將軍、征東將軍。張郃，本袁紹部下，降操，拜為偏將軍，封都亭侯，常被委以先鋒之任，以功遷平狄將軍，後拜蕩寇將軍。文聘，本劉表大將，表死，歸操，操使將北兵追討劉備於長阪，隨後拜為江夏太守，使典北兵，委以邊事，官至討逆將軍，封延壽亭侯。龐德，本馬超部將，降操，曹操聞其驍勇，拜立義將軍。文官如陳琳，為袁紹所用，寫了《討曹檄文》，袁氏敗，歸操，曹操「愛其才而不咎」，遂以琳與阮瑀並為司空軍謀祭酒（官名）。更可貴的是，曹操還敢於拔將才於卒伍之間。如：樂進，本為曹操帳下吏，以功封廣昌亭侯、游擊將軍、折衝將軍。于禁，本為濟北相鮑信部從，頻建軍功，遷偏將軍，繼拜虎威將軍。典韋，本張邈部下士卒，曹操收做自己的貼身護衛，「將親兵數百人，常繞大帳」，升官校尉。正是有這樣的思想，所以曹操非常看重關羽，擒歸以後，「拜為偏將軍，禮之甚厚」，期其為用，態度是坦誠的。但關羽對於曹操卻心存芥蒂。

《三國志・關羽傳》注引《蜀記》說：「曹公與劉備圍呂布於下邳，關羽啟公（啟公，向曹操陳述意見），布使秦宜祿行求救（行，行將，將要），乞娶其妻，公許之。臨破，又屢啟於公。公疑其（秦宜祿妻）有異色，先遣迎看，因自留之，羽心不自安。」《華陽國志・劉先主志》說：「先主（備）與公（操）獵，羽欲於獵中殺公。先主為天下惜，不聽。故羽常懷懼。」由此可見，關羽謀歸劉備，心懷忠義固然是其重要的內在因素，但心懷疑懼也是他不敢久居曹營的重要原因。

關羽離操而走歸劉備，肯定是在建安五年四月斬殺顏良以後、七月劉備南略汝、潁之前。兩條記載可以作證。《三國志・武帝紀》說，顏良、文醜被斬以後，「紹軍大震，公（操）還軍官渡，紹進保陽武（今河南原陽境），關羽亡歸劉備。」《三國志・關羽傳》說：「初，曹公壯羽為人，而察其心神無久留之意。謂張遼曰：『卿試以情問之。』既而遼以問羽，羽歎曰：『吾極知曹公待我厚，然吾受劉將軍厚恩，誓以共死，不可背之。吾終不留，吾要當立效以報曹公乃去。』遼以羽言報曹公，曹公義之。及羽殺顏良，曹公知其必去，重加賞賜。羽盡封其所賜，拜書告辭，而奔先主於袁軍。左右欲追之，曹公曰：『彼各為其主，勿追也。』」可見，此時袁紹在陽武，劉備隨袁紹軍行動，當駐陽武、延津、黎陽一線，尚未離開袁紹而南略汝、潁；曹操駐軍官渡，關羽身在曹營為偏將軍，當在官渡至白馬一線。兩軍相距不遠。所以，關羽「奔先主於袁軍」實際是由曹軍駐紮地到袁軍駐紮地，絕對不會出現像《三國演義》所說先是離許而西取路洛陽，然後再東折長驅至滑州，繼而聞劉備在汝南，復南向，既至汝南，又知劉備北還，再北折至河北，東西南北跋涉數千里。因此，也絕不會發生過五關斬六將的事。[17]

二、受袁紹派遣，攻略汝、潁之間

曹操軍斬顏良、文醜後，還屯官渡，袁紹則屯陽武，兩軍處在相持態勢中。建安五年七月，汝南黃巾劉辟等背叛曹操而與袁紹相呼應。劉辟攻略許下，頓時對曹操後方構成威脅，所以袁、曹雙方都很重視。袁紹立即派遣劉備率兵幫助劉辟，據說，「郡縣多應之」。

劉備攻略汝、潁之間，「自許以南，吏民不安」。曹操深以為憂。厲鋒校尉曹仁向曹操分析形勢，指出兩點：一是南方郡縣投靠劉備是形勢所迫。他認為，「南方以大軍（指曹軍）方有目前急，其勢不能相救，劉備以強兵臨之，其背叛固宜也。」二是打敗劉備並不困難。他認為，劉備剛剛統領袁紹的士兵，「未能得其用，擊之可破也。」於是，曹操遂派曹仁率領騎兵擊劉備，「破走之，仁盡復收諸叛縣而還。」據載，與此同時，袁紹還另遣別將韓荀由西路趨攻許昌，曹仁擊敗劉備後，又由西路趨師北上，擊韓荀於雞洛山（今河南密縣東南之徑山），也大破之。袁紹派出的兩股兵力都失敗了，「由是紹不敢復分兵出。」[18]

劉備失敗後，又北走，回到了袁紹那裡。

劉備附於袁紹麾下，前後年餘，對袁紹為人有了進一步的認識，知其剛愎自用，不善大謀，終難共成大事。為了獨立發展自己的勢力，他「陰欲離紹」，最後終於想出了「勸袁紹南聯劉表」的策略。袁紹南聯劉表有利於牽制曹操的兵力，固然是其原有之議，但從另一角度看，急准劉備南去，實際也是上了劉備試圖遠離的圈套。

在此期間，劉備部屬中增加了一位新的驍將，他就是趙雲。前已述及，劉備歸依公孫瓚時，結好趙雲，趙雲曾受公孫瓚之遣，為劉備主騎，抗拒袁紹。劉備投靠袁紹後，趙雲見劉備於鄴。劉備「與雲同床眠臥，密遣雲合募得數百人，皆稱劉（備）左將軍部曲，紹不能知」。

建安五年秋，袁紹派劉備率領本部兵馬再至汝南。劉備背著袁紹讓趙雲建立的隊伍，自然也跟著劉備到了荊州地界。

劉備到汝南後，即與黃巾龔都（一作共都）等部聯合，有眾數千人。曹操得知消息後，立即派遣葉縣守將蔡揚（亦作蔡楊或蔡陽）出擊劉備、龔都。當時，曹操的主要兵力，大都在河北前線，劉備知蔡揚兵力有限，且非名將，因而再次聲言：「吾勢雖不便，汝等（指蔡揚）百萬來，未如吾何；曹孟德單車來，吾自去。」[19]寥寥數語，反映了他戰勝蔡揚的自信，也反映了他對曹操的心理恐懼。蔡揚輕視了這支剛剛聯合起來的隊伍，輕進遽擊，結果失利。

《三國志．武帝紀》說，曹操「遣蔡揚擊（龔）都，不利，為都所破」。《先主傳》和《華陽國志．劉先主志》記載不同，說蔡揚「為先主所殺」。《資治通鑑》取後者，稱「為備所殺」。記載不同，說明蔡揚是在龔都和劉備的聯合攻擊下陣亡的。但不管哪種記載，都沒有提到關羽斬蔡揚的事。

註釋

1《三國志・蜀書・先主傳》。
2《三國志・魏書・武帝紀》。
3《三國志・魏書・郭嘉傳》注引《魏書》。
4《三國志・魏書・郭嘉傳》注引《傅子》。
5舅，指謂甚多，此指岳丈，不是國舅。裴松之注謂：「董承，漢靈帝母董太后之侄，於獻帝為丈人。蓋古無丈人之名，故謂之舅也。」誤。盧弼《三國志集解》注引各家說指出，董承不是后族。按，《後漢書・伏后紀》：「董承女為貴人，操誅承而求貴人殺之。」可見，董承是漢獻帝的岳丈。
6《三國志・蜀書・先主傳》。
7《華陽國志・劉先主志》。
8《三國志・魏書・武帝紀》、〈程昱傳〉、〈郭嘉傳〉注引《傅子》、〈董昭傳〉。
9《三國志・魏書・董昭傳》。
10參見《三國志・魏書・武帝紀》注引《獻帝春秋》、《華陽國志・劉先主志》。
11《三國志・魏書・武帝紀》並〈郭嘉傳〉注引《傅子》。
12《三國志・魏書・武帝紀》注引《獻帝春秋》。
13袁譚，汝南人，《三國志集解》注引錢大昕說：「汝南在豫州部，先主領豫州牧，得舉譚茂才。」
14《三國志・魏書・荀彧傳》。
15《三國志・魏書・武帝紀》。
16《三國志・蜀書・關羽傳》。
17《三國志・蜀書・先主傳》記謂「紹遣先主將兵與辟等略許下。關羽亡歸先主」。是並記兩件事，沒有時間上的先後關係。
18以上參閱《三國志・魏書・曹仁傳》、《資治通鑑》卷六三。
19《華陽國志・劉先主志》。

第四章　試圖在荊州發展

劉備聯合黃巾襲都部戰勝曹操守將蔡揚部以後，遂在汝南發展勢力。不久，官渡之戰結束，「曹公既破紹，自南擊先主。」劉備最怕曹操親征，正如他自己所說的「曹孟德單車來，吾自去」。自知不敵，於是遣糜竺、孫乾與劉表聯繫，情願依附於劉表。

據載，「公（操）南征備，備聞公自行，走奔劉表，（襲）都等皆散。」[1]

事實上，曹操這次南征劉備，也是向劉表耀兵。史謂，建安六年春，曹操曾「以袁紹新破，欲以其間擊劉表」。他的重要心腹、尚書令荀彧覺得條件尚不成熟，指出：「（袁）紹既新敗，其眾離心，宜乘其困，遂定之；而欲遠師江、漢，若紹收其餘燼，乘虛以出人後，則公（操）事去矣（意謂已取得的優勢就失掉了）。」[2]因此，曹操沒有發動這次行動。亦正因如此，九月間，曹操南擊劉備，劉備逃依劉表時，曹操沒有追擊他。

劉表，字景升，山陽高平（今山東魚台境。一說在今金鄉境）人，西漢魯恭王劉餘之後。黨錮期間，曾是一個有點名氣的黨人，「與同郡張儉等俱被訕議」，為「八顧」之一。[3]獻帝初平元年（一九〇），長沙太守孫堅攻殺荊州刺史王叡，詔書以劉表為荊州刺史。劉表「單馬入宜城（今湖北宜城南），請南郡人蒯越、襄陽人蔡瑁共謀劃」。在蒯越等人的幫助下，他平定江南，遂有「南接五嶺，北據漢川，地方數千里」之地和「帶甲十餘萬」之眾。史載，劉表「招誘有方，威懷兼洽（威懾、懷柔兩手並用）」、「萬里肅清，大小咸悅而服之」。兗、豫諸州及關西「學士歸者蓋有千數」。《劉鎮南碑》對於他的政績還誇張地說：「勸穡務農，以田以漁，稌粟紅腐（謂糧食吃不完，變質了。稌，音ㄊㄨˊ，稻），年穀豐夥。江湖之中，無劫掠之寇，沅湘之間，無攘竊之民。……當世知名，輻輳而至，四方負襁（背著孩子），自遠若歸，窮山幽谷，於是為邦，百工集趣，機巧萬端，器械通變，利民無窮。鄰邦懷慕，交、揚、益州，盡遣驛使，冠蓋相望。下民有康哉之歌（康哉，出《尚書·益稷》『庶事康哉』之語，用以讚頌時勢安寧），群后有歸功之緒（意謂各路諸侯不斷把功勞歸於劉表）。」可見，在北方連年戰爭的時候，而劉表統治的荊州是相對穩定的。他自己也頗知清廉之要，「在荊州幾二十年，家無餘積。」但是，劉表乃一儒人，胸無大志，謀無遠慮，不習軍事，試圖「愛民養士，從容自保」。所以，曹操與袁紹爭持期間，他既不助袁，也不援操，欲坐觀天下之變。[4]

劉表對劉備來歸很重視。他懷著忐忑不安的心情，親自「郊迎」這位徒有虛名的豫州刺史，「以上賓禮待之，益其兵，使屯新野。」[5]這是建安六年九月的事。

劉備從劉表那裡得到了多少兵，史籍沒有記載。但是，劉表准其作為一個軍事實體獨立存在，卻是劉備所求之不得的。

三顧茅廬請諸葛

劉備屯駐新野（河南今縣），急謀發展，抓緊時間廣攬人才，因而「荊州豪傑歸先主者日益多」。[6]

一、徐庶、司馬徽共薦臥龍

據《三國志．諸葛亮傳》和注引《襄陽記》等書載，是徐庶和司馬徽分別向劉備推薦了諸葛亮。

徐庶，本名福，字元直，潁川人。「本單家子（按：猶言出身單寒之家）。」[7]初習武，後事文。「少好任俠擊劍。」曾經為了替人報仇，「白堊（音ㄜˋ，白土）突（塗）面，被（披）髮而走，為吏所得，問其姓字，閉口不言」，險些被殺，幸「其黨伍共篡解之（意為黨徒朋友們用強力奪取），得脫」。他對朋友們的搭救很是感激。嗣後，「棄其刀戟，更疏巾單衣，折節學問。」據說，開始的時候，他到精舍（學校）去，「諸生聞其前作賊，不肯與共止（共止，一起居住）。（徐）福乃卑躬早起，常獨掃除，動靜先意（先意，揣度對方意思，察言觀色），聽習經業，義理精熟。遂與同郡石韜相親愛。」可見他是一個文武都有一些本事的人。後來，「中州兵起，乃與（石）韜南客荊州，到，又與諸葛亮特相善。」[8]〈諸葛亮傳〉說，徐庶投到劉備幕下，「先主器（重）之。」徐庶與諸葛亮「特相善」，甚知其能，對劉備說：「諸葛孔明者，臥龍也，將軍豈願見之乎？」劉備說：「君與俱來。」庶說：「此人可就見，不可屈致也。將軍宜枉駕顧之。」由是「先主遂詣亮，凡三往，乃見」。

司馬徽，字德操，潁川人，「清雅有知人鑑（有知人鑑，意謂有知人之明）。」[9]據《三國志．龐統傳》注引《襄陽記》載，龐統的叔叔、諸葛亮小姊的公公龐德公亦甚知人，龐德公曾將司馬徽與諸葛亮、龐統並稱，說：「諸葛孔明為臥龍，龐士元為鳳雛，司馬德操為水鏡。」劉備訪世事於司馬德操，德操自謙，自稱為「儒生俗士」，不自比於諸葛亮和龐統，說：「儒生俗士，豈識時務？識時務者在乎俊傑。此間自有伏龍、鳳雛。」劉備問為誰，德操回答說：「諸葛孔明、龐士元也。」[10]

劉備通過與徐庶、司馬徽的接觸，知道了諸葛亮、龐統以及客居荊州的潁川石韜（廣元）、博陵崔州平、汝南孟建（公威）等，皆欲攏之。這都是一些待機而出的人物，並不是隱士。但他們中的多數，既知劉表無能，不願在荊州為官，也不看重劉備，而是傾向於北還，到曹操那裡做官。如石廣元北歸仕魏，歷任郡守、典農校尉等職；孟公威「思鄉里，欲北歸」，諸葛亮對他說「中國（按：指中原）饒（多）士大夫，遨遊何必故鄉邪」，公威不聽，終北歸，在魏「貴達」，為涼州刺史，有治名，官至征東將軍。[11]至於崔州平，乃漢末太尉崔烈之子，兄崔鈞為西河太守，自然志在謀官，可惜史失其事，不知所終。

二、諸葛亮隆中對策

諸葛亮，字孔明，琅邪陽都（治今山東沂南南）人。史謂：「其先葛氏，本琅邪諸縣（今山東諸城）人，後徙陽都。陽都先有姓葛者，時人謂之諸葛，因以為氏。」[12]其先祖諸葛豐曾在西漢元帝時做過司隸校尉，父親諸葛珪在東漢末年做過泰山郡丞。可見，諸葛亮出身並非寒苦之家，因而能夠得到較好的學問教養。不幸的是，在他尚未成年的時候，父親死了，成了孤兒，不得不跟隨叔父諸葛玄生活。《三國志・諸葛亮傳》說：「亮早孤，從父玄為袁術所署豫章太守，玄將（帶著）亮及亮弟均之官。」諸葛玄到達豫章後，不久，漢朝中央「更選朱皓代玄」。諸葛玄丟了官以後，無所止，由於素與荊州牧劉表有舊，便「往依之」。[13]諸葛玄死後，諸葛亮與弟弟諸葛均開始獨立生活，安家於襄陽城西二十里隆中，並親自參加田間勞動。史稱「玄卒，亮躬耕隴畝，好為《梁父吟》。[14]身長八尺（約近一．九公尺的大個子），每自比於管仲、樂毅，時人莫之許也。惟博陵崔州平、穎川徐庶元直與亮友善，謂為信然」。[15]可見：諸葛亮雖然躬耕田畝之中，但並不是一個安心於農的標準的農民，而是一面種田，一面研究學問、吟詠歌賦，一面廣交朋友、結交名士、擴大自己的影響，一面綜觀天下之變、測度諸雄（各路軍閥）優劣、討論時政、謀劃安定大局的策略。心懷大志、待機而出的急迫心情躍然紙上。他的一些親近友好都很清楚諸葛亮試圖「出山」有所作為，因而譽稱其為「伏龍」、「臥龍」。所謂「臣本布衣，躬耕於南陽，苟全性命於亂世，不求聞達於諸侯」云云，實為後來自為之辭，非為出山之前的真實心情。

劉備三顧茅廬問策諸葛亮於隆中。隆中對策確立了劉備嗣後戰略決策的指導思想，重要意義不可低估。《三國志．諸葛亮傳》記錄了二人在沒有任何人參加的情況下的談話內容。劉備問曰：「漢室傾頹，奸臣竊命，主上蒙塵（指皇帝蒙難）。孤不度德量力，欲信（伸）大義於天下，而智術短淺，遂用猖獗（謂以往所為都失敗了），至於今日。然志猶未已，君謂計將安出？」諸葛亮成竹在胸，當即將久經醞釀的一番話說了出來：

> 自董卓已來，豪傑並起，跨州連郡者不可勝數。曹操比於袁紹，則名微而眾寡，然操遂能克紹，以弱為強者，非惟天時，抑亦人謀也。今操已擁百萬之眾，挾天子而令諸侯，此誠不可與爭鋒。孫權據有江東，已歷三世，國險而民附，賢能為之用，此可以為援而不可圖也。荊州北據漢、沔，利盡南海，東連吳、會，西通巴、蜀，此用武之國，而其主不能守，此殆天所以資將軍，將軍豈有意乎？益州險塞，沃野千里，天府之土，高祖因之以

成帝業。劉璋暗弱，張魯在北，民殷國富而不知存恤，智能之士思得明君。將軍既帝室之冑，信義著於四海，總攬英雄，思賢如渴，若跨有荊、益，保其岩阻，西和諸戎，南撫夷越，外結好孫權，內修政理，天下有變，則命一上將將荊州之軍以向宛、洛，將軍身率益州之眾出於秦川，百姓孰敢不簞食壺漿以迎將軍者乎？誠如是，則霸業可成，漢室可興矣。

隆中對策要在三點：第一，剖析形勢，進而指出北不可與曹操爭鋒，南不可謀襲孫權，荊、益地險而主弱，可相機據而有之；第二，確定戰略，這就是跨有荊、益，西和諸戎，南撫夷越，東結孫權，北拒曹操；第三，突出人謀和賢能為之用的思想。

劉備很欣賞諸葛亮的隆中對策，連連稱「善」。因而把諸葛亮視為高人，收為心腹，佐謀於幕府之中。據說，劉備與諸葛亮情好日密，惹得關羽、張飛等不高興，劉備對他們說：「孤之有孔明，猶魚之有水也。願諸君勿復言。」關羽、張飛等聞此，不僅知道了諸葛亮在劉備心目中的地位，而且也知道了諸葛亮韜略過人，因而也就不復再言了。

當然，也有另說。如〈諸葛亮傳〉注引晉人孫盛《魏略》和司馬彪《九州春秋》都說是諸葛亮主動求見劉備的：「劉備屯於樊城。是時曹公方定河北，亮知荊州次當受敵，而劉表性緩，不曉軍事。亮乃北行見備，備與亮非舊，又以其年少（亮，時年二十七歲），以諸生意待之（用對待一般知識分子那樣待之）。坐集既畢，眾賓皆去，而亮獨留，備亦不問其所欲言。備性好結毦（毦，音ㄦˇ。羽毛裝飾品），時適有人以牦牛尾與備者，備因手自結之。亮乃進曰：『明將軍當復有遠志，但結毦而已邪！』備知亮非常人也，乃投毦而答曰：『是何言與，我聊以忘憂耳。』亮遂言曰：『將軍度劉鎮南（表）孰與曹公邪？』備曰：『不及。』亮又曰：『將軍自度何如也？』備曰：『亦不如。』曰：『今皆不及，而將軍之眾不過數千人，以此待敵，得無非計乎！』備曰：『我亦愁之，當若之何？』亮曰：『今荊州非少人也，而著籍者寡（登錄在籍的少），平居發調（平常按戶籍徵收稅賦），則人心不悅；可語鎮南（劉表），令國中凡有游戶，皆使自實（自實，按實際情況自報），因錄以益眾可也。』備從其計，故眾遂強。備由此知亮有英略，乃以上客禮之。」劉備聽從了諸葛亮的建議，通過劉表徵錄「游戶」壯丁，擴大了自己的隊伍。對此，南朝宋人裴松之提出非議，認為既然諸葛亮〈出師表〉中講到「先帝不以臣卑鄙，猥自枉屈，三顧臣於草廬之中，諮臣以當世之事」，所以不是諸葛亮主動找劉備是很清楚的。我認為，可能性是極大的，所以不妨備此一說，兩說並存。因為：第一，諸葛亮喜歡自比管仲、樂毅。管、樂均文韜武略過人，而且都是善於主動求仕者。管仲，春秋時期齊人，「三仕三見逐於君」，最後得到齊桓公重用。「管仲既用，任政於齊，齊桓公以霸，九合諸侯，一匡天下，管仲之謀也。」[16]樂毅，戰國時期趙國人，得知燕昭王招賢，「遂委質為臣」。燕昭王使樂毅為上將軍，配相國印，聯合趙、楚、韓、魏等國伐齊，「徇齊（攻取齊地）五歲，下齊七十餘城，皆為郡縣以屬燕。」他的〈報燕惠王書〉，至今讀來令人感歎不已。[17]

第二，諸葛亮等待時機而謀仕進的意願早已明顯流露。如本傳注引孫盛《魏略》說：「亮在荊州，以建安初與潁川石廣元、徐元直、汝南孟公威等俱遊學，三人務於精熟，而亮獨觀其大略。每晨夜從容，常抱膝長嘯，而謂三人曰：『卿三人仕進可至刺史郡守也。』三人問其所至（意謂三人問亮能做到多大的官），亮但笑而不言。後公威思鄉里，欲北歸，亮謂之曰：『中國饒士大夫，遨遊何必故鄉邪！』」這說明，諸葛亮的抱負是很大的，雖然沒有打算北向投曹謀官，但什麼刺史、郡守都不放在眼裡。裴松之認為，孫盛《魏略》此言，「謂諸葛亮為公威計者可也，若謂兼為己言，可謂未達其心矣。老氏（老子）稱知人者智，自知者明，凡在賢達之流，固必兼而有焉。以諸葛之鑑識，其不能自審其分乎？」顯然，這是一種想當然的分析，沒有事實根據。第三，孫盛、司馬彪，皆晉人，去時不遠。兩人皆書其事，當非空穴來風。

由上可見，先有諸葛亮主動求見，後有劉備親顧問策，遂禮而用之，不是沒有可能。其實，不管何種情形，都無損於劉備善用諸葛亮之明。自然，對於諸葛亮形象的樹立，後者似乎不如前者，但亦無損大局。

這裡還需要指出的是，〈隆中對〉出自陳壽《三國志・諸葛亮傳》，文字工整嚴密，述事若合符契，顯係後來整理過的語言。正因如此，難免真假之諷。竊以為，雖如此，但其基本內容當非偽造，因就當時的形勢言，有頭腦的政治家作此判斷並不困難。

劉表「託國」

劉備屯駐新野（河南今縣），聲名日播，荊州豪傑圖謀前程者紛紛投靠。這種情形，自然引起劉表的注意，所以便有了「表疑其心，陰禦之」[18]的記載。由此看出，劉表對於劉備待以上賓之禮，乃是表面現象，而心懷疑慮則是其真實的心理狀態。

劉表「陰禦」劉備的方法，最主要的有兩點。一是表示「信任」和「重用」，讓他拒守邊埸，離開新野。這是一箭雙鵰的計畫，既讓劉備離開了臨時根據地新野，又讓他為自己拒敵於邊埸。二是表示「親熱」，將他羈縻於襄陽，使離軍事。無疑，這後一種則是更深一步的陰謀。

劉備對於劉表的心思自然是明白的。因此，他能自覺而有效地利用劉表所提供的條件，既能暫安於荊州地域，又能適度發展自己，相機而動。

一、博望誘戰夏侯惇

史載，劉表使劉備「拒夏侯惇、于禁等於博望（今河南南陽東北）。久之。先主設伏兵，一旦自燒屯偽遁，惇等追之，為伏兵所破」。[19] 既謂「久之」，可見是有一段比較長的時間離開了新野，駐紮在同曹操軍事接壤的地區；並且曾經主動發動過一次戰役，取得小勝，打敗了曹操名將伏波將軍、河南尹夏侯惇和虎威將軍于禁。

《三國志．李典傳》記載了這次戰爭的簡單情況：「劉表使劉備北侵，至葉（今河南葉縣西南），太祖（操）遣（李）典從夏侯惇拒之。備一旦燒屯去，惇率諸軍追擊之，典曰：『賊無故退，疑必有伏。南道狹窄，草木深，不可追也。』惇不聽，與于禁追之，典留守。」夏侯惇中了劉備的埋伏，「戰不利，典往救，備望見救至，乃散退。」[20]

劉備用誘敵深入的計策打贏了這一仗。取得小勝，但未敢主動擴大戰果。這是他一生中少有的勝仗之一。這次戰爭，規模雖然不大，但因對方是曹操的名將，所以大大增強了劉備在荊州地界的威望，也更加增大了劉表對劉備的疑慮，使劉表感覺到讓劉備遠離自己而親臨軍事前線，並不是制約的好辦法。

二、羈縻於襄陽、樊城

劉表的第二手是，將劉備羈縻於襄陽、樊城（兩城均屬今湖北襄樊市），讓其離開軍事前線，率領部伍屯駐樊城。劉表做荊州牧，治襄陽，而樊城與襄陽隔水相望。這樣，從地域上看，劉表便讓劉備駐紮到了自己的眼皮底下。無疑，這更有利於掌握和窺測劉備的動向。但是，這樣又不免使劉表產生了新的疑慮。《三國志．先主傳》注引《世語》說：「備屯樊城，劉表禮焉，憚其為人，不甚信用。」相對來說，屯駐樊城，其實也不是劉備所希望的。他所希望的是能在荊州地域內，不受控制和限制地、更方便地發展自己的勢力。

劉備羈於襄陽、樊城的時間可能比駐兵在外更長。所以留下了不少有趣的故事。如《三國志．先主傳》注引《九州春秋》說：「備住荊州數年，嘗於表坐起至廁，見髀（大腿）裡肉生，慨然流涕。還坐，表怪問備，備曰：『吾常身不離鞍，髀肉皆消。今不復騎，髀裡肉生。日月若馳，老將至矣，而功業不建，是以悲耳。』」這是劉備慨歎事業不成，更是意欲擺脫劉表的羈縻而想出的一條試圖打動劉表心靈的計策。劉表懦暗，自然看不出來，而反為所動。

另外，還有一些更具戲劇性、信疑參半的記載，如同書注引《世語》說：劉表「曾請備宴會，蒯越、蔡瑁欲因會取備，備覺之，偽如廁，潛遁出。所乘馬名的盧，[21]騎的盧走，墮襄陽城西檀溪水中，溺不得出。備急曰：『的盧：今日厄矣，可努力！』的盧乃一踴三丈，遂得過，乘桴（桴，小竹筏）渡河，中流而追者至，以（劉）表意謝（告別）之，曰：『何去之速乎！』」對此，晉人孫盛說：「此不然之言。備時羈旅，客主勢殊，若有此變，豈敢宴然終表之世而無釁故乎？此皆世俗妄說，非事實也。」其實，蒯越乃劉表重要謀臣，蔡瑁係劉表忠實心腹，素忌劉備，既知劉表「不甚信用」劉備，圖謀除之是完全可能的。劉備當然亦知劉表及其謀臣的心思，在一種特殊環境下不辭而別也會是有的。至於「馬躍檀溪」，當然屬於誇張性的描述。

三、勸劉表襲擊曹操後路

官渡之戰，曹操打敗了袁紹。袁紹「慚憤，發病嘔血」而死。嗣後，曹操曾在先征劉表，還是先徹底解決袁紹的兒子袁尚（自領冀州牧）、袁譚（青州刺史）、袁熙（幽州刺史）及其外甥高幹（并州刺史）霸居北方的問題，猶豫過。我在《曹操傳》中曾作如下表述：自建安七年九月至第二年三月，曹操大戰袁譚、袁尚於黎陽，最後譚、尚敗退還鄴。譚、尚敗退之後，諸將欲乘勝追擊，曹操欲待其變而攻之。郭嘉更知袁氏內部狀況，勸操待變，對操說，袁紹愛此二子，生前沒有定下立誰，現在郭圖、逢紀等分別為譚、尚的謀臣，必交鬥其間，他們回軍之後必將分裂，「急之則相持，緩之而後爭心生，不如南向荊州若征劉表者，以待其變，變成而後擊之，可一舉定也。」[22]何謂「若征」？就是擺出一個征討的架式，並不是真正的用兵。曹操最善示假，而且屢屢得手。他稱讚並採納了郭嘉的計謀，遂示以南征劉表的假象，建安八年五月率軍自北還許，然後大張旗鼓「南征」。果如曹操、郭嘉所料，不久，袁氏兄弟反目，袁譚攻袁尚，譚敗，兵還南皮（今縣）；袁尚率兵攻譚，譚又敗，奔平原（今縣）。譚不懂得「唇亡齒寒」、「兄弟鬩於牆」的嚴重後果，竟遣辛毗向曹操求救。時，操已耀兵南下，軍駐西平（治今河南西平西）。辛毗至西平見操，轉達袁譚求救之意。因為軍已南向，群下多以為劉表強，袁氏兄弟不足憂，應該先平劉表。荀攸則支持曹操、郭嘉的預謀，認為應該乘亂而取河北。荀攸做了兩方面的分析：一是認為劉表雖強但不可怕，「天下方有事，而劉表坐保江、漢之間，其無四方志可知矣」；二是指出袁氏仍有勢力，如果兄弟「和睦以守其成業，則天下之難未息也」。今兄弟構惡，此勢不兩全，……及其亂而取之，天下定矣，此時不可失也」。[23]在此謀略的指導下，不幾年，曹操便消滅了袁譚，打敗了袁尚，穩定了北方，自己兼做了冀州牧。

建安十二年（二〇七），曹操決定北征烏桓，進而徹底消滅袁紹兒子袁尚、袁熙的殘餘勢力。荊州得此消息時，劉備曾勸說劉表乘機襲許。劉表沒有聽從劉備的意見，即史籍所稱：「表不能用。」應該說，劉備的意見是有道理的，如果付諸實施，可以對曹操的後方構成威脅。當時，曹操的許多將領也意識到這一點，他們說：「袁尚亡虜耳，夷狄貪而無親，豈能為尚用。今深入征之，劉備必說劉表以襲許。萬一為變，事不可悔。」[24]這種意見的基點是，袁尚與烏桓不能聯合，不可怕，而可怕的是劉備、劉表乘操北征，而襲其後。

當時，曹操的重要謀士、軍謀祭酒郭嘉則看得更遠，深刻分析了北方形勢以及劉表與劉備的關係，支持曹操征烏桓。郭嘉說：「公（操）雖威震天下，胡（烏桓）恃其遠，必不設備。因其無備，卒然擊之，可破滅也。且袁紹有恩於民夷，而（袁）尚兄弟生存。今四州之民，徒以威附，德施未加，舍而南征（劉表），（袁）尚因烏丸（即烏桓）之資，招其死主之臣，胡人一動，民夷俱應，以生蹋頓之心，成覬覦之計，恐青、冀非己之有也。（劉）表，坐談客耳，自知才不足以禦（劉）備，重任之則恐不能制，輕任之則（劉）備不為用，雖虛國遠征，公無憂矣。」[25]郭嘉的分析很透徹：一是烏桓無備，可掩而襲之；二是袁氏仍有影響，但袁氏兄弟尚未把勢力收攏起來；三是劉表只會坐而論道，「坐談客耳」，不足憂；四是劉表對劉備存有戒心，指出劉備其人及其軍事存在客觀上已對劉表形成了制約。郭嘉深刻的分析，切中要害，從而堅定了曹操的決心，遂起兵北上。

烏桓亦稱烏丸，本東胡之一部。《後漢書・烏桓傳》稱：「漢初，匈奴冒頓滅其國，餘類保烏桓山，因以為號焉。」俗善騎射，居無常處，食肉飲酪，以毛毳（毳，音ㄘㄨㄟˋ，鳥獸身上的細毛）為衣，貴少而賤老，其性悍塞（悍塞，強悍鯁直），有勇健能理決鬥訟者，推為大人。烏桓長期臣服匈奴，每年都要給匈奴貢獻牛馬羊皮。西漢武帝時驃騎將軍霍去病擊匈奴左地，因徙烏桓於上谷（治今河北懷來東南）、漁陽（治今北京密雲西南）、右北平（初治遼寧凌源西南，徙治河北豐潤東南）、遼西（治今遼寧義縣西）、遼東（治今遼寧遼陽北）五郡塞外，始置護烏桓校尉。以後時附時離。東漢靈帝初，烏桓大人上谷有難樓，眾九千餘落；遼西有丘力居，眾五千餘落；遼東有蘇僕延，眾千餘落；右北平有烏延，眾八百餘落，均自稱王。獻帝初平年間，丘力居死，子樓班年少，侄子蹋頓代立，總攝遼東、遼西、右北平三郡。建安初，袁紹與公孫瓚相持，蹋頓遣使至紹求和親，並助袁紹擊破公孫瓚。袁紹假借皇帝的名義賜各部大人皆為單于，並以家人女為己女嫁給蹋頓。後難樓、蘇僕延等共奉樓班為單于、蹋頓為王。因為袁紹曾厚待蹋頓，所以袁尚、袁熙兄弟兵敗後投奔了他。

建安十二年八月，曹操大勝烏桓，「斬蹋頓及名王以下，胡、漢降者二十餘萬口。」袁尚、袁熙投奔遼東太守公孫康。九月，曹操從柳城撤兵，不久公孫康出於自身利益的考慮，斬袁尚、袁熙及蘇僕延等，將其人頭送到曹操面前。建安十三年正月，曹操凱旋還鄴。

曹操北伐烏桓的成功，穩定了北方；徹底消滅了袁氏勢力，根除了心腹之患；公孫康內附，幽、冀不再有重大反對力量存在。從此再也無須「臨觀異同，心意懷游豫，不知當復何從」[26]了。於是，南征劉表便即提到日程上。

至此，劉表也意識到自己將是下一個被征伐的目標，大大後悔了。〈先主傳〉注引《漢晉春秋》說，曹公北征烏桓勝利自柳城還兵後，劉表曾對劉備說：「不用君言，故為失此大會（大會，大好機會）。」劉備則對劉表安慰說：「今天下分裂，日尋干戈，事會（機會）之來，豈有終極乎？若能應之於後者，則此未足為恨也。」話雖這樣說，但二人依然各懷疑慮，尤其是更加重了劉表對劉備的疑懼。郭嘉說的「重任之則恐不能制，輕任之則備不為用」兩句話，可謂是劉表心理特徵的生動寫照。

四、劉表臨終玩「託國」花招

建安十二年以後，劉表與劉備的關係，相對來說，形式上比較「融洽」了。這既有劉備謀事、處事、虛與委蛇和善於掩飾方面的原因，也有劉表迫於形勢方面的原因。

所謂迫於形勢，第一，最重要的是劉表知道曹操在先後解決了呂布、袁術、袁紹父子、烏桓以後，南征荊州已經擺到日程上了。據載，曹操北征烏桓凱旋回鄴，立即開始了南征劉表的準備：先是在鄴做玄武池訓練水軍；繼而調整政治機構，自為丞相，控制權力，排除異己，以求有一個安定的後方；同時抓緊調整軍事部署，以張遼屯長社（今河南長葛東），于禁屯潁陰（今河南許昌），樂進屯陽翟（今河南禹縣），鎮兵許都附近；上表朝廷征前將軍馬騰為衛尉，以其子馬超為偏將軍統其眾，同時遷其家屬至鄴，讓馬騰及其家屬做了實際上的人質，以減輕西北方向之憂。七月，曹操在進行或完成上述幾件大事之際，得知孫權已破江夏，斬黃祖，甚感時不我待。他知道，必須搶在孫權之前奪得荊州，否則一旦荊州為孫權所有，形勢就大不一樣了。因此，問計荀彧，荀彧提出了「可顯出宛、葉而間行輕進，以掩其不意」[27]的策略。曹操採納了荀彧的意見，遂於秋七月，南征劉表，直趨宛（今河南南陽）、葉（今河南葉縣西南）。

其次，孫權屢次向荊州用兵。早在曹操出兵荊州之前，魯肅即勸孫權乘曹操北出之機而取荊州，指出「漢室不可復興，曹操不可卒除。為將軍計，惟其鼎足江東，以觀天下之釁。規模如此，亦自無嫌。何者？北方誠多務也。因其多務，剿除黃祖（劉表將、江夏太守），進伐劉表，竟長江所極，據而有之，然後建號帝王以圖天下，此高帝之業也」。[28]甘寧也勸孫權說：「南荊之地，山陵形便，江川流通，誠是國之西勢也。寧已觀劉表，慮既不遠，兒子又劣，非能承業傳基者也。至尊（孫權）當早規之，不可後操。」[29]孫權聽從了魯肅、甘寧等人的意見，建安八年（二〇三），西伐劉表的江夏（今湖北武昌）太守黃祖，「破其舟軍」；十二年，再征黃祖，「虜其人民而還」；十三年，復征黃祖，屠其城，「梟其首，虜其男女數萬口。」[30]可見，曹操、孫權都在覬覦荊州，而且都想據而有之。荊州東線、北線都很緊張。

第三，劉備坐地日大，網羅益眾。劉表讓劉備作為一支獨立的軍事力量屯駐腋下之地樊城，實是一個重大錯誤。隨著劉備軍事力量的不斷增大和威望的日漸提高，劉表深深感到了劉備的威脅。及至彌留，已經陷入子孫難保其國的恐慌之中。

第四，特別讓劉表擔心的是，荊州內部出現了嚴重危機。

劉表所生二子劉琦、劉琮，皆平庸無能之輩，正如曹操所給的評語那樣，「生子當如孫仲謀（孫權字），劉景升（劉表字）兒子若豚犬耳！」[31]將人比做豬狗，可見鄙視之甚。劉表生病期間，二子都在覬覦州牧的位子。《後漢書·劉表傳》載，起初劉表因為長子劉琦的相貌很像自己，「甚愛之」，後來為次子劉琮娶了後妻蔡氏的侄女，「蔡氏遂愛琮而惡琦，毀譽之言日聞於表。表寵耽後妻，每信受焉。又妻弟蔡瑁及外甥張允並得幸於表，又睦於琮，而琦不自寧。」

劉琦失寵了，失勢了，恐慌了，因而向諸葛亮請求自安之術。《後漢書·劉表傳》載，「亮初不對。後乃共升高樓，（琦）因令去梯，謂亮曰：『今日上不至天，下不至地，言出子口而入吾耳，可以言未？』亮曰：『君不見申生在內而危，重耳居外而安乎？』琦意感悟，陰規出計（暗地謀劃離開州牧所在地）。會表將江夏太守黃祖為孫權所殺，琦遂求代其任。」[32]《三國志·劉表傳》的記載不同，認為劉琦並非自求，而是被遣外任的：「初，表及妻愛少子琮，欲以為後。而蔡瑁、張允為之支黨，乃出長子琦為江夏太守。」兩說可以並存。

劉表晚年，完全被後妻蔡氏、少子劉琮及其「支黨」所控制。據《三國志·劉表傳》注引《典略》記載，劉表病甚，劉琦性孝，「還省疾」，蔡瑁、張允恐劉琦見到劉表，「父子相感，更有託後之意」，將劉琦「遏於戶外，使不得見」，威脅說：「將軍（指劉表）命君撫臨江夏，為國東藩，其任至重。今釋（丟下）眾而來，必見譴怒，傷親之歡心以增其疾，非孝敬也。」劉琦流涕而去。可見，劉琦、劉琮的明爭暗鬥是相當激烈的。亦可見，如果劉琦確實是聽了諸葛亮的意見自求外任的，那實在不是好主意。這就像袁紹的長子袁譚被外任青州刺史一樣，一旦離開，便失去了與其弟爭奪州牧的機會和可能。這一點，以諸葛亮之智應當是非常清楚的。這會不會是諸葛亮、劉備別有用心，有意促成劉琦外出，加速激化劉氏兄弟二人之間的矛盾，最終分裂荊州勢力？當是一個值得懷疑的問題。

劉表迫於外有強鄰（北有曹操，東有孫權）、近有劉備軍事力量的存在、內患自己和兒子們「才不足以禦備」，而又面臨劉琦、劉琮兄弟互不相容的嚴峻形勢，病重期間玩了一個「託國」的把戲，試圖穩住劉備，以保荊州牧的權力平穩過渡到自己兒子劉琮的手裡。這就是《三國志·先主傳》注引《英雄記》所說：「（劉）表病，上（劉）備領荊州刺史。」注引《魏書》所說：「表病篤，託國於備，顧謂曰：『我兒不才，而諸將並零落，我死之後，卿便攝荊州。』」當時，劉表已經立次子劉琮為嗣，劉備自然明白劉表的本意所在，因而當即表示：「諸子自賢，君其憂病。」意謂「您的兒子都很好，不必擔心，您就放心地走吧」。據說，劉表死後，有人勸劉備「宜從表言」，即宣布遵照劉表的遺言奪了荊州牧的位子。劉備說：「此人（指劉表）待我厚，今從其言，人必以我為薄，所不忍也。」這就是被歷代諸儒和治史者以及小說家所極度讚賞的德者之風。實質上，這是根本不存在的事。南朝宋人裴松之已經指出：「（劉）表夫妻素愛（劉）琮，舍嫡立庶，情計久定，無緣臨終舉荊州以授（劉）備，此亦不然之言。」

確實如此，劉表怎麼會無緣無故把荊州讓給劉備呢。劉表其人，「雖外貌儒雅，而心多疑忌。」[33] 所以，如果將其視為劉表耍的政治花招，自然就會得出比較合理的解釋。

五、劉備膽怯不敢據有荊州

劉表死後，蔡瑁、張允等遂以劉琮為嗣。劉琮繼為鎮南將軍、荊州牧，以劉表的「成武侯」印授劉琦。劉琦不得繼承荊州牧實職，勃然大怒，將侯印「投之地」（摔在地上），立即部署，準備乘奔喪的機會「作難」。[34] 諸葛亮、劉備的離間計策在不長的時間裡便見成效。

劉琦想乘「奔喪」的機會「作難」的計畫，未及發動，曹操的大軍已經到達新野，因此不得不將軍隊撤到江南待機。假設不是這樣，即使沒有曹操直趨宛、葉而迅占新野，劉表的兒子們自然必如袁紹的兒子們一樣，大戰一場，而最終得利的將是劉備。

從劉備方面來說，他不接受荊州之託，絕非良德有加，更非內心不欲。這一點，完全被其後來奪取更為厚待自己的劉璋的益州牧的行徑所證實。所以，任何為其粉飾的語言都是多餘的。歷史表明，劉備不敢接受「託國」，最為重要的亦屬形勢使然：

第一，荊州內部，實際權力主要控制在劉表的心腹大將蒯越、別駕劉先、以及妻弟蔡瑁和外甥張允等人的手裡，他們既以全力「奉琮為嗣」，不惜將劉琦趕出襄陽，讓他去做江夏太守，怎麼會輕易把權力送給劉備呢！

第二，劉表的謀臣蒯越、傅巽、蔡瑁等自始至終都對劉備持懷疑態度，試圖除之而沒有得到機會。前述蒯越、蔡瑁等謀乘宴會之便襲殺劉備，即是例證。

第三，劉表、劉琮周圍圍繞著一股很強的親曹勢力，他們的政治態度很明確：寧歸曹操，不附劉備。比如，在曹操和袁紹相拒官渡期間，從事中郎韓嵩、別駕劉先和蒯越等就曾對劉表說：「……曹操善用兵，且賢俊多歸之，其勢必舉袁紹（舉，攻滅），然後移兵以向江漢，恐將軍不能禦也。今之勝計，莫若舉荊州以附曹操，操必重德將軍，長享福祚，垂之後嗣，此萬全之策也。」據說，劉表狐疑不斷，便派韓嵩到許，觀望虛實。韓嵩至許，被曹操授予侍中、零陵太守的職務，「及還，盛稱朝廷曹操之德，勸遣子入侍（入侍，做人質）。」此事引起了劉表的很大不滿，以致想把韓嵩殺死。35

第四，面臨強敵入境的嚴峻形勢。當時，曹操和孫權都在向荊州用兵，曹軍已臨國門，吳將屢躡邊界。這是劉備不敢貿然自為的重要外部原因。

以上就是劉表病重期間的客觀形勢。此種情形，劉備面臨兩方勁敵和荊州內部複雜而不利的形勢，自然不敢受託。若然，則將立即成為眾矢之的。不僅劉表、劉琮的心腹和親曹派不答應，就是劉琦也不會接受；更重要的是必將成為孫權、曹操出兵討伐的口實。況且從主觀上說，試圖以自己的數千之眾統御心懷狐疑的十數萬大兵也是力不從心的。可見，「所不忍也」云云，不過是託詞、譽讚而已。

其實，就當時的情形看，即使沒有曹操、孫權的進攻和威脅，劉備要想謀得荊州牧的位子，第一步也只有通過聯合劉琦搞掉劉琮才有可能。事實上，劉備、諸葛亮所謀劃的正是這樣一條路子。所以我說，諸葛亮勸說劉琦離開襄陽，實為劉備，而對劉琦來說，則非良策。

兵敗當陽

建安十三年（二〇八）七月，曹操南征劉表；八月，劉表病故；九月，曹操軍至新野。

一、劉琮降操

大兵壓境，荊州的重要僚屬章陵太守蒯越、從事中郎韓嵩、東曹掾傅巽，以及文士王粲等同說劉琮投降曹操。劉琮猶豫，本想負嵎頑抗，說：「今與諸君據全楚之地，守先君之業，以觀天下，何為不可？」傅巽對劉琮說：「逆順有大體，強弱有定勢。以人臣而拒人主，逆道也；以新造之楚而禦中國，必危也；以劉備而敵曹公，不當也。三者皆短，欲以抗王師之鋒，必亡之道也。」隨後，傅巽向劉琮提出問題：「將軍自料何與劉備？」劉琮承認：「不若也。」傅巽尖銳地指出：「誠以（劉）備不足禦曹公，則雖全楚不能以自存也；若足禦曹公，則（劉）備不為將軍下也。願將軍勿疑。」[36]這個分析，重在兩點，一是王師——曹軍不可敵，二是劉備不可靠。王粲更直言不諱地對劉琮說：「曹公故人傑也，雄略冠時，智謀出世」，要想保己全宗，長享福祚，「只有卷甲倒戈，應天順命」，歸降曹操。[37]

劉琮知敵難抗，又知部屬離心，更知劉備難以久恃，於是聽從蒯越、韓嵩、傅巽、王粲等人的建議，舉州投降了曹操。

曹操挾天子以令諸侯，劉琮與曹操並非平等的敵國關係，而是以下逆上，且強弱懸殊，大勢不利，敗不可免，舉眾歸降，實屬明智之舉。劉琮投降後，曹操雖然沒有讓他繼續留在荊州，而另以涿州李立為荊州牧，但也合乎情理地安排了他，讓他做了青州刺史，封列侯。[38]同時，「下令荊州吏民，與之更始（更始，重新開始）。乃論荊州服從之功。」[39]蒯越等十五人，對於和平解決荊州問題有重大貢獻，均被封侯，許多人被調入朝廷擔任要職。如：「（蒯）越為光祿勳；（韓）嵩，大鴻臚；（鄧）羲（一作鄧義），侍中；（劉）先，尚書令；其餘多至大官。」[40]傅巽「以說劉琮之功，賜爵關內侯」。[41]大將文聘，更被厚禮待之，授以江夏太守，使統本兵，隨追劉備。

二、聞變南走

劉琮降操，受到最大影響的莫過於難容于曹操的劉備。他頓失所依，成了孤立之旅，所以特別緊張，特別憤怒。

劉琮遣使請降之時，劉備「屯樊，不知曹公卒至，（曹兵）至宛，（備）乃聞之，遂將其眾去」。[42]又，《三國志·先主傳》注引孔衍《漢魏春秋》說：「劉琮乞降，不敢告備。備亦不知，久之乃覺，遣所親問琮。琮令宋忠詣備宣旨。是時曹公在宛，備乃大驚駭，謂忠曰：『卿諸人作事如此，不早相語，今禍至方告我，不亦太劇乎（劇，突然）！』引刀向忠曰：『今斷卿頭，不足以解忿，亦恥大丈夫臨別復殺卿輩！』遣忠去，乃呼部曲議。」

時之劉備，東面尚未與孫權通協，北臨曹軍壓境，沒有後路，只有南走江陵一途。據載，當時有人勸劉備「劫將琮及荊州吏士徑南到江陵」。劉備說：「劉荊州臨亡託我以孤遺，背信自濟，吾所不為，死何面目以見劉荊州乎！」[43]顯然，度勢而論，劉備已沒有機會和能力為此，所言不過託詞而已。

又，《三國志·先主傳》說，諸葛亮曾經主張乘機消滅劉琮，占有荊州：「過襄陽，諸葛亮說先主攻琮，荊州可有。先主曰：『吾不忍也。』乃駐馬呼琮，琮懼不能起。琮左右及荊州人多歸先主。」

對於諸葛亮勸劉備攻劫劉琮而乘機奪得荊州的事，「帝蜀寇魏」論者，如朱熹等為其未行而歎惜。然而，治史者度於形勢，多有不信。盧弼《三國志集解》卷三二引用的王懋竑的話是一種代表性的意見。王懋竑說：「夫跨有荊益乃隆中之本計，而以當日事勢揆（揣度）之，恐諸葛公未必出此。是時，曹操已在宛，軍勢甚盛，先主以羈旅之眾，乘隙以攻人之國，縱琮可取，操豈可禦乎！」顯然，這後一種意見是對的。

劉備聽到劉琮已降的消息後，率部張飛、趙雲以及諸葛亮、徐庶等急趨南下。〈先主傳〉注引《典略》說：「（劉）備過辭（劉）表墓，遂涕泣而去。」經過襄陽，一些不願歸依曹操的劉琮左右及荊州人大多歸依劉備。沿途不斷有人加入，「比到當陽（湖北今縣），眾十餘萬，輜重數千兩（輛）。」劉備背上了很大的「包袱」，行動遲緩，日行不過十餘里。這是軍事上的大忌。

當時有人勸劉備棄眾而走，說：「宜速行保江陵，今雖擁大眾，被（披）甲者少，若曹公兵至，何以拒之？」[44]無疑，這種意見是正確的。終究是何人出此棄眾而速保江陵的計策，歷史諱言其名。但就當時在劉備身邊的謀人來看，糜竺、簡雍、孫乾、伊籍等不諳軍事，難慮及此，而能從軍事角度出此策者，不是諸葛亮，就是徐庶，而最大的可能是諸葛亮。[45]史諱其名的原因，全在維護他們的名譽。因為按照儒家的觀點，以禮義治民者是絕對不能棄民而求自保的。我這樣說的另一個根據是，《三國志》中明白記載的諸葛亮勸劉備乘機攻劉琮而奪荊州的話，在《資治通鑑》裡便變成了「或勸備攻琮」。同樣，也是用一個「或」字，隱去了諸葛亮的名字。這是治史者常用的筆法。

劉備面對嚴峻形勢，表現了一位「仁君」的胸懷，因說：「夫濟大事必以人為本，今人歸吾，吾何忍棄去！」對此，晉代歷史家習鑿齒曾做過一番頗受後人尊崇的評論。他說：「先主雖顛沛險難而信義愈明，勢逼事危而言不失道。追景升（劉表）之顧，則情感三軍；戀赴義之士，則甘與同敗。觀其所以結物情者（結物情者，意為人心歸向），豈徒投醪撫寒（投醪撫寒，意為送上濁酒，撫慰飢寒。醪，濁酒）含蓼問疾（口含辛辣之蓼，撫問百姓疾病）而已哉！其終濟大業，不亦宜乎！」[46]的確，劉備此舉，在後人眼睛裡獲得了不少政治分數，從為政愛民的角度亦應給予一定肯定，但就當時言，說明劉備不善權衡政治與軍事的輕重關係。

三、兵敗當陽

史載，曹操知江陵地處要衝，且有糧儲、兵械之類，深恐為劉備據有，於是放棄輜重，輕軍追擊劉備，及到襄陽，聽說劉備已南去，便督將曹純和剛剛投降過來的劉表大將文聘率領精騎五千急追，一日一夜行三百里，終於在當陽縣之長阪追上了劉備。曹操不顧所謂「百里而趨利者蹶上將」的兵法之忌，正是看到了劉備包袱重、行動緩、處事遲的弱點。

追擊中，曹操俘獲了徐庶的母親，徐庶被迫離開劉備而歸依曹操。《三國志·諸葛亮傳》載：「（劉）琮聞曹公來征，遣使請降。先主在樊聞之，率其眾南行，亮與徐庶並從，為曹公所追破，獲庶母。庶辭先主而指其心曰：『本欲與將軍共圖王霸之業者，以此方寸之地也。今已失老母，方寸亂矣，無益於事，請從此別。』遂詣曹公。」47

戰鬥很快結束，劉備慘敗，棄妻子，與諸葛亮、張飛、趙雲等數十騎逃走，曹操大獲其人眾輜重。《三國志．曹仁傳附曹純傳》說：曹純「從征荊州，追劉備於長阪，獲其二女輜重，收其散卒」。

據說，張飛、趙雲在戰鬥中均有非凡表現。張飛將二十騎拒後，「據水斷橋，瞋目橫矛曰：『身是張益德也，可來共決死！』敵皆無敢近者，故遂得免。」48趙雲身抱劉備的幼子劉禪，殺出重圍，「及先主為曹公所追於當陽長阪，棄妻子南走，雲身抱弱子，即後主也，保護甘夫人，即後主母也，皆得免難。」49

隨後，劉備倉皇自長阪斜趨東向走漢津（今湖北沙洋境），幸好與此前派出的相約會師於江陵的關羽水軍相遇，渡過沔水（今漢水），並得到劉表長子、江夏太守劉琦的接應，一起到了夏口（今漢口）。

會戰赤壁

劉備東走夏口，曹操以曹仁為行（代）征南將軍，率領主力，占領了軍事要地江陵。曹操據有荊州，擴大了地盤，壯大了力量，威聲大震。孫權、劉備無不感到恐懼，急謀自存之策。我曾在《曹操傳》一書中指出，當時曹操本有兩條可取之策，一是不要在江陵停下來，而是乘勝迅即東下繼續追擊劉備，以各個擊破為指導思想，急破劉備於孫、劉聯盟形成之前；二是索性緩攻劉備，先事休整，用賈詡之策，以其破袁氏、收漢南，「威名遠著，軍勢既大」的聲威，「乘舊楚之饒，以饗吏士，撫安百姓，使安土樂業」，以達到「不勞眾而江東稽服」的目的。50但曹操的決策，既非前者，也非後者，而是在江陵耽誤了一段既不長也不短的時間，給了劉備以喘息的機會，致使孫、劉聯盟得以形成。

一、孫劉聯手

孫、劉聯合實乃歷史的必然。史載，曹操趨兵荊州的時候，孫權已知自將不免，且勢不能敵，所以便主動開始了聯合劉備的行動。

講到孫權與劉備聯手抗曹，首先應該知道一個為此而做出很大付出的關鍵人物——魯肅。魯肅，字子敬，臨淮東城（治今安徽定遠東）人，「生而失父，與祖母居。家富於財，性好施與。爾時天下已亂，肅不治家事，大散財貨，摽賣（標價出售）田地，以賑窮弊結士為務，甚得鄉邑歡心。」袁術聞其名，授以東城長。當時，他與居巢（治今安徽巢縣西南）長周瑜甚相善。據載，「肅見（袁）術無綱紀，不足與立事，乃攜老弱將（率領）輕俠少年百餘人，南到居巢就（投靠）瑜。瑜之東渡，因與同行，留家曲阿（今江蘇丹楊）。」周瑜向孫權推薦了魯肅，「薦肅才宜佐時（佐時，輔佐處理當前時務），當廣求其比（謂應當多聽他對問題的分析），以成功業，不可令去也。」51

我們常說，劉備問策諸葛亮於隆中，奠定了其以後發展的重要的戰略指導思想，意義很大。大約就在同時或稍後，孫權和魯肅同樣也有過一次重要的有關戰略指導思想的問策與對策。後人對諸葛亮的〈隆中對〉給予了足夠重視，但對魯肅的對策的重要意義卻少有提到應有高度的分析。本書的傳主是劉備，自然也不能著墨太多，但考慮到魯肅是對劉備事業產生重大影響和制約的人物，則有必要略述其要。

據載，孫權得到周瑜的推薦，立即接見魯肅，「與語甚悅之。」隨後，便單獨引見，「合榻對飲」，密議問策。

孫權問：「今漢室傾危，四方雲擾，孤承父兄餘業，思有桓文之功（按：意謂打算建有齊桓、晉文那樣的霸業）。君既惠顧，何以佐之？」

魯肅答：「昔高帝（劉邦）區區欲尊事義帝而不獲者，以項羽為害也。今之曹操，猶昔項羽，將軍何由得為桓文（桓文，齊桓公、晉文公）乎？肅竊料之，漢室不可復興，曹操不可卒除。為將軍計，惟有鼎足江東，以觀天下之釁。規模如此（指自己占有的地盤），亦自無嫌。何者？北方（指曹操）誠多務也。因（乘）其多務，剿除黃祖，進伐劉表，竟長江所極，據而有之，然後建號帝王以圖天下，此高帝之業也。」

很清楚，魯肅關於「漢室不可復興，曹操不可卒除」的形勢分析同諸葛亮對天下大勢的觀察完全一致。他的戰略指導思想，對於東吳來說，確定為：第一步，「鼎足江東，以觀天下之釁」；第二步，「竟長江所極，據而有之，然後建號帝王以圖天下。」

魯肅的密室獻策，深刻地影響了孫權。孫權高興而謙虛地說：「今盡力一方，冀以輔漢耳，此言非所及也（按：非所及，指建號帝王）。」

劉表死後，魯肅又進一步對孫權說：「夫荊楚與國鄰接，水流順北，外帶江漢，內阻山陵，有金城之固，沃野萬里，士民殷富，若據而有之，此帝王之資也。」意思更明白，要建帝王之業，就必須有根基，這根基就是奪取荊州而有之。

歷史表明，孫權就是按照魯肅的這一指導思想而謀取天下的。

接下來，魯肅分析了荊州的具體形勢及其相應的策略，指出：第一，荊州勢力已經分裂，「今表新亡，二子素不輯睦，軍中諸將各有彼此。」第二，把策略重點放在劉備身上，視劉備與荊州地方勢力間的相互情況而採取兩種不同的對待荊州的策略，一為「結好」，二為「別圖之（意即武力奪取）」。他認為，「劉備天下梟雄，與操有隙，寄寓於表，表惡其能而不能用也。若備與彼（指劉表）協心，上下齊同，則宜撫安，與結盟好；如有離違（不和），宜別圖之，以濟大事。」第三，時不我待，當前應立即聯合劉備，使撫荊州之眾。因此，魯肅要求孫權派他「弔表二子，並慰勞其軍中用事者，及說備使撫表眾，同心一意，共治曹操」。並且進而指出：「備必喜而從命。如其克諧，天下可定也。今不速往，恐為操所先。」[52]

孫權聽從了魯肅的意見，讓其借弔劉表死喪的機會，相機說劉備統率劉表之眾，「同心一意，共治曹操」。〈先主傳〉注引《江表傳》更明確地記述了此行的目的：「孫權遣魯肅弔劉表二子，並令與備相結。」

據載，魯肅到達夏口，聞曹操已向荊州進軍，於是「晨夜兼道」。當趕到南郡時，劉琮已經投降曹操，劉備惶遽奔走，欲南渡江。魯肅只好改道，徑迎向前，與劉備相遇於當陽長阪，「因宣權旨，論天下事勢，致殷勤之意」，[53]並「陳（說）江東強固，勸備與權并力」。[54]

《三國志·先主傳》注引《江表傳》生動地記錄了魯肅勸說劉備應同孫權結盟的對話：

魯肅問劉備：「豫州（劉備自曹操表薦其為豫州牧，人們便常尊稱為劉豫州）今欲何至？」

劉備回答：「與蒼梧（今廣西梧州）太守吳巨有舊，欲往投之。」

魯肅即勸劉備與孫權結盟，說：「孫討虜（權）聰明仁惠，敬賢禮士，江表英豪，咸歸附之，已據有六郡，兵精糧多，足以立事。今為君計，莫若遣腹心使自結於東，崇聯合之好，共濟世業，而云欲投吳巨，巨是凡人，偏在遠郡，行將為人所并，豈足託乎？」

此時，劉備新敗，正苦無安身之地，很高興地接受了魯肅的意見，便隨魯肅東走夏口。然後，過江退守樊口（今湖北鄂州西北）。

聯合抗操實際也是劉備早已醞釀的問題。前已述及，劉備屯新野，三顧諸葛亮於茅廬之中，諸葛亮在對劉備剖析天下大勢時，明確指出：「操已擁百萬之眾，挾天子而令諸侯，此誠不可與爭鋒。孫權據有江東，已歷三世，國險而民附，賢能為之用，此可以為援而不可圖也。」[55]

但最初實際謀劃並促成聯合的關鍵人物是誰呢？顯然，魯肅的作用比諸葛亮更重要。所以，南朝宋人裴松之非常客觀地指出，「劉備與權并力，共拒中國，皆肅之本謀。」[56]

《三國志·諸葛亮傳》著力渲染諸葛亮在這方面的作用，裴松之頗不以為然，指出：「蜀書亮傳曰：『亮以連横之略說權，權乃大喜。』如似此計始出於亮。若二國史官，各記所聞，競欲稱揚本國容美，各取其功。今此二書（按：指《三國志》中的《吳書》和《蜀書》），同出一人，而舛互（相互牴觸）若此，非載述之體也（意謂不是同一部史書所應有的）。」[57]

孫劉必然聯合的趨勢，沒有引起曹操的重視。他自以為勢大，所以再也沒有想到運用故伎，離間孫劉，以利各個擊破。他把劉備視作屢敗之將，覺得只要沿江而下即可徹底擊敗；孫權小兒更非對手，只要大兵壓境，再恫嚇一下，就會俯首聽命。他甚至同他的屬將們認為孫權必殺劉備。當時，只有奮武將軍程昱認為孫權不僅不會殺劉備，而且必然與之聯合。程昱說：「孫權新在位，未為海內所憚。曹公無敵於天下，初舉荊州，威震江表，權雖有謀，不能獨當也。

劉備有英名，關羽、張飛皆萬人敵也，權必資（資，借助，憑藉）之以禦我。難解勢分，備資以成，又不可得而殺也。」程昱的分析是對的，孫權不僅沒有採取殺劉備以求自保的策略，而且主動派人同劉備聯繫，繼而「多與備兵，以禦太祖（操）」。58

曹操基於一種不切實際的判斷，略作軍事部署，使後軍都督、征南將軍曹仁和軍糧督運使夏侯淵駐守江陵，以厲鋒將軍曹洪駐守襄陽，另以一部水陸軍由襄陽沿漢水南向夏口，然後遂即率所部及新附荊州之眾順江東下。

曹操率兵自江陵順江東下，劉備、諸葛亮甚懼。諸葛亮對劉備說：「事急矣，請奉命求救於孫將軍（權）。」所謂「奉命求救」，自然也反映著劉備迫於形勢而急於聯合孫權的心思。

諸葛亮隨魯肅見孫權於柴桑（今江西九江市西南），勸說孫權早下決心聯合抗操，表現出了出色的外交才能。

諸葛亮對孫權說：「海內大亂，將軍起兵據有江東，劉豫州亦收眾漢南，與曹操並爭天下。今操芟夷大難（指操剷除袁紹、袁術、呂布等股勢力），略已平矣，遂破荊州，威震四海。英雄無所用武，故豫州遁逃至此。將軍量力而處之，若能以吳、越之眾與中國抗衡，不如早與之絕；若不能當，何不案兵束甲，北面而事之！今將軍外託服從之名，而內懷猶豫之計，事急而不斷，禍至無日矣。」

孫權說：「苟如君言，劉豫州何不遂事之乎？」

諸葛亮回答說：「田橫，齊之壯士耳，猶守義不辱，況劉豫州王室之胄，英才蓋世，眾士慕仰，若水之歸海，若事之不濟（如果大事不能成功），此乃天也。安能復為之下乎！」

這是一種激將的方法。孫權聽後勃然大怒：「吾不能舉全吳之地，十萬之眾，受制於人，吾計決矣。」

諸葛亮使吳，最終完成了劉備與孫權的聯合。

然後，諸葛亮為孫權分析大勢，指出：第一，劉備仍有一定的力量基礎，「豫州（劉備）軍雖敗於長阪，今戰士還者及關羽水軍精甲萬人，劉琦合江夏戰士亦不下萬人。」第二，曹軍雖強，但劣勢明顯。一謂師老兵疲：「曹操之眾，遠來疲弊，聞追豫州，輕騎一日一夜行三百餘里，此可謂『強弩之末勢不能穿魯縞』者也。故《兵法》忌之，曰：『必蹶上將軍。』」二謂「北方之人，不習水戰」。三謂民心未服：「荊州之民附操者，逼兵勢耳，非心服也。」

根據以上的分析，諸葛亮激勵孫權說：「今將軍誠能命猛將統兵數萬，與豫州協規同力，破操軍必矣。操軍破，必北還。如此則荊、吳之勢強，鼎足之形成矣。成敗之機，在於今日。」[59]

孫權聽了諸葛亮的話很高興，答應進一步同群下計謀。

正在此時，曹操的恐嚇書信送到了孫權面前。信上說：

> 近者奉辭伐罪，旄麾南指，劉琮束手。今治水軍八十萬眾，方與將軍會獵於吳。[60]

這封信雖然只有寥寥數語，卻有震天駭地之勢，「孫權得書以示群臣，莫不響震失色。」長史張昭等明確提出了投降主張，說：「曹公豺虎也，然託名漢相，挾天子以征四方，動以朝廷為辭，今日拒之，事更不順。且將軍大勢，可以拒操者，長江也；今操得荊州，奄有其地，劉表治水軍，蒙沖鬥艦，乃以千數，操悉浮以沿江，兼有步兵，水陸俱下，此為長江之險已與我共之矣，而勢力眾寡，又不可論。愚謂大計不如迎之（迎之，即投降）。」[61]張昭的話顯然是一種悲觀論。但從一定意義上說，又不無道理。因為曹操的確具有不可比擬的優勢，如果策略得當，的確能夠將孫權徹底擊垮。

孫權惶恐之際，又是力主孫劉聯合的魯肅堅定了他的抗操決心。魯肅對孫權說：「向察眾人（按：指張昭等）之議，專欲誤將軍，不足與圖大事。今肅可迎操耳，如將軍不可也。何以言之？今肅迎操，操當以肅還付鄉黨，品其名位，猶不失下曹從事，乘犢車，從吏卒，交遊士林，累官故不失州郡也。將軍迎操，欲安所歸？願早定大計，莫用眾人之議也！」魯肅也用激將法，使孫權明白沒有後路，從而說服了孫權。孫權不禁感慨說：「此諸人持議，甚失孤望；今卿廓開大計，正與孤同，此天以卿賜我也。」[62]

同時，魯肅勸孫權立即把周瑜從鄱陽召回。

周瑜，字公瑾，廬江舒人，初從孫策，為中護軍，領江夏太守，孫權討劉表之江夏太守黃祖時，瑜為前部大督。周瑜從鄱陽被召回，表示了與魯肅同樣堅決的態度。

周瑜對孫權說：「操雖託名漢相，其實漢賊也。將軍以神武雄才，兼仗父兄之烈，割據江東，地方數千里，兵精足用，英雄樂業，尚當橫行天下，為漢家除殘去穢；況操自送死，而可迎之邪！」這是有針對性的，從政治的角度首先揭穿曹操「挾天子以令諸侯」、動輒以朝廷為辭的實質，抗操並非抗朝廷，而是為朝廷除賊。

然後，周瑜講述了能夠戰勝曹操的具體理由，先是分析曹軍的弱點，指出：第一，操有後顧之憂，「北土既未平安，加馬超、韓遂尚在關西，為操後患」；第二，兵用其短，「舍鞍馬，仗舟楫，與吳、越爭衡，本非中國所長」；第三，「又今盛寒，馬無藁草」；第四，「驅中國士眾遠涉江湖之間，不習水土，必生疾病」。

既而，周瑜又進一步分析了曹軍的實際力量，指出：「諸人徒見操書言水步八十萬而各恐懾，不復料其虛實，便開此議，甚無謂也。今以實校之，彼所將中國（中原）人不過十五六萬，且軍已久疲；所得（劉）表眾亦極（最多）七八萬耳，尚懷狐疑。夫以疲病之卒御（統率）狐疑之眾，眾數雖多，甚未足畏。」

周瑜表示願意請得精兵五萬人，進駐夏口與操決戰。

孫權聽了魯肅、周瑜的話後，抗操決心遂定，因而拔刀砍去奏案的一角，說：「諸將吏敢復有言當迎操者，與此案同！」孫權對周瑜說：「公瑾，卿言至此，甚合孤心。子布（張昭）、元表（秦松）諸人，各顧妻子，挾持私慮，深失所望；獨卿與子敬（魯肅）與孤同耳，此天以卿二人贊孤也。五萬兵難卒合，已選三萬人，船糧戰具俱辦。卿與子敬、程公（程普）便在前發，孤當續發人眾，多載資糧，為卿後援。卿能辦之者誠決，邂逅不如意，便還就孤，孤當與孟德決之。」[63]

孫權的抗操決心又反過來給周瑜等以極大激勵。孫權遂以周瑜、程普為左右都督，率兵同劉備聯合，共同拒操，同時以魯肅為贊軍校尉，隨軍助劃方略。

二、會戰赤壁

周瑜率領的軍隊在樊口與劉備會合。據載，劉備對於諸葛亮東去求救，心情急迫，但信心不足。《江表傳》說：「備從魯肅計，進住鄂縣之樊口（在今湖北鄂州西北）。諸葛亮詣吳未還，備聞曹公軍下，恐懼，日遣邏吏於水次候望權軍。吏望見瑜船，馳往白（告訴）備，備曰：『何以知之非青徐軍（按：指曹操的軍隊）邪？』吏對曰：『以船知之。』備遣人慰勞之。」

周瑜為人，恃才傲物，他雖然不像《三國演義》裡渲染的那樣想以借刀殺人之計，除掉諸葛亮、劉備，但確也表現出對於慘敗之後的劉備看不起，根本不將其作為封疆大吏看待，而且對其派人而不是親自迎接自己並「慰勞」軍隊很不高興。根據職階，他應該去拜見劉備，共謀進取，然而他卻要求劉備「屈駕」來見自己。因此，他讓劉備派來的慰軍使者帶口信給劉備：「有軍任，不可得委署（不能擅離崗位而委託別人代理），倘能屈威，誠副其所望。」

關羽、張飛對於周瑜如此以下傲上、口氣強硬的態度很不以為然。這方面，劉備的確比關羽、張飛更有頭腦，是一位能屈能伸的人物。他急忙對關羽、張飛說：「彼欲致（招致）我，我今自結託於東而不往，非同盟之意也。」於是，劉備「乘單舸（按：意謂不另帶護衛船隻）往見瑜」。會見中，劉備問：「今拒曹公，深為得計。戰卒有幾？」周瑜曰：「三萬人。」備曰：「恨少。」瑜曰：「此自足用，豫州但觀瑜破之。」劉備希望讓魯肅、諸葛亮參加會談，「欲呼魯肅等共會語」，周瑜斷然拒絕：「受命不得妄委署，若欲見子敬，可別過之。又孔明已俱來，不過三兩日到也。」這說明，會談是在周瑜盛氣凌人、劉備卑而下之的氣氛中進行的。

劉備與周瑜會談以後，信心依然不足，因而預為自己留了後路。史載，劉備「雖深愧異瑜，而心未許之能必破北軍也，故差池在後（故意出錯使自己的軍隊落在後面），將二千人與羽、飛俱（俱，會合），未肯繫瑜，蓋為進退之計也」。64

本來「情急」而主動求援結盟，而又心懷異慮，不將主力開赴前哨，更不願將自己的軍隊歸周瑜指揮，反映了劉備譎詐的一面。晉人孫盛曾對此段記載持懷疑態度，他說：「劉備雄才，處必亡之地，告急於吳，而獲奔助，無緣復顧望江渚而懷後計。《江表傳》之言，當是吳人欲專美之辭。」65 實際上，這恰恰就是劉備的心理寫照。他新敗之後，心懷餘悸，不敢想像能以三萬人抵十數萬之眾；他殘兵有限，不能把僅有的數千兵押在這勝負難卜的最後的賭注上；他面臨如果再敗而不可復振的形勢，不能不考慮自己的後路。

周瑜、程普等水軍數萬，與劉備「併力」，逆水而上，行至赤壁，與順水而下的曹軍相遇。

赤壁位於今湖北赤壁市西北，隔江與烏林（今湖北洪湖市東北）相對。據載，建安十三年（二○八）十月十日兩軍剛一接戰，曹操即吃了敗仗。

為什麼初一交戰曹軍便失利了呢？我曾在《曹操傳》一書中指出，直接的原因有四：一是曹軍中瘟疫流行，病者甚眾；二是曹軍不習水戰，站立尚且不穩，何來戰鬥力；三是曹操料敵不周，自以為勢不可當，猝然相遇，缺乏思想上的充分準備，未能根據當時當地的實際情況做出正確的調度與部署；四是狹路相逢，曹軍雖眾，但江中相接者卻是對等的。一句話，本處優勢的曹操，在此特定的情況下反而轉處於劣勢了。

曹操失利後，不得不停止前進，把軍隊「引次（率領軍隊駐紮在）江北」，全部戰船靠到北岸烏林一側。周瑜則把戰船停靠南岸赤壁一側，兩相對峙。

時值寒冬，北風緊吹，戰船顛簸，曹軍將士不習舟楫，眩暈不能自抑；又加軍中疫病流行，自然減員甚多，戰鬥力大損。曹操為了固結水寨，解決戰船顛簸、士兵暈船之苦，令將士們用鐵鍊把戰船連鎖在一起；[66]此時陸軍亦陸續到達，亦令岸邊駐紮。可以看出，曹操是想暫作休整，待冬盡春來，再謀進取。這樣決策，把戰船連鎖在一起固不可取，但在戰鬥力甚弱的情況下暫作休整，應該說是可取的。問題是他存在輕敵思想，總以為大兵壓境，足以懾敵，以致料敵不當，處事不周，最終導致失敗。

曹操、周瑜兩軍隔江相望，曹操連鎖戰船的事對方很快就知道了。周瑜部將黃蓋因而獻出火攻之策。黃蓋對周瑜說：「今寇眾我寡，難與持久。然觀操軍船艦，首尾相接，可燒而走也。」[67]周瑜採納了黃蓋的意見，並即決定讓黃蓋利用詐降接近曹操戰船，然後縱火燒之。黃蓋修降書一封，派人送給曹操，書稱：「蓋受孫氏厚恩，常為將帥，見遇不薄。然顧（觀察）天下事有大勢，用江東六郡山越之人，以當中國百萬之眾，眾寡不敵，海內所共見也。東方將吏，無有愚智，皆知其不可，惟周瑜、魯肅偏懷淺戆（心胸狹窄無遠見），意未解耳。今日歸命（指歸降），是其實計。瑜所督領，自易摧毀。交鋒之日，蓋為前部，當因事變化，效命在近。」[68]

這封降書，正與曹操心中所想相符，認為黃蓋歸降，實屬情理中事。為了慎重，他還特別召見送信人，祕密審問了一番。此等送信人，絕非等閒之輩，必定既有膽識，又有辯才，把黃蓋欲降之意表述得更加清楚。於是，曹操讓送信人向黃蓋轉達他的口諭：「蓋若信實，當授爵賞，超於前後也。」[69]並約定歸降時的信號。看來，當時並未約定具體日期。

周瑜、黃蓋得知曹操允降，立即進行戰鬥準備，「乃取蒙衝鬥艦（蒙衝、鬥艦，均戰艦名）數十艘，實以薪草，膏油灌其中，裹以帷幕，上建牙旗」，又「豫備走舸（小船），各繫大船後」。[70]萬事俱備，只欠東南之風。

至於《三國演義》中說的「草船借箭」，則完全是移花接木。《三國志．吳主傳》注引《魏略》記載建安十八年孫權抵抗曹操進攻濡須口的戰役，說：「（孫）權乘大船來觀軍，公（曹操）使弓弩亂發，箭著其船，船偏重將覆，權因迴船，復以一面受箭，箭均船平，乃還。」這個情節的確很精彩，所以被演說三國評話的人和羅貫中移花接木地變成了赤壁戰時諸葛亮「草船借箭」的原型。實際上，這個記載是不可信的。重要理由是，《三國志．吳主傳》注引《吳歷》也記載了這次戰役，情況完全不同。《吳歷》說：「曹公出濡須，作油船，夜渡洲上。權以水軍圍取，得三千餘人，其沒溺者亦數千人。」又說：「權數挑戰，（曹）公堅守不出。權乃自來，乘輕船，從濡須口入公軍。諸將皆以為是挑戰者，欲擊之。公曰：『此必孫權欲身見吾軍部伍也。』敕軍中皆精嚴，弓弩不得妄發。權行五六里，迴還作鼓吹。」這說明，這次戰役，曹操雖然受到了損失，但並沒有讓士兵亂發弓箭，而是明令「不得妄發」。既如此，「草船借箭」事，自然是不曾發生過。

《三國演義》說，諸葛亮為周瑜「借東風」。這自然又是不可能的。「借東風」，不見史傳，最早見於《搜神記》一類不經之書。

其實，時值隆冬，多颳北風，但按氣象規律，幾天嚴寒日過後，亦常間有稍暖之日，風向亦或變為東風、南風、東南風。據說，十一月十二日甲子日（西元二〇八年十二月七日）這一天，晴空風暖，傍晚南風起，[71]及至午夜風急，黃蓋即以所備之船艦出發，以十艘並列向前，餘船以次俱進。到了江的中心，眾船舉帆，黃蓋手舉火把，告訴部下，使眾兵齊聲大叫「我們是來投降的」。曹軍吏士毫無戒備，「皆延頸觀望，指言蓋降」。離操軍二里許，黃蓋命令各船同時發火，「火烈風猛，往船如箭，飛埃絕爛（形容火勢凶猛），燒盡北船，延及岸邊營柴。」頃刻之間，「煙炎張天，人馬燒溺死者甚眾。」[72]周瑜等指揮輕銳船隻，隨繼其後，擂鼓大進。曹軍大潰，戰船被燒，並且延及岸上，陸寨也難保守了，又加病卒甚多，曹操知道不可久留，於是下令自焚餘船，引軍西走。

由上可見，劉備及其部屬在赤壁水戰中的作用是不大的。但不少記載將劉備作為戰爭主體。《三國志．武帝紀》記載，「公（操）至赤壁，與備戰，不利。於是（時）大疫，吏士多死者，乃引軍還。備遂有荊州江南諸郡。」注引《山陽公載記》也說：「公船艦為備所燒，引軍從華容道步歸。」這可能是就整體而說的。因為孫權是應劉備的「請救」而出兵的，所以視劉備為戰爭主體。實際上，劉備只起了配合作用。相對來說，《三國志・先主傳》和〈吳主傳〉的記載比較客觀一些。〈先主傳〉說：「先主遣諸葛亮自結於孫權，權遣周瑜、程普等水軍數萬，與先主并力，與曹公戰於赤壁，大破之，焚其舟船。」〈吳主傳〉說：「瑜、普為左右督，各領萬人，與備俱進，遇於赤壁，大破曹公軍。」

治史者大都認為，當以〈周瑜傳〉及其注引《江表傳》為是，主要是周瑜燒毀了曹操的戰艦，而不取曹操的船艦「為備所燒」的說法。

還應指出的是，曹操的很大一部分船隻實是自己在退軍途中燒毀的。《三國志・周瑜傳》注引《江表傳》載：「瑜之破魏軍也，曹公曰：『孤不羞走。』後書與權曰：『赤壁之役，值有疾病，孤燒船自退，橫使周瑜虛獲此名。』」這裡，固有自我解嘲的成分，但亦當反映了一定事實。所以，《三國志・郭嘉傳》也記載了這件事：「太祖（操）征荊州還，於巴丘遇疾疫，燒船，歎曰：『郭奉孝在，不使孤至此。』」另，《讀史方輿紀要》卷七七巴陵縣曹公洲注說「即孟德為孫權所敗，燒船處」。巴丘，山名，在湖南岳陽市湘水右岸；巴陵，即今湖南岳陽。岳陽距赤壁、烏林不下百里之遙，可見曹操燒船大多是在退卻中為了避免以船資敵，出於戰略的需要而主動採取的措施。〈吳主傳〉也承認這一點，說：「公（操）燒其餘船引退，士卒飢疫，死者大半。」

劉備的主要作用在陸戰方面。相傳，周瑜在謀劃水戰的同時，派兵在烏林一側登陸，劉備也自蜀山（今湖北嘉魚境）向烏林進發，[73]所以他們能在曹操敗退之時形成共同追擊之勢。

曹操在其船隻被燒或自燒以後，「引軍從華容道（在今湖北監利境）步歸，遇泥濘，道不

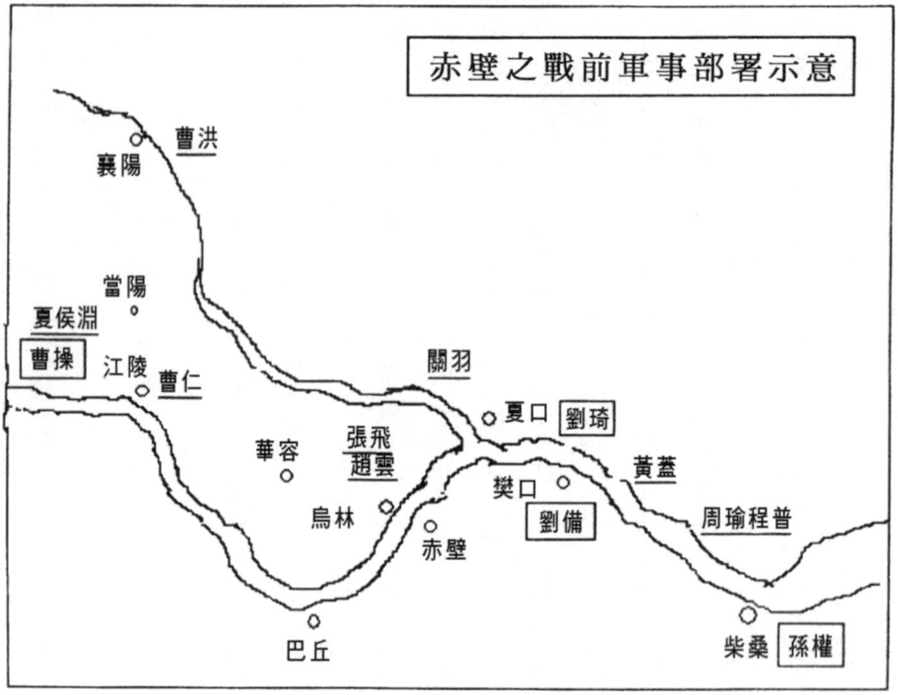

通，天又大風，悉使羸兵負草填之，騎乃得過。羸兵為人馬所蹈藉，陷泥中，死者甚眾。」[74]幸得張遼、許褚等接應，才得脫險。應該指出的是，曹操在華容道並沒有遭到劉備軍的伏擊，更沒有關羽放走曹操的事情發生。據載：「軍既得出，公大喜，諸將問之，公曰：『劉備，吾儔也，但得計少晚，向使早放火，吾徒無類矣。』」的確如操所料，劉備行動慢了一步，曹軍已過，他才趕到，雖然放了一把火，但是正如記載所說：「尋亦放火，而無所及。」[75]

周瑜、劉備水陸並進，追趕曹操，直至南郡（治江陵）城下。操軍兼以疾疫，死者大半。曹操既已失敗，又恐後方不穩，於是留征南將軍曹仁、橫野將軍徐晃守江陵，折衝將軍樂進守襄陽，然後率領殘部北還。

赤壁之戰，以曹操失敗而告終。

周瑜、劉備將曹仁等包圍在江陵城中一年多。劉備在周瑜攻奪江陵和擊敗曹仁於夷陵的戰鬥中，發揮了重要作用。史載：「備謂瑜云：『仁守江陵城，城中糧多，足為疾害。使張益德將千人隨卿，卿分二千人追（隨）我，相為從夏水入截仁後，仁聞吾入必走。』」為此，周瑜確曾「以二千人益之」，[76]說明他們有過軍事上的聯合行動。他們的聯合行動，迫使曹仁孤城難守，不得不主動放棄江陵，退守襄樊。

《三國志・吳書》的記載有失公平。〈吳主傳〉說：「（周）瑜、（曹）仁相守歲餘，所殺傷甚眾。仁委城走。」〈周瑜傳〉記述了吳將甘寧與曹仁的夷陵戰役：「瑜與程普又進南郡，與仁相對，各隔大江。兵未交鋒，瑜即遣甘寧前據夷陵。仁分兵騎別攻圍寧。寧告急於瑜。瑜用呂蒙計，留凌統以守其後，身與蒙上救寧。寧圍既解，乃渡屯北岸，克期大戰。瑜親跨馬擽陳（擽，通掠，衝擊），會流矢中右脅，瘡甚，便還。後仁聞瑜臥未起，勒兵就陳。瑜乃自興，案行軍營，激揚吏士，仁由是遂退。」〈甘寧傳〉說：「（周瑜）攻曹仁於南郡，未拔。寧建計先徑進取夷陵，往即得其城，因入守之。時手下有數百兵，並所新得，僅滿千人。曹仁乃令五六千人圍寧。寧受攻累日，敵設高樓，雨射城中，士眾皆懼，惟寧談笑自若。遣使報瑜，瑜用呂蒙計，帥諸將解圍。」這些記載，都突出了周瑜、甘寧的謀略與戰鬥精神，而不提劉備同甘寧一起繞江陵而西，入據夷陵事，起到了重要的配合作用，顯然是不公平的。

自為荊州牧

曹仁北退，孫權遂以周瑜為南郡太守，屯江陵；程普為江夏太守，屯沙羨（今漢口西南）；呂範為彭澤太守；呂蒙為尋陽令。這樣，孫權便完全控制了西起夷陵（今湖北宜昌東南）東至尋陽（今江西九江）的長江防線。

劉備也得到暫時的喘息機會，收攏並發展了自己的軍隊。

一、「借荊州」

共同的敵人打敗以後，孫劉兩家的矛盾立即表現出來。

吳人認為曹操是他們打退的，荊州轄地理所當然地應該歸吳所有。因此在如何安置（確切地說是如何對付）劉備方面費起周折來。概括為：

第一，使其居於狹小地區之內。《三國志・先主傳》注引《江表傳》說，周瑜為南郡太守，分南岸地給劉備，劉備立營於油江口，改名為公安（今湖北公安）。

所謂南岸地並不是許多人所說的長江以南所有荊州四郡的地盤，而是南郡的長江以南的近江地區。這一點，前人已有辨證。如盧弼在《三國志集解》中駁胡三省注《通鑑》所謂「荊州八郡，瑜既以江南四郡給備，備又欲得江漢間四郡」時指出，「……周瑜分南岸地給備者，即指油口立營之地，非謂江南四郡也。若已給江南四郡，又欲兼得江漢間四郡，將置周瑜、程普於何地乎！（時，周、程二人分領南郡、江夏太守）且公瑾方深忌先主，上疏以猥（多）割土地為慮，豈肯遽給四郡乎！是南岸之地僅限於油口立營之地無疑。」

第二，設法將劉備羈縻於吳。《三國志．周瑜傳》記載，劉備為求土地，到京（京口，今江蘇鎮江）見孫權，周瑜上疏給孫權說：「劉備以梟雄之姿，而有關羽、張飛熊虎之將，必非久屈為人用者。愚謂大計宜徙備置吳，盛為築宮室，多其美女玩好，以娛其耳目，分此二人（關、張），各置一方，使如瑜者得挾與攻戰，大事可定也。今猥割土地以資業之，聚此三人，俱在疆埸（邊疆），恐蛟龍得雲雨，終非池中物也。」《三國志．呂範傳》也記載：「劉備詣京見權，範（時，範為彭澤太守）密請留備（留，不准離去，即扣留的意思）。」

但魯肅不同意扣留劉備。當他聽到呂範勸孫權扣留劉備的話後，立即表示「不可」，因對孫權說：「將軍雖神武命世，然曹公威力實重，初臨荊州，恩信未洽，宜以借備，使撫安之。多操之敵，而自為樹黨，計之上也。」[77]

孫權認為魯肅的意見是對的，「以曹公在北方，當廣攬英雄，又恐（劉）備難卒制（難以最後控制）」，沒有接受周瑜和呂範的意見。[78]

據《三國志·龐統傳》注引《江表傳》說，劉備後來得知東吳曾有扣留之議，因而問龐統：「卿為周公瑾功曹，孤到吳，聞此人（指周瑜）密有白事，勸仲謀（孫權）相留，有之乎？」龐統回答：「有之。」劉備不禁後怕，驚歎說：「孤時危急，當有所求，故不得不往，殆不免周瑜之手！天下智謀之士，所見略同耳。時孔明諫孤莫行，其意獨篤，亦慮此也。孤以仲謀所防在北，當賴孤為援，故決意不疑。此誠出於險塗，非萬全之計也。」

第三，允其向南發展。既然不能將劉備羈縻於吳，自然就得允許他有安身立命之地。《江表傳》載：「劉表吏士見（現）從北軍，多叛來投備。備以瑜所給地少，不足以安民，後從權借荊州數郡。」[79]《資治通鑑》卷六六的記載，避開「借」字，稱：「劉表故吏士多歸劉備，備以周瑜所給地少，不足以容其眾，乃自詣京見孫權，求都督荊州。」

所謂「借」，是站在孫吳的立場上說的，不見於《蜀書》。可能是魯肅首倡其說，所以，《三國志・魯肅傳》明載：「後備詣京見權，求都督荊州，惟肅勸權借之，共拒曹公。」「借荊州」的決策，對於孫劉兩家都是有利的。我們可以從曹操的態度體味到它的正確性。據說：「曹公聞權以土地業（送給）備，方作書，落筆於地。」[80]

從劉備的角度看，「借荊州」之說，是不確切的，所以後人常論其非。實際上是劉備主動向南拓地，只不過是需要孫權給予默認罷了。清人趙翼《二十二史箚記・借荊州之非》說：「借荊州之說，出自吳人事後之論，而非當日情事也。……夫借者，本我所有之物而假與人也。荊州本劉表地，非孫氏故物，當操南下時，孫氏江東六郡，方恐不能自保，諸將咸勸權迎操，權獨不願，會備遣諸葛亮來結好，權遂欲借備共拒操。其時但求敵操，未敢冀得荊州也。亮之說權也，權即曰非劉豫州莫可敵操者，乃遣周瑜、程普等隨亮詣備，并力拒操，是且欲以備為拒操之主而己為從矣。亮又曰：『將軍能與豫州同心破操，則荊吳之勢強，而鼎足之形成矣。』是此時早有三分之說，而非乞權取荊州而借之也。……迨其後三分之勢已定，吳人追思赤壁之役，實借吳兵力，遂謂荊州應為吳有，而備據之，始有借荊州之說。」此論是有道理的。

二、收服江南四郡

曹操敗歸北去之後，劉備先表舉劉表的兒子劉琦為荊州牧。這是明智之舉。這樣做不僅利於收眾，更利於收服荊州之江南諸郡。

劉備乘周瑜、曹仁相持江北之際，南征江南荊州轄地武陵、長沙、桂陽、零陵四郡。武陵（治今湖南常德西）太守金旋、長沙太守韓玄、桂陽（治今湖南郴州）太守趙範、零陵（治今湖南零陵北）太守劉度皆降。根據記載分析，劉備南征，除武陵太守金旋微有抗拒，因而「為備所攻劫死」外，基本上沒有遇到嚴重的抵抗。[81]

這就是他以原荊州牧劉表的兒子劉琦為荊州牧的效果（四郡本是荊州的固有屬地）。《三國演義》中收四郡的精彩戰爭場面，大都是虛擬的。

據載，桂陽太守趙範投降後，因同趙雲沒有搞好關係又逃走了。《三國志·趙雲傳》注引《雲別傳》記錄了這樣的故事：趙雲跟隨劉備平定江南四郡，被委以偏將軍，領桂陽太守，代趙範。趙範想拍馬屁，施以美人之計：「範寡嫂曰樊氏，有國色，範欲以配雲。」趙雲對趙範存有戒心，不願受制於人，便以不成其理由的傳統觀念相拒絕：「相與同姓，卿兄猶我兄。」其實，女人姓樊，這與「同姓不婚」的傳統理念是根本不搭界的。趙範再三請婚，趙雲「固辭不許」。有人勸趙雲答應，趙雲道出了真實心情：「範迫降耳，心未可測；天下女不少。」趙範弄巧成拙，獻嫂不成，心懷疑慮，便逃走了。

劉備南定四郡，除了拓地以外，還有一個重要收穫是：黃忠「委質」投靠。黃忠，字漢升，南陽人，原為荊州牧劉表的中郎將，與劉表的侄子劉磐一起駐守長沙攸縣（今湖南湘潭境），「及曹公克荊州，假行裨將軍，仍就故任，統屬長沙太守韓玄。」韓玄既降，黃忠自然也就投降了。[82]

另，與此同時，曹操駐廬江（安徽今縣）的「營帥」雷緒也叛操歸備，「率部曲數萬口稽顙」。稽顙是深表敬服而願歸順的意思。實際上，他們之間隔著曹操、孫權的武裝，不可能真正地聯合起來。所以，不久，曹操即派行領軍夏侯淵「督諸將擊廬江叛者雷緒」，將其鎮壓了。[83]

三、自為荊州牧

劉備占有江南四郡之後不久，劉琦病死。天賜良機，劉備在群下的推舉下自為荊州牧，州治設在公安（湖北今縣）。劉琦的數萬之眾，順利地成為劉備直接控制的武裝力量。這樣，劉備又有了江北部分地區。久久欲為而不敢為的荊州牧終於到手了。

建安十四年冬十二月，劉備為了換得荊州牧的被承認，特意主動與孫權做了一筆交易，上表薦「（孫）權行車騎將軍，領徐州牧」。有記載說，孫權回報，即「以備領荊州牧」。[84] 所謂孫權「以劉備為荊州牧」出自《資治通鑑》等著作，後人因之，不見《三國志》之〈吳主傳〉與〈先主傳〉。〈吳主傳〉說：「劉備表權行車騎將軍，領徐州牧。備領荊州牧，屯公安。」這條記載，「備領荊州牧」前沒有「以」字。〈先主傳〉以及《華陽國志・劉先主志》亦無孫權對於劉備自為荊州牧的態度的記述。我以為，孫權絕不可能同意劉備做荊州牧。如果那樣，吳人所謂劉備「借荊州」之說便成為荒唐了。孫權及其僚屬不會犯如此戰略性的、幼稚的錯誤。

劉備自為荊州牧，便有資格和力量建設州級機構，委署自己的官吏了。史載：「先主遂收江南，以亮為軍師中郎將，使督零陵、桂陽、長沙三郡，調其賦稅，以充軍實」；「以羽為襄陽太守、蕩寇將軍，駐江北」；「以飛為宜都（宜都郡為劉備分南郡而置，治今湖北枝城）太守、征虜將軍，封新亭侯，後轉在南郡」；[85]「以偏將軍趙雲領桂陽太守。」[86]

至此，劉備對東漢末年荊州六郡[87]中的大部分地區（四郡，加南郡分置出的宜都郡，江夏郡部分地區）實現了直接控制。曹操在荊州地區僅控南陽（和由南陽南部、南郡北部析置的襄陽郡、章陵郡（治今湖北棗陽市境），以及由南陽西部分置的南鄉郡），孫權僅控南郡、江夏部分地區和夷陵地區。因此，客觀地說，劉備已是真正的荊州之主。

註釋

1《三國志．魏書．武帝紀》。

2《資治通鑑》卷六四，漢獻帝建安六年。

3「黨錮之禍」，黨人「雖廢錮，天下士大夫皆高尚其道而汙穢朝廷，希之者惟恐不及，更共相標榜，為之稱號」。竇武、陳蕃、劉淑被稱為「三君」（「君者，言一世之所宗也」，即首領），李膺等八人被稱為「八俊」（「俊者，言人之英也」），郭泰、范滂等八人被稱為「八顧」（「顧者，言能以德行引人者也」），張儉等八人為「八及」（「及者，言其能導人追宗者也」），度尚等八人被稱為「八廚」（「廚者，言能以財救人者也」）。

4參見《後漢書．劉表傳》、《全三國文》卷六四。

5《三國志．蜀書．先主傳》。

6同上。

7《三國演義》第三十五回〈單福新野遇英主〉因史稱徐庶「本單家子」而說徐庶「姓單名福」；三十六回又說，徐庶「為因逃難，更名單福」。流俗至今，大誤。清錢大昕廣徵漢魏史籍指出：「凡云單家者，猶言寒門非郡之著姓耳。徐庶為單家子，與此一例。流俗讀單為善，疑其本姓單，後改為徐，妄之甚矣。」（見盧弼《三國志集解》卷三五）

8《三國志．蜀書．諸葛亮傳》注引《魏略》。

9《三國志．蜀書．龐統傳》。

10《三國志．蜀書．諸葛亮傳》注引《襄陽記》。

11《三國志．蜀書．諸葛亮傳》注引《魏略》；《三國志．魏書．溫恢傳》。

12《三國志．吳書．諸葛瑾傳》注引《吳書》。另，注引《風俗通》說，有葛嬰者，「為陳涉將軍，有功而誅，（漢）孝文帝追錄，封其孫諸縣侯，因並氏焉。」其說不同。

13另《三國志．蜀書．諸葛亮傳》注引《獻帝春秋》記載不同，稱：「初，豫章太守周術病卒，劉表上諸葛玄為豫章太守，治南昌。漢朝聞周術死，遣朱皓代玄。皓從揚州刺史劉繇求兵擊玄，玄退屯西城，皓入南昌。建安二年正月，西城民反，殺玄，送首詣繇。」

14梁父（一作梁甫），泰山之下一小山名。〈梁父吟〉，樂府楚調名，今傳古辭「步出齊城門，遙望蕩陰里。里中有三墳，累累正相似。問是誰家墓？田疆古冶子。力能排南山，文能絕地紀。一朝被讒言，二桃殺三士。

誰能為此謀?國相齊晏子」。今人大都認為是諸葛亮作，非是。(宋)郭茂倩《樂府詩集·梁父吟題解》說：「《梁父吟》，蓋言人死葬此山，亦葬歌也。」反映著悲涼慷慨之氣。盧弼《三國志集解》說得對：「梁父吟本為古歌謠，諸葛吟之遺興耳。」辭意是譏晏嬰而悲三士，還是頌晏嬰，理解各有不同。

15 《三國志·蜀書·諸葛亮傳》。

16 《史記·管仲傳》。

17 《史記·樂毅傳》。

18 《三國志·蜀書·先主傳》。

19 《三國志·蜀書·先主傳》。

20 《三國演義》渲染的劉備住新野期間大戰曹仁、襲奪樊城的戰爭，不見史傳。

21 關於「的盧」馬的來歷和故事，晉人傅玄《乘輿馬賦》說：「劉備初降也(按：指歸依曹操)，太祖(曹操)賜之驍馬，使(劉備)自至廏選之，名馬以百數，莫可意者，次至下廄，有的顱(盧)馬委棄莫視，瘦瘁骨立，劉備撫而取之，眾莫不笑之。其後劉備奔於荊州，逸足電髮，追不可逮，眾乃服焉。」(轉自(清)杭世駿《三國志補注》卷五)「的盧(顱)」馬的名字，伯樂《相馬經》說：「馬白額入口至齒者，名曰榆雁，一名的盧。奴乘客死，主乘棄市，凶馬也。」(見南朝人劉義慶《世說新語·德行》劉孝標注)

22 《三國志·魏書·郭嘉傳》。

23 《三國志·魏書·荀攸傳》。

24 《三國志·魏書·武帝紀》。

25 《三國志·魏書·郭嘉傳》。

26 《曹操集·步出夏門行》。

27 《三國志·魏書·荀彧傳》。

28 《三國志·吳書·魯肅傳》。

29 《三國志·吳書·甘寧傳》。

30 《三國志·吳書·吳主傳》。

31 《三國志·吳書·吳主傳》注引《吳歷》。

32 申生、重耳皆春秋時晉獻公兒子，申生為太子被驪姬所害，重耳出逃在外，後來返國為君，是為晉文公。

33 《三國志·魏書·劉表傳》。

34 《後漢書·劉表傳》。

35 《後漢書·劉表傳》。

36 《後漢書·劉表傳》。

37 《三國志·魏書·王粲傳》注引《文士傳》。

38 《三國志·魏書·劉表傳》。《三國演義》說曹操以劉琮為青州刺史，遂派于禁追殺劉琮於途。這純屬子虛烏有。《三國志·劉表傳》注引《魏武故事》載曹操令提到：「雖封列侯一州之位，猶恨此寵未副其人；而比有箋求還州。監史雖尊，秩祿未優。今聽所執，表琮為諫議大夫，參同軍事。」可見，劉琮雖然未到青州赴任，想回荊州，也沒得到批准，但也不曾被殺，而是做了沒有實權的諫議大夫。

39 《三國志·魏書·武帝紀》。

40 《三國志·魏書·劉表傳》。

41 《三國志·魏書·劉表傳》注引《傅子》。

42 《三國志·蜀書·先主傳》。

43 《三國志·蜀書·先主傳》注引《漢魏春秋》。

44 《三國志·蜀書·先主傳》。

45 《三國演義》說，從事中郎簡雍勸劉備「速棄百姓而走」，查無任何根據。

46 《三國志·蜀書·先主傳》注。

47 《三國演義》把徐庶薦諸葛亮放在劉備駐新野之時而自己即將離開劉備之前，於時不符。實際上，徐庶和諸葛亮同在劉備幕下達一年之久。《三國志·蜀書·諸葛亮傳》注引《魏略》說：「及荊州內附，孔明與劉備相隨去，福（徐庶）與韜（石廣元）俱來北。至黃初中，韜仕歷郡守、典農校尉，福至右中郎將、御史中丞。」石廣元、徐庶在魏都沒有得到足夠的重視，所以諸葛亮後來不由歎息：「魏殊多士邪，何彼二人不見用乎？」但言徐母「自殺」，庶「誓不為（曹操）設一謀」，均無事實根據。

48 《三國志·蜀書·張飛傳》。

49 《三國志·蜀書·趙雲傳》。

50 《三國志·魏書·賈詡傳》。

51 《三國志·吳書·魯肅傳》。

52 以上《三國志·吳書·魯肅傳》。

53 《三國志·蜀書·先主傳》注引《江表傳》。

54 《三國志·吳書·魯肅傳》。

55 《三國志·蜀書·諸葛亮傳》。

56 《三國志·吳書·魯肅傳》注。

57 同上。

58 《三國志·魏書·程昱傳》。

59 以上《三國志·蜀書·諸葛亮傳》。

60 《三國志·吳書·吳主傳》注引《江表傳》。

61 《三國志·吳書·周瑜傳》。

62 《三國志·吳書·魯肅傳》。

63 以上見《三國志·吳書·周瑜傳》並注引《江表傳》。

64 以上《三國志·蜀書·先主傳》注引《江表傳》。

65《三國志・蜀書・先主傳》引孫盛語注。

66《三國演義》所謂龐士元獻連環計的故事，不見史傳。

67《三國志・吳書・周瑜傳》。

68《三國志・吳書・周瑜傳》注引《江表傳》。

69同上。《三國演義》說送信人是闞澤，於史無徵。

70《三國志・吳書・周瑜傳》。

71《三國志・魏書・賈詡傳》裴松之注謂：「（曹操）至於赤壁之敗，蓋有運數。實由疾疫大興，以損凌厲之鋒，凱風自南，用成焚如之勢。天實為之，豈人事哉？」可見，實為南風，「東風」云云，為後起之說。

72《三國志・吳書・周瑜傳》及注引《江表傳》。

73《讀史方輿紀要》卷七六魚嶽山條：「先主會吳拒操，曾駐蹕於此。」

74《三國志・魏書・武帝紀》注引《山陽公載記》。

75同上。

76《三國志・吳書・周瑜傳》注引《吳錄》。夏水，在今江陵東北，注入漢水，故漢水亦稱夏水。

77《三國志・吳書・魯肅傳》注引《漢晉春秋》。

78《三國志・吳書・周瑜傳》。

79《三國志・蜀書・先主傳》注引《江表傳》。

80《三國志・吳書・魯肅傳》。

81《三國志・蜀書・先主傳》注引《三輔決錄注》。

82《三國志・蜀書・趙雲傳》注引《雲別傳》、〈黃忠傳〉。

83以上見《三國志・蜀書・先主傳》、《三國志・魏書・夏侯淵傳》。

84《資治通鑑》卷六五。

85《三國志・蜀書・諸葛亮傳》、〈關羽傳〉、〈張飛傳〉。

86《資治通鑑》卷六五。

87兩漢郡置時有變化，《後漢書・郡國志》載荊州七郡：南陽、南郡、江夏、長沙、武陵、零陵、桂陽，無章陵。所謂荊州八郡，注史者均據《漢官儀》加章陵。此可能是建安末年曹操將南陽之章陵諸縣析出而置。

第五章　實現跨有荊益的既定目標

劉備征有江南四郡以後，荊州故吏士眾多來歸依，坐地日大，勢力漸強，「跨有荊益」的目標便自然提到日程上來。劉備、諸葛亮都很清楚，如要實現這個目標，必須有一定的步驟。其中，「結好孫權」，解除後顧之憂是不可少的。然後，一旦條件成熟，西取劉璋，占有巴蜀。回過頭來，再同孫權周旋。

結好孫權

劉備力量的逐漸強大，頓使孫權感到威脅。但另一方面，孫權又知道，嚴重的危險依然來自北方。

建安十四年，曹操連連向孫權示兵。三月，在譙（今安徽亳州）又把赤壁敗下來的軍隊收攏起來，「作輕舟，治水軍」，進行備戰，並派出軍隊解除了孫權對合肥的包圍；七月，自渦（淮河支流）入淮，「出肥水，軍（動詞，駐軍）合肥，開芍陂屯田」；十二月，遣蕩寇將軍張遼討斬廬江人陳蘭、梅成叛亂，並以張遼和折衝將軍樂進、破虜將軍李典率領七千人屯駐合肥，直逼孫權的東線前陣。[1]

如此軍事態勢，孫權自然不敢兩面受敵，構惡同劉備的關係。

劉備此時既有不小的地盤和勢力，自然也覺腰板硬起來，所以敢於至吳見孫權。

質言之，劉備和孫權當時都認識到北有強敵而不宜將對方吃掉。固結友好成為共同的需要。

一、聯姻固好

「先主為荊州牧，治公安。權稍畏之，進妹固好。」[2]這條記載說明，是孫權主動將年僅二十歲左右的同父異母妹妹嫁給年已四十九歲的劉備。歷史上，尤其是小說家言，特別喜歡突出周瑜的「徙備置吳，盛為築宮室，多其美女玩好，以娛其耳目」的計策。無疑，這是孫權、周瑜計策的組成部分。是一樁雙方自願的政治婚姻。

建安十四年，劉備的妻子甘夫人病卒南郡。這件不幸的事，適為孫權和劉備「結好」的謀略提供了契機。據說：「先主至京（今江蘇鎮江）見權，綢繆恩紀。」[3]「綢繆恩紀」是指劉備與孫權的關係非常融洽呢，還是指劉備與孫權的妹妹情深義重呢，史記含糊。所以，盧弼著《三國志集解》注引說：「此處必有脫文，與下文意不相屬。」我意不妨兩方面看待，一是出於相互為用的考慮，孫劉的表面關係的確很好，所以能有以後數年的和平共處；二是夫妻情深，達到了親密「綢繆」的極致。

但從歷史的記載看，這樁婚姻，自始至終都籠罩在政治的陰影中。《三國志．法正傳》說：「（權）妹才捷剛猛，有諸兄之風，侍婢百餘人，皆親執刀侍立，先主每入，衷心常凜凜。」「凜凜」是心中感到有一股陰森寒氣而恐懼的意思。為什麼這樣呢？元人胡三省注《資治通鑑》說得很對：「恐為所圖（謀害）也。」《三國志．趙雲傳》注引《雲別傳》也說：「此時先主孫夫人以權妹驕豪，多將吳吏兵，縱橫不法。」據說，劉備為了壯膽，特意將趙雲安排在身邊：「先主以（趙）雲嚴重，必能整齊，特任掌內事。」不難想見，數年中，孫權時以妹妹為籌碼脅迫劉備，劉備則亦始終處在戒備之中。

孫權是什麼時候將妹妹接回去的？

《資治通鑑》卷六六說，建安十四年十二月「權以妹妻備」，十六年「孫權聞備西上，遣舟船迎妹」。這樣看來，他們的婚姻僅有兩年的時間。此說源自〈趙雲傳〉注引《雲別傳》。《雲別傳》說：「先主入益州，（趙）雲領留營司馬。……權聞備西征，大遣舟船迎妹，而夫人內欲將後主（劉禪）還吳，雲與張飛勒兵截江，乃得後主還。」《三國演義》「趙雲截江奪阿斗」就是據此演義而成的。

《三國志・蜀書・穆皇后傳》則載：「先主既定益州，而孫夫人還吳。」劉備克蜀定益是建安十九年的事。《華陽國志・劉先主志》也說，孫夫人回吳是劉備定益以後法正勸劉備主動做的事：「（法）正勸先主還之。」這樣，劉備與孫權妹的婚姻大約維持了六一七年。

《三國志集解》注引王鏊意見說，孫夫人還吳是迫不得已的：「法正已進劉瑁妻吳氏於宮中，舟船之迎，實夫人見幾（機）之哲。是歲建安二十年乙未，正（孫）權襲取長沙分界聯合之日。可想見，蜀主與夫人同牢已七年矣。」[4] 竊以為，這個推斷是接近於事實的。

歷史表明，權妹返而難歸，是這樁政治婚姻的必然歷史悲劇。就孫權來說，迎妹回吳是謀略上的重大失誤，不僅暴露了自己的意圖，構惡雙方關係，而且使劉備得以解脫。就劉備來說，自然當作兩方面的分析：一是孫氏既回，劉備一身輕鬆，不僅納妾數人，並且毫無顧忌地即納劉焉兒子劉瑁的遺孀吳氏為夫人；二是加深了孫劉裂痕，在吳蜀戰爭成為不可避免時，失去了一味有利的緩衝劑。一句話，這樁政治婚姻的結束，對於雙方，都是弊大於利。同時也害苦了年輕貌美的無辜的孫氏夫人。孫夫人回吳後，寡居抑或他適，史失記載，不知所終。

二、表面相安，內懷疑忌

孫、劉聯姻結好，雙方都在一定程度上解除了後顧之憂，得以自謀新的進取。但他們自始至終都沒有把對方看作是可靠的朋友。荊州歸屬，始終是雙方鬥爭的焦點。

就孫權方面來說，劉備在荊州勢力的存在，深刻地制約著他們的進一步發展。因此，他們總有一種「養虎貽患」的恐懼感。為了對劉備形成半包圍形勢和建構北戰曹操的有利條件，周瑜曾提出過「取蜀（劉璋）而并張魯」的策略。周瑜對孫權說：「今曹操新敗，憂在腹心，未能與將軍（指孫權）連兵相事也。乞與奮威（孫權堂兄弟孫瑜官居奮威將軍）俱進取蜀，取蜀而并張魯，因留奮威固守其地，與馬超結援，瑜還與將軍據襄陽以蹙操，北方可圖也。」[5]權許之。可惜，周瑜返還江陵途中，病卒於巴陵，其謀未行。

史載，周瑜彌留之際，給孫權書，除述知遇之恩外，一言形勢嚴峻，坦言對劉備的疑慮，二薦魯肅自代。書謂：「……人生有死，修命短矣（長命而早逝），誠不足惜，但恨微志未展，不復奉教命耳。方今曹公在北，疆埸未靜，劉備寄寓，有似養虎，天下之事未知終始，此朝士旰食（旰食，事忙不能按時吃飯。旰，音ㄍㄢˋ）之秋，至尊（指孫權）垂慮之日也。魯肅忠烈，臨事不苟，可以代瑜。人之將死，其言也善。倘或可采，瑜死不休矣。」[6]另，《三國志》魯肅本傳載文稍異，但同樣反映了周瑜對於劉備的擔心，文中說：「當今天下，方有事役，是瑜乃心夙夜所憂，願至尊先慮未然（先考慮尚未發生的事），然後康樂。今既與曹操為敵，劉備近在公安，邊境密邇，百姓未附，宜得良將，以鎮撫之。魯肅智略足任，乞以代瑜，瑜隕踣（指死亡）之日，所懷盡矣（意謂所想到的都說明白了）。」「劉備寄寓，有似養虎」，反映了孫權、周瑜的心理狀態。這說明，周瑜看到了孫、劉穩定局面下潛伏著危機；也反映了他對劉備必欲除之的決心。客觀地說，周瑜的意見不無道理，但失在對於相對穩定的局面，對於自己一方臨時有利的一面以及鼎足形勢的必然性認識不足。

孫權和魯肅沒有按照周瑜的意見辦，魯肅堅持了將荊州部分地區「借給」劉備的策略。當然，應該看到問題的另一面，即名之為「借」，實際是在「借地」的名義下，把自己的勢力擴展到劉備的占領區內，從而達到制約對方的目的。《三國志．魯肅傳》說，瑜死，孫權即以魯肅為奮武校尉，代瑜領兵；令程普領南郡太守，繼領江夏太守；將已為劉備占有的長沙郡一分為二另設漢昌郡，試圖將今湘陰、岳陽及其以東地區控制在自己手裡；同時，加強荊州江南四郡以東的實際軍事控制，分揚州部之豫章郡地加設鄱陽郡。可見，孫權、魯肅也是把劉備作為潛在敵人看待的，只不過是他們看到了可以利用的一面，因而對付的手段不同於周瑜罷了。

就劉備方面來說，他自然明白孫、劉兩家在荊州問題上存在著嚴重的利害衝突，聯盟不可久恃。因而積極擴大軍事力量。他雖然不與孫權明爭，但實際不斷加強著對於已有地區的實際控制，並切實制約了孫權在荊州地區的發展。他自駐公安，而以關羽為襄陽太守駐江北，並將南郡的江南地分出來另置宜都郡讓張飛統兵駐守。這樣，便在實際上形成了對於軍事要地南郡首府江陵的包圍，從而控制了自江陵西上入蜀的長江水域和周邊軍事要地。

根據各種跡象分析，在此期間，劉備同時也曾注意到郡縣地方政權的調整、建設和鞏固。《三國志．龐統傳》載：「先主領荊州，（龐）統以從事守耒陽令，在縣不治，免官。」這說明，縣令如果政績不佳，是要免官的。這說明，他在加強地方政權和治民安民方面可能切實做過一些事情。

不過，客觀地說，劉備對於荊州大部分地區，主要還是軍事控制。諸葛亮督三郡的任務是「調其賦稅，以充軍實」，關羽、張飛、趙雲則均以將軍銜領地方太守。所以，他在為政治民、經濟等方面的成績是不顯著的。

西圖巴蜀

孫權、劉備以及曹操都想西取巴蜀。

就當時的駐軍和地理形勢看，曹操取蜀，必走北路，計在先滅馬超、韓遂和張魯，取得漢中，掌握益州北門鎖鑰，然後相機而進。

孫權取蜀，有兩條路可以考慮，一是北上今湖北房縣、上庸，經安康，西取漢中入蜀。這就是前已述及的建安十五年（二一〇）十二月，周瑜要求孫權允許他與孫權的堂兄弟、奮威將軍孫瑜率兵「俱進取蜀，得蜀而并張魯」的計畫所在。但這條路是絕對走不通的，因為在軍事形勢上如同「螳螂捕蟬，黃雀在後」，曹操是不會放過他的。二是走南路，沿江西上。但此路也是難以走通的，因為他不能越過劉備在荊州的地盤而取益州。

周瑜「得蜀而并張魯」的計畫，對曹操震動很大，從而使曹操加快了既定的西取馬超、韓遂和張魯而窺蜀的步伐。建安十六年三月，曹操遣司隸校尉鍾繇討張魯，使征西護軍夏侯淵等率兵出河東，與鍾繇會師共進，擺開必將謀蜀的架式。關中諸將疑為襲己，馬超、韓遂、侯選、程銀、楊秋、李堪、張橫、梁興、成宜、馬玩等十部皆反。七月，曹操親征。不數月，破潼關，兩渡河，結營渭南，瓦解馬超、韓遂聯盟，大破十部軍，斬成宜、李堪等，馬超、韓遂西逃。曹操控制了關中地帶，既擴大了地盤，解除了西北之憂，又使孫權北路取蜀成為不可能。因此，孫權只有考慮南路，沿江而上、聯合劉備共同取蜀。

一、婉拒孫權伐蜀

孫權聯合劉備取蜀的首要目的不在蜀，而在將劉備擠出荊州。

從地理形勢和實際控兵情況看，孫吳既然不可能越過荊州而有巴蜀，劉備亦不可卒滅，所以便有了試圖與劉備共謀伐蜀的問題。

史載，孫權欲與劉備共取蜀，遣使對劉備說：「米賊張魯居王巴漢，為曹操耳目，規圖（謀劃取得）益州。劉璋不武（不懂軍事。此喻軍力薄弱），不能自守。若操得蜀，則荊州危矣。今欲先攻取璋，進討張魯，首尾相連，一統吳楚，雖有十操，無所憂也。」[7] 又謂：「雅願以隆（好的願望得以成功），成為一家。諸葛孔明母兄在吳，可令相並（相見）。」[8]

接到報告後，有人提出用緩兵之計對付孫權，「以為宜報聽許」，因為「吳終不能越荊有蜀，蜀地可為己有」。劉備想以自己的力量取蜀，自然不願孫權染指。據載，時有荊州主簿殷觀分析了同吳聯合的危險，對劉備說：「若為吳先驅，進未能克蜀，退為吳所乘，即事去矣。」毫無疑問，這正是孫權的如意算盤。但當時，劉備正與孫權處於表面友好的情勢下，力又難敵吳兵，因此殷觀進一步獻策：「今但可然贊其伐蜀，而自說新據諸郡，未可興動，吳必不敢越我而獨取蜀。如此進退之計，可以收吳、蜀之利。」[9]

劉備認為殷觀的意見是對的，因而對孫權的來報「據答不聽」，並以三條理由回絕：一是條件不具備，勝負難以預料，說：「益州民富強，土地險阻，劉璋雖弱，足以自守。張魯虛偽，未必盡忠於操。今暴師於蜀、漢，轉運於萬里，欲使戰克攻取，舉不失利，此吳起不能定其規，孫武不能善其事也。」二是恐怕曹操襲於後，指出：「曹操雖有無君之心，而有奉主之名，議者見操失利於赤壁，謂其力屈，無復遠志也。今操三分天下已有其二，將欲飲馬於滄海，觀兵於吳會，何肯守此坐須老乎（意謂怎麼會安於現狀而無所作為呢）？」三是憂慮攻伐西蜀，給敵以可乘之機，因說：「今同盟無故自相攻伐，借樞（把關乎大局的事交給別人掌控）於操，使敵承其隙，非長計也。」[10]

孫權不聽，遣奮威將軍孫瑜率水軍進住夏口，蓄勢待發。

劉備既然控制了江陵周圍的水陸要衝，自然不准孫瑜的軍隊通過，因而回報孫權，一是假意為劉璋求情，說：「備與璋託為宗室，冀憑英靈，以匡漢朝。今璋得罪左右，備獨竦懼，非所敢聞，願加寬貸。」二是表明強硬態度，說：「若不獲請，備當放髮（放髮，披頭散髮。下句被髮，意同）歸於山林。」同時還對孫瑜說：「汝欲取蜀，吾當被髮入山，不失信於天下也。」[11]自然，這是些威脅話，他怎麼會真的歸隱山林呢？

劉備堅決阻止孫權取蜀，迅疾調整並加強了阻抗孫權的布防，使關羽屯江陵，張飛屯秭歸，諸葛亮居南郡，自己在孱陵（今湖北公安南），構成了數百里防線。孫權知道劉備決意阻止吳軍取蜀，只好命令孫瑜撤軍。

二、入蜀前的益州大勢

孫權撤軍後，劉備立即加緊了自取西蜀的準備。一方面，調整並加強了阻抗孫權的布防，一方面積極考慮入蜀的計策，開始了前期工作。

這裡，先講一下入蜀前的益州背景。

益州，漢代十三州刺史部之一。東漢末年，天下大亂，宗室劉焉欲避時難，請求外放為方鎮大員，並建議改各州刺史之稱為州牧，以重其威。如史所載：「時靈帝政化衰缺，四方兵寇，（劉）焉以為刺史威輕，既不能禁，且用非其人，輒增暴亂，乃建議改置牧伯，鎮安方夏，清選重臣，以居其任。」同時，自己「陰求為交趾（刺史），以避時難」。[12]劉焉，字君郎，江夏竟陵（今湖北天門西北）人，漢景帝子魯恭王劉餘之後，少任州郡，以宗室拜郎中，歷任雒陽令、冀州刺史、南陽太守、宗正、太常卿。據說，議未即行，侍中董扶私下對劉焉說：「京師將亂，益州有天子氣。」一心懷野心的劉焉聞言，便改初衷，請求去做益州牧。兩大消息幫助了劉焉，一是「益州刺史郤儉賦斂煩擾，謠言遠聞」，說明益州刺史不得民心，需要撤換；二是并州刺史張壹和涼州刺史耿鄙等連連被殺，證明了劉焉「刺史威輕」的觀點。因而，「焉謀得施」，遂被派出為監軍使者，領益州牧，封陽城侯。

劉焉至益州，立即開始搞獨立王國的活動，「撫納離叛，務行寬惠，陰圖異計（密謀脫離朝廷）」。他特意派遣督義司馬張魯「住漢中，斷絕谷閣，殺害漢使」，隨後又以此為藉口「上書言米賊斷道，不得復通」；繼而託以他事，枉殺州中豪強十餘人，「以立威刑」；襲殺地方官之不服者。[13]《三國志・劉二牧傳》注引《英雄記》稱：「劉焉起兵，不與天下討董卓，保州自守」。其意漸盛，竟然按照天子的規格「造作乘輿車具千餘乘」，並聯合征西將軍馬騰，率領軍隊襲擊長安，參與了方鎮謀奪大業的行列。正因其「僭擬至尊（天子）」的嘴臉已經暴露，所以南朝梁人劉昭注史時將他同袁紹、曹操相提並論，說：靈帝「大建尊州之規（指將刺史改稱為牧），竟無一日之治。故劉牧益（州）土，造帝服於岷、峨；袁紹取冀，下制書（皇帝給臣民下令，有策書、制書、詔書等稱號）於燕、朔；劉表荊南，郊天祀地（郊祀，皇帝祭祀天地的儀式）；魏祖（曹操）據兗（州），遂構皇業」。[14] 但他失敗了。興平元年（一九四），他在聯合馬騰對付李傕的戰爭中戰敗，兒子劉範和劉誕均在長安被李傕殺了。劉焉「既痛二子，又遇天火燒其城府車重，延及民家，館邑無餘」，遂癰疽發背而卒。[15]

劉焉有四子，劉範為左中郎將，劉誕為治書御史，劉璋為奉車都尉，劉瑁隨焉在益為別部司馬。劉焉「託疾召璋，璋自表省（省，省親）焉，焉遂留璋不還」。[16] 範、誕在長安被殺，瑁「狂疾物故」死去，劉璋成了劉焉唯一的繼承人，代父為益州牧。

劉璋，字季玉，性「懦弱少斷」，兵為民患，不能禁制。據《三國志·劉二牧傳》注引《英雄記》說：「先是，南陽、三輔人流入益州數萬家，收以為兵，名曰東州兵。璋性寬柔，無威略，東州人侵暴舊民，璋不能禁，政令多闕，益州頗怨。」初，征東中郎將趙韙等始「貪璋溫仁，立（璋）為刺史」，繼而乘民怨沸騰之機「謀叛」，構亂巴中，還擊劉璋，蜀郡、廣漢、犍為諸郡皆應。史謂「趙韙稱兵內向……皆由璋明斷少而外言入故也」。幸虧「東州人畏見誅滅，乃同心并力，為璋死戰，遂破反者，進攻（趙）韙於江州，斬之」。同時，張魯也「以璋暗懦，不復承順」。劉璋「殺（張）魯母及弟，而遣其將龐羲等攻魯，數為所敗。魯部曲多在巴土，故以義為巴郡太守。魯因襲取之，遂雄於巴漢」。[17] 可見，益州轄區，雖然物殷民富，卻積弱有年，社會不穩。

劉璋面臨群雄割據之勢，曾經試圖取悅曹操以求自保。建安十年（二〇五），「璋聞曹公將征荊州，遣中郎將河內陰溥致敬。公表加璋振威將軍，兄瑁平寇將軍。」十二年，「璋復遣別駕從事蜀郡張肅送叟兵[18]三百人，並雜御物。公辟（徵召）肅為掾，拜廣漢太守。」十三年，劉璋得知曹操克荊州，又派別駕張松向操致敬，表示願「受征役，遣兵給軍」。[19]

張松，字子喬，蜀郡人，是首倡將劉備引入益州的關鍵人物。據載，此人「為人短小，放蕩不治節操，然識達精果（見識高遠，精明果斷），有才幹」。他本想乘機投靠曹操，為曹操西取益州獻謀。但曹操以貌取人，看不起張松，覺得已經取得荊州、趕走了劉備，這種其貌不揚的人沒有什麼用處了，所以「不存禮（不以禮相待）松」，只拜張松為越嶲蘇示（今四川西昌境）令（張松，本來已為州別駕，授予縣令，等於降級使用）。據《三國志・先主傳》注引《益部耆舊雜記》載，曹操的主簿楊修曾故意測試過張松的才幹，「以公（操）所撰兵書示松，松宴飲之間一看便暗誦。修以此益異之。」楊修對張松「深器之，白公（操）辟松，公不納」。張松志不得酬，受到侮辱，因此痛恨曹操，回到益州後，大講曹操的壞話，勸劉璋絕操而與劉備相結，為劉備入蜀提供了有利機會。[20]這也是曹操在用人方面的重大失誤。歷史學家常將此事提到有關大業成敗的高度進行分析。東晉史學家習鑿齒說：「昔齊桓一矜其功而叛者九國，曹操暫自驕伐而天下三分。皆勤之於數十年之內而棄之於俯仰之頃，豈不惜乎！」[21]宋人司馬光深然其說。

建安十六年，曹操謀取漢中的軍事行動，震動了各方諸侯，客觀上也為劉備入蜀提供了條件。據載，益州牧劉璋遙聞曹公將遣鍾繇等向漢中討張魯，內懷恐懼，不知如何自保。張松便乘機給劉璋出了個吃裡爬外的主意。張松先是威脅劉璋說：「曹公兵強無敵於天下，若因張魯之資以取蜀土，誰能禦之者乎？」璋曰：「吾固憂之而未有計。」然後張松說：「劉豫州，使君（指劉璋）之宗室而曹公之深仇也，善用兵，若使之討魯，魯必破。魯破，則益州強，曹公雖來，無能為也。」

張松反覆對劉璋說：「劉豫州，使君之肺腑，可與交通。」劉璋然其謀，問誰可為使，張松推薦了法正。22

法正，字孝直，扶風郿（今陝西眉縣）人，是另一個想讓劉璋倒楣的人，時為軍議校尉，沒有受到重用，「既不任用，又為其州邑俱（俱，全部）僑客者所謗無行，志意不得。」法正與張松要好，松「忖璋不足與有為，常竊歎息」，但有話卻願向法正說。二人關係親密，政見相同。張松推薦法正去同劉備聯繫，用心顯然可知。史載，劉璋遣法正為使，法正假意推辭，「佯為不得已而往」。法正回來以後，「為松稱說先主有雄略，密謀協規（共同規劃），願共戴奉，而未有緣。」這說明，法正第一次奉命同劉備聯繫之後，便與張松一起開始了謀迎劉備的實際行動。

不久，劉璋派法正與孟達「送兵數千助先主守禦」。張松再次對劉璋說：「今州中諸將龐羲、李異等皆恃功驕豪，欲有外意，不得豫州（劉備），則敵攻其外，民攻其內，必敗之道也。」至此，劉璋完全被張松說服，決意引劉備入蜀，試圖讓其收服張魯，北抗曹操。於是，即遣法正率領四千人迎接劉備。23

劉璋迎接劉備入蜀的決定，引起益州一些謀臣的憂慮。他們看到了事情的危險性。主簿黃權急諫：「左將軍（劉備）有驍名，今請到，欲以部曲遇之，則不滿其心，欲以賓客禮待，則一國不容二君。若客（劉備）有泰山之固，則主（劉璋）有累卵之危。可但閉境，以待河清（按：河清，意喻局勢安定之時）。」劉璋不僅不聽黃權的意見，而且將其調離成都，降職為廣漢縣長。剛從交趾至蜀的劉巴也進諫說：「備，雄人也，入必為害，不可內（納）也。」從事王累，態度更堅決，「自倒懸於州門以諫」。《華陽國志》卷一〇說：「（王）累為從事，以諫不入，乃自刎州門，以明不可。」劉璋一無所納。[24]

劉璋遣法正迎劉備，「前後賂遺以巨億計」。法正乘機向劉備陳說益州可取之策：「以明將軍（指劉備）之英才，乘劉牧（指劉璋）之儒弱；張松，州之股肱，以響應於內；然後資（憑藉）益州之殷富，馮（憑）天府之險阻，以此成業，猶反掌也。」[25]

《三國志‧先主傳》注引韋曜《吳書》說：「備前見張松，後得法正，皆厚以恩意接納，盡其殷勤之歡。因問蜀中闊狹，兵器府庫人馬眾寡，及諸要害道里遠近，松等俱言之，又畫地圖山川處所，由是盡知益州虛實也。」這條記載，由於張松未曾見過劉備，常被認為是不可靠的。其實，不可拘泥。法正受張松之託，既言取蜀「猶反掌」，因而談及「蜀中闊狹，兵器府庫人馬眾寡，及諸要害道里遠近」是很自然的，《吳書》將其記為劉備同張松、法正兩人的談話，是不足為怪的。[26]

法正的說辭，堅定了劉備的決心，從而使劉備加快了入蜀的步伐。

三、率兵入蜀

劉備既然將「跨有荊益」作為既定目標，自然也早已自做入蜀的準備。諸葛亮、龐統在謀劃取蜀的大計上都發揮了重要作用，而在初期的實際行動中龐統的作用尤大。

龐統，字士元，襄陽人，「少時樸鈍，未有識者」，惟其叔父龐德公「重之」。晉朝歷史家習鑿齒《襄陽記》載龐德公的評語：「諸葛孔明為臥龍，龐士元為鳳雛（按：鳳雛意即雛鳳，喻少年俊秀），司馬德操為水鏡（按：謂善於知人）。」十八歲的時候，龐德公讓他去見潁川司馬徽（字德操），「徽采桑於樹上，坐統在樹下，共語自晝至夜。徽甚異之，稱統當為南州士之冠冕，由是漸顯。」

龐統「性好人倫，勤於長養」，喜歡評論人物，而且喜歡用誇大的美好語言評讚人物：「每所稱述，多過其才。」為什麼這樣呢？時人怪而問之。龐統說：「當今天下大亂，雅道陵遲（意謂正道衰落），善人少而惡人多。方欲興風俗，長道業，不美其譚即聲名不足慕企，不足慕企而為善者少矣。今拔十失五，猶得其半，而可以崇邁（意如崇尚）世教，使有志者自勵，不亦可乎？」意在樹立榜樣，弘揚大道，激勵向善。

龐統曾做劉表的南郡功曹。赤壁之戰以後，周瑜領南郡太守，他成為周瑜的部屬，仍為郡功曹。功曹，《後漢書．百官五》說，郡有功曹史，「主選署功勞」，是事務性文官。所以，實際沒有得到應有的重用。至於《太平御覽》卷二六四引《荊州先德傳》說「周瑜領南郡，以龐士元名重州里所信，乃逼為功曹，任以大事，瑜垂拱而已」，治史者大都不信。如果是這樣，何不直接委以重職而任以大事。周瑜死後，龐統送喪至吳，吳人多聞其名，爭與相結。據載，當其西還之時，名人陸績、顧劭、全琮等[27]皆往相送，深與相結。不過從當時他們的一些相互評論看，龐統顯得有點自傲。他說：「陸子可謂駑馬有逸足之力，顧子可謂駑牛能負重致遠也。」全琮「好施慕名，有似汝南樊子昭。雖智力不多，亦一時之佳也」。[28]「駑馬」、「駑牛」、「智力不多」都不是好辭，但稱其「有逸足之力」、「能負重致遠」、「一時之佳」則都是褒獎之意。

顧劭心有不服，因問龐統：「卿名知人，吾與卿孰愈？」統答：「陶冶世俗，甄綜人物，吾不及卿；論帝王之祕策，攬倚伏之要最，吾似有一日之長。」據說，顧劭「安其言而親之」。[29]

劉備領荊州牧後，龐統成了劉備的屬下。劉備本來早已知道龐統有「鳳雛」之譽，但一時失察，沒有給予應有的重視，讓他「以從事守耒陽令」。一般的「從事」之職，是辦事員性質的文官。龐統不得志，因而不認真做事，「在縣不治」，毫無政績，結果被免了官。龐統被免官以後，引起了多方面的注意。甚知其能者、吳將魯肅即給劉備送去一信：「龐士元非百里才也，使處治中、別駕之任，始當展其驥足耳。」據載，「諸葛亮亦言之於先主。」劉備召見了龐統，進行了長時間的談話，「見與善譚，大器之，以為治中從事，親待亞於諸葛亮，遂與亮並為軍師中郎將。」[30]

龐統最大的事功就是為劉備謀劃入蜀，並將其付諸施行。他曾同劉備有過一次關於率兵入蜀的對話：

龐統說：「荊州荒殘，人物殫盡，東有孫吳，北有曹氏，鼎足之計，難以得志。今益州國富民強，戶口百萬，四部兵馬，所出必具，寶貨無求於外，今可權藉以定大事。」

劉備言不由衷地說：「今指與吾為水火者，曹操也，操以急，吾以寬；操以暴，吾以仁；操以譎，吾以忠；每與操反，事乃可成耳。今以小故而失信義於天下者，吾所不取也。」

龐統說：「權變之時，固非一道所能定也。兼弱攻昧，五伯（指春秋五霸）之事。逆取順守，報之以義，事定之後，封以大國，何負於信？今日不取，終為人利耳。」[31]

奪人之地，報之以義，「何負於信」云云，自然純屬強辭奪理，但「今日不取，終為人利」，的確也是實情。這些話，劉備自然非常欣賞。正像《華陽國志·劉二牧志》記載的劉備聽了法正的話後心中「大悅」一樣，龐統的話也使他大為高興。

正是在一種謀國立業的思想驅使下，劉備便於建安十六年（二一一）十二月開始行動了。他留諸葛亮、關羽、張飛等鎮荊州，以趙雲領留營司馬，據守後方，以待後命，自在軍師龐統的輔助下，將步卒數萬人溯江西上，向益州進軍了。

據載，劉璋「敕（命令）在所（指劉備所到的地方）供奉先主，先主入境如歸」。[32] 劉備就像回家一樣，不僅沒有遇到阻攔，而且一路受到歡迎。沒有多少日子，便順利地自公安、宜都等地驅兵數百公里，到達益州的巴郡（治今重慶）。巴郡太守嚴顏不禁捶胸長歎：「此所謂獨坐窮山，放虎自衛也。」隨後，劉備又由巴水（今涪江）溯流而上數百公里到達涪城（今四川綿陽），深入到益州的腹地。[33]

劉備至涪，劉璋親自從成都到涪出迎，誠心相待，相見甚歡。《三國志·劉二牧傳》云：「璋率步騎三萬餘人，車乘帳幔，精光曜日，往就與會，先主所將將士，更相之適，歡飲百餘日。」可見，他不僅宴請劉備，而且還同劉備的屬下相見歡飲。但是，張松、法正和劉備的人卻在暗地裡積極籌畫除掉劉璋的陰謀。張松令法正告訴劉備，可以乘便在相會的時候幹掉劉璋。劉備惟恐有失，因說：「此大事也，不可倉卒。」軍師龐統則進一步鼓勵劉備說：「今因此會，便可執之，則將軍無用兵之勞而坐定一州也。」劉備覺得操之過急，因說：「初入他國，恩信未著，此不可也。」[34] 暫時把大家的情緒穩定下來。

相會期間，劉璋推劉備行大司馬，領司隸校尉；劉備推劉璋行鎮西大將軍，領益州牧如故。劉璋為劉備增兵，厚加資給。據《三國志·劉二牧傳》注引《吳書》說：「璋以米二十萬斛，騎千匹，車千乘，繒絮錦帛，以資送劉備。」劉璋為使劉備往討漢中張魯，又讓屯守要衝白水關（又稱關頭，在今四川廣元境）的駐軍楊懷、高沛部聽從劉備的號令。劉巴得知劉璋欲以劉備征張魯，復諫劉璋說：「若使備討張魯，是放虎于山林也。」劉璋不聽，劉巴知其必敗，「閉門稱疾」，以待後變。[35]

劉璋同劉備歡會百餘日，自覺一切安排妥當，可以坐待佳音，便回成都去了。至此，「先主（劉備）並軍三萬餘人，車甲器械資貨甚盛」，[36]足可北征張魯。但他往北走了不長的一段路程後，到達葭萌（治今四川廣元南）便停下來準備攻打劉璋、襲取成都的具體行動了。

打敗劉璋，取得成都

駐兵葭萌期間，劉備主要做了兩方面的事情：一是爭取巴蜀士民的支持。如史所稱：「先主北到葭萌，未即討魯，厚樹恩德，以收眾心。」[37]二是謀劃討伐劉璋的策略。

一、龐統三計：戰爭的第一階段

龐統向劉備獻出了奪取成都的計策。他說：「陰選精兵，晝夜兼道，徑襲成都。璋既不武（不懂武略），又素無預備，大軍卒至，一舉便定，此上計也。楊懷、高沛，璋之名將，各仗強兵，據守關頭（白水關，在今四川廣元境），聞數有箋諫璋，使發遣將軍（指劉備）還荊州。將軍未至，遣與相聞，說荊州有急，欲還救之，並使裝束，外作歸形。此二子既服將軍英名，又喜將軍之去，計必乘輕騎來見，將軍因此執之，進取其兵，乃向成都，此中計也。退還白帝（今重慶奉節東），連引荊州，徐還圖之，此下計也。若沉吟不去，將致大困，不可久矣。」38

龐統激勵劉備用其「上計」。就當時的情況看，出其不意，擊其無備，晝夜兼程，直搗成都，在軍事上是完全能夠成功的。但從長遠利益考慮，有失民心，不利自我形象的樹立，不利益州全境的征服，未必是上策。「下計」，是龐統極而言之，自然知道劉備不會接受。因為退回去，等於是前功盡棄，意味著給劉璋以鞏固、發展勢力之機，而自己陷入兩面受敵的危險，再謀取蜀，成為不可能。劉備採納了「中計」，實際這也正是龐統的真正戰略意圖。

決策確定後，劉備立即製造假象，表示不願再在益蜀之地待下去了，虛為急還荊州之勢。

建安十七年（二一二）十月至次年正月，曹操征孫權，進軍濡須口（今安徽無為東北），攻破孫權江西營，獲孫權都督公孫陽。十七年十二月，孫權向劉備求救。這件事，恰好為劉備製造急返荊州的假象提供了條件。劉備給劉璋寫信說：「曹公征吳，吳憂危急。孫氏與孤本為唇齒，又樂進（曹操大將）在青泥（今襄樊西北）與關羽相拒，今不往救（關）羽，（樂）進必大克，轉侵州界，其憂有甚於（張）魯。魯自守之賊，不足慮也。」並且以此為理由，要求劉璋支援，「從璋求萬兵及資實，欲以東行。」39

劉備「求兵東行」之謀，在成都引起了很大反響。其中最值得注意的：一是劉璋已因劉備滯兵葭萌、未即討魯的行為產生了懷疑，及至提出「求兵東行」要求，更加狐疑，但又不便當即把遮羞布揭開，因而沒有答應劉備的全部要求，「但許兵四千，其餘皆給半」。二是張松著急了。張松未知劉備內情，寫信給劉備和法正，問：「今大事垂可立，如何釋此去乎？」結果，張松不僅暴露了自己，而且洩露了劉備謀奪益州的天機。據載，張松的哥哥、廣漢太守張肅，「懼禍逮己（逮己，牽連自己），白璋發其謀（意謂向劉璋告發了張松、劉備的密謀）。於是璋收斬松，嫌隙始構矣。」[40]

劉備抓住劉璋不肯如數益兵資糧這件事，大做文章，激怒其眾說：「吾為益州征強敵（按：托辭），師徒勤瘁，不遑寧居（按：話是真話，但實為自己，非為劉璋）；今積帑藏（帑藏，國庫）之財而悕（悕，少，罕見）於賞功，望士大夫為出死力戰，其可得乎！（按：煽動義憤）」[41]

當其聽說張松被殺，更是不禁憤怒，不由歎息，遙責劉璋殺其內應：「君矯殺吾內主乎！」[42]

至此，劉備與劉璋的對立的局勢便明朗化了。劉璋完全知道上當了，立即下令，「敕關戍諸將文書勿復關通（不再報告）先主」。劉備則以此為由，公開宣布發難，做出三大行動：

第一，召斬劉璋大將。「先主大怒，召璋白水（關）軍督楊懷，責以無禮，斬之。」[43]《零陵先賢傳》記載了劉備用詭詐手段計斬楊懷的故事，說：「劉璋請劉備，璋將楊懷數諫。備悟，請璋子禕及懷。酒酣，備見懷佩匕首。備出其匕首，謂懷曰：『將軍匕首好，孤亦有，可得觀之。』懷與之。備得匕首，謂懷曰：『女（汝）小子，何敢間我兄弟之好耶！』懷罵言未訖，備斬之。」[44]

第二，立即發動進攻。「遣將黃忠、卓膺、魏延等勒兵前行。」[45]

第三，即令諸葛亮、張飛、趙雲自荊州率眾溯江西上。「分定郡縣，與先主共圍成都。」[46]

楊懷、高沛被殺後，劉備「自葭萌南還襲劉璋，留峻守葭萌城」，[47]自己率兵徑至關中，以「諸將並士卒妻子」為質，有效地控制並收編了關中的守軍，隨後「引兵與（黃）忠、（卓）膺等進到涪，據其城」。[48]

《三國志．龐統傳》說，劉備「還向成都，所過輒克」。「輒克」云云，說明進軍順利。實際上，也遇到了一些抵抗。據載，兵到梓潼，梓潼令王連「固城堅守，劉主義之，不逼攻

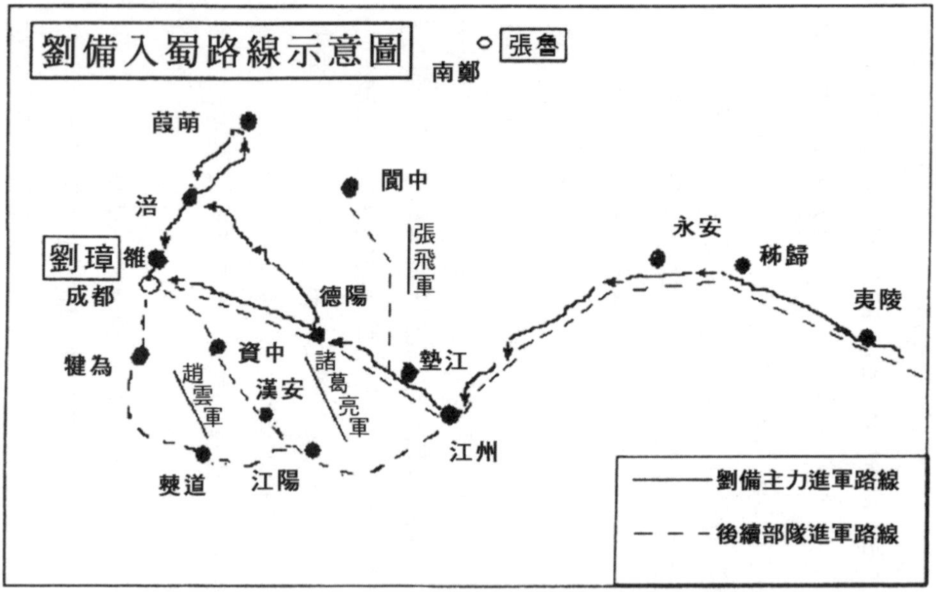

也」。[49]就是這方面的反映。

劉備初戰得手，進據涪城，大會眾將，置酒作樂，慶祝勝利。劉備酒後吐真言，徹底揭開了自己的面紗。劉備對龐統說：「今日之會，可謂樂矣。」龐統不願他過於暴露自己的真實面目，因而說：「伐人之國而以為歡，非仁者之兵也。」劉備已醉，未能理解龐統的用意，怒說：「武王伐紂，前歌後舞，非仁者邪？卿言不當，宜速起出（最好馬上出去）！」龐統「逡巡引退」（意為遲疑而無所措地走出去）。不久，劉備後悔，又將龐統請回。「統復故位，初不顧謝，飲食自若。」劉備問龐統：「向者之論，阿誰為失？」龐統回答：「君臣俱失。」二人心照不宣，劉備大笑，「宴樂如初」。[50]

對於劉備與龐統的這段對話，歷代歷史家多有評論，一種可以著名的「帝蜀寇曹」論者、晉人習鑿齒為代表，他在說明「君臣俱失」的時候，既要倡導「德義」，又要樹立劉備的「兼明」形象。他說：「夫霸王者，必體仁義以為本，仗信順以為宗，一物不具，則其道乖矣。今劉備襲奪璋土，權以濟業，負信違情，德義俱愆，雖功由是隆，宜大傷其敗，譬斷手全軀，何樂之有？龐統懼斯言之泄宜（怕洩露真實意圖），知其君之必悟，故眾中匡其失，而不修常謙之道，矯然太當，盡其蹇諤（意為忠直敢言）之風。夫上失而能正，是有臣也，納勝而無執（意謂接納好的意見而不固執己見），是從理也；有臣則陛隆堂高（陛隆，大殿的臺階增多；堂高，殿堂高大。比喻皇帝的聲望更大），從理則群策畢舉；一言而三善兼明，暫諫而義彰百代，可謂達乎大體矣。若惜其小失而廢其大益，矜此過言，自絕遠讜（讜，正直的言論），能成業濟務者，未之有也。」顯然，這是一種為劉備辯護的觀點。另一種可以南朝宋人裴松之為代表，他用正統的儒家的歷史觀看問題，敢於直言劉備之非和習鑿齒之評論不當。他說：「以為謀襲劉璋，計雖出於統，然違義成功，本由詭道，心既內疚，則歡情自戢（自戢，自我收斂），故聞備稱樂之言，不覺率爾而對也。備宴酣失時，事同樂禍，自比武王，曾無愧色，此備有非而統無失，其云『君臣俱失』，蓋分謗之言耳。習氏所論，雖大旨無乖，然推演之辭，近為流宕也（流宕，在此可以理解為說話片面）。」[51]

其實，歷史地看，東漢末年，社會大亂，軍閥割據，各路「英雄」無不覬覦別人的地盤，你爭我奪，沒有休止。什麼德義、信順云云，無從談起，實也不必談起。我在《曹操評傳》一書中，對於曹操伐袁紹、討袁術、平呂布、征劉表，不僅不以為非，而且作為功業大加讚揚。我們既然不以曹操的兼併戰爭為非，自然也不能對劉備奪人土地過於指責。況且漢時州牧轄區，非同列國封疆，並不是一家私產，只要力量具備，任何人都可自領州牧，占有其地。質言之，劉備取益襲璋，從政治大義言，不存在有虧「德義」的問題；他打了勝仗，置酒作樂，一時忘乎所以，口吐真言，也無需多怪。

二、戰爭的第二階段

涪城大會，實際也是一次正式的誓師大會。鼓舞了士氣，震撼了益州。成都城內一片恐慌。劉璋暗懦，形同春秋時代的宋襄公，拘泥於義，不善戰事。《三國志．法正傳》載，州從事鄭度向劉璋進言：「左將軍（劉備）懸軍襲我，兵不滿萬，士眾未附，野穀是資，軍無輜重。其計莫若盡驅巴西、梓潼民內（遷）涪水以西，其倉廩野穀，一皆燒除，高壘深溝，靜以待之。彼至，請戰，勿許，久無所資，不過百日，必將自走。走而擊之，則必擒耳。」這是一種非常厲害的、歷史上行之有效的「堅壁清野」的策略。劉備聞聽鄭度出此計策，非常害怕，急問法正怎麼辦，法正甚知劉璋迂腐，肯定地對劉備說：「終不能用，無可憂也。」劉璋果如法正所言，對其群下說：「吾聞拒敵以安民，未聞動民以避敵也。」劉璋不願貽害於民。結果，不僅不用鄭度的計策，而且罷免了鄭度的職務。地方上的倉庫、田間的野穀，一無所動，全部資敵。《華陽國志．劉二牧志》說得很對：「（劉璋）絀（通黜）度不用，故劉主所至有資，進攻綿竹。」

建安十八年（二一三）五月，劉備由涪向成都進發，劉璋先後分遣三路兵馬進行抵抗：一遣其將扶禁、向存抄劉備後路，「帥萬餘人由閬水（今嘉陵江）上，攻圍（霍）峻」。據載，相持一年而不能下，「峻城中兵才數百人，伺其怠隙，選精銳出擊，大破之，即斬存首。」[52]二遣其將劉璝、冷苞、張任、鄧賢、吳懿等拒劉備於涪，結果「皆破敗，退保綿竹」。中郎將吳懿（亦作壹）至劉備軍投降，拜為討逆將軍。三遣護軍將軍李嚴、參軍費觀督綿竹軍抗拒劉備，結果嚴、觀亦率其眾投降劉備，同拜裨將軍。

劉備軍勢大增，遂分遣諸將平定下屬各縣。劉璝、張任與劉璋的兒子劉循退守雒城（今四川廣漢北），劉備將雒城團團圍住。張任勒兵出戰於雁橋（在雒城南），兵敗。劉備聞張任「忠勇」，勸其投降，張任厲聲回答說：「老臣終不復事二主矣。」劉備懷著惋惜的心情將其殺了。[53]

建安十九年（二一四）五月，劉備命關羽總統荊州事，讓諸葛亮與張飛、趙雲溯流而上，攻克巴東（巴東郡，轄今四川雲陽、重慶奉節等地），入巴郡（治今重慶）。進而南北配合，進攻成都。

諸葛亮、張飛入川，幾乎在沒有遇到嚴重抵抗的情況下，很快便克復白帝（今重慶奉節東）到達江州（今重慶）。巴郡太守趙筰和將軍嚴顏進行了抵抗，失敗。張飛生擒嚴顏，怒斥嚴顏說：「大軍至，何以不降而敢逆戰？」顏答：「卿等無狀，侵奪我州，我州但有斷頭將軍，無降將軍也。」飛大怒，說：「牽去斫頭！」顏臉色不變，從容地說：「斫頭便斫頭，何為怒邪！」俗謂張飛粗中有細。誠然，張飛被嚴顏的大義凜然打動了，因而「壯而釋之，引為賓客」。[54]

繼而，諸葛亮、張飛、趙雲分兵略地。

諸葛亮平定德陽（今四川遂寧），「璋帳下司馬蜀郡張裔拒亮，敗於柏下（當為陌下，在今遂寧東南），裔退還。」[55]

張飛所過戰克，攻巴西（治今四川閬中），「巴西功曹龔諶迎飛」。

趙雲平定江陽（治今四川瀘州）、犍為（治今四川彭山）。[56]

這樣，北有劉備及其親自率領的黃忠、魏延各軍，東有張飛，南有諸葛亮、趙雲，時不一年，便形成了對於成都的軍事包圍形勢。

劉備圍攻雒城約有一年。在此期間，劉備讓法正給劉璋寫了一封很長的信勸降。節錄其要：

法正首先假說自己受命不力，不敢覆命之意，因說：「受性（生性，天性）無術，盟好違損（指劉備、劉璋的聯盟遭到破壞），懼左右不明本末，必並歸咎，蒙恥沒身，辱及執事（執事，主管其事的人），是以捐身於外，不敢反命（反命，覆命）」；繼而言及自己忠心不變，因說：「前後披露腹心，自從始初以至於終，實不藏情，有所不盡」，而今國事已危，「雖捐放於外，言足憎尤（說的話讓人很討厭），猶貪極所懷（還是願把自己所知道的說出來），以盡餘忠。」此類話語，自然屬於言不由衷。既為叛國之臣，不得不說。

然後，直陳要害，指出劉璋「左右不達英雄從事之道」，進而為劉璋分析形勢，重在四點：一說劉備已經站穩了腳跟，很有針對性地指出劉備不怕持久之戰：「事變既成，又不量強弱之勢，以為左將軍（劉備）縣遠之眾，糧穀無儲，欲得以多擊少，曠日相持。而從關（白水關）至此，所歷輒破，離宮別屯，日自零落。雒下雖有萬兵，皆壞陣之卒，破軍之將，若欲爭一旦之戰，則兵將勢力，實不相當。各欲遠期計糧者，今此營守已固，穀米已積，而明將軍（劉璋）土地日削，百姓日困，敵對遂多，所供遠曠。愚意計之，謂必先竭，將不復以持久也。空爾相守，猶不相堪。」二說劉備軍隊已經占領了益州大部土地，民思易主：「今張益德數萬之眾，已定巴東，入犍為界，分平資中、德陽，三道並侵，將何以禦之?本為明將軍計者，必謂此軍縣遠無糧，饋運不及，兵少無繼。今荊州道通，眾數十倍，加孫車騎（孫權）遣弟（堂弟孫瑜）及李異、甘寧等為其後繼。若爭客主之勢，以土地相勝者，今此全有巴東，廣漢、犍為，過半已定，巴西一郡，復非明將軍之有也。計益州所仰惟蜀，蜀亦破壞。三分亡二，吏民疲困，思為亂者十戶而八。若敵遠則百姓不能堪（承當）役，敵近則一旦易主矣。廣漢諸縣，是明比（明顯的例子）也。」三說戰略要地已失，成都、雒城必將不保：「又魚復（後改名白帝城，在今重慶奉節東）與關頭（即白水關）實為益州福禍之門，今二門悉開，堅城皆下，諸軍並破，兵將俱盡，而敵家數道並進，已入心腹，坐守都、雒，存亡之勢，昭然可見。」最後切入主旨，只有投降，才是出路：「以正下愚，猶知此事不可復成，況明將軍左右明智用謀之士，豈當不見此數哉？旦夕偷幸，求容取媚，不慮遠圖，莫肯盡心獻良計耳。若事窮勢迫，將各索生，求濟門戶，展轉反復，與今計異，不為明將軍盡死難也，而尊門（尊指劉璋家族）猶當受其憂。正雖獲不忠之謗，然心自謂不負聖德，顧惟分義，實竊痛心。左將軍從本舉來，舊心依依，實無薄意。愚以為可圖變化，以保尊門。」[57]

法正的信，不僅給劉璋以威脅，而且大大瓦解了劉璋的軍心、民心。

劉備圍雒期間，不幸的是，軍事中郎將龐統率眾攻城，為流矢所中，卒於陣前，死時年僅三十六歲。史載：「先主痛惜，言則流涕。」據說，有一位名叫處仁的人，以荊州從事隨劉備入蜀，至雒，被任命為廣漢太守。其人對龐統一向很不服氣，「統中矢卒，先主發言嘉歎」，而他卻說：「統雖盡忠可惜，然違大雅之義。」劉備大怒說：「統殺身成仁，更為非也？」於是罷免了處存的官。[58]後來，劉備為釋懷念之情，特遣諸葛亮親自去授龐統的父親為議郎，再升為諫議大夫，追賜統爵關內侯，謚曰靖侯。[59]

建安十九年夏，劉備攻陷雒城，遂向成都進軍。諸葛亮、張飛、趙雲也引兵來會，完成了對成都的戰略包圍。

三、戰爭的結束階段

正當完成了對成都的包圍時，馬超率眾自漢中向劉備「請降」。

馬超，字孟起，扶風茂陵（今陝西興平）人。父馬騰，靈帝末與邊章、韓遂等俱起事於西州；漢獻帝初年，朝廷以韓遂為鎮西將軍，以馬騰為征西將軍。馬騰、韓遂始甚相親，結為異姓兄弟，繼而失和，部曲相侵，相為仇敵，騰攻遂，遂亦攻騰，殺其妻子。後曹操以騰為衛尉，使其離開西北，居鄴。馬超以偏將軍統領父親馬騰部眾，與韓遂合縱，並與關中楊秋、李堪、成宜等十部相結，據守潼關，抵抗曹操。建安十六年，馬超被曹操打敗，「走保諸戎」，繼率諸戎襲奪隴上諸縣，殺涼州刺史韋康，占據冀城（今甘肅甘谷東南），自稱征西將軍，領并州牧，督涼州軍事。不久，馬超被韋康的部屬楊阜、姜敘、梁寬、趙衢等打敗，歸依張魯。馬超知張魯「不足與計事」，又加「魯將楊昂等數害其能」，智志難酬，心中抑鬱不快，既聞劉備「圍劉璋於成都」，便「密書請降」。

劉備得知馬超來降，非常高興，即遣新投建寧（當為益州，時益州郡尚未改為建寧）督郵李恢往迎。馬超將兵徑到城下，劉備聞馬超至，「喜曰：『我得益州矣。』乃使人止（安頓住）超，而潛以兵資之。超到，令引軍屯城北。」

馬超既至，城內一片恐慌，「蜀郡太守許靖將逾城降，事覺（被發覺），不果。璋以危亡在近，故不誅靖。」史稱，馬超兵至，「城中震怖，璋即稽首（即投降）」；又謂「超至未一旬而成都潰」。可見，馬超投降劉備這件事，對劉璋產生了很大的震懾作用。[60]

劉備圍城數十日後，派從事中郎簡雍入城勸降。據《三國志・劉二牧傳》載，時「城中尚有精兵三萬人，穀帛支一年（《華陽國志》謂：穀支二年），吏民咸欲死戰（按：此語失之誇張。只能說部分人願欲死戰）。璋言：『父子在州二十餘年，無恩德以加百姓。百姓攻戰三年，飢膏草野者，以璋故也，何心能安！』」遂遣帳下司馬張裔奉使去見劉備，劉備答應張裔「禮其君而安其民」。裔還，城門即開，劉璋遂與簡雍同乘一輛車子出降，「群下莫不流涕。」[61] 劉璋投降，劉備如何面對劉璋，史無明記。大概是為免尷尬，沒有見面，只是對劉璋做了如下安排：「遷璋於南郡公安，盡歸其財物、故佩振威將軍印綬。」[62] 振威將軍號是曹操先期加給劉璋的，所以稱「故佩」。

對於如何看待劉備奪益驅璋和劉璋蒙辱保民投降的事，向有不同說法。《三國志》作者陳壽說，劉焉「遽造輿服（急造皇帝用的車子和衣服），圖竊神器（圖謀竊奪皇權），其惑甚矣。璋才非人雄，而據土亂世，負乘致寇（意謂身背財物坐在車子上顯擺，會招來強盜搶劫。常常用來比喻小人得志），自然之理，其見奪取，非不幸也」。這是一種「報應」的歷史觀念和英雄史觀。《三國志·劉二牧傳》注引晉人張璠《漢紀》的話說：「劉璋愚弱而守善言，斯亦宋襄公（春秋時宋國君，講仁義，不擊半渡敵兵，致失敗）、徐偃王（西周時人，主張仁義治國，被楚滅掉）之徒，未為無道之主也。」表現了對劉璋的一定程度的同情。《後漢書》作者范曄則說：「劉焉睹時方艱，先求後亡之所，庶乎見幾（機）而作，夫地廣則驕尊之心生，財衍則僭奢之情用，固亦恒人必至之期也。璋能閉隘（意同閉關）養力，守案先圖（意同守成），尚可與歲時推移，而遽輸利器（很快失去政權），靜受流斥，所謂羊質虎皮，見豺則恐，吁哉！」表現了對劉璋命運的更深的歎息。

竊以為，劉備取蜀，儘管其謀奪別人土地的心情不乏齷齪之思，他的謀略和手段也多有卑鄙之為，但其試圖跨有荊益而取天下的目的，不能以為非。我們自然不能說「目的就是一切」的命題是正確的，但對於一個欲乘天下大亂而謀取大業的人物來說，只要心存百姓，一切為實現其目的而採取的謀略和手段，都是不應過分指責的。至於劉璋，固然愚暗不明，才非人雄，但他最終能夠審時度勢，不願民人受苦、州城殘破，毅然出降，亦不失為明智之舉。史家可以責備其愚弱無能，但勿需譏其骨頭不硬，反而應該對其既知大勢已去而心存百姓的所思所為，從而避免了州城殘破、生民塗炭，作為一項對於歷史和人民的貢獻記上一筆。

劉備取得益州是最終形成三國鼎立局面的關鍵，因此不能不在這裡談到曹操對於劉備攻取益州這件事的戰略失誤。劉備取益，用了三年時間。在此期間，雖然不能說曹操完全沒有注意到劉備的迅速西擴，但他對於劉璋的軟弱無能和劉備迅速發展起來的勢力認識不足。歷史記載了曹操屬下、丞相掾趙戩對於劉備入蜀的分析，可以看作是曹操的思想實際狀況，趙戩說：「劉備其不濟乎？拙於用兵，每戰必敗，奔亡不暇，何以圖人？蜀雖小區，險固四塞，獨守之國，難卒并也。」據說，有一位小人物、徵士傅幹倒是做出了比較接近事實的分析。他對趙戩的言論進行了批駁，指出：「劉備寬仁有度，能得人死力。諸葛亮達治知變，正而有謀，而為之相，張飛、關羽勇而有義，皆萬人之敵，而為之將，此三人者，皆人傑也。以備之略，三傑佐之，何為不濟也？」[63]當然，曹操所以沒有對劉備西上給予充分注意，當時還有更重要的原因，這就是他正把主要精力放在三個方面：一是鞏固權力，先是獲得贊拜不名、入朝不趨、劍履上殿的權力，繼而封公建國，位居諸侯王之上；二是陳兵西北，把消滅馬超、韓遂，進而奪取漢中，掌握益州北門鎖鑰，作為重要的戰略目標；三是偶向孫權耀兵，給孫權以威懾，以保南疆安定。他忽略了劉備的迅速向西發展，因而不僅沒有想到在襄樊一線給劉備以牽制，而且不斷向孫權示兵，客觀上使劉備解除了來自孫權方面的後顧之憂。

註釋

1《三國志・魏書・武帝紀》、《資治通鑑》卷六六。
2《三國志・蜀書・先主傳》。
3 同上。
4 以上參閱《資治通鑑》卷六六;《三國志・蜀書・趙雲傳》注引《雲別傳》;《三國志・蜀書・穆皇后傳》等。
5《資治通鑑》卷六六,漢獻帝建安十五年。奮威,指孫權堂弟、奮威將軍孫瑜。
6《三國志・吳書・魯肅傳》注引《江表傳》。
7《三國志・蜀書・先主傳》注引《獻帝春秋》。
8《華陽國志・劉先主志》。
9《三國志・蜀書・先主傳》。
10《三國志・蜀書・先主傳》注引《獻帝春秋》。
11 以上參閱《三國志・蜀書・先主傳》注引《獻帝春秋》和《吳書・魯肅傳》。《華陽國志・劉先主志》記劉備對孫權說的話稍異:「益州(指劉璋)不明,得罪左右,庶幾將軍高義,上匡漢朝,下輔宗室。若必尋干戈,備將放髮於山林,未敢聞命。」
12《後漢書・劉焉傳》。
13《三國志・蜀書・劉二牧傳》。
14《後漢書・百官五》注。
15《後漢書・劉焉傳》。
16《三國志・蜀書・劉二牧傳》注引《典略》。
17 參見《三國志・蜀書・劉二牧傳》,《後漢書・劉焉傳》,《華陽國志・劉二牧志》。
18《後漢書・劉焉傳》李賢注說:「漢世謂蜀為叟。」孔安國注《尚書》說:「蜀,叟也。」《華陽國志・南中志》說:「夷人大種曰『昆』,小種曰『叟』。」竊以為,叟兵,即以蜀地少數族人組成的善戰隊伍。
19 以上據《華陽國志・劉二牧志》。《後漢書・劉焉傳》記載時序不同。
20《華陽國志・劉二牧志》。
21《資治通鑑》卷六五,漢獻帝建安十三年。
22 以上《三國志・蜀書・先主傳》、〈劉二牧傳〉。
23 以上《三國志・蜀書・先主傳》、〈劉二牧傳〉、〈法正傳〉,《華陽國志・劉二牧志》。
24 以上《三國志・蜀書・法正傳》、〈劉二牧傳〉、〈黃權傳〉、〈劉巴傳〉注引《零陵先賢傳》,《後漢書・劉焉傳》,《華陽國志・劉二牧志》、《先賢士女總贊（中）》。

25《三國志．蜀書．法正傳》。

26張松沒有親自見過劉備，《三國演義》所渲染的受到劉備、諸葛亮、龐統等的隆重禮遇，以及當即獻圖，都是不存在的。

27陸績，容貌雄壯，博學多識，星曆算數無不該覽，曾為鬱林太守，加偏將軍，三十二歲卒於官；顧劭，博覽書傳，好樂人倫，風聲流聞，遠近稱之，曾為豫章太守，亦三十二歲卒於官；全琮，善謀略，以奮威校尉起步，累遷偏將軍、綏南將軍、九江太守、衛將軍、徐州牧、右大司馬、左軍師。

28《三國志．蜀書．龐統傳》。

29《三國志．蜀書．龐統傳》注引《吳錄》。

30《三國志．蜀書．龐統傳》。

31《三國志．蜀書．龐統傳》注引《九州春秋》。

32《三國志．蜀書．劉二牧傳》。

33《華陽國志．劉二牧志》。《三國志．蜀書．劉二牧傳》說：「先主至江州（巴郡治江州，即今重慶），由墊江水（即今涪江）詣涪，去成都三百六十里。」

34《三國志．蜀書．龐統傳》。從戰略的意義看，劉備的意見顯然更高明些。

35《三國志．蜀書．劉巴傳》注引《零陵先賢傳》。

36《三國志．蜀書．先主傳》。

37《三國志．蜀書．先主傳》。

38《三國志．蜀書．龐統傳》。

39《三國志．蜀書．先主傳》。

40同上。

41《三國志．蜀書．先主傳》注引《魏書》。

42《華陽國志．劉二牧志》。

43《三國志．蜀書．先主傳》。

44（清）杭世駿：《三國志補注》卷五。

45《華陽國志．劉二牧志》。

46《三國志．蜀書．諸葛亮傳》。

47《三國志．蜀書．霍峻傳》。

48《三國志．蜀書．先主傳》。

49《華陽國志．劉二牧志》。據《三國志．王連傳》說，劉備取得成都後，王連歸降，備「以連為什邡令，轉在廣都（治今成都東南），所居有績」，後來官至蜀郡太守。

50《三國志．蜀書．龐統傳》。

51《三國志．蜀書．龐統傳》注。

52《三國志．蜀書．霍峻傳》。

53《三國志·蜀書·先主傳》注引《益部耆舊雜記》。《三國演義》以「孔明定計捉張任」作為諸葛亮入川第一大功勞，實際這是不可能的，因為諸葛亮建安十九年入川，而張任已在建安十八年被劉備殺了。

54《華陽國志·劉二牧志》。《三國志·蜀書·張飛傳》謂嚴顏為巴郡太守，沒有提及趙筰。當以《華陽國志》為是。

55《華陽國志·劉二牧志》。《三國志·蜀書·張裔傳》謂：「張飛自荊州由墊江入，璋授裔兵，拒張飛於德陽陌下，軍敗，還成都。」陌下，在今遂寧東南，當以《華陽國志》為是。張裔拒諸葛亮，而不是拒張飛。

56 以上《華陽國志·劉二牧志》，《三國志·張飛傳》、〈趙雲傳〉。

57《三國志·蜀書·法正傳》。

58《三國志·蜀書·楊戲傳》附《季漢輔臣贊》。

59《三國志·蜀書·龐統傳》。

60 以上《三國志·蜀書·馬超傳》並注，〈法正傳〉，《華陽國志·劉二牧志》。

61《三國志·蜀書·劉二牧傳》、〈張裔傳〉、〈簡雍傳〉。

62《三國志·蜀書·劉二牧傳》。

63《三國志·蜀書·先主傳》注引《傅子》。

第六章　自領益州牧

建安十九年夏，劉備入成都，立即宣布自領益州牧。史稱「復領益州牧」。或謂「復」為衍字，實則不誤。這是要表明他此前已領荊州牧，現在再領益州牧，是兼牧二州的意思。

入城前後的幾項重大錯誤決策

劉備的軍隊入居成都後，城中曾經陷入一片混亂。這是由於劉備的決策不當所致。大者有三：

第一，據《三國志．劉巴傳》注引《零陵先賢傳》說，圍攻成都之時，劉備曾與士眾約定：「若事定，府庫百物，孤無預焉（意謂我不要，大家隨便拿）。」因此，「及拔成都，士眾皆舍干戈，赴諸藏，競取寶物。」這是對國庫的破壞性洗劫。

第二，入城後，舉行了一次規模宏大的慶祝活動，取民財以為賞。據《華陽國志．劉先主志》載，「先主克蜀，蜀中豐富盛樂，置酒大會，饗食三軍，取蜀城中民金銀頒賜將士，還其穀帛。」[1]據說，對諸葛亮、法正、關羽、張飛各賜黃金五百斤、銀千斤、錢五千萬、錦萬匹。其他人等，也都得到了數量不等的賞賜。這是對城中百姓的掠奪。有功者受賞，自然高興，但大傷百姓期盼之心。一段時間之內，民心不穩，嚴重地影響了社會的穩定。

第三，不知何人還給劉備出了個主意，「欲以成都中屋舍及城外園地桑田分賜諸將。」這簡直是昏了頭腦。此舉若行，必將釀成大亂。幸趙雲出來說話，才沒有釀成大錯。但已造成了很壞的影響。趙雲駁之說：「霍去病以匈奴未滅，無用家為，今國賊非但匈奴，未可求安也。須天下都定，各反桑梓，歸耕本土，乃其宜耳。益州人民，初罹兵革，田宅皆可歸還，令安居復業，然後可役調，得其歡心。」[2] 劉備聽從了趙雲的意見。

短暫的混亂期，不久就過去了。以劉備、諸葛亮之明，自然很快便認識到穩定局勢、安定民心的重要，從而開始了鞏固政權、擴大勢力的實質性行動。

用舊部，拔歸順，建設軍政機構

劉備重視相對獨立的地方政權的建設，所以很快建立並鞏固了以自己為核心的領導機構。正如《三國志·先主傳》所形容的，他以「諸葛亮為股肱，法正為謀主，關羽、張飛、馬超為爪牙，許靖、麋竺、簡雍為賓友。及董和、黃權、李嚴等本璋之所授用也，吳壹、費觀等又璋之婚親也，彭羕又璋之所排擯也，劉巴者宿昔之所忌恨也，皆處之顯任，盡其器能。有志之士，無不競勸」。「有志之士，無不競勸」，說明建國初期劉備的用人方針基本上是好的。但是，我們必須看到，《三國志》作者陳壽忽視了另一方面的問題，即劉備不願重用蜀人，對蜀人存有戒心。

一、重用舊部

重用舊部和入蜀取蜀有功者，以其親信建立中樞機構，自然是劉備首先應該考慮的。

軍師中郎將諸葛亮為軍師將軍，署左將軍府事，兼益州太守（治成都）。「軍師將軍」，職當今日之參謀總長；「署左將軍府事」，意為代行左將軍（按：劉備在建安初被漢獻帝授予左將軍稱號）府的祕書長；「兼益州太守」，是謂兼任首府的最高長官。三職集於一身。史稱：「先主外出，亮常鎮守成都，足食足兵。」[3]地位顯要，史謂「股肱」。「股肱」者，乃人之大腿和胳膊，用以比喻最重要的輔佐大臣。

軍議校尉法正為揚武將軍，蜀郡太守（亦治成都）。[4]他已得到了劉備的完全信任，因而同諸葛亮一樣，也被授予了很大權力，史稱其「外統都畿，內為謀主」。[5]「外統都畿」，就是說成都城內的事情歸諸葛亮，成都周圍的事情則全由法正統理；「謀主」云云，意謂是最主要的出謀劃策的人物，參謀部的頭領，亦可比之於今日之參謀總長。

蕩寇將軍、襄陽太守關羽被正式命為「董督荊州事」，成了獨當一面的方鎮大員，代行荊州牧大事。

征虜將軍張飛領巴西太守，鎮兵重地，北拒曹兵，以為成都屏障。

偏將軍馬超為平西將軍。史稱關羽、張飛、馬超為「爪牙」。「爪牙」不是貶義辭，而是比喻最得力、最親近的武臣和保鏢。《國語．越語》有云：「謀臣與爪牙之士不可不養而擇也。」說明謀臣、爪牙同樣重要。

裨將軍黃忠為討虜將軍。「自葭萌受任，還攻劉璋，（黃）忠常先登陷陣，勇毅冠三軍」，因擢顯職，位在趙雲之上。

牙門將軍趙雲為翊軍將軍。定蜀之初，趙雲有忤劉備之處，沒有得到應有的重用，但仍屬重要武臣。所以，陳壽也稱其為「爪牙」，評謂：「黃忠、趙雲強摯壯猛，並作爪牙，其灌（嬰）、滕（夏侯嬰）之徒歟？」灌嬰、夏侯嬰都曾是漢高祖劉邦的忠實武將。

從事中郎麋竺為安漢將軍，班在軍師將軍之右（按：古以右為上）。麋竺，字子仲，東海朐（治今江蘇連雲港西南）人，「祖世貨殖，僮客萬人，貲產鉅億」，曾為徐州牧陶謙別駕從事，奉謙遺命迎劉備為徐州牧。在劉備困難的時候，進妹於劉備為夫人，「奴客二千，金銀貨幣以助軍資；於時困匱，賴此復振。」後隨劉備轉戰，參與謀事，為從事中郎，常為談客，往來使命。可見，既有功勞，又是親戚（妻舅），不可以一般部屬相待。史稱，麋竺雍容敦雅，但干翮非其所長，「是以待之以上賓之禮，未嘗有所統御。然賞賜優寵，無與為比。」[6]所謂待之如「賓友」之意，蓋言關係密切，不完全以部屬相待之意。

從事中郎簡雍為昭德將軍。簡雍，字憲和，涿郡人，「少與先主有舊，隨從周旋（按：意為跟隨轉戰）。先主至荊州，雍與麋竺、孫乾同為從事中郎，常為談客，往來使命」；入蜀單身入成都，為勸說劉璋投降立下了功勞。[7]

從事中郎孫乾為秉忠將軍。孫乾，字公祐，北海人，自劉備為徐州牧之時，即「隨從周旋」，已有二十餘年。同簡雍一樣，都是善於「外交」的人物，曾為劉備北結袁紹，南聯劉表，「皆如意指。」「見禮次（低於）麋竺，與簡雍同等。」[8]

伊籍，字機伯，山陽（治今山東金鄉西北）人，少依劉表，表卒，「遂隨先主南渡江，從入益州。益州既定，以籍為左將軍從事中郎，見待亞於（低於）簡雍、孫乾等。」不久，因使吳得體，遷拜昭文將軍。[9]《華陽國志・劉先主志》將孫乾、伊籍同糜竺、簡雍一樣，並列為「賓友」。

另，跟從劉備入蜀得到重用的人，還有：

魏延，字文長，義陽（治今河南桐柏東）人，「以部曲隨先主入蜀，數有戰功，遷牙門將軍。」[10]「部曲」，泛指部隊編制或次於將軍一級的武官。《後漢書・百官一》說：「大將軍營五部，部校尉一人，比二千石；軍司馬一人，比千石。部下有曲，曲有軍候一人，比六百石。曲下有屯，屯長一人，比二百石。」可見，入蜀之前，魏延的軍階大概還處在中下級的水準上。

中郎將霍峻，字仲邈，南郡枝江（治今湖北枝江東）人，曾是劉表的部屬，劉表死後，率眾投奔劉備，劉備以其為中郎將。隨軍入蜀，因固守葭萌、抵抗張魯和劉璋有功，劉備特從廣漢郡中分出梓潼郡，讓其做梓潼太守、裨將軍。

從事馬良，字季常，襄陽宜城人。史稱「兄弟五人，並有才名」。投劉備於荊州，被授從事。劉備入蜀，良留荊州，同諸葛亮的關係很好。當得知劉備已經打下雒城時，曾寄書諸葛亮說：「聞雒城已拔，此天祚也。尊兄應期贊世，配業光國，魄兆見矣。」意思是說諸葛亮大顯身手的時候到了。並即向諸葛亮進安定益州之策，一謂選拔人才：「變用雅慮（應對變故要有好的智謀），審貴垂明（審知事物貴在明察），於以簡（選）才，宜適其時。」二謂和光悅遠，安定局面，建立盛世：「若乃和光悅遠（和光，柔和的態度和政策；悅遠，讓遠方高興），邁德（行德）天壤，使時閑於聽（閒時聽聽音樂），世服於道，齊高妙之音，正鄭、衛之聲，並利於事，無相奪倫，此乃管弦之至，（伯）牙、（師）曠之調也。雖非鍾期（伯牙、師曠、鐘期皆春秋時音樂名人），敢不擊節！」有智謀。蜀定，被授左將軍掾。[11]

從事馬謖，字幼常，馬良之弟，「才器過人，好論軍計」，被授綿竹成都令，繼為越巂太守。

從事陳震，字孝起，南陽人。蜀定，為蜀郡北部都尉，因易郡名，為汶山太守，轉為犍為太守。

從事廖立，字公淵，武陵臨沅（今湖南常德）人。史載，劉備在荊州時，以立為從事，「年未三十，擢為長沙太守。……建安二十年，（孫）權遣呂蒙奄襲（突襲）南三郡，立脫身走，自歸先主。先主素識（素識，老相識，老交情）待之，不深責也，以為巴郡太守。」[12]

向朗，字巨達，襄陽宜城人，原為劉表之臨沮長，劉備定江南，「使朗督秭歸、夷道、巫山、夷陵四縣軍民事。蜀既平，以朗為巴西太守，頃之轉任牂牁（太守），又徙房陵（太守）。」[13]

養子劉封，「本羅侯（羅，在今湖南湘陰境）寇氏之子，長沙劉氏之甥也。」劉備至荊州，時無「繼嗣」（劉禪尚未出世），因養劉封為子。「先主入蜀，自葭萌還攻劉璋，時封年二十餘，有武藝，氣力過人，將兵俱與諸葛亮、張飛等溯流西上，所在戰克。益州既定，以封為副軍中郎將。」[14]

從事劉琰，字威碩，魯國人。劉備「以其宗姓，有風流，善談論，厚親待之，遂隨從周旋，常為賓客。先主定益州，以琰為固陵太守」。[15]

從事鄧方，字孔山，南郡人，隨劉備入蜀，「蜀既定，為犍為屬國都尉，因易郡名，為朱提太守，選為安遠將軍，庲降都督。」[16]

輔匡，字元弼，襄陽人，隨劉備入蜀，為巴郡太守。

劉邕，字南和，義陽人，隨劉備入蜀，為江陽太守。

另，陳到，字叔至，汝南人，自豫州隨劉備，以忠勇見稱，名位常同趙雲差不多，入蜀後授為將軍（失名號）；楊顒，字子昭，襄陽人，隨劉備入蜀，曾先輔匡而為巴郡太守；張處仁，本名存，南陽人，以荊州從事隨劉備入蜀，曾被授予廣漢太守；殷觀，字孔休，以主簿別駕從事隨劉備入蜀，繼任要職；習禎，字文祥，襄陽人，有風流，善談論，名氣低於龐統，而在馬良之右，隨劉備入蜀，由雒令、郫令而為廣漢太守。

簡言之，凡劉備舊部，以及劉表舊部歸依劉備而隨從入蜀者，都得到了應有的重用。

二、善遇歸降

劉備善遇歸降和劉璋的部屬，歸降者大都甘為其用。但對蜀籍官員、名士存有戒心，缺乏坦誠。其中得到任用的比較重要的人物有：

董和，字幼宰，南郡枝江人。原為劉璋益州太守，以「清約」著稱，並且善於處理同少數民族之間的關係，「與蠻夷從事，務推誠心，南土愛而信之。」劉備授予他最為顯赫的官職，「徵（董）和為掌軍中郎將，與軍師將軍諸葛亮並署左將軍大司馬府事，獻替可否，共為歡交。」董和積極配合諸葛亮處理政務，以致死後常常受到諸葛亮的懷念。諸葛亮曾對屬下說：「夫參署者（參署，參預署理），集眾思廣忠益也。若遠小嫌，難相違覆（意為不能相互切磋），曠缺損矣。違覆而得中，猶棄弊蹻（破鞋）而獲珠玉。然人心苦不能盡，惟徐元直（庶）處茲不惑，又董幼宰參署七年，事有不至，至於十反，來相啟告。苟能慕元直之十一，幼宰之殷勤，有忠於國，則亮可少過矣。」又說：「昔初交州平（崔州平），屢聞得失，後交元直，勤見啟誨，前參事於幼宰，每言則盡。」可見，董和是一個頭腦清楚，善於思考，曾向諸葛亮提供過許多好的建議的人。尤為可貴的是，董和始終保持清廉，居官食祿，「外牧殊域，內幹機衡（機衡，指中央重要部門和職位）」，死之日「家無擔石之財」。[17]

黃權，字公衡，巴西閬中（今四川閬中）人，曾是劉璋的重要幕僚——主簿，因為諫阻劉璋迎劉備入蜀而被降職為廣漢長，而且是最後投降劉備的：「及先主襲取益州，將帥分下郡縣，郡縣望風景附，權閉城堅守，須劉璋稽服（意為待劉璋投降後），乃詣降先主。」劉備服其忠義，但恐其對己貳心，僅拜為偏將軍。[18]晉人徐眾《三國評》對此作如下評論：「（黃）權既忠諫於主，又閉城拒守，得事君之禮。武王下車，封比干之墓，表商容之閭，所以大顯忠賢之士，而明示所貴之旨。先主假（給予）權將軍，善矣，然猶薄少，未足彰忠義之高節，而大勸為善者之心。」[19]

李嚴，字正方，南陽人，「少為郡職吏，以才幹稱。」曹操用兵荊州時，李嚴西入蜀，劉璋用為成都令，繼拜護軍，抵抗劉備於綿竹。投降後，劉備拜嚴為裨將軍，「成都既定，為犍為太守，興業將軍。」[20]

許靖，字文休，汝南平輿（河南今縣）人，是那位著名的預言曹操為「清平之奸雄，亂世之英雄」的許劭的從兄。漢獻帝初年，官居御史中丞，後來避難交州，曹操迎帝都許後，曾欲北上依曹。因為「道路阻絕」而未得。後來劉璋派人招許靖入蜀，先後授以巴郡太守、廣漢太守、蜀郡太守。劉備克蜀以後，以靖為左將軍長史。長史，《通典》有謂：「眾史之長，職無不監。」可見是個重要職務。據說，開始時劉備不想重用許靖，因為許靖在劉璋危亡之際準備逾城投降，劉備薄其為人。法正從招徠人才的大局出發，對劉備說：「天下有獲虛譽而無其實者，許靖是也。然今主公始創大業，天下之人不可戶說（意謂不能挨家挨戶去宣傳），靖之浮稱，播流四海，若其不禮，天下之人以是謂主公為賤賢也。宜加敬重，以眩遠近，追昔燕王之待郭隗。」諸葛亮也對劉備說：「靖人望，不可失也，借其名以竦動宇內。」劉備於是乃厚待許靖。史列「賓友」之首。[21]

劉巴，字子初，零陵烝陽（今湖南衡陽西）人。本來與劉備嫌隙很深，史載，劉備在江南時，「荊楚群士從之如雲」，而劉巴卻「北詣曹公」，曹操辟為丞相府掾，受命招納長沙、零陵、桂陽三郡。劉巴南赴三郡，「會先主（劉備）略有三郡，巴不得反使，遂遠適交趾，先主深以為恨。」不久，劉巴又從交趾到蜀投靠劉璋，劉璋每遇大事，「輒以咨訪」。他同黃權一樣，也諫阻劉璋，試圖拒劉備於國門之外，指出：「若使備討張魯，是放虎於山林也。」劉璋不聽，劉巴因此「閉門稱疾」。據傳，劉備攻成都，下令軍中說：「其有害巴者，誅及三族。」可見其對於劉巴的重視。劉備定益州，「及得巴，甚喜」，劉巴主動「辭謝罪負」，劉備「不責」，又加諸葛亮數薦其能，遂授為左將軍西曹掾。西曹掾，「領百官奏事」（《漢舊儀》），「主府吏署用」（《漢書．丙吉傳》），官秩四百石，以劉巴的資歷和能力論，算不上重用。從《零陵先賢傳》的記載當可看出，這時劉備、劉巴之間的疙瘩還沒有解開。一次，張飛拜訪劉巴，就宿其家，「巴不與語」，惹得張飛很不高興。諸葛亮勸劉巴不要擺架子，說：「張飛雖實武人，（但）敬慕足下。主公今方收合文武，以定大事。足下雖天素高亮，宜少降意也。」劉巴傲慢地說：「大丈夫處世，當交四海英雄，如何與兵子共語乎？」劉備聞此，憤怒地說：「孤欲定天下，而子初專亂之。其欲還北，假道於此，豈欲成孤事邪？」諸葛亮再次對劉備說：「運籌策於帷幄之中，吾不如子初遠矣！若提枹鼓，會軍門，使百姓喜勇，當與人議之耳。」劉備亦知其「才智絕人」。因而，不能不給予相應任用，所以後來得由尚書而代法正為尚書令。然而，劉巴的惶懼之心，始終未曾平靜，史謂，劉巴「躬履清儉，不治產業，又自以歸附非素（非素，意謂非舊部），懼見猜嫌，恭默守靜，退無私交，非公事不言」，影響了其才能的充分發揮。22

彭羕，字永年，廣漢（四川今市）人，「姿性驕傲，多所輕忽」，原仕劉璋不過書佐，後

「又為眾人所謗毀」，被劉璋「髡鉗（剃去頭髮而以鐵箍束頸的刑罰）為奴隸」。劉備入蜀，彭羕往見龐統，共語經日，龐統「大善之」，遂與法正一起向劉備推薦。劉備「亦以為奇，數令羕宣傳軍事，指授諸將，奉使稱意，識遇有加」。成都既定，劉備遽拔羕為治中從事。治中從事是州牧的重要佐官，因而被時人稱為「羕起徒步（徒步，意謂平民百姓），一朝處州人之上」。[23] 自然，這與龐統、法正的稱譽和推薦有很大關係。

費觀，字賓伯，江夏鄳（今河南羅山西）人。史載：「劉璋母，觀之族姑，璋又以女妻觀。」是劉璋的雙料親戚，既是表兄弟，又為女婿，關係不可謂不密。曾為李嚴參軍（官名），「拒先主（劉備）於綿竹，與嚴俱降。」投降後，劉備以為裨將軍，後為巴郡太守、江州都督。[24]

吳壹（一作懿），字子遠，陳留（今河南開封東南）人。隨劉焉入蜀，劉璋時為中郎將，曾受命帶兵拒劉備於涪。投降後，劉備用為護軍討逆將軍，並且娶其妹（劉璋兄劉瑁的遺孀）為妻。費觀、吳壹都是劉璋的親戚，劉備坦然用之，因而受到陳壽的好評。

王謀，字元泰，漢嘉（今四川雅安北）人，劉璋時為巴郡太守、治中從事。劉備用為別駕。

何宗，字彥英，蜀郡郫（四川今縣）人，「通經緯、天官、推步、圖讖」，劉璋時為犍為太守，劉備用為從事祭酒。

張裔，字君嗣，蜀郡成都人，劉璋帳下司馬，先是拒張飛於德陽，軍敗，退還成都，既而作為劉璋的使者向劉備聯繫投降事。劉璋投降後，劉備以裔為巴郡太守，還為司金中郎將，繼而又做益州郡太守（治今雲南曲靖境）。

費詩，字公舉，犍為南安人，劉璋時為綿竹縣令，劉備兵臨城下，舉城投降，劉備授予督軍從事，出為牂牁太守，還為前部司馬。

秦宓，字子勑，廣漢綿竹人，蜀地名士，「少有才學，州郡辟命，輒稱疾不往」，劉備征為從事祭酒。25

李恢，字德昂，建寧俞元（今雲南曲靖境）人，劉璋時為郡督郵，受人牽連，已被免官，「恢知璋之必敗，先主必成，乃託名郡使，北詣先主，遇於綿竹。」劉備嘉其來從，特命北迎馬超來歸，事成，被授功曹書佐主簿。26

楊洪，字季休，犍為武陽（治今四川彭山東）人，劉璋時「歷部諸郡」，劉備定蜀，用為蜀部從事。不久，蜀郡太守法正隨劉備北爭漢中，諸葛亮表薦楊洪領蜀郡太守，「眾事皆辦，遂使即真。」又不久，轉為益州治中從事。27

又，劉璋屬下，巴西太守龐羲被命為營司馬；長史射堅，先後被任命為廣漢、蜀郡太守；堅弟射援被任命為議曹從事中郎、軍議中郎將，等等。

可見，劉備既定益州，主要使用了兩方面的人，一是自己的原有荊州的班底及其心腹。這些人或掌樞要，或統重軍而兼治地方重郡。部分文官屬吏，如麋竺、簡雍等也授以將軍之職，過問軍事。二是原益州牧劉璋的重要部屬。引劉備入蜀者固然得到重用，其他不管是主動出降，或宣布歸附的，還是兵臨城下被迫投降，甚至是擁兵抵抗、敗而後降的，也大都被量才錄用或得到適當安排。

根據歷史資料分析，劉備得益州，原有屬郡，經過調整和分置，共設郡二十餘個，除了很少幾個，如益州、蜀郡、汶山、巴東、巴西等重郡外，大都是拔用或繼續以劉璋的舊官為郡守的。同時，劉備對於新投名士和劉璋的中下級官吏，如書佐、令長等，也給予了應有的重視。

劉備重用舊部、善待歸從和遴拔能者，說明他頗知用人之要。但是，同時必須提及，劉備在用人方面存在著很大的局限性，遠遠不及曹操和孫權，心存疑慮，常有挾嫌抑用之事。尤其對於蜀益人士的重視很不夠，徵辟甚少，以致後繼乏才，貽誤軍國後事。對此，後面還將專論。

安定社會秩序

一、用劉巴之策，「平諸物賈（價）」

由於決策不當，原來劉璋「殷富」的府庫被入城的軍隊洗劫一空，頓使劉備陷入經濟困境。富人的金銀雖然被取走了不少，但「還其穀帛」，因而能夠囤積居奇；窮人則生無所依，食不果腹，惶惶難以終日。

對於此種情形，再加「軍用不足」，劉備甚感憂慮。為了解決燃眉之急，西曹掾劉巴給劉備出了個主意，說：「易耳，但當鑄直百錢，平諸物賈，令吏為官市。」這種由官府專斷的大面值貨幣政策，實是對老百姓的一種掠奪政策。為了儘快將這一政策付諸實施，劉備身體力行，「取帳鉤銅鑄錢，以充國用。」[28]史載：「數月之間，府庫充實。」[29]

這裡，反映了劉備尚能重視經濟問題，反映了劉巴、劉備四個方面的重要思想：

第一，他們甚知錢幣之用和錢幣政策對於恢復和發展經濟的指導意義；

第二，他們認識到平抑物價對於穩定社會秩序的重要作用；

第三，他們已經覺察到官營經濟在一定情況下平抑物價的特別作用；

第四，他們穩定經濟、增殖財富的出發點和手段，明顯脫離了「重本抑末」的桎梏，不在發展生產，而重在通過活躍、穩定經濟流通領域的秩序，從而達到剝奪百姓的目的。

關於鑄錢的情況，根據清人梁章鉅《三國志旁證》引洪遵《泉志》看，確有相當規模。就其形制言，約為三種：一是四銖重量的直百錢，二是八銖重量的直百五銖錢，三是變種五銖錢。從洪遵所說的話推測，三種錢不僅形制重量不同，而且當有時間的先後：「蜀直百錢，建安十九年劉備鑄。舊譜云：徑七分，重四銖。又直百五銖錢，徑一寸一分，重八銖，文曰：五銖直百。又有傳形五銖錢。顧烜曰：『傳形五銖，今所謂蜀錢，時有勒為直百者，亦有勒為五銖者。大小稱量如一，三吳諸縣行之。』」三吳非蜀地，可見通行之廣，竟然遍及江南。

二、聽諸葛亮之議，「刑法峻急」

《三國志·伊籍傳》載，昭文將軍伊籍，「與諸葛亮、法正、劉巴、李嚴共造蜀科。蜀科之制，由此五人焉。」科，即律令。這說明，劉備定蜀之初，即讓諸葛亮、法正等人針對社會現實，研究刑法方面的問題，並且已經制定出成文的法律條文。可惜久已失載，後世不傳，難詳其具體內容。

近人盧弼《三國志集解》認為，「《諸葛亮集》有〈科令篇〉（按：現行本無此篇名，內容分見他篇），當為當時涉於科令之文。」可備一說。但非常明顯的是，《諸葛亮集》所載，特別是現存〈便宜十六策〉和〈將苑〉中有關內容，大都是偽託之文，很難斷定哪些是劉備、諸葛亮曾經說過或實施過的。竊以為，既屬偽託之文，其言自然不可據引，但總的精神似亦非偽，不會過於離譜；另，諸葛治軍，嚴律峻法，亦可為之佐證。

現存的一些記載表明，蜀科之制，雖由五人，但起主導作用的是諸葛亮。當時，五人的思想很不統一，其中法正同諸葛亮的分歧尤大。最終，諸葛亮的峻法思想占了上風，成為主導思想。

裴松之在注《三國志．諸葛亮傳》時駁晉人郭沖所說五事時提到：「亮刑法峻急，刻剝百姓，自君子小人咸懷怨歎。」晉人袁宏《後漢紀》也說：「（建安）十九年夏五月，劉備克成都，遂有益州。諸葛亮為股肱，乃峻刑法，自君子小人咸懷怨歎。」法正因而對劉備進諫：「昔高祖入關，約法三章，秦民知德，今君假借威力，跨據一州，初有其國，未垂惠撫；且客主之義，宜相降下，願緩刑弛禁，以慰其望。」諸葛亮不同意法正的意見，反駁說：「君知其一，未知其二。秦以無道，政苛民怨，匹夫大呼，天下土崩，高祖因之，可以弘濟（廣為救濟）。劉璋暗弱，自（劉）焉已來有累世之恩，文法（法規）羈縻，互相承奉（意謂大家都遵命而行），德政不舉，威刑不肅。蜀土人士，專權自恣，君臣之道，漸以陵替（陵替，指綱紀零落，上下失序）；寵之以位，位極則賤，順之以恩，恩竭則慢。所以致弊，實由於此。吾今威之以法，法行則知恩，限之以爵，爵加則知榮；榮恩並濟，上下有節，為治之要，於斯而著。」

這裡反映了對於當時社會形勢的兩種不同認識。法正的「緩刑弛禁」思想，確實是只知其一，不知其二，認識片面，自然不足以治亂世。諸葛亮善於度勢制法，有針對性地提出了「威之以法，限之以爵」的思路。這是一種「法無定制，因時而異」和「法爵相輔，恩榮並濟」的思想，是一種以峻法為主的恩威並施的兩面性政策，自然更適合當時的社會現實。

劉備同諸葛亮的思想一致，所以他同意了諸葛亮對於社會的分析及其以峻法為主的兩面性政策，並且付諸實施。

有一個生動的故事，很能說明這一點。《三國志．簡雍傳》載：「時天旱禁酒，釀者有刑。」吏人在老百姓家裡搜索到釀酒的工具，不管其在禁令頒布後有沒有繼續釀酒，「論者欲令與作酒者同罰。」昭德將軍簡雍陪同劉備外出「遊觀」，見一對男女同行，為了說服劉備輕刑，便對劉備說：「那對男女想通姦，為什麼不把他們抓起來？」劉備奇怪地問：「你怎麼知道？」簡雍說：「因為他們都有生殖器，這與家裡有釀酒工具想釀酒是一樣的。」劉備聽了簡雍的話，不禁大笑，知其用意，因而赦免了家有釀酒工具而沒有釀酒的人。

還應該指出的是，劉備、諸葛亮雖然執法嚴峻，但並不受法律條文的約束，常有不按法律辦事之事，法外施恩有之，律外妄殺亦有之。這說明，封建時代任何政治家都不可能做到法律面前人人平等。

據載，法正「外統都畿，內為謀主，一餐之德，睚眥之怨，無不報復，擅殺毀傷己者數人」。有人告訴諸葛亮：「法正於蜀郡太縱橫，將軍宜啟主公，抑其威福。」諸葛亮說：「主公之在公安也，北畏曹公之強，東憚孫權之逼，近則懼孫夫人生變於肘腋之下。當斯之時，進退狼跋（形容進退兩難之狀），法孝直為之輔翼，令翻然翱翔，不可復制，如何禁止法正使不得行其意邪！」史謂，諸葛亮素知劉備雅愛信正，「故言如此。」[30]這是法外施恩，不按法律辦事的生動例子。

但對彭羕卻又是另一種態度。彭羕為治中從事，「形色囂然」，「諸葛亮雖外接待羕，而內不能善，屢密言先主，羕心大志廣，難可保安。先主既敬信亮，加察羕行事，意亦稍疏，左遷羕為江陽太守。」既而，馬超告發彭羕有大逆之言，劉備和諸葛亮便以謀反罪將彭羕捉起來。彭羕在獄中給諸葛亮寫了一封很長的信，歷述自己的功勞，盡白自己的冤枉，甚至把劉備比作「慈父」，稱諸葛亮為「當世伊、呂」，最終還是不免一死。[31]這是依據自己的好惡，律外妄殺的例子。

另如，後部司馬張裕曉占候，曾諫劉備說「不可爭漢中」。劉備不用裕言，遣將軍吳蘭、雷銅等入武都，結果打了敗仗，「皆沒不還。」據載：「初，先主與劉璋會涪，裕為璋從事，侍坐，其人饒鬚（滿臉鬍鬚），先主嘲之曰：『昔吾居涿縣，特多毛姓，東西南北皆諸毛也，涿令稱曰諸（豬）毛繞涿居乎！』」裕因劉備無鬚，說了一個「潞（露）涿（豚）君」的故事，加以嘲諷。「先主常銜其不遜，加忿其漏言（洩密），乃顯裕諫爭漢中不驗，下獄，將誅之。諸葛亮表請其罪，先主答曰：『芳蘭生門，不得不鋤。』裕遂棄市。」[32]這完全是挾嫌殺人，毫無法制可言了。

三、較鹽鐵之利

蜀地產鹽，歷史悠久。歷代統治者都將鹽鐵之利視作重要的經濟來源。秦時已置鹽鐵官管理鹽鐵交易。李冰為蜀守，「識齊（察）水脈，穿廣都（今成都東南）鹽井、諸陂池，蜀於是盛有養生之饒焉。」[33]西漢臨邛（今四川邛崍）人卓王孫以冶鐵煮鹽致富，家貲數千萬，僮僕上千人。[34]

兩漢政府都重視蜀地鹽業的管理和開發。漢武帝實行鹽鐵官營政策，「是以縣官（指朝廷）用饒足，民不困乏」、「兵革東西征伐，賦斂不增而用足。」[35]東漢雖弛鹽鐵之禁，但加強了鹽鐵稅賦的管理和徵收。漢末軍閥混戰期間，曹操用治書侍御史衛覬的建議，實行鹽鐵「監賣」政策。

劉備、諸葛亮自然也看到了鹽鐵對於解決經濟問題的重要，所以，入蜀之後，雖然沒有迅即制定出一套行之有效的嚴厲的官營政策，但立即建立和健全了鹽鐵的管理機制，控制了鹽鐵之政，從而收到了實際上的鹽鐵官營效果。

《三國志·王連傳》載：「及成都既平，以（王）連為什邡令（治今四川廣漢南），轉在廣都，所居有績。遷司鹽校尉，較鹽鐵之利，利入甚多，有裨國用，於是簡取良才以為官屬，若呂乂、杜祺、劉幹等，終皆至大官，自連所拔也。」〈呂乂傳〉亦謂：「初，先主定益州，置鹽府校尉，較鹽鐵之利，後校尉王連請（呂）乂及南陽杜祺、南鄉劉幹等並為典曹都尉。」後來王連升官蜀郡太守、興業將軍，仍然「領鹽府如故」。

可見，劉備初定益州，便把鹽鐵之利放到了重要地位，而且非常用心去配備和建立起一套比較完整的、穩定的、有效的鹽政管理機構。

鹽政的最高主管官為司鹽校尉，屬官有典曹都尉等。校尉、都尉均屬武職，說明鹽政管理不屬地方，而是由中央統一管理，屬於軍事管制性質。校尉、都尉的官秩分別為二千石和比二千石，位當列卿，說明鹽政管理在國家部門中地位的重要。「簡取良才以為官屬」云云，說明鹽政管理系統對於管理人員的嚴格要求和任用。司鹽校尉的屬官最終大都做到「大官」，更加證明了當政者對於選拔鹽政人員的重視。據載，都尉呂乂後來官至尚書令（丞相）；杜祺歷任郡守、監軍、大將軍司馬；劉幹官至巴西太守。

蜀地井鹽資源豐富。近人研究認為，四川境內，魏晉時期，東起朐忍（今雲陽），西至臨邛（今邛崍），北到汶山（今汶川），南至越巂（治今西昌），都分布井鹽產區。[36]

由於官府的重視，食鹽生產技術，特別是「官灶」的煮鹽技術，有了很大提高。昔時一灶五鍋，蜀漢時期已有一灶十四鍋者。例如，《太平寰宇記》卷八五「貴平縣」條引《益州記》說：「官有兩灶二十八鑊，一日一夜，收鹽四石，（色白）如霜雪也。」而且已知使用「井火」（天然氣），因而大大提高了產量。晉人劉逵《蜀都賦》注稱：「取井火還煮井水，一斛水得四五斗鹽，家火煮之，不過二三斗鹽耳。」常璩《華陽國志》卷三〈蜀志〉說，臨邛縣「有火井，夜時光映上昭。民欲（得）其火，先以家火投之。頃許，如雷聲，火焰出，通耀數十里，以竹筒盛其光藏之，可拽行終日不滅也。井有二，〔一燥一〕水。取井火煮之，一斛水得五斗鹽；家火煮之，得無幾也。」[37]

對於冶鑄方面的政策，大抵實行了如同鹽政一樣的管理體制，甚或更多官營性質。《三國志·張裔傳》載，劉備入成都，「以裔為巴郡太守，還為司金中郎將，典作農戰之器。」鐵器之用，無非農戰。「典作農戰之器」云云，實質就是把冶鐵業控制在官府手裡。中郎將本武官，官秩比二千石，以武官主管冶鑄，稱司金中郎將，如同以校尉主管鹽政一樣，表明了它的軍事管制性質。

劉備用張裔為司金中郎將如同曹操用韓暨為司金都尉、王修為司金中郎將用意是一樣的，最重要的是看重了他們的能力。韓暨發明水排，「因長流為水排，計其利益，三倍於前。在職（監冶謁者）七年，器用充實。」因此，曹操「制書褒歎，就加司金都尉，班亞九卿」。[38]王修，曾為袁紹別駕，降曹後被授司空掾，行司金中郎將。授職後，王修自謙「力少任重，不堪而懼」；議者則認為大材小用，應當授予更顯要的位置。幾年後，曹操在給王修的信中說明了用意：「察觀先賢之論，多以鹽鐵之利，足贍軍國之用。昔孤初立司金之官，念非屈君，餘無可者。……自是以來，在朝之士，每得一顯選，常舉君為首，及聞袁軍師（按：袁渙為軍祭酒）眾賢之議，以為不宜越君。然孤執心將有所底，以軍師之職，間於（按：意為近於）司金，至於建功，重於軍師。……但恐旁人淺見，以蠡測海，為蛇畫足，將言前後百選，輒不用之，而使此君沉滯冶官。張甲李乙，尚猶先之，此主人意待之不優之效也。孤懼有此空聲冒實，淫蛙亂耳。」[39]曹操的表白，生動地說明了他對冶鐵和鐵業主管的重視。無疑，劉備也是出於同種考慮。張裔對於劉備和平入城做出了貢獻，能力很強，人們將他同魏國名相鍾繇相提並論，稱「幹理敏捷，是中夏鍾元常（繇）之倫也」。[40]

歷史上留下了不少有關劉備入蜀以後冶鑄方面的紀錄，證明了他對於冶鑄業的重視，以及蜀漢冶鑄業所達到的水準。

陶弘景《刀劍錄》載，蜀章武元年辛丑，採金牛山鐵，鑄八鐵劍，各長三尺六寸，一先主自佩，一與太子，一與梁王理，一與魯王永，一與諸葛孔明，一與關羽、張飛，一與趙雲。各劍之上，都鑄上了諸葛亮的題辭，內容為「書作風角處所」。「風角」為古時占候之術，《後漢書·郎顗傳》有李賢注說：「風角謂候四方四隅之風，以占吉凶也。」可見，劉備鑄長劍和曹操做百辟刀目的都是一樣的，儘管質地上乘，可做武器使用，如曹植得到百辟刀後特作《寶刀賦》，其中有謂「故其利：陸斷犀革，水斷龍角，輕擊浮截（輕輕用力就能把浮在水上的東西砍斷），刃不纖削（意謂寶刀毫髮無損）」。但主要不是用來器用，而是用來趨吉避凶。曹操在《百辟刀令》記載了百辟刀事：「往歲作百辟刀五枚適成，先以一與五官將（按：當時曹丕為五官中郎將）。其餘四，吾諸子中有不好武而好文學，將以次與之。」（《藝文類聚》卷六〇）曹操在《內誡令》中又說道：「百煉利器，以辟不祥，攝服奸宄者也。」（《御覽》卷三四五）「百煉利器」指的就是曹操製作「百辟刀」五把。他把五把經過千錘百煉的寶刀分給兒子們，用以除凶避邪，震懾奸人。劉備把鑄好的寶劍，分賜兒子和心腹，自然亦取「百煉利器，以辟不祥」之意。

《古鼎錄》說，劉備章武二年，於漢川鑄一鼎，名克漢鼎，置丙穴中（丙穴，地名，在今陝西略陽縣東南）；又鑄一鼎，沉於永安（今重慶奉節東）水中；又鑄一鼎於成都武擔山，名曰受禪鼎；又鑄一鼎於劍口山，名曰劍山鼎。

《書苑》說，蜀先主常（嘗）作三鼎，皆武侯篆隸八分，極其工妙。

《鼎錄》說，「龍見武陽（今四川彭山東）之水九日，因鑄一鼎，像龍形，沉水中。」《鼎錄》又說，「章武三年，又作二鼎，一與（兒子）魯王，文曰：『富貴昌，宜侯王』；一與（兒子）梁王，文曰：『大吉祥，宜公王。』並古隸書，高三尺，皆武侯跡。」41

劉備實行的鹽鐵管制政策收到了多大的經濟成效，史無明記。僅就王連為司鹽校尉，「較鹽鐵之利，利入甚多，有裨國用」一語，即不難看出，鹽鐵收入當是劉備入蜀建國初期的重要經濟來源，而且確實收到了成效。

後來，諸葛亮繼承、發揚了同劉備一起推行的鹽鐵政策，因而留下了更多的鹽鐵紀錄和遺跡。

東拒孫權，割讓荊州三郡

漢末建安期間，諸侯割據，他們之間的戰爭態勢，總是相互影響，相互制約的。

赤壁戰爭以後，建安十四年（二〇九）三月，曹操在譙重新集結軍隊；孫權試圖向北推進，拿下曹操的重要據點合肥，久圍而不下。七月，曹操率領水軍自渦河入淮河，出肥水，軍駐合肥，開芍陂屯田。十二月，曹操遣蕩寇將軍張遼和折衝將軍樂進、破虜將軍李典率領七千人屯駐合肥。

十五年（二一〇），曹操的主要精力放在整頓內部、鞏固權力上，未謀向外用兵。

十六年（二一一）以後的幾年裡，曹操把用兵重點放在西北。三月，曹操遣司隸校尉鍾繇討張魯，同時使征西護軍夏侯淵等將兵出河東，與鍾繇會師共進。七月，曹操親自率軍征討馬超、韓遂和關中諸將。十月，戰鬥結束，殲敵關中諸將十部，馬超、韓遂西走，取得輝煌勝利。

十七年（西元二一二）正月，曹操自長安回鄴。他在積極為封公建國忙了一陣子之後，十月間再次出兵，東征孫權。

建安十八年（二一三）正月，曹操以號稱步騎四十萬之大軍進軍濡須口，攻破了孫權江西大營，俘獲其都督公孫陽。孫權親率眾七萬禦操，並以甘寧領三千人為前部督，徑至曹操營下，「拔鹿角，逾壘入營，斬得數十級。」雙方相持月餘，曹操始終沒有把軍事上的主動權控制到自己手裡。不久，便再次遭到襲擊，損失相當嚴重。曹操吃了敗仗，「堅守不出」，見孫權「舟船器仗軍伍整肅」，不禁喟然歎曰：「生子當如孫仲謀。」[42] 悵然而返。

可見，此一時期，曹操主要致力於內部，在軍事上向南取守勢，受到孫權的遏制，向西北取攻勢，形成了對益州北部的威脅。

無疑，這種形勢，在客觀上為孫權鞏固合肥一線的防禦，並乘勢向西擴展進而控制荊州全境提供了條件。同時，曹操向漢中進軍，使得劉璋很緊張。劉璋「內懷恐懼」，遂受張松、法正蠱惑，讓劉備入川。劉備入川，轉戰巴蜀，又為曹操敢於調動襄樊一線駐軍北上而用於關中戰場準備了條件；同時也為孫權從劉備手中奪回荊州提供了更多希望。

曹操在得知劉備已經取蜀的消息後，加速了攻取漢中的步伐。建安二十年三月，曹操親征張魯；四月，自陳倉（今陝西寶雞東）出散關（陳倉西南）入河池（今陝西鳳縣西北之鳳州）；七月，軍至陽平關（今陝西勉縣西）；九月間，巴七姓夷王朴胡、賨（音ㄘㄨㄥˊ）邑侯杜濩率領巴夷、賨民歸附；於是，分巴郡為三，以朴胡為巴東太守，杜濩為巴西太守，袁約（一作任約）為巴郡太守。十一月，張魯在巴中盡攜全家及其餘眾出降，曹操封魯及五子皆為列侯。十二月，曹操出自鞏固權力和謀劃大的政治行動的需要，自南鄭還，同時任命夏侯淵為都護將軍，督張部、徐晃等守漢中；命丞相長史杜襲為駙馬都尉，留督漢中事。

孫權在劉備取得蜀地以後不久，則即利用曹操用兵西北對益州形成壓力之機，向劉備提出了「欲得荊州」的要求。

至於劉備，起初對於益州北部鎖鑰——漢中的重要性認識不足，並且高估了張魯的力量，以為有張魯在，總可以對曹操抵抗一陣子。至此，劉璋既敗，張魯已降，漢中落入曹操之手，劉備只有直面曹軍臨境的壓力了。

北有曹操逼境，東有孫權奪荊之憂。面對此種新的戰局，劉備權衡利弊，在戰略戰術上，不得不做一些調整。

一、返兵拒吳，保三郡

前述孫權曾經想同劉備一起西取巴蜀，劉備以「放髮歸於山林」為辭加以拒絕。及至劉備西圖劉璋，據有巴蜀，孫權甚感受到愚弄，憤謂：「猾虜乃敢挾詐！」[43]同時，留守荊州的關羽與孫權屯駐陸口的橫江將軍魯肅相鄰，「數生狐疑，疆埸紛錯（邊界交錯）」，常常發生摩擦。據說：「（魯）肅常以歡好撫之。」[44]但對孫權、呂蒙等一些謀奪荊州的人來說，心理自難平衡。因此，奪取荊州的既定決策，便隨著形勢的變化，提到了實施的日程上。

建安二十年（二一五）五月，孫權第一次命令中司馬諸葛瑾奉使去成都，「通好劉備」，試圖先用外交手段謀得荊州三郡。諸葛瑾（一七四—二四一），字子瑜，琅邪陽都人，是諸葛亮的兄長，也是吳蜀交際中的重要人物之一。其人生平略謂：漢末，避亂江東，與魯肅等並受孫權「賓待」，為權長史，轉中司馬。後因從討關羽有功，封宣城侯，領南郡太守。劉備伐吳期間，瑾數為吳使，往來吳蜀之間。黃武元年（二二二），又因抗蜀和解除魏將曹真、夏侯尚圍困江陵的戰爭之功，升遷為左將軍，督公安，假節，封宛陵侯。孫權稱帝後，拜瑾為大將軍、左都護，領豫州牧。《三國志・吳書・諸葛瑾傳》注引《吳書》說：「瑾為大將軍，而弟亮為蜀丞相，二子恪、融皆典戎馬，督領將帥，族弟誕又顯名於魏，一門三方為冠蓋，天下榮之。」後，諸葛恪位極大將軍領太子太傅，被孫亮、孫峻誣以謀叛，被殺，誅及三族。

諸葛瑾以公使之身到蜀，受到軍師將軍、其弟諸葛亮的官方正式接待，並在諸葛亮的陪同下會見劉備。兄弟二人，各為其主。為避嫌隙，公事公辦，除了在公開場合的會晤以外，二人從不單獨見面。史家稱為「退無私面」，暗寓諸葛亮、諸葛瑾皆對其主心存戒慮，也說明諸葛亮與劉備並非坦然相處。

諸葛瑾轉達了孫權「欲得」被劉備占領的荊州諸郡的要求。劉備自然不許，但又不便硬頂，因說：「吾方圖涼州，涼州定，乃盡以荊州與吳耳。」

孫權得到回報，看清了劉備的用意在於搪塞拖延，很憤怒地指出：「此假而不反，而欲以虛辭引歲（意謂借而不還，而想用空話拖延時間）。」[45] 因而不管劉備的態度如何，遂自置已為劉備據有的荊州南三郡長沙、零陵、桂陽長吏，建立自己的地方政權。

時，關羽都督荊州事，自然遵循劉備、諸葛亮的既定戰略決策，盡保荊州已有土地，所以對孫權所置三郡長吏「盡逐之」。孫權大怒，於是分遣兩路大軍，一由「呂蒙督鮮于丹、徐忠、孫規等兵二萬取長沙、零陵、桂陽三郡」；二由「魯肅以萬人屯巴丘（在今湖南岳陽東）以禦關羽」。同時，孫權自住陸口（今湖北嘉魚西南），「為諸軍節度。」[46]據載，呂蒙趨襲三郡，兵到，致書長沙、桂陽二郡，皆服。其中，頗得劉備和諸葛亮信任的年未三十的長沙太守廖立棄城而去。歷史記謂：「（孫）權遣呂蒙奄襲三郡，（廖）立脫身（逃）走，自歸先主。」[47]桂陽太守，本由趙雲兼領，雲已入蜀，城守力薄，自然難以抗敵。只有零陵太守郝普據城不降。

劉備得知孫權出兵奪三郡，情知形勢嚴峻，遂以諸葛亮鎮守成都，自己率兵五萬回到公安（湖北今縣），並使關羽率領三萬兵至益陽境（湖南今市），列開了誓保三郡架式。一場大的戰爭即將不可避免。

孫權聞訊，則即重新部署軍隊，使魯肅率領萬人由巴丘趨屯益陽（今湖南益陽東），同時急召呂蒙等，「使舍零陵，急還助肅」，準備在益陽境內迎戰關羽。

呂蒙，字子明，汝南富陂（今河南新蔡東北）人。是孫權麾下力主驅劉滅蜀的主要人物，是一個讓劉備、關羽倒過大楣的人。少南渡，以勇力聞，初被孫策用為別部司馬，後被孫權命為平北都尉，領廣德（安徽今縣）長。從征黃祖有功，升橫野中郎將。赤壁之戰期間，「與周瑜、程普等西破曹公於烏林，圍曹仁於南郡。」曹仁退走，孫權遂能據有南郡，撫定荊州，授呂蒙為偏將軍，領尋陽（治今湖北武穴市東北）令。後來跟隨孫權抗曹於濡須（今安徽無為東北），「數進奇計」，勸孫權「夾水口立塢，所以備禦甚精」，曹操不能下，「（曹）望權軍，歎其齊肅，乃退。」[48]又，從孫權征皖城（今安徽潛山北），虜獲曹操所置廬江太守朱光及參軍董和、男女數萬口，遂被授予廬江太守。既而，遵命回到尋陽，討平反叛，待機襲取荊州三郡。

呂蒙接到「急還助肅」的信後，祕而不宣，立即將一個謀劃好的利用零陵太守郝普舊友鄧玄之誘降郝普的計畫付諸實施了。呂蒙「夜召諸將，授以方略」，故作姿態，假稱明天早晨就要攻城，聲云郝普不識事務，說：「郝子太（普字）聞世間有忠義事，亦欲為之，而不知時也。」隨即煞有介事地對鄧玄之等人講了一些假的軍事情報，一說劉備遠在漢中，為夏侯淵所圍；二說關羽已經吃了敗仗：「關羽在南郡，今至尊（指孫權）身自臨之。近者破樊本屯，（關羽）救酃，逆為孫規所破。此皆目前之事，君所親見也。」結論是：「彼方（劉備）首尾倒懸，救死不給，豈有餘力復營此哉？今吾士卒精銳，人思致命，至尊（孫權）遣兵，相繼於道。今予以旦夕之命，待不可望之救，猶牛蹄中魚，冀賴江漢，其不可恃亦明矣。若子太必能一士卒之心，保孤城之守，尚能稽延旦夕，以待所歸者，可也。今吾計力度慮（計力，計算力量；度慮，考量攻城謀略），而以攻此，曾不移日，而城必破，城破之後，身死何益於事，而令百歲老母，戴白受誅，豈不痛哉？度此家（指郝普）不得外問，謂援可恃，故至於此耳。君可見之，為陳禍福。」

鄧玄之見到郝普，「具宣蒙意，普懼而聽之。」既而郝普出降，「蒙迎執其手，與俱下船。」然後，呂蒙將孫權命他「急還援肅」的信給郝普看。因為計謀得逞，高興得拍手大笑。郝普見書，始知劉備已在公安而關羽兵屯益陽，形勢頗對自己有利，雖然「慚恨入地」，但為時已晚。

郝普降，呂蒙盡得三郡將守，「因引軍還，與孫皎、潘璋並魯肅兵並進，拒羽於益陽。」孫權已在實際上控制了三郡。[49]

二、關羽「單刀赴會」

史載：「（魯）肅住益陽，與（關）羽相拒。肅邀羽相見，各駐兵馬百步上，但請將軍單刀俱會。」可見，魯肅雖然是主邀方，但會見地點並不是如小說家所說的在孫吳一邊，而是在兩軍之間，且各在百步之外駐有精兵。所以，對於這次相會，雙方都是「請將軍單刀俱會」，都有點緊張。相對來說，關羽傲氣十足，表現倒也坦然；魯肅一方反而心中有點打鼓。

《三國志・魯肅傳》注引《吳書》說：「肅欲與羽會語，諸將疑恐有變，議不可往。」魯肅度其大勢，認為尚不至此，因對大家說：「今日之事，宜相開譬（應該互相開導勸說）。劉備負國（謂劉備有負吳國），是非未決，羽亦何敢重欲干命（干命，違命）！」

會見時，魯肅首先發話，責備關羽，說：「國家（按：指孫權）區區本以土地借卿家者，卿家軍敗遠來，無以為資故也。今已得益州，既無奉還之意，但求三郡，又不從命。」話音未落，關羽一方，坐有一人說：「夫土地者，惟德所在耳，何常之有！」肅厲聲呵之，辭色甚切。羽操刀起立，說：「此自國家事，是人何知！」目使此人離開會所。此人是誰？肯定不是如《三國演義》所說的周倉，因為周倉的身分只能立後，不能與坐；且話語也不合周倉性格。

關羽對魯肅回答說：「烏林之役，左將軍（劉備）身在行間，寢不脫介，戮力破魏，豈得徒勞，無一塊壤，而足下來欲收地邪？」

魯肅說：「不然。始與豫州（劉備）覲於長阪，豫州之眾不當一校（不當一校，意謂很少一部分），計窮慮極（竭），志勢摧弱，圖欲遠竄，望不及此。主上（孫權）矜愍（憐憫，可憐）豫州之身，無有處所，不愛土地士人之力，使有所庇蔭以濟其患，而豫州私獨飾情，愆德隳好（違反道德，破壞友好）。今已借手於西州矣，又欲剪并荊州之土，斯蓋凡夫所不忍行，而況整領人物之主乎！肅聞貪而棄義，必為禍階。吾子（指關羽）屬當重任，曾不能明道處分，以義輔時，而負恃弱眾以圖力爭，師曲為老，將何得濟？」《左傳・僖公二十八年》有謂「師直為壯，曲為老」。「師曲為老，將何得濟」云云，就是說，你們沒有道理地賴在這裡，是必定要失敗的。關羽很不善辯，竟被說得「無以答」。

當然，關羽雖督荊州事，但無權決定割讓土地這樣的大事，所以會見雖然溝通了看法，但不果而終。[50]自然，也無所謂勝利者。

三、分荊州三郡地予吳

歷史的結局是，這場蓄勢待發的戰爭並沒有打起來。《三國志．魯肅傳》說，魯肅與關羽會見後，「（劉）備遂割湘水為界，於是罷軍。」顯然，這樣講述事物的因果關係是不對的。真正的原因，當如〈吳主傳〉所說：「未戰，會曹公入漢中，備懼失益州，使使求和。權令諸葛瑾報，更尋盟好。遂分荊州，長沙、江夏、桂陽以東屬權，南郡、零陵、武陵以西屬備。」

可見，是曹操的進一步向西北用兵，構成了對劉備的威脅，又促使孫、劉兩家再次聯合起來。[51]

歷史的時間表亦足以證明這一點。這就是：建安十九年夏，劉備定蜀；二十年五月，孫權便遣諸葛瑾使蜀，欲得荊州三郡，結果被劉備拒絕，怒而自置三郡長吏；同月，關羽盡逐孫權三郡長吏，孫權即遣呂蒙督兵二萬，以武力奪三郡，雙方進入戰爭狀態；約六月，劉備帶兵回到公安，部署部隊，為力保荊州準備同孫權決戰。此前，劉備對吳的態度是強硬的；此後，形勢突變，秋七月，曹操的軍隊到達陽平（今陝西勉縣西），打敗張魯守軍，張魯潰奔巴中，曹操占領南鄭，盡得漢中。北抗曹操，阻止魏軍入蜀，成為劉備的當務之急。

孫劉的再次聯合，同首次聯合一樣具有重要的戰略意義。對劉備來說，雖然失掉了荊州三郡，但能夠將主要兵力集中到漢中一線，從而比較好地扼住了益州「北門」，確保了益州的安全。很明顯，就當時的大局來看，劉備在東線「以土地換和平」的決策是正確的。但是，這也伏下了劉備必然全失荊州的危機。

漢末，赤壁之戰以後，荊州七郡，南陽基本在曹操的手裡，江夏、南郡屬孫劉交叉共有，其餘四郡武陵、長沙、桂陽、零陵本由劉備控制。劉備的東部防線大體在鄱陽湖、贛水一線。分荊州三郡與孫權後，即以洞庭湖、湘水為界，劉備不僅失掉了湘水以東和沿江的土地，而且孫權的勢力直接構成了對於南郡、公安、益陽等地關羽駐軍的威脅，為孫權謀擊關羽和後來夷陵之戰打敗劉備提供了地理上的優勢。所以，嚴格地說來，曹操出兵漢中，迫使劉備同孫權重新聯合，對於孫權來說，倒是有百利而無一害；而對於劉備來說，雖然得以集中兵力於漢中，但在東邊卻伏下了嚴重的危機。

北抗曹操，奪得益州北門

漢中（治今陝西南鄭）地處益州北部，是益州北門鎖鑰，入蜀要衝，歷代兵家必爭之地。劉備入蜀之前，張魯為漢寧太守，雄踞巴、漢已有三十餘年了。

張魯，字公祺，沛國豐（今江蘇豐縣）人，祖父張陵，客居於蜀，學道鵠鳴山中，「造作道書以惑百姓，從受道者出五斗米」，因而人稱其教為「五斗米道」。張陵死後，其子張衡（一作張脩）行其道。《三國志・張魯傳》注引《典略》說，東漢熹平、光和年間，「妖賊」大起，三輔有駱曜，東方有張角，漢中有張脩，「脩法略與（張）角同」，以符水咒說療病。衡（脩）死，衡子張魯繼續行其道。

史載，張魯母有姿色，兼挾鬼道，常常往來益州牧劉焉家。由於有這層關係，劉焉遂任張魯為督義司馬，與別部司馬張修共同率兵掩襲漢中太守蘇固，斷絕斜谷之路。張魯既得漢中，遂即殺了張修而併其眾，成了漢中的統治者。劉焉死後，子劉璋代立，因魯不順服，劉璋把張魯的母親及全家統統殺了。張魯、劉璋遂不兩立。

張魯據漢中，以鬼道教民，自號「師君」。學道者，初來皆名「鬼卒」；受道已信（深）者，號「祭酒」。祭酒各領部眾，部眾多者為治頭大祭酒。這是其大體的組織情況。五斗米道的教義，主要有三點：一是要求做人誠實，「皆教以誠信不欺詐」，如果生病，要求病人自我反省有沒有做錯事，即「自首其過」；主張買賣公平，「市肆賈（價）平」；二是各祭酒「皆作義舍」，義舍內備有義米、義肉，行路人可以根據自己的飯量「量腹取足」。據說，如果取之過量，鬼道會使其生病的；三是「犯法者，三原，然後乃行刑。」「原」是赦免的意思。就是說，對犯法的人可以赦免三次，如果仍不改正，再按律給以相應的刑事處罰。張魯據漢中全以五斗米道教民、馭眾，因此「不置長吏，皆以祭酒為治」。張魯的統治，得到百姓擁護，所以「民夷便樂之」，使他能夠「雄踞巴、漢垂三十年」。史載，漢末，朝廷對張魯毫無辦法，「力不能征，遂就寵魯為鎮民中郎將，領漢寧太守，通貢獻而已。」52

對於張魯之地，孫、劉、曹三家均欲得之。在東吳，周瑜曾獻計「取蜀而并張魯」；孫權曾想把劉備儘早趕出荊州地盤，表示願與劉備一起取蜀，提出了所謂「先取劉璋，進討張魯」的主張，遭到劉備的拒絕。

劉璋居益州而讓劉備入蜀的一個重要原因，也是試圖擊敗張魯，從而據有漢中以求自強。他聞曹操將討張魯，內懷恐懼，上了張松、法正的當，迎劉備入蜀。如前所述，劉璋使劉備擊張魯，但劉備的主要目標是取益州，而不是漢中，所以兵紮葭萌，駐軍不前，「厚樹恩德，以收眾心。」

劉備破蜀取劉璋代為益州牧後，沒有趕在曹操征服張魯之前取得漢中，是其對於漢中的重要性認識不足，也是為了應付孫權謀奪荊州的緣故。

曹操親征張魯，軍至陽平關（今陝西勉縣西）。張魯聞知屏障之險陽平關失陷，準備歸降。部下閻圃也積極促其投降，但覺得時機不利，因對張魯說，現在被迫歸降，功必輕，「不如依杜濩，赴朴胡（杜濩、朴胡均巴中少數民族頭領）相拒，然後委質，功必多。」張魯接受了閻圃的意見，「乃奔南山，入巴中。」[53]走前，部屬想燒掉全部寶貨倉庫，張魯對大家說：「本欲歸命國家，而意未達。今之走，避銳鋒，非有惡意。寶貨倉庫，國家之有。」於是「封藏而去」。曹操入駐南鄭，見府庫封藏完好，甚喜張魯所為，又知張魯本有歸順之意，遂派人前去「慰喻」。[54]十一月，張魯覺得時機已到，便盡攜全家及其餘眾出降。曹操拜張魯為鎮南將軍，待以客禮，封閬中侯，並封其五子及閻圃等皆為列侯。

就在張魯「走入巴中」而準備歸降曹操之時，劉備已同孫權達成妥協，分三郡地予吳，從南郡、公安等地引軍回到江州（今重慶）。偏將軍黃權對劉備講了漢中的重要性：「若失漢中，則三巴不振，此為割蜀之股臂也。」[55]劉備有點著急了，於是即以黃權為護軍，率領諸將迎接張魯。據《華陽國志．漢中志》說：「（建安）二十年，魏武帝西征魯，魯走巴中。先主將迎之，而魯功曹閻圃說魯北降歸魏武：『贊以大事，宜附託；不然，西結劉備以歸之。』魯勃然曰：『寧為曹公作奴，不為劉備上客。』遂委質魏武。」所以，劉備派出的軍隊尚未到達，張魯已經回到南鄭，投降了曹操。黃權順路出擊少數族領袖朴胡、杜濩等部，取得一些勝利。

一、曹操失計，未能遽取成都

建安二十年七月，曹操陷陽平，入南鄭，軍勢大振。下一步怎麼辦？既然已經奪關，鎖鑰在握，是乘勢入蜀，抑或見好即收，留軍據守而大軍引還？我在《曹操評傳》中作過長段評論，概述約為：

丞相主簿司馬懿和劉曄都主張乘勝入蜀。司馬懿對曹操說：「劉備以詐力虜劉璋，蜀人未附而遠爭江陵，此機不可失也。今若曜威漢中，益州震動，進兵臨之，勢必瓦解。……聖人不能違時，亦不可失時也。」[56]劉曄也向曹操進言，說：「明公以步卒五千，將誅董卓，北破袁紹，南征劉表，九州百郡，十并其八，威震天下，勢懾海外。今舉漢中，蜀人望風，破膽失守，推此而前，蜀可傳檄而定。劉備，人傑也，有度而遲（有見識但不果斷），得蜀日淺，蜀人未恃也。今破漢中，蜀人震恐，其勢自傾。以公之神明，因其傾而壓之，無不克也。若小緩之，諸葛亮明於治而為相，關羽、張飛勇冠三軍而為將，蜀民既定，據險守要，則不可犯矣。今不取，必為後憂。」[57]司馬懿和劉曄的主張很明確：一是劉備得蜀日淺，蜀人未附；二是劉備帶兵離蜀，已「遠爭江陵」，去與孫權爭荊州三郡，蜀境兵力有限；三是乘屢戰屢勝之威和蜀人震恐之機，直搗成都，必可傳檄而定。簡而言之，一句話：機不可失，乘勝入蜀。曹操沒有聽司馬懿和劉曄的意見，他感慨地說：「人苦無足，既得隴，復望蜀邪！」[58]七天後，有蜀降者說曹操克漢中以後，「蜀中一日數十驚，備雖斬之而不能安也。」這時，曹操又有點動心了，問劉曄說：「今尚可擊不？」曄說：「今已小定，未可擊也。」[59]

曹操該不該乘勝入蜀，向有不同評論。南朝宋人裴松之注《三國志》時，認為曹操失掉一次大好機會。他說：「魏武後克平張魯，蜀中一日數十驚，劉備雖斬之而不能止，由不用劉曄之計，以失席捲之會。」另一注史者，元人胡三省注《資治通鑑》則為劉曄後來的話辯解，說：「七日之間，何以遽謂之小定？曄蓋窺覘備之守蜀有不可犯者，故為此言以對操焉耳。」意思是說，所謂「小定」，不過是託辭，實際上劉曄也已看清楚不可入蜀，所以用此來回答曹操的問題。這就是說，胡三省認為，曹操不入蜀的決策是正確的。後人論此，大約亦不外這兩種意見。近人多認為後一種意見是對的，歸納其理由主要有三點：一，曹操很清醒地看到前進中的困難，蜀道之難更過散關之險，以疲憊之師越險攻蜀，怎得「席捲」；如果曹軍深入，蜀軍據險守要，會使曹軍陷入進退兩難之地；二，後顧之憂太重，江東孫權、荊州關羽均在窺伺自己的後路，如果大兵入蜀，必將授孫權、關羽以機，腹背受敵，後果不堪設想；三，隴右初平，羌人未附，漢中初定，根基不穩，遽然推進，後需難繼。

其實還應加一條，即「內有憂逼」，曹操不願長期在外。事實是最好的證明，曹操建安二十一年二月回到鄴；三月親耕籍田，行天子之儀；五月進爵為魏王；二十二年四月「設天子旌旗，出入稱警蹕」，成為實際上的「天子」。毫無疑問，這才是曹操急於引軍而還的最為重要的原因。因為當此之時，進一步鞏固和發展權力，絕除對自己的不利因素，逐步把漢獻帝的名義權力也剝奪淨盡比什麼都重要。

我認為，曹操「既得隴，復望蜀」是完全可能的。

第一，當時雙方的謀臣都看到了這一點。曹方，謀兵不亞於操、後遷大將軍大都督而數敗諸葛亮的司馬懿認為「機不可失」；頗有軍事才能、屢被曹操稱許、在曹丕稱帝後屢獻大謀以應吳、蜀的劉曄亦認為，應該「因其傾而壓之」，富有遠見地指出如果不取，「必為後憂。」劉方，謀臣法正分析說：「曹操一舉而降張魯，定漢中，不因此勢以圖巴、蜀，而留夏侯淵、張郃屯守，身遽北還，此非其智不逮而力不足也，必將內有憂逼故耳。」這就是說，法正也認為，以曹操之智謀和勢力，足可以「因此勢以圖巴、蜀」。[60]

第二，從軍事態勢看。曹操克漢中，入南鄭，益州震動。蜀臣楊洪說諸葛亮增兵劉備時說過：「漢中，益州咽喉，存亡之機會，若無漢中，則無蜀矣。此家門之禍也，發兵何疑。」[61]可見，曹兵駐紮南鄭，實將益州北門控制在手，形勢極為有利。不久，張魯投降，巴郡內的七姓夷王、賨邑侯均降附，曹操因分巴郡為三，以夷帥分別擔任巴東、巴西太守。這就是說，益州刺史部的北部，包括漢中、巴東、巴西郡等實已成為曹操的實際控制或間接控制之地。而劉備的主要軍事勢力，的確如司馬懿所說正遠爭江陵。曹操建安二十年七月入南鄭，劉備聽到「曹公定漢中，張魯遁走巴西」[62]的消息，才急於同孫權分荊州媾和，及至引軍還江州，已是當年十一月間的事。可見，至少有四個月的時間，軍事優勢一直是在曹操一方。如果是大軍繼勝而進，那麼蜀中就絕不會「小定」，而必是驚上加驚，也絕不會是一般的「斬之而不能安」，而必是惟恐逃命不及了。

第三，從地理形勢看。凡認為曹操退兵的決策是正確的，大都強調蜀道之難。曹操既履散關之險，必懼蜀道之難。事實上，蜀道難固難矣，但並不是曹操之根本所慮。當時，漢中郡屬益州刺史部，是益州的北部屏障和門戶，陽平關既是南鄭的關隘，又是益州的關隘。克陽平，取漢中，實際便扼住「益州咽喉」，然後即可避過米倉山、大巴山艱難之處，沿嘉陵江谷地南進入蜀。事實上，張郃不是隨後便進入了益州腹地嗎（詳後）！

第四，後顧之憂雖有，但不可怕。曹操征張魯之時，亦是孫權、劉備矛盾日趨明朗化之時。曹操毅然用兵漢中，也正是由於看準了這一點。同時他也早已料到謀兵漢中以後，孫權會有動作，所以才有「賊至乃發」的密教給張遼等。曹操將攻漢中，本已劍拔弩張的孫、劉兩家「更尋盟好，遂分荊州」；七月曹操陷陽平、取南鄭，八月間孫權即率眾十萬圍合肥，結果慘敗於曹操的預謀之下。應該說，孫權、關羽等的確是後顧之憂，不可不預。但就當時的情勢看，並不可怕，一是孫權新敗，餘悸未平，短時間內不可能組織大的進攻；二是孫、劉矛盾依然存在，不可能形成可靠的聯盟；三是孫、劉兩家當時均無進取中原之謀。事實也證明，從建安二十年七月曹操拔漢中，到二十一年二月曹操還鄴，以至二十二年正月曹操主動攻孫權，前後一年半，孫權均無大的行動。因此，不能把後顧之憂看得太重；事實上，曹操也沒有把它看得太重。

第五，羌人新敗未必盡附，但一時尚不構成後方的威脅。論者或謂羌人新附、關隴不穩亦是曹操不敢貿然入蜀的原因之一。實則從歷史記載看，當時的羌、氐諸部雖不內附，並曾助馬超、韓遂抗操，但極少主動攻擊中原，每有戰事，多係被動受兵。夏侯淵受命討伐馬超、韓遂，因勢擊其輔助勢力，於是有了攻擊興國氐、長離羌和圍枹罕斬宋建，以及張郃兵入湟中，降服諸羌之舉。當時韓遂已死，馬超已奔，諸羌雖眾，但諸部多附於曹，並未形成什麼統一的反抗力量。所以，就當時之大勢看，諸羌不會貿然行動，曹操也不該因此而影響對於大局的考慮。

總之，曹操既取漢中而不入蜀是其一生中不亞於赤壁之敗的又一次歷史性錯誤。造成這次錯誤決策的根本原因是曹操急於鞏固和發展朝中權力、急於回朝籌畫進爵為王（回鄴三個月後），進而「設天子旌旗，出入稱警蹕」（一年後）和戴上「十有二旒」的天子才能戴的冠冕，「乘金根車，駕六馬，設五時副車」（一年半後）。

果如司馬懿所說，機不可失，時不再來。自此之後，劉備、諸葛亮自始至終都把漢中作為最重要的戰略要地，緊緊地扼住了益州的出入門戶；曹操則從此陷入被動挨打局面，從外線主動進攻轉為內線被動禦敵，以致不再有謀奪益州的機會。

二、張飛有膽，大破張郃入巴軍

張魯投降後，曹操率領大軍取道長安而歸，留下夏侯淵，行護軍將軍，假節，督領平狄將軍張郃、平寇將軍徐晃等守漢川，相機平定巴郡。

張郃按照曹操的意圖，約在建安二十年十二月間，率領部分軍隊進入四川，「下巴西，欲徙其民於漢中」，一直打到宕渠、蒙頭、蕩石。[63] 宕渠為今之四川渠縣，蒙頭、蕩石均在渠縣境內，屬巴西郡，地處現今川東達縣地區西南部。可見，張郃的部隊已經到達益州腹地。

根據歷史的記載看，曹操留下夏侯淵、張郃屯守漢中，並未授以進攻和禦敵之策；北還之前，令「張郃督軍徇三巴」的決策，從根本上來說，是完全不恰當的。因為這是孤軍深入。

張飛時領巴西太守。張郃到達宕渠時，劉備尚在江州（今重慶），遙令張飛率兵抵抗。兩軍相拒五十餘日，不分勝負。但相對而言，第一，張飛的軍隊入蜀擴編以來一直是打勝仗的，兵為勝兵，銳氣甚盛；第二，張飛軍隊由於更熟巴西地理環境，而且是以逸待勞，有利條件較多；第三，張郃兵力不會超過五千，張飛的兵力大大超過張郃，勢力對比上，張飛具有更多優勢。

所以，局勢很快急轉，張郃的部隊由攻勢轉為守勢，不得不據守於個別據點，失去了主動發動進攻的能力。

最後，張飛想出辦法將張郃引出據點，戰於宕渠之瓦口。史載：「飛率精卒萬餘人，從他道邀郃軍交戰，山道迮（音ㄗㄜˊ，狹窄）狹，前後不得相救，飛遂破郃。郃棄馬緣山，獨與麾下十餘人從間道退，引軍還南鄭，巴土獲安。」64

關於張飛與張郃此次戰役的地點，記載不同。另，《華陽國志・劉先主志》說：「飛從他道邀郃戰於陽石（按：即蕩石），遂大破郃軍。」《方輿紀要》卷六八說：「八濛山在渠縣東北七里，八峰起伏，其下平曠十餘里，江水環之不匝者一里（江水環繞而還有一里沒有全部圍起來），常有煙霧濛其上。……山下有勒石云：『漢將張飛大破賊首張郃於八濛』，飛所自題也。」八濛山疑當蒙頭所在之山。因此，竊以為，記載不同，其地實一。瓦口、陽石、蒙頭當在宕渠東、八濛山同一地區，抑或同地而異名。

三、謀定漢中，初戰多失利

張郃收兵北還，劉備也從江州回到成都。自此，劉備開始謀劃主動出擊的軍事部署；曹操則忙於整頓內部，鞏固權威，加快進爵為王的步伐，進而「設天子旌旗，出入稱警蹕」，並且一度向孫權耀兵，敗孫權於濡須口。所以，從建安二十一年（二一六）春到建安二十二年冬十月，劉備同曹操在漢中、以及益州北部的其他地區沒有大的軍事接觸。相安近兩年。歷史證明，是劉備主動打破了這種暫時相安的局面。

建安二十二年十月，就在天子讓曹操「冕十有二旒，乘金根車，駕六馬，設五時副車」的時候，劉備決定出兵了。他是在法正的激勵下決策的。前面提到，法正曾對曹操收降張魯、平定漢中，而不因勢圖巴蜀做過分析，指出：「此非其智不逮而力不足也，必將內有憂逼故耳。」法正認為機會到了，便勸劉備乘機出兵，對劉備說：「今策（夏侯）淵、（張）郃才略，不勝（蜀）國之將帥，舉眾往討，則必可克。克之之日，廣農積穀，觀釁伺隙，上可以傾覆寇敵，尊獎王室，中可以蠶食雍、涼，廣拓境土，下可以固守要害，為持久之計。此蓋天以與我，時不可失也。」[65]

據說，劉備一時拿不定主意。儒林校尉周群和後部司馬張裕等人都出面阻軍。周群說：「當得其地，不得其民也。若出偏軍，必不利，當戒慎之！」張裕更直截了當地說：「不可爭漢中，軍必不利。」[66]周群、張裕二人以善觀天象、曉知「占候」著稱，他們的話，都是沒有任何事實根據的書生之見。

劉備沒有為周群、張裕的言語所惑，聽從了法正的計策。

建安二十三年春，劉備安排諸葛亮「居守」成都，主持後勤，「足食足兵」，[67]以保障前方之需。隨即兩路出兵，一是自己在法正的輔佐下，親率趙雲、黃忠、魏延等諸將，出東路，向漢中進兵；二是派遣張飛、馬超、吳蘭等，出西路，攻取曹操西北駐軍重地下辯（今甘肅成縣西）。

曹操聞劉備來犯，即派心腹戰將、厲鋒將軍曹洪督軍前去武都（治下辯），加強防禦，迎戰張飛、馬超、吳蘭等。並以騎都尉曹休和議郎辛毗參曹洪軍事。建安二十三年三月，曹休建議曹洪乘張飛等未集之機，「促擊」吳蘭。史稱：「備遣張飛屯固山（今甘肅成縣北），欲斷（曹）軍後。」曹軍眾議狐疑，曹休對曹洪說：「賊實斷道者，當伏兵潛行。今乃先張聲勢，此其不能也。宜及其未集，促擊蘭，蘭破則飛自走矣。」曹洪聽從了曹休的意見，進兵突襲吳蘭，大破之，斬吳蘭將任夔等，吳蘭逃亡中被氐人殺死，張飛、馬超敗走漢中方向，試圖與劉備主力會合。西路軍失敗了。[68]

劉備自己直接指揮的軍隊，屯駐陽平關（今陝西勉縣西），曹操諸將夏侯淵、張郃、徐晃等與之相拒。當時，根據曹操的部署，夏侯淵、徐晃屯陽平，張郃屯廣石（似在今四川廣元市境內），[69]為掎角之勢。劉備試圖「斷絕外內，以取漢中」，因而在張郃部隊尚未完全出川之前，遣陳式等十餘營兵力去切斷馬鳴閣棧道（在今四川昭化縣境）。徐晃即率別部急趨，大破陳式等部，蜀兵「自投山谷，多死者」。本來處於進攻勢頭的劉備軍隊反而為敵反包圍，失掉主動權，吃了敗仗。曹操聽到這個消息非常高興，授徐晃符節，以示優寵，興奮地說：「此閣道，漢中之險要咽喉也。劉備欲斷絕內外，以取漢中。將軍一舉，克奪賊計，善之善者也。」[70]

劉備的主力部隊攻張郃於廣石，雖然形成了包圍形勢，但也未能克敵制勝。據說，劉備「以精卒萬餘，分為十部，夜急攻郃。郃率親兵搏戰，備不能克」。[71]

劉備出兵失利，應驗了周群、張裕的「軍必不利」的預言。至此，劉備始知，即使操不在此，亦不可輕視，急忙給諸葛亮寫信，令發益州兵。諸葛亮有點遲疑，問從事楊洪，楊洪因而發表了「若無漢中則無蜀矣」的一番議論，進而督促諸葛亮說：「方今之事，男子當戰，女子當運，發兵何疑？」[72]

從以後的軍事形勢看，曹操的軍隊，包括張郃和徐晃，一因入川未能立住腳跟，二因甚恐被劉備自今甘肅南部東進的部隊，截斷後路，都陸續撤出了現今四川地界。因此，劉備的主力部隊也便大部部署到漢中附近了。

四、戰爭轉機，定軍山破斬夏侯淵

建安二十三年，劉備主動向漢中用兵，沒有取得預期的效果，所以《三國志・先主傳》說：「先主率諸將進兵漢中。分遣將軍吳蘭、雷銅等入武都，皆為曹公軍所沒。」但曹操的軍隊也無主動進攻的能力，並不得不逐步收縮陣地。因此，劉備與夏侯淵、張郃便在陽平關，擺開了對峙的局面。

劉備與夏侯淵等相拒陽平二年有餘，操軍雖有小勝，但戰爭的主動權，相對來看，卻始終在劉備一方。時既至此，曹操逐漸認識到，不僅「望蜀」不可能，就是確保漢中，扼住益州咽喉也是極不容易，因此還鄴兩年半幾件大事完成以後，又決定親自率兵出擊劉備。

建安二十三年（二一八）九月，曹操再至長安。但他進軍遲緩，貽誤了軍機。劉備則積極謀劃新的戰略戰術，並努力爭取在曹操到達之前付諸實施。所以，曹操未及到達漢中，劉備已在定軍山打敗了夏侯淵，取得了關鍵性的勝利。戰況如下：

建安二十四年（西元二一九）正月，劉備自陽平南渡沔水（即漢水），「緣山稍前，營於定軍山。」定軍山北臨漢水，位在今陝西勉縣南，東望漢中，是漢中的又一屏障和門戶。因此，夏侯淵也派兵「來爭其地」、並以主要兵力在此布防。法正對劉備說，可乘勢而擊之。劉備命黃忠乘高鼓譟攻之，「忠推鋒必進，勸率士卒，金鼓振天，歡聲動谷。」[73]同時派軍燒毀夏侯淵軍營外圍的鹿角（鹿角，古代戰爭營地外圍埋設削尖的木頭或樹枝以禦敵，稱鹿角或鹿柴），「淵使張郃護東圍，自將輕兵護南圍。備挑郃戰，郃軍不利，淵分所將兵半助郃，為備所襲，淵遂戰死。」[74]曹操任命的益州刺史趙顒也同時被殺。

曹軍定軍山兵敗，張郃將軍隊撤到陽平。

夏侯淵戰死，曹軍無帥，「軍中擾擾，不知所為」，因為「恐為備所乘，三軍皆失色」。[75]督軍杜襲與司馬郭淮等毅然共推張郃代為軍主。張郃自建安五年由袁紹歸操後，屢建功勳，名震遐邇，眾望所歸。郭淮因對大家說：「張將軍，國家名將，劉備所憚；今日事急，非張將軍不能安也。」[76]張郃代理軍主，「勒兵按陳，諸將皆受郃節度，眾心乃定。」[77]曹操時在長安，得知消息後，對於杜襲、郭淮、張郃的臨時制變很滿意，立即「遣使假郃節」，賦予張郃以軍中最高統帥的權力。

對於夏侯淵之死，曹操表現出極大的悲傷與惋惜，因給夏侯淵諡號為「愍侯」。「愍」就是哀憐的意思。史載，曹操對夏侯淵的勇敢精神很欣賞，但對其缺點也很清楚，所以淵雖然多次取得戰功，曹操常告誡他說：「為將當有怯弱時，不可但恃勇也。將當以勇為本，行之以智計；但知任勇，一匹夫敵耳。」[78] 夏侯淵沒有把曹操的話記在心上，致有此敗。為此，曹操特作《軍策令》以誡全軍。其令談到當時的戰鬥情況：「夏侯淵今月賊燒卻鹿角。鹿角去本營十五里，淵將四百兵行鹿角，因使士補之。賊山上望見，從谷中卒出，淵使兵與鬥，賊遂繞出其後，兵退而淵未至，甚可傷。淵本非能用兵也，軍中呼為『白地將軍』，為督帥尚不當親戰，況補鹿角乎！」[79] 這裡反映出曹操愛將之思，同時也反映出他的制將用兵之意，體現了他「督帥不親戰」，以及「將當以勇為本，行之以智計」的軍事思想。

從劉備一方說，則反映出劉備、法正用兵也確有超過夏侯淵、張郃之處。劉備聽從法正的計策，有效地利用了敵軍的輕敵思想，捕捉戰機，出奇制勝。據載，曹操曾經為此發出讚歎：「曹公西征，聞（法）正之策，曰：『吾故知玄德不辦（辨）有此，必為人所教也。』」[80] 又頗有感觸地說：「吾收奸雄略盡，獨不得（法）正邪。」[81]

郭淮說得不錯，劉備不怕夏侯淵，倒的確有點怕張郃。據《三國志．張郃傳》注引《魏略》說：「淵雖為都督，劉備憚郃而易淵。及殺淵，備曰：『當得其魁，用此何為邪！』」憚，怕；易，輕視。可見，劉備早就把張郃看作曹軍的實際統領。

張郃很快穩定了軍心。劉備本擬次日乘勝渡過漢水，見操軍已經安定，恐半濟被張郃所擊，終不敢渡。

劉備取得了北拒曹操的第一次有限戰爭勝利。戰役雖小，意義重大，不失為一個非常重要的轉捩點。第一，它極大地鼓舞了劉備的士氣，從心理上扭轉了將士們對曹軍的恐懼情緒；第二，它是曹操西北用兵、未曾料及的嚴重挫折，嗣後，他不得不做戰略上的調整，由攻勢而轉為守勢，謀蜀的計畫開始泡湯了。

五、得漢中，東西再拓地

劉備屯陽平關，曹操甚感劉備將成為嚴重威脅。建安二十四年（二一九）三月，曹操自長安出斜谷（今陝西眉縣西南）。斜谷道險，曹操恐被劉備截擊，先以先遣部隊搶占要害之地，然後大軍續進。劉備既已取得定軍山的勝利，膽子也大起來了，所以當知曹操驅兵前來，滿有把握地對擔負狙擊任務的將領們說：「曹操雖來，無能為也，我必有漢川矣。」據載：「及曹公至，先主斂眾拒險，終不交鋒。」[82]有過一些小的戰鬥，劉備軍隊大都取得勝利。

據《三國志．趙雲傳》注引《雲別傳》說：「夏侯淵敗，曹公爭漢中地，運米北山下，數千萬囊。黃忠以為可取，雲兵隨忠取米。忠過期不還，雲將數十騎輕行出圍……值曹公揚兵大出。」趙雲「前突其陣，且鬥且卻」。魏兵追至營下，趙雲入營，「更大開門，偃旗息鼓」，魏兵懷疑有埋伏，不敢攻營而退。趙雲「雷鼓震天，惟以戎弩於後射公（曹操）軍，公軍驚駭，自相蹂踐，墮漢水中死者甚多」。[83]

曹操與劉備相持一個多月，軍士死了不少，也逃走了不少。曹操觀形勢、察地理、度兵力，知道漢中很難保住，一種矛盾的心情頓然而生，欲進不能，欲還可惜，但最後終於做出了正確的決策：「引出漢中諸軍還長安。」[84]決策既定，遂出夜間口令為「雞肋」。據《三國志・武帝紀》注引《九州春秋》說：「時王（曹操）欲還，出令曰『雞肋』，官屬不知所謂。主簿楊修便自嚴裝（整理行裝），人驚問修：『何以知之？』修曰：『夫雞肋，棄之如可惜，食之無所得，以比漢中，知王欲還也。』」

曹操三月臨漢中，五月還長安，前後不及三個月。自此以後，漢中便成了劉備的地盤而不復魏有了。

曹操既離漢中，不惜大步後退，把防線建在漢中與關中之間的交通要衝、歷代兵家必爭的陳倉（今陝西寶雞東）。這一決策雖然是防禦性的，但卻是正確的。因而，有效地扼住了劉備、諸葛亮前進之勢，終三國之季，蜀軍的實際控制始終未能超過陳倉一線。

劉備既得漢中，很快便向東西兩方推進。西北方面推進到武都，以利掌握氐、羌，北謀涼州，東拒曹操。史載，曹操決定撤軍後，知道武都難保，即派曹真至武都迎曹洪等軍還屯陳倉，並接受了張既的建議，派張既到武都遷徙氐王之五萬餘落出居扶風、天水界。這是很厲害的一著。徙民實邊、屯田戍疆，一切都服從於軍事，服務於軍事，這是曹操終生不渝的原則。對於劉備來說，自然也比較容易地取得武都地區，但惜在得民甚少。戰爭的結果，不幸被術相之士而言中。

東面則遣宜都太守（治今湖北枝城）孟達從秭歸北攻房陵（今湖北房縣）。孟達原為劉璋舊僚，受劉璋派遣，同法正一起，「各將兵二千人，使迎先主。」法正隨劉備回蜀，劉備因令孟達兼領法正的部屬，以四千之眾留屯江陵。劉備平蜀以後，以孟達為宜都太守。孟達趨軍北上，殺死曹操所置房陵太守蒯祺，並將率兵進攻上庸（今湖北竹山縣西南）。據載，劉備「陰恐（孟）達難獨任，乃遣（劉）封自漢中乘沔水下統達軍，與達會上庸」。上庸太守申耽知難抵抗，舉眾投降，「遣妻子及宗族詣成都。先主加耽征北將軍，領上庸太守、員鄉侯如故；以耽弟（申）儀為建信將軍、西城太守；遷（劉）封為副軍將軍。」惟孟達不見增封。[85]

曹兵既退，劉備得以拓地，把原屬涼州的武都郡和本屬曹操所置荊州的新城（治今湖北房縣）、上庸、魏興（即西城，治今陝西安康）三郡納入自己的統治區以內，蜀勢因而大振。

註釋

1 文中「取蜀城中民金銀頒賜將士，還其穀帛」句，《三國志．蜀書．先主傳》無「民」字，當以《華陽國志》為是，否則「還其穀帛」便無從談起。元人胡三省注《資治通鑑》時明確指出，「凡城中公私所有金銀，悉取以分賜將士，至於穀帛，則各還所主也。」這是對的。

2 《三國志．蜀書．趙雲傳》注引《雲別傳》。

3 《三國志．蜀書．諸葛亮傳》。

4 胡三省注《資治通鑑》卷六七說：「劉璋置益州太守與蜀郡太守並治成都郭下。」劉備因之。

5 《三國志．蜀書．法正傳》。

6 《三國志．蜀書．麋竺傳》。

7 《三國志．蜀書．簡雍傳》。

8 《三國志．蜀書．孫乾傳》。

9 《三國志．蜀書．伊籍傳》。

10 《三國志．蜀書．魏延傳》。

11 《三國志．蜀書．馬良傳》。

12 《三國志．蜀書．廖立傳》。

13 《三國志．蜀書．向朗傳》。

14 《三國志．蜀書．劉封傳》。

15 《三國志．蜀書．劉琰傳》。

16 《三國志．蜀書．楊戲傳》附〈季漢輔臣贊〉。

17 《三國志．蜀書．董和傳》。

18《三國志・蜀書・黃權傳》。
19《三國志・蜀書・黃權傳》注。
20《三國志・蜀書・李嚴傳》。
21《三國志・蜀書・法正傳》、〈許靖傳〉，《諸葛亮集》卷二。
22《三國志・蜀書・劉巴傳》並注《零陵先賢傳》。
23《三國志・蜀書・彭羕傳》。
24《三國志・蜀書・楊戲傳》附〈季漢輔臣贊〉。又，《三國志・蜀書・費禕傳》載，費禕「依族父伯仁，伯仁姑，益州牧劉璋之母也」。
25《三國志・蜀書・秦宓傳》。
26《三國志・蜀書・李恢傳》。
27《三國志・蜀書・楊洪傳》。
28《南史・崔祖思傳》。
29《三國志・蜀書・劉巴傳》注引《零陵先賢傳》。
30《三國志・蜀書・法正傳》。
31《三國志・蜀書・彭羕傳》。
32《三國志・蜀書・周群傳》。
33《華陽國志・蜀志》。
34《史記・貨殖列傳》。
35《鹽鐵論・輕重篇》。
36 參見《中國鹽業史・古代編》，人民出版社一九九七年版，第五九頁。
37 劉琳《華陽國志校注》注「以竹筒盛其光藏之，可拽行終日不滅也」謂：並非接其光，而是取其氣，通過小孔放出點燃。當是。
38《三國志・魏書・韓暨傳》。
39《三國志・魏書・王修傳》注引《魏略》。
40《三國志・蜀書・張裔傳》。
41 以上轉自《諸葛亮集・故事・製作篇》。
42《三國志・吳書・吳主權傳》注引《吳歷》。
43《三國志・吳書・魯肅傳》。
44《三國志・吳書・魯肅傳》。
45《三國志・吳書・吳主傳》、〈諸葛瑾傳〉。瑾傳說：「權遣瑾使蜀通好劉備，（瑾）與其弟亮俱公會相見，退無私面。」《三國演義》所說孫權預為拘執諸葛瑾家室老小，以及諸葛瑾奔返於荊、益之間，均屬渲染，實無其事。
46《三國志・吳書・吳主傳》。
47《三國志・蜀書・廖立傳》。
48《三國志・吳書・呂蒙傳》、〈吳主傳〉。
49 以上《三國志・吳書・呂蒙傳》、〈吳主傳〉。

50《三國志・吳書・魯肅傳》並注。

51 以上參閱《三國志》之〈先主傳〉、〈關羽傳〉、〈吳主傳〉、〈魯肅傳〉、〈呂蒙傳〉，《華陽國志・劉先主志》，《資治通鑑》卷六七，等等。

52《三國志・魏書・張魯傳》。

53 同上。

54 同上。

55《三國志・蜀書・黃權傳》。

56《晉書・宣帝紀》。

57《三國志・魏書・劉曄傳》。

58《資治通鑑》卷六七，漢獻帝建安二十年。

59《三國志・魏書・劉曄傳》注引《傅子》。

60《三國志・蜀書・法正傳》。

61《資治通鑑》卷六八，漢獻帝建安二十三年。

62《三國志・蜀書・先主傳》。

63《三國志・蜀書・張飛傳》。〈張部傳〉謂「部別督諸軍，降巴東、巴西二郡，徙其民於漢中」，作完成式表述，不確。

64《三國志・蜀書・張飛傳》。張部「引軍還南鄭，巴土獲安」云云，講的是一個歷史過程，並不是當即回到了南鄭。

65《三國志・蜀書・法正傳》。

66《三國志・蜀書・周群傳》。

67《華陽國志・劉先主志》。

68《三國志・魏書・曹休傳》、〈武帝紀〉。

69 胡三省說，廣石在巴、漢之間。《三國志集解》注引《方輿紀要》卷五六說，廣石戍在陝西勉縣西（當代著作多取此說）。愚度當時軍事態勢，張部部可能尚未回到漢中，劉備想斷馬鳴閣棧道就是為了斷張部歸路，所以胡三省的意見是對的，以廣石在今四川廣元市境內比較合理。

70《三國志・魏書・徐晃傳》。

71《三國志・魏書・張部傳》。

72《三國志・蜀書・楊洪傳》。

73《三國志・蜀書・黃忠傳》。

74《三國志・魏書・夏侯淵傳》。

75《三國志・魏書・張部傳》。

76 同上。

77 同上。

78《三國志・魏書・夏侯淵傳》。

79《太平御覽》卷三三七。

80《三國志・蜀書・法正傳》。

81《華陽國志·劉先主志》。
82《三國志·蜀書·先主傳》。
83《三國志·蜀書·趙雲傳》注引《雲別傳》。
84《資治通鑑》卷六八，漢獻帝建安二十四年。
85《三國志·蜀書·劉封傳》。

第七章　漢中王

沔陽設壇場，自為漢中王

劉備的腰桿子硬起來了，遂於建安二十四年（二一九）七月自稱漢中王，向夢寐以求的「稱孤道寡」的目標，邁出了關鍵性的一步。

應該指出的是，早在三年前曹操已經稱王了。所以不難看出，劉備的稱王稱帝的諸多歷程，沒有自己的創造，大都是從曹操那裡學的。

首先是群下勸進。《三國志・先主傳》載：「秋，群下上（上，上薦，向皇帝上表）先主為漢中王。」群下勸進是表面現象，實質是其自謀進爵的前奏。這如同荀攸、鍾繇、董昭等數十人勸曹操為魏王和華歆、司馬懿、辛毗、陳群等一百二十人反覆勸曹丕為皇帝是一樣的。

據載，馬超、許靖、諸葛亮、關羽、張飛、黃忠、法正、李嚴等一百二十人，各以劉備所給的官爵名義聯名上表，告訴漢獻帝，劉備即將稱王。表文很長，所述劉備應該稱王的理由，概約十點：

一是從歷史上找根據，指出歷代奸凶「皆馮（憑）世寵，藉履國權（憑藉掌握國家權力）」，窮凶極亂」，非賢如大舜、周公等「則不能流放禽討，安危定傾」。這是寓意將曹操比作元惡大憝，將劉備比作古之能定天下者。

二是對漢獻帝的處境深表同情和憂慮，並揭露曹操的酷虐變詐及其謀奪天下的野心，他們深情地說：「伏惟陛下誕姿聖德（誕，大），統理萬邦，而遭厄運不造之艱（不造，居無定所）。」進而指出：「董卓首難，蕩覆京畿，曹操階禍，竊執天衡（天衡，指皇權）。皇后太子，鴆殺見害，剝亂天下，殘毀民物。久令陛下蒙塵憂厄，幽處虛邑。人神無主，遏絕（阻絕）王命，厭昧皇極（堵塞、掩蔽皇帝的最高權威），欲盜神器（皇權）。」

三是盡述劉備的功德，說什麼「左將軍領司隸校尉豫、荊、益三州牧宜城亭侯備，受朝爵秩，念在輸力，以殉國難」。特別提到衣帶詔的事：「睹其機兆，赫然憤發，與車騎將軍董承同謀誅操，將安國家，克寧舊都。會（恰逢）承機事不密，令操遊魂得遂長惡，殘泯海內。」

四是大講「封建同姓」的重要意義，說「昔在虞書，敦序九族，周監二代，封建同姓，詩著其義，歷載長久。漢興之初，割裂疆土，尊王子弟，是以卒折諸呂之難（按：指平定呂后侄子呂產、呂祿等叛亂），而成太宗（按：漢文帝廟號太宗）之基。」他們這是以此歷史經驗為前提，進而指出不僅要建藩，而且劉備最有資格封疆立國。因而表稱：「臣等以（劉）備肺腑枝葉（肺腑枝葉，喻帝王後代），宗子（皇族子弟）藩翰，心存國家，念在弭亂。」簡言之，封劉備為王最符合「封建同姓」之意，其結果也必將最終安定國家、平定內亂。

五是毫不掩飾地直接陳述不給劉備晉爵無以安天下，指出：「自操破於漢中，海內英雄望風蟻附（於劉備），而（劉備）爵號不顯，九錫未加，非所以鎮衛社稷，光昭萬世也。」

六是表示「奉辭在外，禮命斷絕」，既然無法得到皇帝的批准，大家就這樣決定了。其一，例說了隴、蜀之地向有自立元戎的先例，說：「昔河西太守梁統等值漢中興，限於山河，位同權均，不能相率，咸推竇融以為元帥，卒立效績，摧破隗囂。」其二，表達了「時不我待」的心情，事出無奈，不得不先斬後奏，即所謂：「今社稷之難，急於隴、蜀。操外吞天下，內殘群寮，朝廷有蕭牆之危（喻朝廷內部有潛在危險），而禦侮未建，可為寒心。」

七是通過表奏皇帝這種形式，昭告天下（實際也是告訴曹操），劉備已自立為王，直稱：「臣等輒依舊典，封（劉）備漢中王，拜大司馬，董齊（統率）六軍，糾合同盟，掃滅凶逆。」所謂「輒依舊典」，就是昭告天下，他們這樣做，是根據國家以往封拜王爵的規矩、歷程和已有先例行事的。這裡需要注意的是，既已為王，為什麼還要封拜為大司馬？這是因為，根據漢法，王爵雖然顯赫，但王國的權力要受到許多限制，其中最主要的是：（1）不得擅離國境，（2）不得擅自對外發兵。這對試圖進一步開疆拓土、謀取大業的人是極為不利的。所以，曹操晉爵魏王，仍任漢丞相；孫權策命為吳王，同授大將軍，持節督交州、荊州事。劉備自然明白這一點，所以為王的同時自拜為大司馬（按：劉備入蜀時，劉璋曾表薦劉備行大司馬。行，代行之意）。大司馬（太尉），主兵，「掌四方兵事功課」，是漢時三公之一，東漢時期雖然沒有實權，但在名義上卻依然是國家的軍事統帥，特別自霍光以大司馬大將軍輔政以來，地位更顯。有了大司馬的名義，即有了權力，可向全國發出號令，「董齊六軍，糾合同盟」，征討不服。

八是宣布他們自己確定的漢中王的勢力範圍，即：「以漢中、巴、蜀、廣漢、犍為為國。」

九是昭示建國立制原則，這就是：「所署置依漢初諸侯王故典。」

十是再次坦言：「夫權宜之制，苟利社稷，專之可也。然後功成事立，臣等退伏矯罪，雖死無恨。」意謂不管漢獻帝同意不同意，劉備都要稱王了。這一點，雖然辭有不敬，但情有可原。因為漢獻帝已經完全控制在曹操手裡。既然不可能得到曹操的同意，自然也就得不到皇帝詔准，所以最好的辦法就是莫過於在歷程上玩個把戲，報告一下就算完事了。[1]

值得注意的是，表文強調了「所署置依漢初諸侯王故典」。這正是曹操封公建國、進爵為王時所特別強調的。我在《曹操評傳》一書裡講到，漢尚書令華歆、尚書左丞潘勖遵奉曹操的意旨以皇帝名義起草的「策命」，最後就特別強調了「魏國置丞相已下群卿百寮，皆如漢初諸侯王之制」。為什麼要特意強調置官皆如「漢初」二字呢？這是因為王國官制在漢時變化很大。漢初諸侯王地廣權大。據《史記・五宗世家》說：「高祖時，諸侯皆賦，得自除內史以下，漢獨為置丞相，黃金印。諸侯自除御史、廷尉、宗正、博士，擬於天子。」《漢書・諸侯王表序》說：「藩國大者，跨州兼郡，連城數十，宮室百官，同制京師」；《後漢書・百官志》也說：「漢初立諸王，因項羽所立諸王之制，地既廣大，且至千里。又其官職，傅為太傅，相為丞相，又有御史大夫及諸卿，皆秩二千石，百官皆如朝廷。國家惟為置丞相，其御史大夫以下皆自置之。」「策命」強調置官如「漢初」之制，就是要其「擬於天子」，「同制京師」，「百官皆如朝廷」，建立一個相對獨立的國家。劉備準備稱王時也強調了這一點，用意當然也是相同的。

史載，劉備自稱漢中王，設壇場于沔陽（今陝西勉縣東），陳兵列眾，群臣陪位，宣讀了準備送達皇帝的表文後，便「拜受璽綬」，戴上了王者冠冕（當然，璽綬和王冠都是自製的）。

同時，宣布立長子劉禪為王太子；提拔牙門將軍魏延為鎮遠將軍，領漢中太守，以鎮漢川。

然後，打起王者的旗號回到成都，並即宣布以許靖為太傅，法正為尚書令，賴恭為太常，黃柱為光祿勳，王謀為少府，廖立為侍中，關羽為前將軍，張飛為右將軍，馬超為左將軍，黃忠為後將軍。另以趙雲為翊軍將軍（次於前後左右將軍的將軍），其餘人等「皆進位有差」。[2]一個同曹魏相對並立的獨立王國的建制建立起來了。

據說，劉備回成都時，巴蜀之地舉行了大規模的奉迎儀式。《三國志・先主傳》注引《典略》

說：「（劉）備於是起館舍，築亭障，從成都到白水關，四百餘區。」3「四百餘區」云云，大概說的是沿路有四百多個集中的奉迎據點。可謂是好好地風光了一番。

劉備稱王建國後，立即派人上表漢帝，並派人把曹操所表授的左將軍及宜城亭侯印退給朝廷。劉備的表奏說：

> 臣以具臣之才（具臣，充數之臣。自謙辭），荷上將之任，董督三軍，奉辭於外，不得掃除寇難，靖匡王室，久使陛下聖教陵遲（衰落），六合之內，否而未泰，惟憂反側，疢（音ㄔㄣ，熱病）如疾首。曩者董卓造為亂階，自是之後，群凶縱橫，殘剝海內。賴陛下聖德威靈，人神同應，或忠義奮討，或上天降罰，暴逆並殪（音一ˋ，死），以漸冰消。惟獨曹操，久未梟除，侵擅國權，恣心極亂。臣昔與車騎將軍董承圖謀討操，機事不密，承見陷害，臣播越失據（流亡無定所），忠義不果。遂得使操窮凶極逆，主后戮殺，皇子鴆害，雖糾合同盟，念在奮力，懦弱不武，歷年未效。常恐殞沒，孤負國恩，寤寐永歎，夕惕若厲（常常謹慎恐懼，如同對待危險。語出《易．乾》）。今臣群寮以為在昔虞書敦敘九族，庶明勵翼，五帝損益，此道不廢。周監二代，並建諸姬，實賴晉、鄭夾輔之福。高祖龍興，尊王子弟，大啟九國，卒斬諸呂，以安大宗。今操惡直醜正，實繁有徒，包藏禍心，篡盜已顯。既宗室微弱，帝族無位，斟酌古式，依假權宜，上臣大司馬漢中王。臣伏自三省，受國厚恩，荷任一方，陳力未效，所獲已過，不宜復忝高位以重罪謗。群寮見逼，迫臣以義。臣退惟寇賊不梟，國難未已，宗廟傾危，社稷將墜，成臣憂責碎首之負。若應權通變，以寧靖聖朝，雖赴水火，所不得辭，敢慮常宜，以防後悔。輒順眾議，拜受印璽，以崇國威。

仰惟爵號，位高寵厚，俯思報效，憂深責重，驚怖累息（累息，長歎），如臨於谷。盡力輸誠，獎厲六師，率齊群義，應天順時，撲討凶逆，以寧社稷，以報萬分。謹拜章因驛上還所假左將軍、宜城亭侯印綬。

可見，表文除複述以群下名義所上表文的基本內容外，更加著意突出了憂國效忠和「群寮見逼，迫臣以義」、「應權通變，以寧靖聖朝，雖赴水火，所不得辭，敢慮常宜，以防後悔」以及「輒順眾議，拜受印璽，以崇國威」的意境。這是封建時代諸多政治家，包括曹操、劉備在內的共有的權術特點：既想達到自己的目的，又把手段說得冠冕堂皇，從而隱蔽其齷齪的心態。不過，必須承認，既然曹操架空了皇帝、立國在先，那麼劉備抓緊時機稱王建國，於時於理，都是無可非議的。

授命關羽，出擊曹軍

歷史表明，當曹操放棄漢中，率領軍隊後撤，返回長安時，劉備、諸葛亮非常有效地利用了這一形勢，遂據有漢中，東西拓展地盤，很快進入今湖北境內，占領了房陵（今房縣）、上庸（今竹山），營造東進之勢，遙與關羽相呼應，給曹操南方重要據點襄陽以重大威脅；繼而，劉備自稱漢中王，退還了曹操所表授的印綬，表示徹底斷絕同曹操所控制的朝廷的聯繫，進一步表明了他堅決抗操而謀取大業的決心。

大約就在同時，即劉備稱王而頤指氣使地回成都的時候，關羽遵照劉備、諸葛亮的總戰略，向曹操的軍隊發動了進攻。

一、水淹于禁七軍

史載，建安二十四年（二一九）七月，關羽使南郡太守麋芳守江陵，將軍士仁（姓士名仁。一作傅士仁）守公安，自率主力攻曹操的征南將軍曹仁於樊城。

曹操遣左將軍于禁「督七軍三萬人救樊」。

以上是《三國志·關羽傳》、《華陽國志·劉先主志》和《資治通鑑》的記載，說明戰爭是劉備、關羽主動發起的。但《三國志·于禁傳》和〈武帝紀〉關於戰爭的發動，記載不同，分別稱：「太祖（曹操）在長安，使曹仁討關羽於樊，又遣（于）禁助（曹）仁」；曹操「遣于禁助曹仁擊關羽」。〈徐晃傳〉也說：曹操「復遣晃助曹仁討關羽，屯宛」。這些記載說明，戰爭則是由曹操首先發動的。根據當時的情勢看，曹操剛從漢中撤兵回到長安，孫權正調動兵馬戍駐淮南，謀攻合肥，劉備、關羽的士氣正盛，曹操在戰略上暫取守勢。因此，戰爭不可能是曹操主動發動的，當以《三國志·先主傳》和《華陽國志·劉先主志》為是。

據載，曹仁使左將軍于禁和立義將軍龐德，駐屯於樊北，成掎角之勢，布兵不謂有誤。但應了一句俗話：人算不如天算。

兩軍相交，已進入大雨季節。八月，大雨連綿十餘日，漢水氾濫，平地水五六丈，于禁等「七軍皆沒」。于禁與諸將「登高望水，無所回避」，關羽乘大船因水勢而攻于禁，于禁窮迫，為保數萬士兵的性命，不得已，投降了關羽。[4]

龐德則表現了寧死不降的精神。龐德在堤上，披甲持弓，箭不虛發，自平旦戰至日過中；矢盡，以短兵相接，「戰益怒，氣愈壯。」由於水勢不斷上漲，吏士們窮迫皆降，不得已龐德與麾下三人「彎弓傅矢，乘小船欲還（曹）仁營」，不幸小船被洪水打翻了，「水盛船覆，失弓矢」，龐德落水，「獨抱船覆水中，為關羽所得。」關羽勸其投降，說：「卿兄在漢中（按：龐德從兄龐柔在蜀），我欲以卿為將，不早降何為？」龐德立而不跪，厲聲大罵說：「豎子，何謂降也！魏王帶甲百萬，威震天下；汝劉備庸才耳，豈能敵邪！我寧為國家鬼，不為賊將也！」關羽遂將龐德殺死。[5]

于禁是曹操的名將，一直與張遼、樂進、張郃、徐晃等齊名，每有征戰，曹操都是以他們「行為軍鋒，還為後拒」。龐德本是馬超的部屬，馬超被曹操打敗，龐德隨馬超奔漢中，投靠張魯，曹操定漢中，龐德隨眾降操，操「素聞其驍勇，拜立義將軍」。據載，樊下諸將因為龐德從兄龐柔在蜀，又是馬超的部將，對其不放心，龐德為了表白自己，因而常說：「我受國恩，義在效死。我欲身自擊羽。今年我不殺羽，羽當殺我。」據說，龐德曾親與關羽交戰，「射羽中額」，差一點取得了關羽的性命。當時，龐德常乘白馬，「羽軍謂之白馬將軍，皆憚之。」曹操得知于禁投降關羽而龐德死節時，哀歎久之，並為龐德流涕，因曰：「吾知禁三十年，何意臨危處難，反不如龐德邪！」遂封龐德二子為列侯。後來，曹丕即位，特派使者到龐德墓上賜謚，策文說：「……惟侯（指龐德）戎昭果毅，蹈難成名，聲溢當時，義高在昔，寡人愍焉，謚曰壯侯。」[6]

水，特別是大水，給關羽水軍帶來了極大方便。漢水泛溢，平地數丈，大水灌入城內，「羽急攻樊城，樊城得水，往往崩壞，眾皆失色。」有的主張棄城而走，對曹仁說：「今日之危，非力所支，可及羽圍未合，乘輕船夜走，雖失城，尚可全身。」汝南太守滿寵當時受命協助曹仁，住在城內，竭力勸阻大家。滿寵說：「山水速疾，冀其不久。聞羽遣別將已在郟下（今河南郟縣境），自許（昌）以南，百姓擾擾，羽所以不敢遂進者，恐吾軍掎其後耳。今若遁去，洪河（指黃河）以南，非復國家有也，君宜待之。」[7]曹仁聽從了滿寵的建議，曹仁、滿寵等於是沉殺白馬與軍人盟誓，同心固守。當時，城中人馬才數千，大水不斷上漲，「城不沒者數板（胡三省注通鑑云：城高二尺為一板）。」關羽「乘船臨城，立圍數重，外內斷絕，糧食欲盡，救兵不至」；同時，關羽又遣別將包圍曹操將軍呂常於襄陽。曹操所授之荊州刺史胡修、南鄉太守（治今河南淅川西南）傅方都投降了關羽。[8]

二、「群盜」響應，對曹操形成了嚴重威脅

水淹七軍前後，關羽在南陽、潁川、弘農諸郡，招附納降，大大發展勢力，使曹魏在此地區的統治很不穩固，正如滿寵所說：「自許以南，百姓擾擾。」

先是南陽民苦於供給曹仁徭役，宛守將侯音、衛開等以宛反，曹操命曹仁討侯音等，曹仁與龐德一起破宛而屠之，斬侯音、衛開。侯音等反，即使參與鎮壓的人，如功曹宗子卿也承認造反者「順民心，舉大事，遠近莫不望風」。[9]曹仁屠宛，顯然是不得人心的。

繼而是陸渾（今河南嵩山境）民孫狼等反，殺縣主簿，南附關羽。「羽授狼印，給兵，還為寇賊。」[10]

是年十月，曹操自長安回到洛陽。時之大勢對於曹操很不利，既棄關中，失利於西；又值梁、郟、陸渾「群盜」並起。不管是叛將，還是反民，又大都遙受關羽印號，為羽支黨，與羽相呼應。

關羽失荊州，敗死麥城

我在《曹操評傳》一書中，曾對曹、孫、劉三方關係做過一些分析，其中講到孫吳對於曹、劉的策略，最富變化。起初魯肅堅決主張聯劉抗曹，認為「以曹操尚存，宜且撫輯關羽，與之同仇，不可失也」。及至呂蒙代魯肅為督，「以為羽素驍雄，有兼併之心，且居國上流，其勢難久」，因而向孫權獻計說：「今令征虜（孫皎）守南郡，潘璋住白帝，蔣欽將遊兵萬人，循江上下，應敵所在，蒙為國家前據襄陽，如此，何憂於操，何賴於羽？且羽君臣，矜其詐力，所在反復，不可以腹心待也。今羽所以未便東向者，以至尊（指孫權）聖明，蒙等尚存也。今不於強壯時圖之，一旦僵仆僕（喻體衰力竭），欲復陳力，其可得邪？」孫權很同意呂蒙的意見，但因謀取徐州而一時拿不定主意，呂蒙認為：「今操遠在河北，新破諸袁，撫集幽、冀，未暇東顧。徐土守兵，聞不足言，往自可克。然地勢陸通，驍騎所騁，至尊今日得徐州，操後旬必來爭，雖以七八萬人守之，猶當懷憂。不如取羽，全據長江，形勢益張。」[13]對此兩種主張，論者大都褒魯肅而非呂蒙，認為天下大勢，孫劉非聯合不足以抗操，如果孫劉相爭，必給曹操以漁利之機。從謀劃打敗曹操的角度說，此說不無道理，但卻明顯地表露出一種非歷史的觀點。這在客觀上是把曹操置於非正義一方，立論完全著眼於如何打敗曹操。事實上，曹操、孫權、劉備三方是相對獨立的三個實體，各自決策的出發點，均在於權衡三方關係，進而考慮自己的利益所在。三角的關係，對任何一方來說，其他兩方都是自己的敵人或潛在敵人。聯合一方對另一方，有力地抗擊或抑制、削弱了另一方，於己是有利的。但如果致使臨時聯合的一方，實即潛在的敵人乘機大大發展起來，也是於己不利的。由此看來，我們不能不注意到，就東吳的利益說，沒有孫劉聯合便沒有赤壁的勝利。但後來情況不同了。所以，起初魯肅勸孫權聯劉抗曹是正確的；後來孫權、呂蒙一變而為取援曹操、進攻關羽，亦是對的。劉備的勢力正趨迅猛發展，自從取得房陵、上庸以後，益州與荊州便在地理上從北到南聯在一起，而關羽亦在荊州諸郡坐大。實際上，關羽攻樊城的最終目的也完全是為了解除控江而下的後顧之憂。不難看出，就當時的軍事形勢言，關羽對吳的威脅遠遠超過了曹操對吳的威脅。

任何軍事上的聯盟，都是利益的聯盟。當此之時，曹操要解除關羽的威脅，孫權又何嘗不是如此。他們因為有利益上的共同點，自然就比較容易地暫釋前嫌而聯合起來了。

一、戰略失當，促進了曹操與孫權的聯合

必須指出的是，劉備、諸葛亮在沒有其他更好人選的情況下，授關羽以重任，使之鎮守荊州，雖然不能過責他們決策失當，但也不能不承認其缺乏知人善任之明。

關羽其人，高傲自負，輕視他人，都督荊州事以後，這種致命的缺點，更有了新的發展。對此，劉備、諸葛亮都是非常清楚的。但他們都沒有對其施之以教，更不敢行之以約束，反而採取了放任縱容的態度。下面幾件事，可以說明這一點。

《三國志．關羽傳》載：「先主西定益州，拜羽董督荊州事。羽聞馬超來降，舊非故人，羽書與諸葛亮，問超人才可誰比類。亮知羽護前（護前，袒護以前所作所為），乃答之曰：『孟起（馬超字孟起）兼資文武，雄烈過人，一世之傑，黥（布）、彭（越）之徒，當與益德並驅爭先，猶未及髯之絕倫逸群也。』羽美鬚髯，故亮謂之髯。羽省書大悅，以示賓客。」這是特意給關羽戴高帽的一個典型例子。

《三國志．黃忠傳》載，劉備為漢中王，欲以黃忠為後將軍。當時，劉備、諸葛亮都想到關羽會有意見，諸葛亮對劉備說：「忠之名望，素非關、馬之倫也，而今便令同列。馬、張在近，親見其功，可尚喻指；關遙聞之，恐必不悅，得無不可乎！」劉備說：「吾自當解之。」劉備是怎樣做關羽的工作的，《三國志．費詩傳》中的記載做出了明確的反映：「先主為漢中王，遣（費）詩拜關羽為前將軍。羽聞黃忠為後將軍，羽怒曰：『大丈夫終不與老兵同列！』不肯受拜。詩謂羽曰：『夫立王業者，所用非一。昔蕭（何）、曹（參）與高祖少小親舊，而陳（平）、韓（信）亡命後至，論其班列，韓最居上，未聞蕭、曹以此為怨。今漢王以一時之功隆崇於漢升（黃忠字漢升），然意之輕重，寧當與君侯（指關羽）齊乎！且王與君侯譬猶一體，同休等戚，禍福共之。愚為君侯，不宜計官號之高下、爵祿之多少為意也。僕（自謙稱）一介之使，銜命之人，君侯不受拜，如是便還，但相為惜此舉動，恐有後悔耳！』羽大感悟，遽即受拜。」費詩遵循劉備、諸葛亮的意旨，盡量迎合關羽喜歡戴高帽的心理，說得關羽很舒服。

當然，關羽確有剛毅勇敢、頗多凜然之氣的一面。刮骨療毒，令人嘆服。據《三國志．關羽傳》說：「羽嘗為流矢所中，貫其左臂，後創雖愈，每至陰雨，骨常疼痛，醫曰：『矢鏃有毒，毒入於骨，當破臂作創，刮骨去毒，然後此患乃除耳。』羽便伸臂令醫劈之。時羽適請諸將飲食相對，臂血流離，盈於盤器，而羽割炙引酒，言笑自若。」[14]

但是，他更多的時候是剛愎自用，妄自尊大。所以，很不善於處理同敵國、友國的關係。據載，孫權為了暫時穩定孫劉兩家關係，曾經派遣使者為兒子向關羽的女兒求婚，「羽罵辱其使，不許婚。」[15]至於是否如《三國演義》所說，孫權的使者是諸葛瑾，關羽聞瑾來意，勃然大怒說：「吾虎女安肯嫁犬子乎！不看汝弟之面，立斬汝首，再休多言！」以及「諸葛瑾抱頭鼠窟，回見吳侯」等等，歷史皆無可考。就當時的情勢看，雙方關係尚未完全破裂，出言當不至此。但關羽「不許婚」這件事，極大地激怒了孫權，當是真的。自然也使孫權進一步感到了劉備、關羽的威脅。

另，魚豢《典略》載，關羽圍樊時，孫權曾一度想站在關羽一邊，「遣使求助之」。正式的使節出發前，「又遣主簿先致命於羽。」然而，關羽不但不抓緊機會暫時穩住孫權，或利用吳軍牽制曹操的一部分軍隊，反而毫無道理地「忿其淹遲」。當時，于禁已經投降，關羽已經飄飄然，利令智昏，竟然出口不遜，大罵：「貉子（按：蔑稱孫權）敢爾，如使樊城拔，吾不能滅汝邪！」短短數語，不僅侮辱了別人，而且完全暴露了自己的野心。據說：「權聞之，知其輕己，偽手書以謝羽，許以自往。」表現出了一個戰略家的心計，表面謙遜，實則暗中加緊謀劃新的對策。[16]

當然，更重要的是關羽圍曹仁於襄樊，並且水淹于禁七軍，「以舟兵盡虜禁等步騎三萬送江陵」，[17]從而形成了北扼漢水、南控長江的形勢。如此聲威大震，直接構成了對東吳的嚴重威脅。諸此等等，迫使孫權在戰略上做出了重大調整，並在戰術上積極備戰。很快，一種新的戰略思路便付諸實施了。

孫權明白，第一，單靠自己的力量，尚無絕對取勝的把握；第二，兩面作戰非常危險。因此，要想同關羽較量，必須取得同曹操的暫時聯盟。《三國志・吳主傳》載：「權內憚羽，外欲以為己功，箋與曹公，乞以討羽自效。」〈武帝紀〉注引《魏略》說：「孫權上書稱臣，稱說天命（即勸曹操做皇帝）。」孫權此舉，計在自保，但也恰好適應了曹操準備聯吳抵抗關羽的戰略調整。

孫權「乞以討羽自效」的請求得到了曹操「許割江南以封權」的承諾，於是一種各存異心、互相利用的暫時聯盟便告成立。關羽必敗的大勢，從此也便注定了。

二、戰術錯誤，不敵曹操巧部兵

建安二十四年十月，曹操派平寇將軍徐晃屯宛，助曹仁，並決定親自率領大軍南救曹仁。曹操駐軍摩陂（今河南郟縣境），遙制諸軍抗援事宜。

當時，關羽分別將曹仁和曹將呂常圍困於樊城和襄陽。史載，徐晃屯宛，「晃所將多新卒，以羽難與爭鋒，遂前至陽陵陂（當在今湖北襄陽境內）屯。」曹操另遣將軍徐商、呂建等援晃，並明令不要孤軍深入，「須兵馬集至，乃俱前。」

關羽兵屯偃城（今湖北襄陽境），徐晃率兵到，「詭道作都塹，示欲截其後」（按：指繞到羽軍背後構築工事，表示要截斷羽軍後路），羽軍害怕，「燒屯走」。晃得偃城。據稱，徐晃兩面連營，稍前，距關羽的圍城兵僅有三丈，但不發動進攻。[18]

曹操為了貫徹自己的軍事意圖，特意派遣趙儼以議郎的身分參曹仁軍事。當時徐晃的部隊力量有限，「不足解圍」，但部下不能體會曹操的用意，「呵責晃促救」。趙儼對諸將說：「今賊圍素固，水潦猶盛，我徒卒單少，而仁隔絕不得同力，此舉適所以敝內外耳。當今不若前軍逼圍，遣諜通仁，使知外救，以勵將士。計北軍（指曹仁軍）不過十日，尚足堅守，然後表裡俱發，破賊必矣。如有緩救之戮，余為諸君當之。」趙儼既然承擔了「緩救」的責任，諸將自然高興。於是，徐晃一方面使其前軍在離關羽圍困樊城的軍隊不遠的地方，「作地道」，另一方面「箭飛書與仁」，不斷把外面的消息通知曹仁。[19]

趙儼為什麼敢於承擔「緩救」的責任？徐晃軍營能迫羽圍如此之近而不突襲之，又是為何？

道理很簡單，因為他們都已理解了曹操的用兵意圖，即：借助吳手而破關羽。胡三省對此曾做如下評論：「晃營迫羽圍如此而不能制，使（假使）呂蒙不襲取江陵，羽亦必為操所破，而操假手於蒙者，欲使兩寇自敝而坐收漁人、田父（老農）之功也。」[20]

曹操命令徐晃把孫權「請以討羽自效」的消息分別射進曹仁營中和關羽的營屯中。據載，孫權派人告訴曹操，說要遣兵西上，偷襲關羽的江陵、公安二城，「江陵、公安累重，羽失二城，必自奔走，樊軍之圍，不救自解」，希望不要洩漏，以免關羽有備。曹操向群臣徵求意見，大家都認為應該保密。老謀深算的董昭甚知曹操心意，卻說：「軍事尚權（變），期於合宜。宜應（孫）權以密，而內露之。羽聞權上，若還自護，圍則速解，便獲其利。可使兩賊相對銜持，坐待其弊。祕而不露，使權得志，非計之上。又，圍中將吏不知有救，計糧怖懼，倘有他意，為難不小。露之為便。且羽為人強梁，自恃二城守固，必不速退。」[21]曹操按照董昭所說，表面上答應孫權保密，實則故意暴露給關羽。

事態發展果如曹操、董昭所料，圍裡曹仁軍聞之，「志氣百倍」；關羽聞之，頓起猶豫。為什麼猶豫呢？胡三省認為：「羽雖見權書，自恃江陵、公安守固，非權旦夕可拔；又因水勢結圍以臨樊城，有必破之勢，釋之而去，必喪前功，此其所以猶豫也。」[22]做此分析，確有道理。到了口邊的肉不取而去，的確是於心不甘。關羽猶豫了，拔樊的決心動搖了，兩面抗敵的信心自然也就不足了。信心既然不足，鬥志亦自然受到影響。

曹操前後又給徐晃派去了殷署、朱蓋等十二營軍隊。徐晃兵力既增，遂趁關羽狐疑之機向關羽發起了攻擊。關羽因水而臨樊城，所以軍營大都屯駐於高阜之上。史載，關羽「圍頭有屯，又別屯四冢（當指屯住四個土丘之上）。晃揚聲當攻圍頭屯，而密攻四冢。羽見四冢欲壞，自將步騎五千出戰，晃擊之，（羽）退走，（晃）遂追陷與俱入圍，破之，（羽軍）或自投沔水死」。[23]投降關羽的荊州刺史胡修和南鄉太守傅方，亦皆被徐晃軍殺死。瞬息之間，軍事態勢發生了根本變化，本具強勁勢力的關羽軍隊，由優勢轉為劣勢，如無回天之謀，只有等待失敗了。

關羽在曹操那裡做偏將軍的時候，曾同張遼、徐晃等人相友善。《三國志·關羽傳》注引《蜀記》記載了關羽、徐晃二人對峙戰場時的一段故事：「羽與晃宿（宿，宿舊）相愛，遙共語，但說平生，不及軍事。須臾，晃下馬宣令：『得關雲長頭，賞金千斤。』羽驚怖，謂晃曰：『大兄，是何言邪！』晃曰：『此國之事耳。』」故事非常有趣，也很生動，這說明關羽確實重視情義。但同徐晃的處事原則，即國事大於私義相比，似也不可多褒。

曹操對於徐晃迅即取得勝利很高興，對徐晃大加表揚說：「賊圍塹鹿角十重，將軍致戰全勝，遂陷賊圍，多斬首虜。吾用兵三十餘年，及所聞古之善用兵者，未有長驅徑入敵圍者也。且樊、襄陽之在圍，過於莒、即墨（此指戰國時燕將樂毅，攻占七十餘城，只有莒、即墨沒有攻下，說明二城難攻），將軍之功，逾孫武、穰苴。」因此，當徐晃「振旅還摩陂，太祖（曹操）迎晃七里，置酒大會。太祖舉卮酒勸晃，且勞之曰：『全樊、襄陽，將軍之功也。』」[24]

三、弱點畢露，關羽兵敗死麥城

關羽撤樊城圍而退，但其舟船仍據沔水。曹操並沒有進一步追擊關羽。這是為什麼呢？戰爭的過程告訴我們，這是曹操欲使孫權、關羽兩存、兩戰、兩傷，最後相機而取之的計策。

孫權視關羽為嚴重威脅，必欲除之而後安，既然與曹操達成諒解，便立即開始謀劃攻取江陵的行動。孫權及其將呂蒙、陸遜等甚知關羽的弱點，而且成功地利用了關羽「意驕志逸」的弱點和「但務北進」、少備孫權的戰略錯誤。

先是呂蒙詐病，麻痹關羽。呂蒙自始至終都把關羽視作重要敵人。如前所述，早在魯肅為督時，「魯肅等以為曹公尚存，禍難始構，宜相輔協，與之同仇，不可失也。」而呂蒙卻祕密向孫權獻策，讓自己前據襄陽，令征虜（孫皎）守南郡，潘璋住白帝，蔣欽率領遊兵萬人，循江上下，應敵所在。他特別指出，「且羽君臣，矜其詐力，所在反復，不可以腹心待也。今羽所以未便東向者，以至尊聖明，蒙等尚存也。今不於強壯時圖之，一旦僵仆，欲復陳力，其可得邪？」權深納其策。魯肅死後，呂蒙西屯陸口（今湖北嘉魚之路溪口），魯肅的人馬萬餘盡屬之，又拜漢昌太守（治今湖南平江東），與關羽分土接境。呂蒙「知羽驍雄，有并兼心，且居國上流，其勢難久」，所以代肅後，製造假象，「初至陸口，外倍修恩厚，與羽結好」；內則積極謀戰，待機而動。因此想出了裝病一招。據載，關羽圍曹仁、攻襄樊時，曾經留下部分兵力駐守公安、南郡，以備孫權。呂蒙即上疏孫權說：「羽討樊而多留備兵，必恐蒙圖其後故也。蒙常有病，乞分士眾還建業，以治疾為名。羽聞之，必撤備兵，盡赴襄陽。大軍浮江，晝夜馳上，襲其空虛，則南郡可下，而羽可擒也。」於是呂蒙「遂稱病篤，權乃露檄（檄文不加密封，故意洩密）召蒙還，陰與圖計」。關羽果然上了當，「信之，稍撤兵以赴樊。」25

既爾，陸遜為右部督，代呂蒙，進一步對關羽施以麻痹之術。陸遜由定威校尉遽拔為督，是呂蒙向孫權推薦的。史載，呂蒙稱病回建業，路經蕪湖，陸遜甚知呂蒙用意，因對呂蒙說：「關羽接境，如何遠下，後不當可憂也？」呂蒙說：「誠如來言，然我病篤。」陸遜進計說：「羽矜其驍氣，陵轢於人。始有大功，意驕志逸，但務北進，未嫌於我，有相聞病，必益無備。今出其不意，自可禽制。下見至尊（按：指孫權），宜好為計。」呂蒙怕過早洩露機密，故作不然狀，說：「羽素勇猛，既難為敵，且已據荊州，恩信大行，兼始有功，膽勢益盛，未易圖也。」話雖這樣說，但呂蒙由此得知陸遜之能，所以呂蒙至都，孫權問：「誰可代卿者？」便對孫權說：「陸遜意思深長，才堪負重，觀其規慮（規慮，謀略），終可大任。而未有遠名，非羽所忌，無復是過（意謂沒有比陸遜更好的了）。若用之，當令外自韜隱（意同韜光養晦），內察形便，然後可克。」於是，孫權即召陸遜，「拜偏將軍，右部督，代蒙。」

陸遜至陸口，針對關羽喜歡「戴高帽」的弱點，立即給了關羽一封信，將其大大吹捧了一通，說：「前承觀釁而動（指關羽水淹七軍），以律行師，小舉大克，一何巍巍！敵國敗績，利在同盟，聞慶拊節（拊節，擊節。節，一種樂器），想遂席捲，共獎王綱。近以不敏（自謙辭），受任來西，延慕光塵（仰慕風采），思稟良規（想稟承您的好謀略）。」又說什麼「于禁等見獲，遐邇欣歎，以為將軍之勳足以長世，雖昔晉文城濮之師，淮陰拔趙之略，蔑（小視）以尚茲」。同時，假意向關羽獻策，「聞徐晃等步騎駐旌，窺望麾葆（麾，大旗；葆，羽蓋）。操猾虜也，忿不思難，恐潛增眾，以逞其心。雖云師老，猶有驍悍。且戰捷之後，常苦輕敵，古人杖術，軍勝彌警，願將軍廣為方計，以全獨克。」又致謙下自託之意，自稱：「書生疏遲，忝所不堪，喜鄰威德，樂自傾盡，雖未合策，猶可懷也。倘明注仰，有以察之。」

關羽讀了陸遜的信，覺得陸遜「有謙下自託之意，意大安，無復所嫌」。陸遜察覺到時機已經成熟，遂向孫權「具啟形狀，陳其可禽之要」。[26]

關羽俘獲于禁等人馬數萬後，糧食乏絕，擅取孫權湘關米，為孫權發兵提供了藉口，「權聞之，遂行，先遣（呂）蒙在前。」

此時，曹操在打了一場有限的戰爭後，便擁兵不前而坐山觀虎鬥了。但曹操沒有想到孫權、呂蒙竟會那樣容易地取得南郡。

史載：「蒙至尋陽，盡伏其精兵𦪇𦨶中，使白衣搖櫓，作商賈人服，晝夜兼行，至羽所置江邊屯候（屯候，哨兵），盡收縛之，是故羽不聞知。遂到南郡，士仁、麋芳皆降。蒙入據城，盡得羽及將士家屬。」[27]

麋芳、士仁本是關羽讓其留守江陵、公安的，因為供給軍資不及時，關羽揚言要治他們的罪，麋芳、士仁怕治罪，便即投降了呂蒙。《三國志‧呂蒙傳》注引《吳錄》說：「初，南郡城中失火，頗焚燒軍器。羽以責芳，芳內畏懼，權聞而誘之，芳潛相和。及蒙攻之，乃以牛酒出降。」同書注引《吳書》載，士仁在公安據守，呂蒙令虞翻說以利害，指出：「呂虎威（蒙）欲徑到南郡，斷絕陸道，生路一塞，案其地形，將軍為在箕舌上耳，奔走不得免，降則失義，竊為將軍不安，幸熟思焉。」士仁得書，「流涕而降。」呂蒙帶上士仁，兵至南郡，「南郡太守麋芳城守，蒙以仁示之，遂降。」

關羽聞南郡失守，不得不立即向南撤退。這就是說，孫權幾乎是兵不血刃地奪取了南郡。據說，曹操的將領們，深恐功勞被孫吳獨占，大都認為應該乘關羽危懼之機，追而擒之。但趙儼甚得曹操之意，對大家說：「權邀羽連兵之難，欲掩制其後，顧羽還救，恐我承其兩疲，故順辭求效，乘釁因變以觀利鈍耳。今羽已孤迸，更宜存之以為權害。若深入追北，權則改虞於彼（意謂孫權就會改變對關羽的戒備），將生患於我矣。王（操）必以此為深慮。」[28]正如趙儼所策，曹操聽到關羽南走的消息，深恐諸將追擊，果然急令曹仁勿追。曹操的用意很清楚，就是讓孫權去消滅關羽，從而使孫、劉勢不兩立。

呂蒙入據南郡之後，積極穩定局勢，利用懷柔策略，大大瓦解了關羽的軍心。其一，「蒙入據城，盡得羽及將士家屬，皆撫慰，約令軍中不得干歷人家，有所求取。」據說，有「蒙麾下士，是汝南人（呂蒙亦汝南人），取民家一笠，以覆官鎧，官鎧雖公，蒙猶以為犯軍令，不可以鄉里故而廢法，遂垂涕斬之。於是軍中震栗，道不拾遺。」其二，「蒙旦暮使親近存恤耆老，問所不足，疾病者給醫藥，飢寒者賜衣糧。」其三，「羽府藏財寶，皆封閉以待權至。」其四，厚待關羽的人，「羽還，在道路，數使人與蒙相聞，蒙輒厚遇其使，周遊城中，家家致問，或手書示信。羽人還，私相參訊，咸知家門無恙，見待過於平時，故羽吏士無鬥心。」[29]

不久，孫權帶兵至江陵（南郡），劉備所置荊州將吏「悉皆歸附」。據說，只有治中從事潘濬「稱疾不見」，於是孫權「遣人以床就家輿致之（意謂派人到家裡用床抬到車子上拉回來。床，坐具），濬伏面著床席不起，涕泣交橫，哀哽不能自勝。權呼其字與語（稱字，表示尊敬），慰諭懇惻，使親近以手巾拭其面。濬起，下地拜謝，即以為治中，荊州軍事，一以諮之。」隨後，潘濬為孫權帶兵五千，平定了「武陵部從事樊伷」。當時樊伷正「誘導諸夷，圖以武陵附漢中王（劉）備」。

十一月，劉備所置宜都太守樊友棄郡而逃，「諸城長吏及蠻夷君長皆降於（陸）遜。」陸遜即遣將軍李異、謝旌等率領三千人，斷絕險要，先攻蜀將詹晏、陳鳳，又攻蜀置房陵太守鄧輔、南鄉太守郭睦，均大破之。據載，秭歸大姓文布、鄧凱等合夷兵數千人，聲援蜀軍，也被打敗了：「（陸）遜復部（謝）旌討破布、凱。布、凱脫走，蜀以為將。遜令人誘之，布帥眾還降。」真可謂兵敗如山倒。短短的時間之內，陸遜「前後斬獲招納，凡數萬計」。[30] 孫權因而加封陸遜為右護軍、鎮西將軍，進封婁侯。

至此，劉備、關羽在荊州，既失地盤，又失將吏，更失民心，一種難挽狂瀾於既倒的危勢形成了。

關羽「自知孤窮，乃走麥城（今湖北當陽東南），西至漳鄉，眾皆委（棄）羽而降」。[31]或謂：「關羽還當陽，西保麥城，權使誘之，羽偽降，立幡旗、為象人（假人）於城上，因遁走，兵皆解散，尚十餘騎。」[32]這就是說，關羽已經眾叛親離了。

孫權料關羽必將逃走，先使朱然、潘璋在麥城周圍設伏，「斷其徑路。」關羽士卒解散，孤城難保，不得已率領僅有的十餘騎逃出麥城，結果在漳鄉（一說走到臨沮。漳鄉、臨沮均在當陽境內），被孫權的伏兵、潘璋的司馬馬忠等截獲。關羽及其養子關平、都督趙累等均被斬首。

《三國志·關羽傳》注引《蜀記》說：「權遣將軍擊羽，獲羽及子平。權欲活羽以敵劉、曹，左右曰：『狼子不可養，後必為害。曹公不即除之，自取大患，乃議徙都。今豈可生！』乃斬之。」南朝宋人裴松之認為這條記載不可靠，他說：「按《吳書》：孫權遣將潘璋逆斷羽走路，羽至即斬，且臨沮去江陵二三百里，豈容不殺羽，方議其生死乎？又云『權欲活羽以敵劉、曹』，此之不然，可以絕智者之口。」揣度之，吳將「截獲」關羽，沒有權利擅殺，況且馬忠只不過是一位低級將領，所以需經孫權批准而殺之的情節是合理的；就兩地距離來說，孫權既臨前線，就在南郡（按：當陽屬南郡），沮漳水到孫權本營（江陵）不會超過五十公里，所以先請示而後殺之是不困難的。況且，《三國志·吳書》諸傳實際都沒有裴松之所謂關羽被捉後即為馬忠或潘璋斬首的記載，如〈吳主傳〉說，建安二十四年十二月，「璋司馬馬忠獲羽及其子平、都督趙累等於章鄉，遂定荊州。」〈潘璋傳〉也僅說：「權征關羽，璋與朱然斷羽走道，到臨沮，住夾石。璋部下司馬馬忠禽羽，並羽子平、都督趙累等。」前者用「獲」字，後者用「禽」字，均無「即斬」一說。而〈吳範傳〉更是反映了孫權離前線不遠而焦急等待消息的心情：「權使潘璋邀其徑路，覘候者（探子）還，白羽已去。範曰：『雖去不免。』問其期，曰：『明日日中。』權立表下漏以待之。及中不至，權問其故，範曰：『時尚未正中也。』頃之，有風動帷，範拊手曰：『羽至矣。』須臾，外稱萬歲，傳言得羽。」所以，「羽至」，而最終由孫權決定斬殺的記載是正確的。

關羽被殺是建安二十四年十二月的事。孫權為了表示對劉備的不承認，即以被劉備廢逐的原益州牧劉璋再為益州牧。33

關羽死後，孫權既感除掉大患，又感問題嚴重。從戰略上考慮，他不能不把曹操拉上。他要製造假象表明自己是奉曹操的命令而襲殺關羽的，據《三國志・關羽傳》注引《吳歷》說：孫權把關羽的首級送給了曹操，而以「諸侯禮葬其屍骸」。

關羽既已授首，曹操加緊了對孫權的籠絡，即表孫權為驃騎將軍，假節，領荊州牧，封南昌侯。孫權因知孫、劉之戰勢不可免，則亦主動上書向曹操稱臣。

四、關羽失荊州，劉備應當承擔責任

關羽失敗被殺，失掉荊州，既有客觀的原因，也有主觀的原因。

客觀上，第一，吳魏暫時聯合所形成的合力，很快使荊州局域內力量的對比發生了根本性變化；第二，曹操的包圍與反包圍策略的運用，使關羽很快由外線作戰變為內線作戰；第三，孫權及其重將陸遜、呂蒙久所籌謀的計策突然付諸實施，陡然使關羽面臨兩面作戰的局面。

主觀上，固然有關羽本身的原因，這就是：第一，不善謀略，心無全局，遣兵部將不留後路，行動跟著感覺走；第二，不諳兵法，使自己陷入兩面作戰之中；第三，缺乏自知之明，剛愎自用；第四，缺乏應變之智，身為軍帥，而不知「知己知彼」之要，數萬之眾竟猝然敗於「詐謀」和「奇襲」；第五，不恤部眾，威以待下，常使部屬處於畏懼之中，一旦有變，士心自解。

但是，必須看到，關羽是按照劉備、諸葛亮的總的戰略部署行事的。因此，我們讓關羽承擔主要的歷史責任是不公平的。

跨有荊、益，是劉備、諸葛亮的既定目標。「天下有變，則命一上將將荊州之軍以向宛、洛」是在《隆中對》中說明白了的。劉備取得漢中後，又取得了上庸、房陵，控制了沔水上游，而關羽北上取襄陽，正是劉備試圖有效控制荊州北部的戰略組成部分。事實上，在沒有處理好同孫權的關係時，貿然大舉振兵襄樊，自然就引起了孫權的緊張，促成了曹操與孫權的聯合，進而使孫權覺得不打敗關羽不足以自安。此其一。其二，如此大的軍事行動，為了確保其成，應該預為北自沔（漢）水、西由長江順流而下大舉聲援之謀，至少應該授予關羽調動漢沔住兵的權力，以應急需。而劉備、諸葛亮同關羽一樣，已經陶醉於「自許以南，望風景附」和關羽「威震華夏」的神話中，根本沒有慮及失敗、甚至殘敗的問題，便放手讓關羽獨自去做了。其三，劉備、諸葛亮均知關羽勇猛有餘而智謀不足及其剛愎自用的性格缺點，在行動之前竟然不為置佐。所以，失荊州，劉備、諸葛亮不能辭其咎。從國之大計和戰略上說，他們應該承擔主要責任。

盧弼《三國志集解》注引黃恩彤的話說得很對：「……自許以南，望風景附，史稱其（關羽）威震華夏，此破竹之勢，千載一時也。乃蜀之君臣但喜其勝，不虞其敗。權以陸遜屯漳口、呂蒙用奇兵而蜀不防；操以徐晃為將軍將殷署朱蓋等十二營之兵以救樊城，而蜀不聞遣一將增一旅以援羽，致使徐晃掎之於前，呂（蒙）、陸（遜）躡之於後，首尾狼狽，勢遂不支，豈非失事機也哉。」

失掉荊州深深地制約了蜀漢以後的發展。從而，基本注定了蜀漢只能偏安一隅的歷史局面。對此，前引同書中黃恩彤的分析也是對的：「厥後武侯（諸葛亮）北征，屢出祁山而功卒不就，則以荊州既失，宛洛路梗，不克別遣一軍，兩道並進以分敵之勢而張我之氣也。以武侯之才，措置荊州不能如其隆中之初計。……」

用人欠思慮，再失三郡地

關羽敗死以後不久，劉備又把剛剛取得的可由漢中東擊曹魏、南趨江陵的戰略要地房陵、上庸、西城三郡丟失了。這件事，追其根源，劉備、諸葛亮也要承擔責任。

前文述及，建安二十四年，劉備命宜都太守孟達從秭歸北攻房陵，並取上庸、西城地。這在戰略上，不失為一項重大的正確決策。

但是，正當孟達自我感覺甚好、謀取上庸的時候，劉備卻表現出了對孟達的不信任，「陰恐（孟）達難獨任」，又遣養子、副軍中郎將劉封自漢中順沔（漢）水而下，「統（孟）達軍，與達會上庸」，從而奪了孟達的軍事統制權。這樣做的結果是，最終導致了孟達、劉封不和，伏下了孟達叛歸曹魏的危機。

劉封受命統領孟達所部，與孟達會攻上庸，曹魏所置上庸太守申耽率眾投降。申耽「遣妻子及宗族詣成都」，劉備加封耽為征北將軍，「領上庸太守、員鄉侯如故」，同時以耽弟申儀「為建信將軍、西城太守」。劉封由副軍中郎將升遷為副軍將軍。孟達雖然在攻取房陵、上庸、西城三郡地時不無戰功，但無所進階。

房陵諸郡，地近襄陽，計程不過一二百公里，最便出兵東向，因此關羽圍攻樊城、襄陽時，情勢緊急，「連呼封、達，令發兵自助。」但劉封、孟達正處在統制與反統制的鬥爭中，而且也沒有得到劉備的直接號令，所以不願東出，自然也有理由不聽關羽的調遣，因而「辭以山郡初附，未可動搖，不承羽命」。

關羽失敗被殺後，劉備極恨劉封、孟達不救關羽。不久，後臺很硬的劉封完全剝奪了孟達的兵權。孟達既懼罪，又忿劉封奪其「鼓吹」（兵權象徵），遂表辭劉備，率其所部投降了曹魏。[34]

孟達在其給劉備的長長的辭表中談到自己的心情：「……臣委質以來，愆戾山積，臣猶自知，況於君乎！今王朝以興，英俊鱗集，臣內無輔佐之器，外無將領之才，列次功臣，誠自愧也。臣聞范蠡識微，浮於五湖，咎犯謝罪，逡巡於河上。夫際會之間，請命乞身。何則？欲絜去就之分也。況臣卑鄙，無元功巨勳，自繫於時，竊慕前賢，早思遠恥。昔申生至孝見疑於親，子胥至忠見誅於君，蒙恬拓境而被大刑，樂毅破齊而遭讒佞，臣每讀其書，未嘗不慷慨流涕，而親當其事，益以傷絕。何者？荊州覆敗，大臣失節，百無一還。惟臣尋事，自致房陵、上庸，而復乞身，自放於外。伏想殿下聖恩感悟，愍臣之心，悼臣之舉。臣誠小人，不能始終，知而為之，敢謂非罪！臣每聞交絕無惡聲，去臣無怨辭，臣過奉教於君子，願君王勉之也。」[35]

可見，孟達是在滿腹疑慮、自知難容的情況下，與其如申生（春秋時晉獻公長子，被驪姬陷害，自殺）、伍子胥（春秋時吳國大夫，有戰功，因諫阻夫差接受越王勾踐投降，見疏，最後被賜死）、蒙恬（秦始皇大將，率三十萬兵戍長城，被趙高、秦二世矯詔賜死）、樂毅（春秋時燕國大將，統五國軍，攻下齊國七十餘城，被疑，懼誅，逃亡趙國）那樣等待悲慘的下場，還不如學習范蠡（春秋時越國大夫）、咎犯（春秋時晉國大夫）及早離開，另謀出路。就當時的情勢言，為了生存計，他不得不選擇投降他邦的道路。

由孟達降魏事可以見到，劉備、諸葛亮沒能很好地處理危機關頭將帥自疑的問題。

曹丕對於孟達來降非常高興。《三國志·明帝紀》注引《魏略》說：「達以延康元年（二二〇）率部曲四千餘家歸魏。文帝時初即王位，既宿知有達，聞其來，甚悅，令貴臣有識察者往觀之，還曰『將帥之才也』，或曰『卿相之器也』，王益欽達。」曹丕數與孟達書，言其欲見之情。孟達至譙見丕，史謂「進見閒雅，才辯過人，眾莫不屬目」。《三國志·劉封傳》說，曹丕「善（孟）達之姿才容觀，以為散騎常侍、建武將軍，封平陽亭侯。合房陵、上庸、西城三郡為新城郡，以達領新城太守」。並親自筆書令文說：「吾前遣使宣國威靈，而達即來。吾惟《春秋》褒儀父（按：儀父，春秋期間邾婁之君，歸盟於魯），即封拜達，使還領新城太守。近復有扶老攜幼首向王化者。吾聞夙沙之民自縛其君以歸神農（按：夙沙，古部落名。《呂氏春秋·用民》記謂：「夙沙之民，自攻其君而歸神農。」），豳國之眾襁負其子而入酆、鎬（按：《史記·周本紀》說，周先祖古公亶父為避戎狄進攻，離開原住地豳（今陝西彬縣）南下，止於岐下，「豳人舉國扶老攜弱，盡復歸古公於岐下」），斯豈驅略迫脅之所致哉？乃風化動其情而仁義感其衷，歡心內發使之然也。以此而推，西、南將萬里無外，（孫）權、（劉）備將與誰守死乎？」[36]

隨後，曹丕遣征南將軍夏侯尚、右將軍徐晃，與孟達聯兵共襲劉封。孟達給劉封送去了一封勸降信，出於離間的目的，講述了劉封的危險處境，指出「勢利所加，改親為仇，況非親親乎（指劉封非劉備親生子）！」並說：「智貴免禍，明尚夙達（夙達，早做到），僕揆漢中王（指劉備）慮定於內，疑生於外矣。慮定則心固，疑生則心懼，亂禍之興作，未曾不由廢立之間（挑撥）也。私怨人情，不能不見，恐左右必有以間於漢中王矣。然則疑成怨聞，其發若踐機耳（意謂身臨危急之境）。今足下在遠，尚可假息一時。若大軍遂進，足下失據而還，竊相為危之。」進而從思想感情上刺激劉封，指出：「今足下棄父母而為人後，非禮也；知禍將至而留之，非智也；見正不從而疑之，非義也。自號為丈夫，為此三者，何所貴乎？以足下之才，棄身來東，繼嗣羅侯（按：劉封本羅侯寇氏子），不為背親也；北面事君，以正綱紀，不為棄舊也；怒不致亂，以免危亡，不為徒行也。」然後說以前途：一是降魏拜將封侯，語謂：「加陛下（曹丕）新受禪命，虛心側席，以德懷遠，若足下翻然內向，非但與僕為倫，受三百戶封，繼統羅國而已，當更剖符大邦，為始封之君」；二是頑固抵抗而被消滅，語謂：「陛下（曹丕）大軍，金鼓以震，當轉都宛（今河南南陽）、鄧（治今湖北襄陽北），若二敵不平，軍無還期。」

劉封既為劉備養子，自然抱有不會受到劉備重處的幻想，因而沒有接受孟達的勸降。37但是，此前歸附的魏將申耽、申儀兄弟，在魏國大兵壓境的情況下，又先後叛蜀降魏了。魏以申耽為懷集將軍，徙居南陽；申儀襲兄封號，為員鄉侯，魏興（即蜀西城）太守。

劉封在申儀的攻擊下，「破走還成都。」既至，劉備即數劉封之罪責，一為「侵陵（孟）達」，致使孟達降魏；二為「不救（關）羽」，致使關羽敗亡。但是不是將其處死，尚在猶豫。諸葛亮考慮得更遠，「慮封剛猛，易世之後（指劉備死後）終難制御，勸先主因此除之。」意思很明白，就是深恐有朝一日劉封起兵謀位。劉備何嘗不如此想，於是「賜封死，使自裁」。

劉封自殺時，不禁歎息說：「恨不用孟子度（達）之言！」38

據說，劉封既死，劉備為之流涕。此亦情理中事，當非假意。

孟達降魏，劉備盡失房陵等三郡地，在戰略上失掉了由漢中東出、沿沔水而下東擊曹魏、威脅孫吳的地理優勢。歷史影響僅次於失荊州。後來，諸葛亮對於孟達意欲叛魏歸蜀的事亦乏戰略的考慮，處理不當，致使自己謀伐曹魏的道路只存北出漢中一途。

孟達的下場也很不好。史載，孟達歸魏，寵至曹丕與之「小輦同載」，委以西南重任。魏國眾臣，對此不滿，「或以為待之太猥（猥，親近），又不宜委以方任」；曹丕則說：「吾保其無他。」及至曹丕，以及與孟達相善的桓階、夏侯尚先後死去，孟達在魏立即失去了被信任的基礎。再加，申耽、申儀兄弟暗中作梗，經常誣陷孟達，如史所載：「太和中，儀與孟達不和，數上言達有貳心於蜀。」在此情況下，孟達開始自疑了，「達自以羈旅久在疆場，心不自安。」

諸葛亮得知消息後，「陰欲誘達，數書招之」，書中有謂：「……嗚呼孟子（達），斯實劉封侵陵足下，以傷先主待士之義。……尋表明之言，追平生之好，依依東望，故遣有書。」都護李嚴亦與書說：「吾與孔明並受遺詔，思得良伴。」據說，吳主孫權亦招孟達。

孟達上了諸葛亮的當，得書以後即回書「相與報答」，書中有「辭欲叛魏」意。諸葛亮恨孟達之反覆，且憂其為患，暗地遣郭模詐降於魏，故意把孟達意欲歸蜀的消息洩露給魏興太守申儀。申儀「與達有隙，密表達與蜀潛通」，魏明帝讓司馬懿派人視察，並讓孟達入朝，「達驚懼，遂反。」

司馬懿寫信給孟達挑明了他已被諸葛亮出賣的事，說：「將軍昔棄劉備，託身國家。委將軍以疆場之任，任將軍圖蜀之事，可謂心貫白日。蜀人愚智莫不切齒於將軍。諸葛亮欲相破，惟苦無路耳。（郭）模之所言非小事也，亮豈輕之而令宣露，此殆（殆，危險）易知耳。」

孟達不悟，初則寫信給諸葛亮說自己歸蜀必能成功：「宛（時司馬懿屯宛）去洛八百里，去此千二百里。吾聞舉事，當表上天子，比相反覆，一月間也，則吾城已固，諸軍足辦。吾所在深險，司馬公必不自來；諸將來，吾無患矣。」繼則詫異司馬懿進兵何其速，「及兵到，達又告亮曰：『吾起事八日而兵至城下，何其神速也！』」

無疑，司馬懿在獲得諸葛亮故意洩露的消息後，不僅給孟達寫了信，同時亦即祕密發兵了。

太和二年（二二八）春，司馬懿攻新城，「誘達將李輔及達甥鄧賢，賢等開門納軍。達被圍旬有六日而敗。」司馬懿將孟達的首級送到洛陽示眾，「焚其首於洛陽四達之衢」。

司馬懿攻孟達時，諸葛亮坐視其敗，史稱：「亦以達無款誠之心，故不救助也。」[39]

嗚呼！降國之將，不善自處，死亦宜矣。但是，意氣用事，諸葛亮置唾手可得三郡重地於不顧，貽誤國家大事，不亦過哉。

註釋

1 以上《三國志・蜀書・先主傳》。《華陽國志・先賢士女總贊（中）》稱：「群下上先主為漢中王，其文（李）朝所造也。」李朝，字永南，廣漢郪（今四川三台南）人，時為別駕從事。

2 以上《三國志・蜀書・先主傳》、《華陽國志・劉先主志》、《資治通鑑》卷六八。按：只有《華陽國志》提到劉備自立為王時，封趙雲為翊軍將軍。但據《三國志・趙雲傳》所謂「成都既定，以雲為翊軍將軍」看，似在此前，所以《先主傳》、《資治通鑑》均不載。

3 《三國志・蜀書・先主傳》注引《典略》。

4 《三國志・魏書・于禁傳》。

5 《三國志・魏書・龐德傳》。

6 《三國志・魏書・龐德傳》。附錄：據《三國志・蜀書・關羽傳》注引王隱《蜀記》說，龐德的兒子龐會跟隨魏將鍾會、鄧艾伐蜀，蜀破，龐會報仇，「盡滅關氏家。」

7《三國志·魏書·滿寵傳》。

8《資治通鑑》卷六八，漢獻帝建安二十四年。

9《資治通鑑》卷六八，漢獻帝建安二十三年。

10《資治通鑑》卷六八，漢獻帝建安二十四年。

11《三國志·蜀書·關羽傳》。

12《三國志·魏書·蔣濟傳》。

13《三國志·吳書·呂蒙傳》。

14《三國演義》說華佗為關羽刮骨療毒，沒有根據。華佗早在建安十七年以前就已經死了。

15《三國志·蜀書·關羽傳》。

16《三國志·蜀書·關羽傳》注引《典略》。

17《三國志·吳書·吳主傳》。

18《三國志·魏書·徐晃傳》。

19《三國志·魏書·趙儼傳》。

20《資治通鑑》卷六八，漢獻帝建安二十四年。

21《三國志·魏書·董昭傳》。

22《資治通鑑》卷六八，漢獻帝建安二十四年。

23《三國志·魏書·徐晃傳》。

24同上。

25《三國志·吳書·呂蒙傳》。

26以上《三國志·吳書·陸遜傳》。

27《三國志·吳書·呂蒙傳》。

28《三國志·魏書·趙儼傳》。

29《三國志·吳書·呂蒙傳》。

30《三國志·吳書·陸遜傳》、《資治通鑑》卷六八。

31《三國志·吳書·呂蒙傳》。

32《三國志·吳書·孫權傳》。

33《三國志·蜀書·劉二牧傳》：「先主遷璋於南郡公安，盡歸其財物、故佩振威將軍印綬。孫權殺關羽，取荊州，以璋為益州牧，駐秭歸。」不久，璋卒，孫權「復以璋子闡為益州刺史，處交、益界首」。

34以上《三國志·蜀書·劉封傳》。

35《三國志·蜀書·劉封傳》注引《魏略》。

36《三國志·魏書·文帝紀》注引《魏略》。

37《三國志·蜀書·劉封傳》。

38同上。

39以上參見《三國志·魏書·明帝紀》並注引《魏略》；《三國志·蜀書·劉封傳》、〈費詩傳〉；《華陽國志·劉後主志》、《漢中志》。

第八章　蜀漢皇帝

武擔祭天地，自為蜀漢皇帝

建安二十五年（黃初元年，西元二二〇年）一月，曹操死了，曹丕繼為魏王、漢丞相，領冀州牧；改元為（漢）延康元年。十月，曹丕迫漢獻帝禪位，築壇於繁陽（在今河南臨潁境），「升壇受璽綬，即皇帝位」，改漢延康元年為魏黃初元年。十一月，曹丕將被趕下臺的漢獻帝安置到遠離洛陽的河內郡的山陽縣（治今河南修武西北），食邑萬戶，稱為山陽公，並給了點特殊「優待」條件：准其行漢正朔（使用漢紀年），以天子之禮郊祭，上書不稱臣，同時封其四個兒子為列侯。

就在曹丕逼禪稱帝前後的一段時間裡，劉備與其僚屬也開始了謀劃稱帝的活動。他們先是為尚未死去的漢獻帝舉行了一次喪儀，「或傳聞漢帝見害，先主乃發喪制服，追謚曰孝愍皇帝。」[1]然後便仿照曹魏的做法，大造稱帝的輿論。

中國歷代皇帝喜歡自稱為天子，所以上臺前後，總是捏造或捕風捉影地製造一些假象，造一番「受天明命」（《尚書．咸有一德》）的輿論準備。商周如此，秦漢如此，曹丕如此，劉備亦如此。

於是，適應劉備稱帝的需要，統治區以內「在所並言眾瑞，日月相屬」。臣僚們紛紛從讖緯書籍和天象中擷取根據，上疏勸進。據載，在一個不長的時間裡，竟有八百餘人上書言說異象嘉瑞。其著者：

其一，議郎陽泉侯劉豹，青衣侯向舉，偏將軍張裔、黃權，大司馬屬殷純，益州別駕從事趙莋，治中從事楊洪，從事祭酒何宗，議曹從事杜瓊，勸學從事張爽、尹默、譙周等上言：「臣聞《河圖》、《洛書》，《五經》讖緯，孔子所甄，驗應自遠。謹案《洛書·甄曜度》曰：『赤三日德昌，九世會備，合為帝際。』《洛書·寶號命》曰：『天度帝道備稱皇，以統握契，百成不敗。』《洛書·錄運期》曰：『九侯七傑爭命民炊骸，道路籍籍履人頭，誰使主者玄且來。』（劉備字玄德）《孝經·鉤命決錄》曰：『帝三建九會備。』」東扯西拉，讖緯書中的「備」字、「玄」字都被附會成劉備應該做皇帝的根據。[2]

其二，儒林校尉周群進言，大講異瑞。一言氣象，告示西南必有天子出，謂：「臣父群未亡時，言西南數有黃氣，直立數丈，見來積年，時時有景雲祥風，從璿璣（按指北斗星）下來應之，此為異瑞。又（建安）二十二年中，數有氣如旗，從西竟東，中天而行，《（河）圖》、《（洛）書》曰：『必有天子出其方。』」二言星象，認為五星追從歲星，當有聖主起此，說：「加是年（指建安二十二年）太白（指金星，即啟明星）、熒惑（火星）、填星（土星），常從歲星（木星）相追。近漢初興，五星從歲星謀；歲星主義，漢位在西，義之上方，故漢法常以歲星候人主。當有聖主起於此州，以致中興。時許帝（指漢獻帝）尚存，故群下不敢漏言。頃者熒惑復追歲星，見在胃昴畢（胃、昴、畢，皆二十八宿之一）。昴畢為天綱，《經》曰『帝星處之，眾邪消亡』。聖諱豫睹，推揆期驗，符合數至，若此非一。」三言聖者順天而行，落腳到劉備應該做皇帝上，說：「臣聞聖王先天而天不違，後天而奉天時，故應際而生，與神合契。願大王應天順民，速即洪業，以寧海內。」[3]顯而易見，如此種種，統統是牽強附會。

其三，太傅許靖、安漢將軍麋竺、軍師將軍諸葛亮、太常賴恭、光祿勳黃柱、少府王謀等寫了總結性的勸進書，一稱順民心：「曹丕篡弒，湮滅漢室，竊據神器，劫迫忠良，酷烈無道。人鬼忿毒，咸思劉氏。今上無天子，海內惶惶，靡所式仰（意謂沒有所仰仗的人）。」二言承天命：「群下前後上書者八百餘人，咸稱述符瑞，《圖》、《讖》明徵。間黃龍見武陽（今四川彭山東）赤水，九日乃去。《孝經·援神契》曰『德至淵泉則黃龍見』，龍者，君之象也。《易·乾·九五》『飛龍在天』，大王當龍升，登帝位也。又前關羽圍樊、襄陽，襄陽男子張嘉、王休獻玉璽，璽潛漢水，伏於淵泉，暉景燭耀，靈光徹天。夫漢者，高祖本所起定天下之國號也，大王襲先帝軌跡，亦興於漢中也。今天子玉璽神光先見，璽出襄陽，漢水之末。明大王承其下流，授與大王以天子之位，瑞命符應，非人力所致。昔周有烏魚之瑞（相傳周武王伐紂時有烏魚躍入舟），咸曰休哉。[4]二祖（指劉邦、劉秀）受命，《圖》、《書》先著，以為征驗。今上天告祥，群儒英俊，並起《河》、《洛》，孔子讖、記，咸悉具至。」三謂當今天子非劉備莫屬：理由之一是劉備身世「出自孝景皇帝中山靖王之胄，本支百世，乾纛降祚」；理由之二是劉備本身的條件，足可繼承劉邦、劉秀的事業，「聖姿碩茂，神武在躬，仁覆積德，愛人好士，是以四方歸心焉。考省靈圖，啟發讖、緯，神明之表，名諱昭著。宜即帝位，以纂（繼承）二祖。紹嗣昭穆（意謂繼承漢統。古代宗法制度，宗廟或墳墓按輩分排列，左稱昭，右稱穆），天下幸甚。」最後，他們向劉備報告，已經做好了即位大典的一切準備：「臣等謹與博士許慈、議郎孟光，建立禮儀，擇令辰，上尊號。」[5]

當然，也有不識時務者，一是益州前部司馬費詩上疏說：「殿下以曹操父子逼主篡位，故乃羈旅萬里，糾合士眾，將以討賊。今大敵未克，而先自立，恐人心疑惑。昔高祖與楚約，先破秦者王。及屠咸陽，獲子嬰，猶懷推讓，況今殿下未出門庭，便欲自立邪！愚臣誠不為殿下取也。」[6]二是尚書令劉巴和主簿雍茂，史稱：「是時中夏人情未一，聞備在蜀，四方延頸。而備銳意欲即真（意即急於做皇帝），（劉）巴以為如此示天下不廣，且欲緩之，與主簿雍茂諫備，備以他事殺茂，由是遠人不復至矣。」費詩、雍茂、劉巴如同荀彧阻止曹操封公建國一樣，自取其咎。費詩「由是忤指」，被降了職，「左遷部永昌（今雲南保山）從事」；雍茂掉了腦袋；劉巴雖未見黜，但自此以後，惶恐萬狀，非常小心，「自以歸附非素（意謂不是舊交密友），懼見猜嫌，恭默守靜，退無私交，非公事不言。」[7]

劉備沒有像曹操、曹丕那樣為了把輿論聲勢造得更大而採取「三讓而後就」的過程，但也假意表示「不許」。史載：「群下勸先主稱尊號，先主未許。」因此，諸葛亮又從漢室皇族應該「紹世而起」和臣僚欲得「尺寸之功」的角度對劉備說了一番話：「昔吳漢、耿弇（二人皆東漢開國功臣）等初勸世祖（劉秀）即帝位，世祖辭讓，前後數四，耿純（東漢開國功臣）進言曰：『天下英雄喁喁（音ㄩㄥˊ，喁喁，向慕），冀有所望。如不從議者，士大夫各歸求主，無為從公（劉秀）也。』世祖感純言深至，遂然諾之。今曹氏篡漢，天下無主，大王劉氏苗族，紹世而起，今即帝位，乃其宜也。士大夫隨大王久勤苦者，亦欲望尺寸之功如純言耳。」[8]

魏黃初二年四月丙午（西元二二一年五月十五日），劉備即皇帝位於成都武擔之南，[9]大赦，建元章武。[10]由尚書令劉巴根據劉備意旨起草的祭天文誥特意突出了繼統的合法性：

> 惟建安二十六年（時，建安年號已為曹丕所廢）四月丙午，皇帝備敢用玄牡（黑色公

牛），昭告皇天上帝后土神祇：漢有天下，歷數無疆。曩者王莽簒盜，光武皇帝震怒致誅，社稷復存。今曹操阻兵安忍（依仗軍隊殘忍成性），戮殺主后，滔天泯夏，罔顧天顯。操子丕，載其凶逆，竊居神器。群臣將士以為社稷墮廢，備宜修之，嗣武二祖（繼承劉邦、劉秀），龔行（奉行）天罰。備惟否德（自謙品德不好），懼忝帝位。詢於庶民，外及蠻夷君長，僉曰『天命不可以不答，祖業不可以久替（久替，廢棄），四海不可以無主』。率土式望（全國仰望），在備一人。備畏天明命，又懼漢阼將湮於地，謹擇元日，與百寮登壇，受皇帝璽綬。修燔瘞（燒柴祭天埋物祀地），告類（祭天的祭祀名）於天神，惟神饗祚於漢家，永綏四海！[11]

曹丕稱帝，漢統不存，以劉備之出身，祖承二祖（劉邦、劉秀），理直氣壯地繼承大統而為皇帝，正是劉備的優勢所在。他不僅因此贏得當時一些擁漢念漢的人的同情和擁護，而且也因此被封建時代的一些歷史家奉為正統。

論者常說，古代歷史著作，包括《資治通鑑》在內都是以曹魏為正統的，只是南宋以後人們受朱熹《通鑑綱目》以及南宋偏安江南的事實的影響，才將曹操斥為簒逆，「帝蜀」而「寇曹」。實則不然。開其先者當為晉人習鑿齒。習鑿齒，襄陽人，博學洽聞，以文筆著稱，著《漢晉春秋》。他有兩個重要觀點：第一，三國時以蜀為正。他說：「於三國之時，蜀以宗室為正，魏武雖受漢禪晉，尚為簒逆」；又說：「自漢末鼎沸五六十年，吳魏犯順而強，蜀人杖正而弱。」可見他是以蜀為正統的；第二，在繼統關係上，他主張「皇晉宜越魏繼漢」，試圖把魏抹去，由晉直接承漢。他的理由是：「漢氏失御，九州殘隔，三國乘間，鼎峙數世，干戈日尋，流血百載，雖各有偏平，而其實亂也。……除三國之大害，靜漢末之交爭，開九域之蒙晦，定千載之盛功者，皆司馬氏也。而推魏繼漢，以晉承魏，比義唐虞，自託純臣，豈不惜哉！」他認為，曹魏沒有資格繼漢為正統。他說：「今若以魏有代王之德，則其道不足；有靜亂之功，則孫劉鼎立。道不足則不可謂制當年，當年不制於魏，則魏未曾為天下之主；王道不足於曹，則曹未始為一日之王矣。」習鑿齒甚至不承認司馬氏立功於魏，而認為「宣皇祖考（司馬懿）立功於漢」。[12]可見，習鑿齒的封建正統觀念是非常強的。為爭正統，不惜曲解歷史。

司馬光《資治通鑑》形式上奉魏紀年而沒有採用蜀漢紀年，但實際上也沒有奉曹魏為正統。我曾在《曹操傳》一書中指出：司馬光在劉備即位改元的記載後，寫上了一篇很長的議論，其中有云：「及漢室顛覆，三國鼎峙。晉氏失馭，五胡雲擾。宋、魏（指南北朝時之宋、魏）以降，南北分治，各有國史，互相排黜，南謂北為索虜，北謂南為島夷，朱氏（指朱溫，建後梁）代唐，四方幅裂，朱邪（指李克用，建後唐）入汴，比之窮、新（指將朱梁比之於有窮篡夏、王莽篡漢），運曆年紀，皆棄而不數，此皆私己之偏辭，非大公之通論也。臣愚誠不足以識前代之正閏，竊以為苟不能使九州合為一統，皆有天子之名而無其實者也。雖華夏仁暴，大小強弱，或時不同，要皆與古之列國無異，豈得獨尊獎一國謂之正統，而其餘皆為僭偽哉！」司馬光的意見很明確，「不能使九州合為一統」，都是徒有天子之名而無其實，因而不能「獨尊獎一國謂之正統」。既然如此，那為什麼以曹魏紀年繼漢呢？司馬光認為：「然天下離析之際，不可無歲、時、月、日以識事之先後。據漢傳於魏而晉受之，晉傳於宋以至於陳而隋取之，唐傳於梁以至於周而大宋承之，故不得不取魏、宋、齊、梁、陳、後梁、後唐、後晉、後漢、後周年號，以紀諸國之事，非尊此而卑彼，有正閏之辨也。」司馬光指出：「昭烈（劉備）之於漢，雖云中山靖王之後，而族屬疏遠，不能記其世數名位，……是非難辨，故不敢以光武及晉元帝為比，使得紹漢氏之遺統也。」這說明，司馬光採用曹魏紀年，只是為了記事的便利。但是，從他的大段表白中又能看出，雖然不以蜀漢繼承兩漢遺統，卻又隱含了一些「帝蜀」的因素。及至南宋，朱熹作《通鑑綱目》，便徑改《資治通鑑》以曹丕黃初承漢建安的紀年關係而為劉備章武承漢建安紀年。顯然，這是不科學、不嚴肅的。歷史的事實是，曹操死於建安二十五年正月，曹丕辦完了喪事，繼為丞相、襲爵魏王，當月改元為（漢）延康元年；十月受漢禪，廢漢紀元而為魏紀元，即黃初元年。一年之內，三個年號，兩次改元：（漢）建安——（漢）延康——（魏）黃初。三個年號，前後緊相銜接。而章武是劉備於黃初二年四月稱帝後的年號，若以章武承建安，中間要斷時數月，出現了時間上的空檔。

浮躁情緒下的政權建設

劉備稱帝前後，君臣上下都被一種復仇的情緒激勵著，急於謀兵東伐，因而在他做皇帝的兩年時間裡，不僅軍事上慘遭失敗，而且在政治、經濟、文化等諸多領域，都沒有重大建樹。

一、建立丞相政制

劉備即位，宣布「以諸葛亮為丞相，許靖為司徒」。就當時的實際情況看，他雖然以許靖為司徒，但並沒有意思建立完整的三公制，基本上採用的是丞相政制。所以他讓諸葛亮為丞相，錄尚書事，假節，賦予了很大權力。

劉備在策命諸葛亮為丞相的命文中說：「朕遭家不造，奉承大統，兢兢業業，不敢康寧，思靖百姓，懼未能綏（綏，安撫）。於戲（感歎詞。於，音ㄨ）！丞相亮其悉朕意，無怠輔朕之闕，助宣重光，以照明天下，君其勖（勉）哉！」[13]可見，丞相被放在助理萬機的地位。

諸葛亮既為丞相，為什麼還要「錄尚書事，假節」呢？這是因為劉備在世時，諸葛亮雖為丞相，但還沒有讓他「開府」（諸葛亮以丞相開府治事是在劉備死後）。不開府，就不能設置僚屬，也不便總統百官。所以劉備採取了一種變通的行之有效的「錄尚書事」的制度。

漢時尚書本是少府屬官，尚書令的官秩也不過六百石，後因接近皇帝的關係，權力日大，官秩日加，地位日隆，以致「總典綱紀，無所不統」（《漢官儀》），成了實際上的丞相。因此，兩漢期間，不論是三公九卿，還是其他文官武將，要掌握實際權力，往往要加「領尚書事」、「平尚書事」、「視尚書事」或「錄尚書事」的頭銜。有了這樣的頭銜就可以以皇帝的最高代理人主持尚書臺的一切政事。假節就是持節，節指符節，是君主授予的權力象徵，假節就等於是手裡握著尚方寶劍。

但是，我們不能不注意到劉備封諸葛亮為丞相而不讓其「開府」這件事的玄機。它隱含著劉備的無奈和擔心大權旁落以及對諸葛亮的不完全信任。所謂無奈，第一，就當時情勢言，國家初立，沒有條件建立三公制的政制，建立丞相制度是他的惟一選擇；第二，就丞相人選言，除了軍師將軍諸葛亮以外，無人堪當此任。

許靖為司徒，劉備的命文說：「朕獲奉洪業，君臨萬國，夙宵惶惶，懼不能綏。百姓不親，五品（即五常，五倫）不遜，汝作司徒，其敬敷五教，在寬。君其勖哉！秉德無怠，稱朕意焉。」[14]這篇基本內容抄自《尚書．舜典》的命文，就是要許靖像契受命於虞舜一樣，主管民政方面的一些事。並且指明了治民的方針是「敬敷五教，在寬」。五教，即儒家所倡導的封建倫理「五常」之教：父義、母慈、兄友、弟恭、子孝。在寬，就是取《論語》中所說「寬則得民」之意。實際上，如同後漢時代的三公一樣，沒有多少實際的權力。當時，許靖年齡已逾七十，「愛樂人物，誘納後進，清談不倦」，雖然無意於權力，但名氣很大，劉備授以司徒，純屬擺個樣子給大家看的。

《三國志．先主傳》又言其「置百官，立宗廟，祫（音ㄒㄧㄚˊ，祭祀名。將祖先牌位集合在一起祭祀）祭高皇帝（劉邦）以下」。《華陽國志．劉先主志》說「立宗廟，祫祭高皇帝、世祖光武皇帝」，沒有提到「置百官」三字。後者是對的。「置百官」通常是指一個新的封建政權建立時對於機構和官員的全面規劃和配置。劉備稱帝後，匆匆間除宣布以馬良為侍中，何宗為鴻臚，楊儀為尚書，其他各官大都依漢中王時所封，沒有來得及更多地考慮百官建設，便東征了，所以談不上全面的「置百官」的問題（按：在特定情況下，「置百官」一辭也可以是虛的，主要用來表明一個自主的獨立政權的產生）。

當然，這並不影響蜀漢政權的運轉，因為劉備為漢中王時設官已經「同制京師」，「百官皆如朝廷」。漢中王屬官，自然也就是蜀漢皇帝「百官」了。依此觀之，可以查知的劉備稱帝後的蜀漢中央機構及其人員配置概略如下：

丞相諸葛亮——尚書令劉巴——尚書楊儀

司徒許靖

大鴻臚何宗

太常賴恭
光祿勳黃柱
少府王謀
侍中廖立、馬良
治中從事楊洪、黃權
議郎許慈、孟光、劉豹、向舉
議曹從事杜瓊
勸學從事張爽、尹默
從事祭酒秦宓、程畿
祭酒射援
從事王甫、李朝
太中大夫宗瑋

這是個很不全面的名單。有些人由於失其行事，書不為傳，難得知其所為。但也足可使人體會到劉備即位後忙於備戰，政權建設是很不健全的。若與曹操建國和曹丕稱帝時的政權建設之較為完備相比，可謂是天壤之別。

二、加強軍事系統和地方政權的建設

劉備急謀東征，自然重視軍事系統的建設和人員配備。前已述及，劉備為漢中王時，許多親信和重要職官都被授予軍職。即皇帝位後，又作了諸多調整。其中：

右將軍張飛升為車騎將軍，領司隸校尉，並由新亭侯進爵為西鄉侯。劉備給張飛的策文說：「朕承天序（天序，指帝王世系。此指稱自己是漢帝後代），嗣奉洪業，除殘靖亂，未燭厥理（未明其理）。今寇虜作害，民被荼毒，思漢之士，延頸鶴望。朕用怛然，坐不安席，食不甘味，整軍誥誓，將行天罰。以君忠毅，侔蹤召虎（按：召虎，周代宣王時期名臣，曾帶兵出征江漢地區），名宣遐邇，故特顯命，高墉進爵（意謂在高位上再加封），兼司於京（指其兼任司隸校尉）。其誕將天威，柔服以德，伐叛以刑，稱朕意焉。詩不云乎，『匪疚匪棘（不擾民不急躁），王國來極（按照王朝的政教辦事）。肇敏戎功（勉力戰功），用錫爾祉（用以賜你福祉）』。可不勉歟！」[15]

可見，劉備給了張飛以非常大的軍事權力。不言而喻，車騎將軍是在不設大將軍情況下的最高軍事將領。[16]那麼，司隸校尉又是個什麼官呢？據《後漢書．百官四》稱，司隸校尉比二千石，掌察舉百官以下，及京師近郡犯法者。《後漢書》注引《漢儀》說，「職在典京師，外部諸郡，無所不糾。」《漢官儀》說，「司隸校尉糾皇太子、三公以下，及旁州郡國，無不統。」《通典．職官十四》也說，後漢「司隸校尉，所部河南尹、河內、右扶風、左馮翊、京兆尹、河東、弘農，凡七郡，治河南洛陽。無所不糾，惟不察三公。」實際上，三公也在糾察之內。可見，司隸校尉是個握有實際權力的軍政長官。所以，袁紹主盟討伐董卓時，自為車騎將軍，領司隸校尉；曹操為了達到「百官總己以聽」的目的，也是自為車騎將軍，錄尚書事，領司隸校尉；後來，諸葛亮在張飛死後也領司隸校尉。這說明，劉備給了張飛以很大權力，是把諸葛亮、張飛作為文武兩大臂膀使用的，是左右兩手。而其寵信程度則遠在諸葛亮之上。當然，蜀漢的司隸校尉，只能管益州界內事。

左將軍馬超升為驃騎將軍，領涼州牧，由前都亭侯進封斄鄉侯。劉備頒發的策文說：「朕以不德，獲繼至尊，奉承宗廟。曹操父子，世載其罪，朕用慘怛（我因此悲傷），疢如疾首。海內怨憤，歸正反本，暨於氐、羌率服，獯鬻慕義，以君信著北土，威武並昭，是以委任授君，抗颺虓虎（弘揚虎威。虓虎，怒吼的虎），兼董萬里，求民之瘼（關心老百姓的疾苦）。其明宣朝化，懷保遠邇，肅慎賞罰，以篤漢祜（祜，福），以對於天下。」[17]驃騎將軍是與車騎將軍同樣重要的高級將領；涼州時屬曹魏所有，所謂領涼州牧，只能是遙領。這說明，劉備是試圖利用馬超早年經營西北，「信著北土，威武並昭」的優勢，授予一方之任，準備開拓西北疆域。

鎮遠將軍魏延進拜為鎮北將軍，繼督漢中，領漢中太守。

護軍討逆將軍、國舅吳壹為關中都督。時關中並不在自己手裡，預置都督遙領其地。這反映了劉備、諸葛亮對於漢中、關中地區的戰略考慮。他們的目標是：東出戰孫權，奪取荊州；北出戰曹魏，據漢中，搗關中，謀取長安。

另，犍為太守、興業將軍李嚴加封輔漢將軍，領郡如故。這說明了劉備對於成都周圍地區的重視；也說明了他注意到對降將的重視。

其他已經獲得雜號將軍稱號或榮譽稱號者，如翊軍將軍趙雲，安漢將軍麋竺，昭德將軍簡雍，秉忠將軍孫乾，掌軍中郎將董和，安遠將軍鄧方等皆如故。

劉備定蜀以後，趙雲沒有得到應有的信任、重視和升遷，甚至劉備生前竟然沒有給他封侯，這大概是因為趙雲常對劉備的政策和部署提出不同意見所致。

歷史證明，一個新的統治政權建立或藩鎮擁地自強，為了適應治民和軍事的需要，往往要調整行政區轄。其重要措施之一，便是通過縮小、分置的辦法，增置一些地方政權。西漢初期，益州僅有漢中、巴、蜀、廣漢四郡；漢武帝時，又置犍為、牂牁、越巂、益州四郡，共八郡。東漢末年，至劉璋被劉備趕下臺止，益州則有十六郡國，計為：巴郡、巴東、巴西、蜀郡、漢中、廣漢、犍為、牂牁、越巂、益州、永昌、汶山、涪陵和廣漢屬國、蜀郡屬國、犍為屬國。蜀漢時期將其分置為二十二郡。據《晉書．地理（上）》載，劉備曾先後分巴郡，立固陵郡，又改固陵為巴東郡，巴西郡為巴郡，又分廣漢立梓潼郡，分犍為立江陽郡，以蜀郡屬國為漢嘉郡，以犍為屬國為朱提郡。諸葛亮繼續貫徹劉備的政策，改益州郡為建寧郡，廣漢屬國為陰平郡，分建寧、永昌立雲南郡，分建寧、牂牁立興古郡，分廣漢立東廣漢郡。另，《寰宇記》、《元和志》、《輿地紀盛》等還記載，劉備「又以巴西郡所管宣漢、宕渠二縣置宕渠郡，尋省。後主延熙中又置，尋又省」。

可以查知的劉備生前所置郡守，略為（不完全）：漢中郡太守魏延（兼領），益州郡太守張裔（先曾一度為巴郡太守），蜀郡太守先法正，後楊洪、王連，犍為太守李嚴，江陽太守劉邕，漢嘉太守黃元，巴郡太守輔匡，巴西太守先後由向朗、呂乂、閻芝擔任，江州都督費觀（先為巴郡太守），廣漢太守鄧芝，梓潼太守霍峻（張翼繼任），越巂太守馬謖，汶山太守陳震（轉犍為太守），固陵（巴東）太守劉琰，牂牁太守向朗（先為巴西太守，轉任牂牁，又徙房陵），朱提太守鄧方，庲降都督先授鄧方，後任李恢。

另，以廖化為宜都太守，以李恢領交州刺史，楊儀遙署弘農太守。……

三、備后宮，立太子

適時立皇后、立太子是封建時代涉及社稷安危的重大事情。歷代建國和繼承大統的君主無不重視。因此，劉備即位一個月後，即於章武元年五月辛巳（六月十九日），宣布立夫人吳氏為皇后，子劉禪為皇太子。同時為劉禪娶車騎將軍張飛長女為太子妃。

皇后吳氏，陳留人。《三國志・蜀書》本傳說，吳氏「兄吳壹，少孤，壹父素與劉焉有舊，是以舉家隨焉入蜀」。劉焉「聞善相者相后（指吳壹妹）當大貴」，於是為小兒子劉瑁納為妻。劉瑁「狂疾物故」（意謂暴病而亡），吳壹妹寡居。劉備取得益州後，孫權遣人將孫夫人接回，群下知其不返，於是勸劉備聘吳壹妹為夫人。據載，劉備因為自己與劉瑁是同一族姓，有點猶豫，法正對劉備說：「論其親疏，何與晉文之於子圉乎？」[18] 劉備頓覺心中坦然，於是納為夫人。建安二十四年，吳氏被立為漢中王后，章武元年五月立為皇后，劉備發的策文說：「朕承天命，奉至尊，臨萬國。今以后為皇后。遣使持節丞相（諸葛）亮授璽綬，承宗廟，母天下，皇后其敬之哉！」以丞相持節授璽綬，可見禮儀之隆重。

群下為什麼要勸劉備娶同姓劉瑁的遺孀吳氏為夫人，劉備又為什麼要一定以吳夫人為后，史無明記。揣度之，第一，甘夫人早故，孫夫人還吳後，劉備雖有嬖妾若干，但正室虛位，亟需填補；第二，原有妻妾，大都出身卑微，吳氏雖非名門，但從其父「素與劉焉有舊」這一點看，亦絕非寒族，況且其兄吳壹已被劉備封為護軍討逆將軍，納為正室，就門第而言可以說得過去（按：這一點，劉備遠遠不及曹操。曹操「婚姻不計門第」，所以能以倡人卞氏為后）；第三，吳氏既為夫人，便是劉備妻妾中地位最高的人，先為王后，繼為皇后，都是順理成章的事。至於劉備是否也有信相者之言的因素，或者是吳夫人姿質淑麗、聰慧出眾而為劉備所愛，歷史沒有記載，難作重要依據，僅可視為一種微妙因素。

吳皇后沒有親生兒子。劉禪即位，尊她為皇太后，后兄吳壹官至車騎將軍，封縣侯，延熙八年，吳氏死，謚為穆皇后。

這裡順便談一下劉備的其他妻妾。

史為立傳者有甘氏，謚為昭烈皇后。據其本傳載：「甘皇后，沛人也。先主臨豫州，住小沛，納以為妾。先主數喪嫡室，常攝內事。隨先主於荊州，產後主。值曹公軍至，追及先主於當陽長阪，於時困逼，棄后及後主，賴趙雲保護，得免於難。」這條記載說明，劉備先後曾有數位嫡妻，但都不壽終，歷史失其姓氏。甘氏「常攝內事」，地位重要，但還算不上嫡室。建安十四年，甘夫人卒，葬於南郡。劉備稱帝後的第二年，即章武二年，想起了這位太子的母親，因而追謚為皇思夫人，決定遷葬於蜀。不幸，「未至而先主殂隕。」劉備死後，丞相諸葛亮給後主劉禪上奏說：「皇思夫人履行修仁，淑慎其身。大行皇帝（劉備）昔在上將，嬪妃作合，載育聖躬，大命不融。大行皇帝存時，篤義垂恩，念皇思夫人神柩在遠飄颻，特遣使者奉迎。會大行皇帝崩，今皇思夫人神柩以到，又梓宮（棺材）在道，園陵將成，安厝（安葬）有期。臣輒與太常臣賴恭等議：《禮記》曰：『立愛自親始，教民孝也；立敬自長始，教民順也。』不忘其親，所由生也。《春秋》之義，母以子貴。……今皇思夫人宜有尊號，以慰寒泉之思，輒與恭等案謚法，宜曰昭烈皇后。《詩》曰：『谷（穀，活著的時候）則異室，死則同穴。』故昭烈皇后宜與大行皇帝合葬，臣請太尉告宗廟，布露天下，具禮儀別奏。」自然，後主劉禪批准了諸葛亮的奏議。

史見其姓者還有糜氏。《三國志．糜竺傳》載：「建安元年，呂布乘先主之出拒袁術，襲下邳，虜先主妻子。先主轉軍廣陵海西，竺於是進妹於先主為夫人，奴客二千，金銀貨幣以助軍資；於時困匱，賴此復振。」可見，糜氏進身雖較甘氏為晚，但地位高於甘氏，是妻與妾的關係。

劉備四失妻子，建安元年是第一次，糜氏不在其內，隨後「先主求和於呂布，布還其妻子」；

建安三年是第二次，呂布遣高順擊劉備，備敗，高順「復虜先主妻子送布」。後來，「曹公自出東征，助先主圍布於下邳，生禽布。先主復得妻子，從曹公還許」；建安五年是第三次，曹操東征劉備，劉備望見曹操旌旗，嚇得慌不擇路，「棄眾而走」，曹操「盡收其眾，虜先主妻子，並禽關羽以歸」。後來關羽歸往劉備，是否帶上了劉備的妻子，不見史籍記載。但劉備居荊州南陽期間，妻子們的確已同他生活在一起。就曹操之處事看，極大可能是曹操主動放歸的；建安十三年是第四次，劉備敗於當陽長阪，「棄妻子，與諸葛亮、張飛、趙雲等數十騎走，曹公大獲其人眾輜重。」[19]甘氏得到趙雲的保護，倖免於難；史籍沒有提到麋夫人的下落，可能於此時罹難。劉備其人，為了「留得青山在」，危難之際常常棄妻室於不顧，是耶，非耶，讀者自可從不同的角度做出不同的分析。

另外，還有二位「母以子貴」者，但均失其姓氏，一生魯王劉永，一生梁王劉理。度於情理，劉備既封其子，亦當爵賞其母。

根據立嫡立長的封建傳統，劉備於建安二十四年立長子劉禪，即阿斗，為王太子；及即帝位，即發策命立為皇太子：「惟章武元年五月辛巳，皇帝若曰：太子禪，朕遭漢運艱難，賊臣篡盜，社稷無主，格人（有道之人）群正（眾官），以天明命，朕繼大統。今以禪為皇太子，以承宗廟，祗肅社稷。使使持節丞相亮授印綬，敬聽師傅，行一物而三善皆得焉，可不勉與！」[20]「行一物而三善皆得」，典出《禮記》。《禮記．文王世子》說：「君之於世子也，親則父也，尊則君也，有父之親，有君之尊，然後兼天下而有之。是故養世子，不可不慎也。行一物而三善皆得者，唯世子而已，其齒於學之謂也。」鄭玄注謂「物猶事也」；「三善」指父子之道、君臣之義、長幼之節。可見，策命的重點是要求劉禪「敬聽師傅」，好好學習，每做一事都要考慮有益於父子、君臣、長幼之道。意取「父子君臣長幼之道得而國治」（《禮記》）之意。

劉備即位後，忙於備戰，許多政府機構和官員不能盡備，但對輔佐太子諸官的人選倒是給予了特別的重視。可惜他對兒子的早期教育頓悟得太晚、太少了。未及兒子有成，溘然死去。劉禪性本愚鈍，在沒有得到應有的教育和鍛鍊的情況下，便登大寶，自然必是庸君一個。這是後話。

被選輔佐太子的人，大都學有根底、能有所長，而且顯官於後，諸如：

董允為太子舍人，徙太子洗馬。後來，歷任黃門侍郎，侍中、領虎賁中郎將，加輔國將軍，侍中守尚書令。

費禕，為太子舍人，遷庶子。後來，歷官黃門侍郎、侍中、中護軍、後軍師、尚書令、大將軍錄尚書事。

霍弋「先主末年為太子舍人」。後主踐阼，歷官謁者、中庶子、護軍、領永昌太守、建寧太守、安南將軍。[21]

舍人、洗馬、庶子皆為太子親近侍從之官。劉備為什麼選中董允、費禕等出任此職？這從諸葛亮給後主的上疏中可見一斑，疏說：「侍中郭攸之、費禕，侍郎董允等，先帝簡拔以遺陛下，至於斟酌規益，進盡忠言，則其任也。愚以為宮中之事，事無大小，悉以咨之，必能裨補闕漏，有所廣益。若無興德之言，則戮允等以彰其慢。」[22]「簡拔」云云，說明是經過劉備認真挑選的。

同時，還把一些有學問的人安置在太子身邊，諸如：

來敏，「先主定益州，署敏典學校尉，及立太子，以為家令。」敏，以耆宿學士見禮於世，「涉獵書籍，善《左氏春秋》，尤精於《倉》、《雅》訓詁，好是正文字。」家令雖秩千石，但地位重要，近侍左右，主掌倉穀飲食，實為太子宮事務總管。後歷官虎賁中郎將、丞相軍祭酒、輔軍將軍、光祿大夫等。[23]

尹默，劉備定益州，「以為勸學從事。及立太子，以默為僕，以《左氏傳》授後主。」僕，秩千石，太子近臣，並主車馬，職如太僕。尹默其人，「皆通諸經史，又專精於《左氏春秋》，自劉歆條例，鄭眾、賈逵父子、陳元方、服虔注說，咸略誦述，不復按本。」後來，官至諫議大夫、丞相軍祭酒、大中大夫。[24]

劉備幾多兒子，史無記載。初有養子劉封，延康元年（建安二十五年，西元二二〇年）已被「賜死」了。劉禪是其長子。另外見於《三國志．蜀書．二主妃子傳》者，只有劉永、劉理。劉永，字公壽，「先主子，後主庶弟也」；劉理，字奉孝，「亦後主庶弟也，與永異母。」既稱「庶弟」，絕非有的著作所說是吳皇后的兒子。

章武元年（二二一）五月，劉備立太子之後不久，即於六月使司徒許靖立子永為魯王，理為梁王。魯、梁皆非蜀土，而且距益甚遠，為之立王，均屬遙領。正如《晉書．地理志》所說，劉備「以郡國封建諸王，或遙采嘉名，不由檢其土地所出」。劉備策劉永為魯王的策文說：「少子永，受茲青土（青土，泛指東方日出之地。亦指古青州）。朕承天序，繼統大業，遵修稽古，建爾國家，封於東土，奄有龜蒙（龜山、蒙山均在今山東境內），世為藩輔。嗚呼！恭朕之詔！惟彼魯邦，一變適道，風化存焉。人之好德，世茲懿美。王其秉心率禮，綏爾士民，是饗是宜（饗，吃飯；宜，做事），其戒之哉！」同時，還發給劉理封土雖異但內容大體相同的策文。

這種空頭的爵賞和策文，看來滑稽，但卻有其一定的實際意義。最重要的一點是，它提高或承認了受爵者的地位。這是封建時代常有的爵賞形式。劉備首開其端，所以胡三省指出：「劉備以郡國封建諸王，……孫權亦取中州嘉號封建諸王，自此迄於南北朝，大率如此。」

夷陵─猇亭之戰

夷陵（亦作彝陵）─猇亭之戰（簡稱夷陵之戰或猇亭之戰）是同官渡、赤壁兩大戰役齊名的重大戰役。戰爭的結局都是以主動發起戰爭者的失敗而告終。

一、戰前各方的戰略調整

關羽敗死麥城後，蜀、吳都在為一場不可避免的復仇與反復仇的戰爭積極準備，魏國也因此而調整著自己的戰略。

曹操亟望通過戰爭削弱蜀、吳的力量，因而鼓勵戰爭的爆發，特表孫權為驃騎將軍，假節，領荊州牧。曹丕繼位後，利用兩敵相持的時機，加速並實現了稱帝的活動，拓展、鞏固了西北邊防，遏制劉備北向涼州地區的發展，同時不在魏、吳邊境示兵，封孫權為吳王，鼓勵孫權備戰抗蜀。

孫權則更為主動地加緊同魏的聯繫，諸如：

（一）建安二十四年（二一九）十二月，上書稱臣，「稱說天命」，勸曹操做皇帝；

（二）遣校尉梁寓入貢；並派人入魏「市馬」；

（三）遣返前時（建安十九年閏四月）所獲魏廬江太守朱光；

（四）延康元年（二二〇）七月，「遣使奉獻」；

（五）同年十月，對於曹丕廢漢獻帝自立為魏帝的這樣大事，西蜀反映強烈，大罵曹丕「載其凶逆，竊據神器」，不久劉備便自稱帝，而孫吳卻不做片言的公開反映；

（六）黃初二年（二二一）八月，「卑辭奉章」，遣使向曹丕稱臣，禮送前被關羽所獲而後歸吳的于禁回魏。

魏國侍中劉曄非常清楚地指出了孫吳「請降」的實質。《三國志・劉曄傳》注引《傅子》載：「孫權遣使求降，帝（曹丕）問曄。曄（時為侍中）對曰：『權無故求降，必內有急。權前襲殺關羽，取荊州四郡，備怒，必大興師伐之。外有強寇，眾心不安，又恐中國（指魏）乘其釁而伐之，故委地求降，一以卻中國之兵，二則假中國之援，以強其眾而疑敵人。權善用兵，見策知變，其計必出於此。今天下三分，中國十有其八。吳蜀各保一州，阻山依水，有急相救，此小國之利也。今還自相攻，天亡之也。宜大興師，徑渡江襲其內。蜀攻其外，我襲其內，吳之亡不出旬月矣。吳亡則蜀孤。若割吳半，蜀固不能久存，況蜀得其外，我得其內乎！』」曹丕不聽，遂受吳降。

（七）坦然地接受了曹丕所給的吳王封號。《三國志・吳主傳》載，曹丕使太常邢貞持節封孫權為吳王，授予璽綬策書、金虎符、竹使符，以大將軍持節督交州，領荊州牧事，加九錫。

對於加封孫權為吳王，魏、吳兩方均有不同意見。魏國劉曄認為：「不得已受其降，可進其將軍號，封十萬戶侯，不可即以為王也。夫王位，去天子一階耳，其禮秩服御相亂也。……我信其偽降，就封殖之，崇其位號，定其君臣，是為虎傅翼也。」[25] 孫權群臣議，則「以為宜稱上將軍九州伯，不應受魏封」。相對來說，孫權看得遠些，他說：「九州伯，於古未聞也。昔沛公亦受項羽拜為漢王，此蓋時宜耳，復何損邪？」孫權此舉，甚至受到後人的批評。歷史評論家、晉人孫盛發過一通議論：「昔伯夷、叔齊不屈有周，魯仲連不為秦民。夫以匹夫之志，猶義不辱，況列國之君三分天下，而可二三其節，或臣或否乎？余觀吳蜀，咸稱奉漢，至於漢代，莫能固秉臣節，君子是以知其不能克昌厥後，卒見吞於大國也。向使權從群臣之議，終身稱漢將，豈不義悲六合，仁感百世哉！」[26]純屬書生之言，不足為訓。

（八）受封之後，不僅立即派人「入謝」，而且進獻方物。《三國志・吳主傳》注引《江表傳》載：「是歲，魏文帝遣使求雀頭香、大貝、明珠、象牙、犀角、玳瑁、孔雀、翡翠、斗鴨、長鳴雞。」吳國群臣都不同意：「荊、揚二州，貢有常典，魏所求珍玩之物非禮也，宜勿與。」孫權力排眾議，指出：「方有事於西北，江表元元，恃主為命，非我愛子邪？彼所求者，於我瓦石耳，孤何惜焉？彼在諒闇之中（指曹丕在居喪期間），而所求若此，寧可與言禮哉！」統統照單與之。

只有一點，孫權沒有照辦。孫權為王以後，即立其子登為太子，曹丕欲封登為萬戶侯，並試圖引以為質，「權以登年幼，上書辭封。」

實踐證明，孫權的決策是非常正確的，即以卑下之態，在一段不長的時間裡有效地穩住了曹丕，從而得以專力對付劉備。

蜀是戰爭的發動者，但相對來說，劉備忙於稱帝，卻很少對戰略有考慮。對魏，他固然難謀進取，但也不思暫時緩和的策略，反使其得機平定了西北地方叛亂，從而構成了北面的後顧之憂；孟達降魏，丟失了東出的戰略要地房陵、上庸、西城三郡；借稱帝之機，大罵曹魏，將其置於「篡盜」的位置上，進一步構惡雙方的關係。因此，劉備面臨著兩面備兵的軍事局面。從戰略上說，劉備即已先輸一著。

二、戰前吳蜀的軍事備戰

吳國君臣在戰爭問題上的認識比較一致，因而能夠上下同心，協力備戰。

（一）移都武昌，以利督戰。孫吳本都建業（今南京），征戰關羽期間，孫權親臨前陣至公安；此時又自公安徙都鄂（今湖北鄂城），改名武昌。都武昌而不返建業，不僅便於督戰和臨事決議，而且必給三軍全力抗蜀以重大鼓舞。

（二）遣使請和，示弱於敵。史載，諸葛亮的兄長諸葛瑾「從討關羽」有功，被孫權封為宣城侯，領南郡太守，住公安，直接與蜀軍相拒。孫權向劉備求和，諸葛瑾受意給劉備寫信說：「奄（忽然）聞旗鼓來至白帝，或恐議臣以吳王侵取此州，危害關羽，怨深禍大，不宜答和，此用心於小，未留意於大者也。試為陛下論其輕重，及其大小。陛下若抑威損忿，暫省瑾言者，計可立決，不復咨之於群后也（群后，指列國諸侯。此喻眾大臣）。陛下以關羽之親何如先帝？荊州大小孰與海內？俱應仇疾，誰當先後？若審此數，易於反掌。」劉備不聽。

（三）重地部兵，嚴陣以待。《三國志·陸遜傳》載：「劉備率大眾來向西界，權命遜為大都督，假節，督朱然、潘璋、宋謙、韓當、徐盛、鮮于丹、孫桓等五萬人拒之。」

具體部署是：大都督、右護軍鎮西將軍陸遜駐守夷陵（今湖北宜昌東南），以為本營；第一道防線，振威將軍、固陵太守潘璋守秭歸，將軍李異、郎將劉阿等守巫山（今重慶巫山）、巴山（今四川巴東東北）、興山（今湖北興山南）等地；第二道防線，安東中郎將孫桓守夷道（今湖北枝城西北），將軍宋謙屯枝江（今湖北枝江東北），建武將軍、廬江太守徐盛屯當陽；第三道防線，昭武將軍朱然與偏將軍領永昌太守韓當共守江陵，綏南將軍領南郡太守諸葛瑾則屯守南岸公安，興業都尉周胤（周瑜次子）率兵千人助守，建忠中郎將駱統屯孱陵（今湖北公安西南）；另以平戎將軍步騭率交州義士萬人出長沙守益陽，武陵郡都尉鮮于丹守武陵，遙相策應。其餘諸將大都隨孫權駐守武昌，枕戈待命。

相對來說，主攻一方劉備卻沒有做出充分的準備。

其一，對於這場復仇戰爭的認識上下很不統一。謀臣諸葛亮態度曖昧，明知難以取勝，卻懷有冒險之思，所以不予切諫，客觀上支持了劉備的錯誤行動。對此，就連甚慕諸葛亮之能的清代皇帝乾隆在《御批通鑑輯覽》卷二八中看到「群臣諫者甚眾，帝（劉備）皆不聽，乃留諸葛亮輔太子而自率諸軍東下」時，也不由發出了疑問，說：「（諸葛）亮隆中之對已雲吳可與為援而不可圖，何此日東伐，竟不能止帝，至事後乃追思法正乎！」

宿將趙雲持反對態度。《三國志．趙雲傳》注引《雲別傳》說趙雲力諫，「國賊是曹操，非孫權也，且先滅魏，則吳自服。操身雖斃，子丕篡盜，當因眾心，早圖關中，居河、渭上流以討凶逆，關東義士必裹糧策馬以迎王師。不應置魏（置，擱置），先與吳戰。兵勢一交，不得卒解也。」劉備不聽，不讓趙雲隨征，而將其留督江州。

從事祭酒秦宓試圖阻兵，陳說天時不利，被抓進了監獄。《華陽國志．劉先主志》載：「廣漢秦宓上陳天時必無其利，先主怒，縶之於理（理，指獄官）。」

其二，過高地估計了自己的力量。

此前劉備不僅獲得了據有巴蜀的全面勝利，而且在對魏戰爭中也取得了許多成功，如前所述，先是張飛大破魏將張郃於宕渠；繼而進屯陽平關，「南渡沔水，緣山稍前，營於定軍山」，一破斬魏將夏侯淵；不久趙雲又設伏擊魏兵，「公軍驚駭，自相蹂踐，墮漢水中死者甚多。」一時間，劉備的心氣甚足，甚至對於一向很怕的曹操也不放在眼裡了，竟說「曹操雖來，無能為也」，結果如願以償，「操與備相守積月，魏軍士多亡（逃走）」，曹操被迫率領諸軍返回長安，劉備遂有關中。[27]如此諸多勝利，不僅使他敢於稱王稱帝，而且敢於指使或聽任關羽攻取襄樊，對魏吳同時用兵。關羽雖然失敗被殺了，但他仍認為自己的兵力遠超於吳，無須做更多的準備，也無須進行必要的整軍練兵活動，從而也不嚴肅地考慮周密的布兵、進軍規劃。

三、戰爭過程

劉備的稱帝活動草草結束後，便於章武元年（魏黃初二年，西元二二一年）六月調動軍隊，七月正式率兵「東伐」。

（一）兵未動，張飛被部下殺死

史載，劉備將東征以復關羽之恥，命張飛率巴西兵萬人，自閬中（今四川閬中）會江州（今重慶），「臨發，其帳下將張達、范強殺飛，持其首，順流而奔孫權。」張飛、關羽都是劉備的心腹猛將，但他們各有一個突出的優點和缺點，即「羽善待卒伍而驕於士大夫，飛愛敬君子而不恤小人」。劉備常常告誡張飛說：「卿刑殺既過差，又日鞭撾健兒，而令在左右，此取禍之道也。」但張飛始終不知覺悟。據說，劉備忽聞有人報告，「（張）飛營軍都督有表」，即知張飛出了事，驚歎說：「噫！飛死矣。」[28]當時，張飛為車騎將軍領司隸校尉，鎮守巴西，是劉備的最高軍事將領，亦當是伐吳的主將。無疑，張飛之死，不僅失去了一位人稱「萬人之敵」的將領、削弱了軍事力量，而且也會極大地影響三軍士氣。

張飛死了，趙雲又不重用，戰將魏延、馬超防魏於北，可用之兵和善戰之將便可想而知了。

（二）初戰勝利

章武元年七月，劉備率諸軍伐吳，孫權請和，劉備盛怒不許，遂自率兵四萬餘人，以將軍吳班、馮習為左右領軍，張南為前部，趙融、廖淳、傅肜（音ㄖㄨㄥˊ）各為別督，杜路、劉寧等各以所部隨領軍吳班及將軍陳式等東征。尚書令劉巴，偏將軍黃權，侍中馬良，太常賴恭，光祿勳黃柱，少府王謀，大鴻臚何宗，太中大夫宗瑋，從事祭酒程畿（繼秦宓為從事祭酒），從事王甫、李朝等亦均隨軍出征。[29]首戰，劉備自江州至白帝（今重慶奉節東），指揮所設在白帝，督令將軍吳班、馮習攻吳將李異、劉阿所守巫與秭歸。《三國志・先主傳》說：「將軍吳班、馮習自巫攻破異等，軍次（軍隊駐紮）秭歸。」取得了初戰勝利。同時，「武陵五溪蠻夷遣使請兵」，[30]表示歸順效力。形勢大好。

（三）長驅而進，欲戰不能

章武二年（二二二）正月，劉備進駐秭歸，繼而大進。偏將軍黃權深恐長驅有失，試圖勸劉備穩紮穩打，因諫劉備說：「吳人悍戰，又水軍順流，進易退難，臣請為先驅以嘗（試探）寇，陛下宜為後鎮。」劉備不僅不聽黃權的意見，而且以為黃權阻軍，即「以權為鎮北將軍，督江北軍以防魏師」，而「自在江南」。[31]劉備命令吳班、陳式水軍攻夷陵。「將軍吳班、陳式水軍屯夷陵，夾江東西岸」，控制了長江兩岸和水道。並且「自佷山（今湖北長陽西。佷，音恆）通武陵，遣侍中馬良安慰五溪「蠻夷」，賜以金錦，授以官爵，因而五溪蠻夷「咸相率響應」，從而增強了力量。

同年二月，劉備自秭歸渡江東進，「率諸將進軍，緣山截嶺，於夷道猇亭駐營」，而以「鎮北將軍黃權督江北諸軍，與吳軍相拒於夷陵道」。[32] 雙方展開了戰略與戰術的角逐。據載，夏五月，劉備從巫峽、建平（吳分宜都郡置建平郡，治今重慶巫山）連營至夷陵界，立數十屯，綿延七百里。陸遜大步後撤，堅守不戰。劉備「先遣吳班將數千人於平地立營，欲以挑戰」；陸遜的將領們見吳班兵少，「皆欲擊之」，陸遜以為不可，對大家說：「備舉軍東下，銳氣始盛，且乘高守險，難可卒攻，攻之縱下，猶難盡克，若有不利，損我大勢，非小故也。今但且獎厲將士，廣施方略，以觀其變。若此間是平原曠野，當恐有顛沛交馳之憂，今緣山行軍，勢不得展，自當罷（罷，通疲）於木石之間，徐制其弊耳。」大家還是不理解，以為陸遜怯懦畏敵，「各懷憤恨。」劉備見計不得逞，遂將埋伏在山谷中的八千伏兵調出。陸遜借此因對諸將說：「所以不聽諸君擊班者，揣之必有巧故也。」[33] 諸將始服。

劉備在攻奪猇亭的同時，另以將軍張南為先鋒，自秭歸南岸長驅東南，將孫權的侄子、安東中郎將孫桓所部萬餘人包圍在夷道。孫桓求救於陸遜。陸遜說：「未可。」諸將說：「孫安東公族，見圍已困，奈何不救？」陸遜回答說：「安東得士眾心，城牢糧足，無可憂也。待吾計展，欲不救安東，安東自解。」據說，後來陸遜得計，劉備大潰，孫桓見到陸遜說：「前實怨不見救，定至今日，乃知調度自有方耳。」[34]

劉備以馮習為大督、張南為前部督的主力部隊，自正月與吳相拒，至六月不決。

（四）猇亭兵敗，倉皇遁歸

《三國志·吳主傳》載：「蜀軍分據險地，前後五十餘營，遜隨輕重以兵應拒。」陸遜先以輕兵試敵，派部將宋謙等攻劉備五屯，「皆破之，斬其將。」陸遜逐步認清了劉備的弱點，一個完整的破敵計畫漸趨完成。因而給孫權上疏，剖析敵我形勢說：「夷陵要害，國之關限，雖為易得，亦復易失。失之非徒損一郡之地，荊州可憂。今日爭之，當令必諧。備干天常，不守窟穴而敢自送。臣雖不材，憑奉威靈，以順討逆，破壞在近。尋備前後行軍，多敗少成。推此論之，不足為戚。臣初嫌之水陸俱進，今反舍船就步，處處結營，察其布置，必無他變。伏願至尊高枕，不以為念也。」陸遜所言，要在三不：一為夷陵不可失，失之荊州難保；二為劉備不可怕，因為他既違天時地利之宜，又乏用兵之能。的確是這樣，劉備一生置身軍旅，名氣也不小，但打勝仗的時候少，臨戰敗走的時候多。現在又舍船就步，處處結營，而且所置營寨，缺乏應戰之變，破之不難；三為安定孫權，讓他高枕無憂，「不以為念。」

閏六月，陸遜決定反攻。諸將感到困惑，表示疑義，齊聲說：「攻備當在初，今乃令入五六百里，相銜持經七八月，其諸要害皆以固守，擊之必無利矣。」陸遜對大家說：「備是猾虜，更嘗事多（嘗事，經歷），其軍始集，思慮精專，未可干也（干，干犯）。今住已久，不得我便，兵疲意沮，計不復生，犄角此寇，正在今日。」陸遜先令部隊攻劉備一營，試其兵力虛實，觀其營寨設施，結果「不利」。諸將皆表示不滿說：「空殺兵耳。」（意謂白白讓士兵送死）但陸遜卻從戰鬥中得到了有益的啟發，因而高興地對大家說：「吾已曉破之之術。」於是命令士兵「各持一把茅，以火攻拔之。一爾勢成，通率諸軍同時俱攻」。結果獲得大勝。

據載，吳振威將軍潘璋「斬備護軍馮習等，所殺傷甚眾」；昭武將軍朱然，「攻破備前鋒，斷其後道，備遂破走」，並與偏將軍韓當等「共攻蜀軍於涿鄉（今湖北枝城西北），大破之」；安東中郎將孫桓「投刀奮命，與遜戮力，備遂敗走」；綏南將軍諸葛瑾、建忠中郎將駱統、與業都尉周胤亦皆率其所部自公安、孱陵（今湖北公安西）進擊猇亭。吳軍主力在陸遜的號令下，齊集猇亭，大戰劉備，連破蜀軍四十餘營。劉備主將張南、馮習等及胡王沙摩柯戰死，將軍杜路、劉寧等窮途末路投降了東吳。[35]

劉備猇亭大敗，退守馬鞍山（今湖北枝城西、長陽南），「陳兵自繞」（意為在周圍布兵設防，以為自衛）。陸遜緊逼山下，將其團團圍住。《三國志·陸遜傳》載：「遜督促諸軍四面蹙之，（劉備）土崩瓦解，死者萬數。」劉備自知難於在馬鞍山立足，即趁夜黑率輕騎突圍，向西北方向遁逃。士兵潰散，幸得「驛人自擔燒鐃鎧斷後」，有效地阻滯了吳軍前進的步伐，劉備才得脫身，回到白帝城。[36]看樣子，劉備當時大概只有部分近衛跟隨，「其舟船器械，水步軍資，一時略盡，屍骸漂流，塞江而下。」

劉備敗得如此慘重，大為慚恚，不禁長吁：「吾乃為遜所折辱，豈非天邪！」另，《三國志·孫桓傳》載，孫桓率部，奮力直追，竟繞過劉備，斷其歸路，「斬（斷）上夔道（指秭歸、巴東、奉節一線），截其徑要。」要塞被吳占有，近路為吳所截，劉備只有帶著很少的人「逾山越險」，狼狽之狀可見。因此他又不禁忿恚而說：「吾昔初至京城（今江蘇鎮江），桓尚小兒（孫桓戰劉備時年齡僅二十五歲），而今迫孤乃至此也！」

據載，在敗退過程中，將軍傅肜、從事祭酒程畿都表現了英勇的精神。傅肜殿後，「兵眾盡死，肜氣益烈。吳人諭之使降，肜罵曰：『吳狗，安有漢將軍而降者！』遂死之。」程畿溯江而退，吳兵即將追及，「眾曰：『後追將至，宜解舫輕行。』畿曰：『吾在軍，未習為敵之走也。』亦死之。」[37]

《三國志·先主傳》說，劉備「自猇亭還秭歸，收合離散兵，遂棄船舫，由步道還魚復，

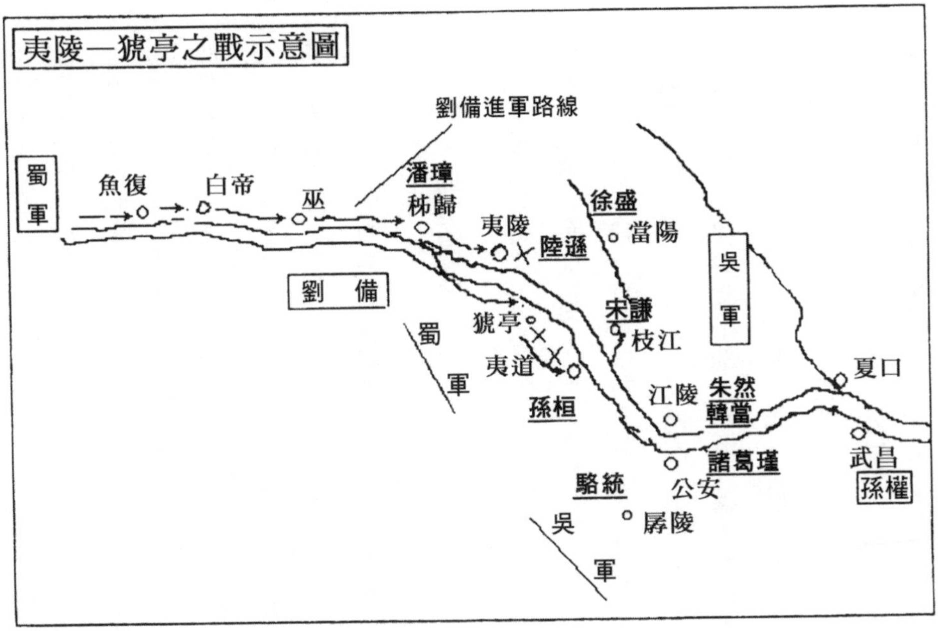

改魚復縣曰永安」。永安，治所在白帝城。吳遣將軍李異、劉阿等緊追其後，進屯白帝南面的南山。劉備急召留督江州的趙雲。

趙雲勒兵到達永安，遏住頹勢，使永安周圍的軍事態勢發生了變化。劉備由絕對的軍事劣勢變為可以重新組織新的進攻；孫權則因深入過急，而後需難繼。一種新的局部地區的軍事平衡，又在特定條件下形成了。

正是在上述情況下，並且面臨曹魏伐己的危險，吳國又做出了富有重大意義的戰略調整。〈陸遜傳〉載：「備既住白帝，徐盛、潘璋、宋謙等各競表言備必可禽，乞復攻之。權以問遜，遜與朱然、駱統以為曹丕大合士眾，外託助國討備，內實有奸心，謹決計輒還。」孫權、陸遜決策既定，即命劉阿等自南山撤兵，駐守巫縣（今重慶巫山）。

劉備敗退永安，黃權軍在江北，道路隔絕，不得西還，不得已率其所部投降於魏。據〈黃權傳〉說，執法部門向劉備報告，應該依法收斬黃權的妻子，「先主曰：『孤負黃權，權不負孤也。』待之如初。」這說明劉備倒也敢於承擔責任。魏文帝曹丕對於黃權來歸很重視，因對黃權說：「君舍逆效順，欲追蹤陳（平）、韓（信）邪？」黃權回答說：「臣過受劉主殊遇，降吳不可，還蜀無路，是以歸命。且敗軍之將，免死為幸，何古人之可慕也！」曹丕佩服黃權所言，「拜為鎮南將軍，封育陽侯，加侍中，使之陪乘」。蜀降人傳言劉備已經誅殺了黃權的妻子，「權知其虛言，未便發喪。」曹丕詔權發喪，權說：「臣與劉（備）、葛（諸葛亮）推誠相信，明臣本志。竊疑未實，請須後問。」後得審問，得知實情，果如黃權所料。

同時，侍中馬良所督五溪蠻眾亦為吳將軍步騭所敗，馬良戰死。

四、蜀吳復通

孫權決計撤兵，沒有多久，「魏軍果出，（吳）三方受敵。」《三國志．吳主傳》載：「初，權外託事魏，而誠心不款（不款，不真摯）。魏乃遣侍中辛毗、尚書桓階往與盟誓，並徵任子，權辭讓不受。秋九月，魏乃命曹休、張遼、臧霸出洞口（今安徽和縣西南），曹仁出濡須（今安徽無為東北），曹真、夏侯尚、張郃、徐晃圍南郡。權遣呂範等督五軍，以舟軍拒休等，諸葛瑾、潘璋、楊粲救南郡，朱桓以濡須督拒仁。」這就是所謂「三方受敵」的形勢。同時，轄境以內也極不平靜，即有所謂「時揚、越蠻夷多未平集，內難未弭」。在此情況下，孫權展開了兩方面的外交活動，一是卑辭向曹丕上書，「求自改厲」，二是謀求復與蜀通。

十月，孫權上書給曹丕，自謂：「若罪在難除，必不見置，當奉還土地民人。乞寄命交州，以終餘年。」又通書說，欲為子孫登「求婚宗室」。

曹丕對於孫吳戰和本無定策，當時的要求是脅迫孫權遣子孫登為質於魏，既見孫權如此卑辭求和，便即回報說：「君生於擾攘之際，本有縱橫之志，降身奉國，以享茲祚。自君策名已來，貢獻盈路。討備之功，國朝仰成。……朕之與君，大義已定，豈樂勞師遠臨江漢？廊廟之議，王者所不得專；三公上君過失，皆有本末。朕以不明，雖有曾母投杼之疑，猶冀言者不信，以為國福。故先遣使者犒勞，又遣尚書、侍中踐修前言，以定任子。君遂設辭，不欲使進，議者怪之。……今省上事，款誠深至，心用慨然，悽愴動容。即日下詔，敕諸軍但深溝高壘，不得妄進。若君必效忠節，以解疑議，（孫）登身朝到，夕召兵還。此言之誠，有如大江！」孫權沒有答應送子為質的要求，臨江拒守。一時間，雙方小戰，互有所傷。

十一月，曹丕親自至宛（今河南南陽）督兵。據載，會遇大風，吳將呂範等兵船，「綆纜悉斷，直詣休等營下，（魏）斬首獲生以千數，吳兵迸散。帝（曹丕）聞之，敕諸軍促渡。軍未時進，吳救船遂至，收軍還江南。曹休使臧霸追之，不利，將軍尹盧戰死。」[38] 或謂：「大風，範等兵溺死者數千，餘軍還江南。曹休使臧霸以輕船五百、敢死萬人襲攻徐陵（今江蘇鎮江西），燒攻城車，殺略數千人。（吳）將軍全琮、徐盛追斬魏將尹盧，殺獲數百。」[39]

劉備聞魏軍出，便與陸遜信說：「賊今已在江陵（指曹魏軍隊進入南郡界），吾將復東，將軍謂其能然不？」實際上，這是虛張聲勢。他根本沒有重新振兵再戰的能力。陸遜看得很清楚，所以回信說：「但恐軍新破（指劉備軍），創痍未復，始求通親，且當自補，未暇窮兵耳。若不惟算，欲復以傾覆之餘，遠送以來者，無所逃命。」[40] 把劉備的毫無勢力依託的恐嚇頂了回去。

魏兵壓境，劉備駐蹕白帝，形勢對吳極為不利。孫權甚懼，為了避免兩面作戰，即於十二月間，主動派遣大中大夫鄭泉到白帝見劉備，謀求「復通」。據《三國志・吳主傳》注引《吳書》

載，戰爭之前，劉備曾致書孫權，要孫權支持、承認他的稱帝行動，孫權沒有理睬。劉備因而問鄭泉說：「吳王何以不答吾書，得無以吾正名不宜乎？」（意為：是不是認為我稱皇帝是不應該的？）鄭泉回答說：「曹操父子陵轢漢室，終奪其位。殿下既為宗室，有維城之責，不荷戈執殳為海內率先，而於是自名，未合天下之議，是以寡君未復書耳。」據說，劉備聽了鄭泉的話後「甚慚恧」。顯然，這是站在吳國的立場上說話。劉備自認稱帝是理所當然的，怎麼會感到慚愧呢？

劉備在白帝，心情頹唐，漸悟用兵之誤。十一月，染疾在身，不能自振。十二月，境內出現不穩，「漢嘉太守黃元，素（諸葛）亮所不善，聞先主有疾，慮有後患，舉郡拒守。」[41]同時，曹魏軍隊遠臨江漢，不僅嚴重威脅東吳，而且如果勢成，對蜀亦將形成壓力。諸此，都迫使劉備不能不重新考慮對吳策略。因此，他回應了孫權的請和行動，即遣太中大夫宗瑋「報命」。從此，蜀吳邊埸又獲得了相對平靜。

五、大敗的原因

劉備失敗的原因，他自謂：「吾之敗，天也。」[42]這是不願從自我檢討的角度去總結戰爭。很清楚，他的失敗既有客觀的因素，也有主觀的因素，而其主觀方面又當是最為主要的。

（一）從戰略上說

第一，他早前支持關羽，構惡雙方關係，即已違背了「西和諸戎，南撫夷越，外結好孫權，內修政理」的總的戰略方針，在自己力量尚未豐實的情況下，促使孫吳在一段時間內改變策略，向魏稱臣，提前了謀取荊州全境的行動；

第二，關羽失敗，他沒有預為防範和及時支援，遂使自巫以下沿江戰略要地盡失，吳方控制了夔道及沿江地區，蜀軍如果深入，自然便有被夾於狹窄地帶和被切斷後路之虞，因而他不得不連營向前；

第三，由於自己失誤，孟達降魏，失掉荊州北三郡，從而失去了可派另部自漢江而下、進而威脅武昌的軍事態勢；

第四，兩面作戰，兵力分散。這一點，他遠不及孫權聰明。孫權為了對付劉備，不惜上書曹操「稱說天命」，進而向魏稱臣。而劉備卻始終處在兩面作戰的態勢中。此時，曹操雖從漢中撤兵了，但魏軍仍控陳倉一線，具有再出漢中的威懾力量。因此，他不能更多地集中兵力，不敢把據守益州北部、漢中地區的驃騎將軍馬超、鎮北將軍魏延、偏將軍吳壹所部調往荊州前線。

劉備發動討吳戰爭犯有戰略性錯誤，諸多蜀臣都清楚地認識到這一點，所以便有了「先主東伐，群臣多諫，不納」[43]和「先主既即尊位，將東征孫權以復關羽之恥，群臣多諫，一不從」[44]一類的記載。諸如，前引秦宓進諫被執、趙雲力諫被安置江州督軍等都是實證。

值得注意的是諸葛亮對於這場戰爭態度模糊，並沒有強烈反對。戰爭失敗後，諸葛亮不禁歎息：「法孝直（法正，字孝直）若在，則能制主上，令不東行；就復東行，必不傾危矣。」諸葛亮所以這樣說，自然是因為自己沒有做到這一點，同時也透露了他對戰爭的態度。

法正為人，敢於死諫。據載，劉備與曹操爭戰漢中，「勢有不便，宜退，而先主大怒不肯退，無敢諫者。矢下如雨，正乃往當（擋）先主前，先主云：『孝直避箭。』正曰：『明公（指備）親當矢石，況小人（自謂）乎？』先主乃曰：『孝直，吾與汝俱去。』遂退。」[45]

那諸葛亮為什麼不能力諫呢？揣度之，第一，他對戰爭形勢估計不足，未曾料到戰爭結局會如此之慘；第二，一時間他對戰爭首鼠兩端。從根本上說，他一直主張「外結孫權」。況且，「群臣多諫」和老兄諸葛瑾時領吳國南郡太守直接與蜀軍相持及其代表孫權向劉備求和的行動與意見，對他自然產生影響。因此，他不會積極主張東征，或有少諫，亦屬可能。但早期史著，沒有這方面的記載，可見影響不大。直到明清時代，為了樹立諸葛亮的形象，開脫諸葛亮的責任，演義作品和官方史作才有了諸葛亮諫阻東征的內容。如：《三國演義》第八十一回記諸葛亮自言「苦諫數次不聽」及上表救秦宓，其中有謂：「……竊謂魏賊若除，則吳自賓服。願陛下納秦宓金石之言，以養士卒之力，別作良圖，則社稷幸甚！天下幸甚！」細品其文，託作之意甚明。這樣說來，諸葛亮豈不是支持了劉備東征嗎？竊以為，客觀上的確是這樣的。因為諸葛亮戰略總目標的重要內容之一是跨有荊、益以制曹魏。荊州既失，吳扼夔門，魏據三郡，蜀漢用兵只有北出秦川一途，諸葛亮的戰略目標落空了。他深知，僅靠北出漢中，不可能制魏，更不可能滅魏。他試圖能得荊州數郡之地，與魏接壤，以利待機東出擊魏。所以，他雖知東擊孫吳有危險，但卻覺得稍有拓地以取吳數郡是可能的，更未想到慘敗。所以，他既不贊成出兵，也不堅決阻諫，客觀上默認、支持了劉備的錯誤決策和行動。因此，作為蜀漢丞相、軍師將軍，諸葛亮對於夷陵—猇亭戰爭的失敗不能不負有一定責任。論者或謂劉備缺乏遠略，不明諸葛亮隆中決策之遠大，致有此敗。這樣分析，固然不錯，但尚需看到諸葛亮在其「跨有荊益」的目標落空之後的思想感受和變化。所以，如果換個角度看問題，也可以說，劉備東征，正是謀求對於諸葛亮隆中決策目標的實現。

（二）從戰術上說，關鍵在於劉備不善指揮戰爭。陸遜給他「前後行軍，多敗少成」的評價是非常確切的

第一，軍未熟練。歷史的時間表說明，建安二十四年（二一九）十一月，關羽失敗被殺，劉備「忿孫權之襲關羽」，即要起兵東征，但當聞知曹丕稱帝後，便緊鑼密鼓地開始籌畫並實施自己的稱帝活動；章武元年（魏黃初二年，西元二二一年）四月，劉備登極為漢皇帝，並按漢代禮制設官立制，備后宮，立太子，改元，大赦，兩三月間草草地完成了必要的諸多過程之後，便即移蹕江州了；在江州，劉備迅速地調動軍隊，粗粗地按照一廂情願的原則做了初步的戰爭規劃，任命了左右大督、先鋒及各部將領，七月便出兵了。可見，他集中起來的以步兵為主的軍隊並沒有經過認真的訓練，特別是沒有經過乘船水上作戰的訓練，從素質上說，雖非烏合，但乏機動作戰的能力。

第二，將無英才。帥（指劉備）本不明，又加軍謀乏人，將無良才，後果自然可知。法正已死，孔明留蜀，軍中幾乎無人能夠對劉備的戰略戰術指導思想和戰爭部署提出不同意見，更不用說建設性的良計。只有黃權通達軍謀，但得不到信任，難展其能。黃忠先此而亡，[46]張飛死難，趙雲留守江州，馬超、魏延北拒魏軍，竟然沒有一位名宿大將隨征，所用督鋒諸將大都是一些名氣不大或無名之輩。這些人是否能夠服眾，是否具有指揮作戰的能力，姑且不論，但其自然為敵方所輕、反長敵人的志氣。所以，負面作用是非常明顯的。至於小說家言關興、張苞大展乃父雄風，興斬仇人潘璋，苞刃仇人范強、張達，二人護駕救主，均屬無稽。因為張苞早夭，未及戰爭；關興年少，未預戰事；潘璋死於吳嘉禾三年（二三四），那已經是戰爭十年以後的事了。

第三，自恃其力。劉備兵本不眾，漢中必須布以重兵防魏，又失荊州北三郡，牽涉了一些兵力；本要張飛率巴西兵萬人，自閬中會江州，張飛被殺，這萬餘人是否調到了夷陵前線，不得而知。權算其數，可用兵力，罄其所有，大約也只能調集四萬餘人，最多不超過五萬人。[47]所以，僅就兵力而言，同陸遜都督五萬人相比，並不占優勢。況且陸遜守勢待敵，兵力容易集中；劉備長驅而進，沿途設防，兵力自然分散。但劉備卻自恃其力，少有自知之明，認為以此足以敗敵復仇；既得武陵「蠻夷」願為己用，遙為策應，更覺得勝利指日可待了。實際上，劉備可用於陣前的兵力是非常有限的。相反，陸遜在猇亭決戰前，則已把所督諸將各部大都集中到作戰前陣，相對兵力超過了劉備，具備了集中兵力打擊敵人的能力。

第四，不善知彼。劉備出兵，只是激於義憤，沒有對魏蜀吳三方基本形勢做出應有的分析。他對魏吳能夠達成諒解，暫時媾和，從而使孫權可以將主要精力和兵力用於對付蜀軍的形勢估計不足，此其一。其二，他沒有認識到魏國曹丕仍在忙於鞏固地位，特別是著力對付自己的弟弟曹植、曹彰等，暫時不可能在秦川舉兵，從而使自己不敢把備戰於漢中的具有戰爭經驗的將領和富有戰鬥力的主力部隊調動一部到荊州前線。其三，最為重要的是，他沒有把年輕的陸遜、孫桓等人放在眼裡。他低估了孫吳的軍事勢力和軍事指揮者的能力。時，吳名將魯肅、呂蒙、甘寧先後死去，陸遜雖在打敗關羽時起了重要作用，但在劉備眼裡，年已三十八歲的陸遜仍被看作是不諳軍旅的年輕人。這從前引「吾之敗，天也」、「吾乃為遜所折辱，豈非天邪」以及「吾昔初至京城，（孫）桓尚小兒，而今迫孤乃至此也」的話語中，清楚地看到了這種最初的情緒。其四，他不善因時因地具體分析敵我雙方的力量對比，錯把劣勢當優勢，缺乏應有的應敵之變。

第五，舍船就步。蜀軍居水上游，乘船作戰，順水而下，易於成勢，是其有利條件。戰爭開始時，最使陸遜擔心的也是蜀軍「水陸俱進」。但劉備沒有有效地利用這一條件，而是「舍船就步」，跋涉並屯兵於「苞原隰險（草木叢生低濕險惡）」之地，其結果便是士卒疲敝，立營難固，最終給敵人以可乘之機。當然，有一點是我們應該注意到的，即劉備並非完全不知「水陸俱進」的好處，但客觀條件使他不得不如此。因為他急急調集起來的軍隊絕大部分是步兵，陸戰猶未熟練，水戰自然不行。況且，他已沒有耐性去考慮籌建、訓練水師的問題了。

第六，連營向前。劉備長驅深入數百里，連營數十座，聲勢雖然很大，但卻伏下了嚴重的危機。善治兵者皆知其誤。陸遜既知劉備舍船就步、處處結營，便得出了正確的結論：「察其布置，必無他變。」的確，這樣布兵是沒有辦法變化應敵的。所以，他便覺得勝券在握了，滿有把握地給孫權上書：「伏願至尊高枕，不以為念也。」《三國志・文帝紀》載，曹丕「聞（劉）備兵東下，與（孫）權交戰，樹柵連營七百餘里，謂群臣曰：『備不曉兵，豈有七百里營可以拒敵者乎！「苞原隰險阻而為軍者為敵所禽」，此兵忌也。孫權上事今至矣（意謂孫權的捷報就要到了）。』後七日破備書到。」連曹丕這種略通兵法但並不深知治軍用兵之要的人都看到了這一點，而劉備卻如此布兵，一是七百里連營大大分散了兵力，二是「苞原隰險阻而為軍」，將軍隊駐紮在不利作戰的地方，三是樹柵成營易被火攻。由此可見，劉備之失，失在制軍之誤。但是，客觀地說，還應該看到劉備如此布兵亦屬大勢使然。他長驅深入，只控長江沿線，兩廂大都為敵方領地，不能不擔心敵人斷其後路。連營向前，正是為此。

第七，師老不振。蜀軍東出，利在速決。但陸遜大步後撤，避免接觸，以待敵疲而戰的方針，使劉備無法得到這種條件。劉備曾試圖誘致吳軍出戰，但所用之法，形同兒戲，善用兵者一看便知，所以始終不能成功。因此，「自正月與吳相拒，至六月不決。」正如前引陸遜所分析的那樣「其軍始集，思慮精專，未可干也。今住已久，不得我便，兵疲意沮，計不復生」。師老兵疲，劉備熟視無睹，抑或雖知而乏復振之策，客觀效果都一樣。因此一敗塗地，不堪收拾。

第八，不虞後路。說劉備完全沒有考慮後路，自然不是這樣。他沿江設營四五十座，目的不外：一保軍需可繼；二禦兩廂敵人，防斷後路；三利大兵進退。但他沒有考慮戰爭或有大失的可能，因此也就沒有慮及戰略退卻和撤兵安全的問題。所以，其一，他立營雖多，但卻沒有選擇有利地勢建立幾個可資戰守的據點；其二，由於自上而下沒有兵敗退卻的思想準備，設營不固，人員分散，不能形成有戰鬥力的獨立作戰單位。俗謂「兵敗如山倒」。預為戰敗之謀尚且如此，況無如此準備者。

戰爭是雙方的，勝敗自有主體和客體兩方面的因素。因此，討論劉備的失敗原因，不能不談及孫權的用兵之得。

第一，戰備充分。孫權擊殺關羽以後，深知劉備必然發兵復仇，雖然試圖謀和，但不抱幻想，因此在戰備上做了充分的準備，已如前述，不贅。

第二，戰略正確。竊以為孫權最為得計的戰略決策莫過於同魏修暫時之好，避免兩面作戰，得以集中兵力對付劉備。非如此，他不能，也不敢將其主力部隊和諸多重要將領置於夷陵前線。也正為此，劉備兵有後顧，既要置兵漢中，又要防魏側擊，兵力本來不多，竟然又需遣黃權率八千兵防魏，大大分散了兵力，削弱了戰鬥力。其次便是先取戰略防禦，不惜大步後撤，迫使劉備拉長戰線、分散兵力，從而使戰鬥力量的對比不斷向有利於自己的方面發展，時機成熟，一舉殲敵。正如毛澤東在《中國革命戰爭的戰略問題》所指出的：「楚漢成皋之戰、新漢昆陽之戰、袁曹官渡之戰、吳魏赤壁之戰、吳蜀彝陵之戰、秦晉淝水之戰等等有名的大戰，都是雙方強弱不同，弱者先讓一步，後發制人，因而戰勝的。」[48]

第三，選帥得人。孫權重用陸遜，足見其很有知人善任之明。當時，歷有戰功，且職爵高於陸遜的宿將如朱然、呂範、韓當、凌統、徐盛等俱在，但是不三年，卻將相對年輕的陸遜由校尉遽拔為偏將軍，撫邊將軍，右護軍，鎮西將軍，封侯，進而臨變受命為大都督，假節，督兵抗敵。升遷之快，世所少有。因而諸將多有不服者。實踐證明，陸遜是當之無愧的帥才。一是打敗關羽以後，他在不長的時間裡有效地控制了新得荊州之地：他領宜都太守，迫使劉備的宜都太守樊友「委（棄）郡走」，並致「諸城長吏及蠻夷君長皆降」；他從孫權那裡請得權力，可以代表孫權以金銀銅印「假授初附（代表孫權對新投來的人授官）」，從而很快地變敵為友，穩定了地方秩序；他遣將軍李異、謝旌等率三千人繼破蜀將詹晏、陳鳳，「又攻房陵太守鄧輔、南鄉太守郭睦，大破之」，又破降已經歸蜀為將的秭歸大姓文布、鄧凱等，「前後斬獲招納，凡數萬計。」他連打勝仗，拓展了土地，獲得了地方勢力和「蠻夷」君長的支持，同時也得到了下級將吏的信任和愛戴。二是他熟悉兵法，甚通謀略，能屈能伸，善知制敵而不制於敵的策略。屈能卑辭而下之，麻痹敵人，蓄勢待發，被人視為畏進怯敵；伸能統兵長驅，「一爾勢成，通率諸軍同時俱攻」，前後不及兩月，即全收失地，把劉備趕回到了東征的出發點上。三是他尤知御將之要，剛柔相濟，最終能夠把資深老將團結在自己周圍，全力對敵。陸遜大步後退、堅守不出的方針，被部下諸將視為怯敵，紛紛表示不滿。據載：「當禦備時，諸將軍或是孫策時舊將，或公室貴戚，各自矜恃，不相聽從。遜案劍曰：『劉備天下知名，曹操所憚，今在境界，此強對也。諸君並荷國恩，當相輯睦，共剪此虜，上報所受，而不相順，非所謂也。僕雖書生，受命主上。國家所以屈諸君使相承望者，以僕有尺寸可稱，能忍辱負重故也。各任其事，豈復得辭！軍令有常，不可犯矣。』及至破備，計多出遜，諸將乃服。」後來，孫權聽說這件事，因問陸遜：「君何以初不啟諸將違節度者邪？」陸遜回答：「受恩深重，任過其才。又此諸將或任腹心，或堪爪牙，或是功臣，皆國家所當與共克定大事者。臣雖駑懦，竊慕（藺）相如、寇恂相下之義，以濟國事。」表現出了一位智勇兼備的統帥的風範：容眾、果斷、知己知彼、剛柔相濟、善謀大局。孫權對於陸遜的回答非常高興，「大笑稱善，加拜遜輔國將軍，領荊州牧，即改封江陵侯。」49

第四，地勢之利。歷史表明，自劉備謀蜀起兵之日起，孫權也同時加緊了謀得荊州的行動。及至關羽敗死，孫權已完全控制了長江水域及其臨江諸郡、沿岸戰略要地，迫使劉備只能沿江布兵，連營向前。七百里布兵，自然兵力嚴重分散，後方既遠，又乏兩廂策應，蜿蜒如同長蛇，一旦頭部遭到致命打擊，全身立即癱瘓。

另外，還要講一點的是，三國時代，任何一方的軍事行動，都受鼎足之勢的制約。因此，曹魏的政策不能不對吳蜀戰爭及其最終結果產生間接或直接的影響。無疑，曹操接受孫權「討關羽自效」是正確的，已如前述。但曹丕不乘蜀吳爭戰之機用兵，反而接受孫權稱臣，封權為王，這對曹魏來說，是失掉了一次極好的「蹙吳」機會；而對吳、蜀來說，客觀上等於支持了孫權，制約了劉備；同時，也為自己後來對吳用兵伏下了危機。

曹丕所以確定這樣的策略，與他對於三國戰爭形勢始終缺乏清醒的認識有關。據載，黃初元年，曹丕詔問群臣：「令料劉備當為關羽出報吳不？」大家都說：「蜀，小國耳，名將唯羽。羽死軍破，國內憂懼，無緣復出。」侍中劉曄則認為：「蜀雖狹弱，而備之謀欲以威武自強，勢必用眾以示其有餘。且關羽與備，義為君臣，恩猶父子。羽死不能為興軍報敵，於終始之分不足。」劉備果然出兵擊吳，吳需傾全國兵力對付劉備，無力北禦曹魏，因而遣使向魏「稱藩」。朝臣皆因蜀吳交戰必致兩傷而向曹丕道賀，只有劉曄認為「權無故求降，必內有急」，主張「可因其窮，襲而取之」。並指出，「夫一日縱敵，數世之患，不可不察也。」但是，曹丕謀收兩敗之利，不聽劉曄的意見，因說：「人稱臣降而伐之，疑天下欲來者心，必以為懼，其殆不可！孤何不且受吳降而襲蜀之後乎？」劉曄進一步指出：「蜀遠吳近，又聞中國伐之，便還軍，不能止也。今備已怒，故興兵擊吳，聞我伐吳，知吳必亡，必喜而進與我爭割吳地，必不改計抑怒救吳，必然之勢也。」曹丕始終聽不進去。

曹丕謀作「壁上觀」的策略，使吳得以暫釋後顧之憂，而蜀則不得不從四萬兵力中分出八千重兵，以備不虞，從而削弱了戰鬥力。

曹丕的失誤，還在：既至後來，劉備敗退，形勢變了，吳對曹魏「禮敬轉廢」，曹丕覺得受了孫權的愚弄，又要興師伐吳了。劉曄阻止說：「彼新得志，上下齊心，而阻帶江湖，必難倉卒。」[50]曹丕不聽，遂發三路大軍討吳，一由征東大將軍曹休、前將軍張遼、鎮東將軍臧霸出洞口（今江蘇泰州市境），一由大將軍曹仁出濡須，一由上軍大將軍曹真、征南大將軍夏侯尚、左將軍張郃、右將軍徐晃圍南郡，結果又促使吳蜀再次聯合了起來。

註釋

1《三國志．蜀書．先主傳》。
2 同上。
3 同上。
4《史記．周本紀》記述武王伐殷，「渡河，中流，白魚躍入王舟中」；「既渡，有火自上復於下，至於王屋，流為烏。」
5《三國志．蜀書．先主傳》。
6《三國志．蜀書．費詩傳》。
7《三國志．蜀書．劉巴傳》並注引《零陵先賢傳》。
8《三國志．蜀書．諸葛亮傳》。吳漢、耿弇、耿純皆東漢初期名將，力勸劉秀做皇帝，《後漢書》有傳。
9《三國志．蜀書．先主傳》注引《蜀本紀》說：「武都有丈夫（男子）化為女子，顏色美好，蓋山精也。蜀王娶以為妻，不習水土疾病欲歸國，蜀王留之，無幾物故。蜀王發卒之武都擔土，於成都郭中葬，蓋地數畝，高十丈，號曰武擔也。」裴松之說：「武擔，山名，在成都西北，蓋以乾位在西北，故就之以即阼。
10 此前，劉備沿用漢獻帝建安年號。
11《三國志．蜀書．先主傳》。
12《晉書．習鑿齒傳》。
13《三國志．蜀書．諸葛亮傳》。
14《三國志．蜀書．許靖傳》。
15《三國志．蜀書．張飛傳》。
16 漢制，最尊者為大將軍，次為驃騎將軍、車騎將軍。
17《三國志．蜀書．馬超傳》。
18 春秋時晉國惠公太子圉為質於秦，秦妻之以女，後來圉逃歸。惠公卒，圉立，是為懷公，其伯公子重耳（即晉文公）浪遊入秦，秦又以圉妻妻之。
19 以上《三國志．蜀書．先主傳》並注。
20《三國志．蜀書．後主傳》。
21《三國志．蜀書．霍弋傳》。
22《三國志．蜀書．董允傳》。
23《三國志．蜀書．來敏傳》。
24《三國志．蜀書．尹默傳》。
25《三國志．劉曄傳》注引《傅子》。
26《三國志．吳書．吳主傳》注引《江表傳》。
27《資治通鑑》卷六九。
28 參見《三國志．蜀書．張飛傳》，《華陽國志．劉先主傳》。

29 參閱《三國志・蜀書・先主傳》；《華陽國志・劉先主傳》；《中國歷代戰爭史》（四），軍事譯文出版社一九八三年版，頁一九二。

30 《三國志・蜀書・先主傳》。五溪，《水經・沅水注》說，武陵有五溪，謂雄溪、樠溪、無溪、酉溪、辰溪，「蠻夷」（今苗、瑤族祖先）居此者，「故謂此蠻五溪蠻也」。

31 《三國志・蜀書・黃權傳》。

32 《三國志・蜀書・先主傳》。

33 《三國志・吳書・陸遜傳》並注引《吳書》。

34 《三國志・吳書・陸遜傳》。

35 以上參見《三國志・吳書・陸遜傳》、〈潘璋傳〉、〈朱然傳〉、〈孫桓傳〉、〈諸葛瑾傳〉等。

36 胡三省注《資治通鑑》卷六九說：「漢主初連兵入夷陵界，沿路置驛，以達於白帝。及兵敗，諸軍潰散，惟驛人自擔所棄鐃鎧，燒之於隘以斷後，僅得脫也。」《水經注》說：「燒鎧斷道處，地名石門，在秭歸縣西。」杜佑《通典》說：「歸州巴東縣有石門山，劉備斷道處。」

37 《資治通鑑》卷六九。傳彤，《華陽國志・劉先主志》作傅彤。

38 《資治通鑑》卷六九。

39 《三國志・吳書・吳主傳》。

40 《三國志・吳書・陸遜傳》注引《吳錄》。

41 《華陽國志・劉先主志》。

42 同上。

43 同上。

44 《三國志・蜀書・法正傳》。

45 《三國志・蜀書・法正傳》注。

46 黃忠死於建安二十五年。《三國演義》說黃忠於章武元年被任命為先鋒，戰死疆場。這是完全不可能的。

47 劉備出兵多少，記載不一。《三國志・魏書・文帝紀》注引《魏書》載孫權上魏文帝書說：「劉備支黨四萬人，馬二三千匹，出秭歸，請往掃撲，以克捷為效。」《中國歷代戰爭史》（四）和《中國軍事史・兵略（上）》均取此說，謂劉備率兵四萬人。《三國志・魏書・劉曄傳》注引《傅子》說：「權將陸議（遜）大敗劉備，殺其兵八萬餘人，備僅以身免。」亦可備一說。《三國演義》第八十一回說劉備有「川將數百員，並五溪番將等，共兵七十五萬」，顯然是個被非常誇大了的數字。

48 《毛澤東選集》第一卷，人民出版社一九九一年版，頁二〇四。

49 以上《三國志・吳書・陸遜傳》。

50 《三國志・魏書・劉曄傳》。

第九章　病死白帝城

章武三年（魏黃初四年，西元二二三年）四月，劉備兵敗回巫，駐蹕白帝，心力交瘁，不久便染疾在身，臥床不起了。據載，他初始痢疾，隨後轉雜他病，以致不治。劉備知將不測，抓緊時間安排後事。

十月，「詔丞相亮營南北郊於成都。」[1]郊，指郊祭，是一種祭祀天地的儀式。據《禮記》所載，天子於冬至之日祭天於南郊謂之「郊」，夏至之日祭地於北郊謂之「社」。劉備在外，不能親祭，因命丞相諸葛亮代祭天地。可見，他受傳統儒家思想的影響很深。「國之大事，在祀與戎」（《左傳》成公十三年）。打仗重要，祭祀也重要。雖然「社祭」時間已過，仍令諸葛亮在「郊祭」之時補祭。

同時，徵調犍為太守、輔漢將軍李嚴至永安宮，拜尚書令，為託孤做準備。

是月，還做出了具有重要意義的歷史性決定，答應了孫權的請和要求，蜀吳重新聯盟。如前所述，吳得新盟之利，並乘猇亭之氣，將軍朱桓、朱然等分別把魏國名將曹仁、曹真等打敗。曹丕悉召軍還，三國邊場獲得相對安定數年。

章武三年二月，劉備召丞相諸葛亮自成都到永安（即白帝），商議後事。兒子、魯王劉永亦隨亮到永安探望父病。

此時，國內形勢益加不穩。三月，黃元進兵，攻燒臨邛。史載，「時亮東行省疾，成都單虛，是以元益無所憚」，益州治中從事楊洪「即啟太子（劉禪），遣其親兵，使將軍陳曶（音ㄏㄨ）、鄭綽討元」。[2]黃元軍敗，「順流下江，為其親兵所縛，生致成都，斬之。」[3]

劉備病情日重，重臣惟諸葛亮、李嚴在側。彌留之際，他完成了幾件具有重大歷史影響的事之後，便撒手人寰了，「夏四月癸巳（當為丙子，農曆四月二十四日，西元二二三年五月二十九日），先主殂於永安宮，時年六十三。」[4]

「託孤」

《三國志．先主傳》載：「先主病篤，託孤於丞相亮，尚書令李嚴為副。」〈李嚴傳〉說：「先主疾病，嚴與諸葛亮並受遺詔輔少主，以嚴為中都護，統內外軍事，留鎮永安。」〈諸葛亮傳〉載，劉備對諸葛亮說：「君才十倍曹丕，必能安國，終定大事。若嗣子可輔，輔之。如其不才，君可自取。」又詔敕劉禪：「汝與丞相從事，事之如父。」

對於劉備的託孤作為，歷史上向有不同評論。世人多讚其美。

《三國志》作者陳壽說：「先主之宏毅寬厚，知人待士，蓋有高祖之風，英雄之器焉。及其舉國託孤於諸葛亮，而心神無貳，誠君臣之至公，古今之盛軌也。」

最先提出批評的是晉人孫盛，他說：「……備之命亮，亂孰甚焉（意謂太沒有道理了）！世或有謂備欲以固（堅定）委付之誠，且以一蜀人之志（一，動詞。統一，固結）。君子曰，不然。苟（假若）所寄忠賢，則不須若斯之誨，如非其人，不宜啟篡逆之塗。是以古之顧命，必貽話言；詭偽之辭，非託孤之謂。幸值劉禪暗弱，無猜險之性，諸葛威略，足以檢衛異端，故使異同之心無由自起耳。不然，殆生疑隙不逞之釁。謂之為權，不亦惑哉！」[5]此論甚是。後來則少有非議者。

元人胡三省注《資治通鑑》時大加肯定：「自古託孤之主，無如昭烈（劉備）之明白洞達者。」清人趙翼在《二十二史箚記．三國之主用人各不同》中說：「千載下猶見其肝膈本懷，豈非真性情之流露。」

近人盧弼《三國志集解》對孫盛的批評提出了意見，他說：「或曰以其不肖者敗之，不若能者成之。昭烈睹嗣子不肖，慮成業之傾敗，發憤授賢，亦情之所出，何疑為偽乎！先主於孔明投分何如於臨終反欲以詐牢籠之乎？且豈不度孔明之為人與？以詐牢籠何若誠，感而願舍此就彼乎！蓋實有所感於中，不覺言之如是，啟釁之說容暇計乎！堯舜之公道以天下與人並不沾戀。『嗣子可輔』一言，余尚以凝滯大器，無不與之心，顧乃疑於其子大恝邪（恝音ㄐㄧㄚˊ，不知憂愁的意思）。孫盛特未之思耳。」

清代皇帝弘曆倒是頗有見地，他在《御批通鑑輯覽》中發出了疑惑之論，其中說：「昭烈於亮平日以魚水自喻，亮之忠貞豈不深知，受遺時何至作此猜疑語，三國人以譎詐相尚，鄙哉！」弘曆站在皇帝的角度看問題，自然深能體會劉備的心態，可謂是一針見血。

竊以為，劉備的託國之辭，陰懷詭詐，其意甚明。他為了兒子保有天子之位，直陳要害，把諸葛亮逼到沒有迴旋的餘地。這說明，他對諸葛亮懷有很大疑慮。諸葛亮不能不惶恐發誓，表白自己決無二心，正如王夫之所說：「斯言而入愚昧之心，公（諸葛亮）非剖心出血以示之，其能無疑哉？」[6]這就是諸葛亮涕泣而言「臣敢竭股肱之力，效忠貞之節，繼之以死」[7]的原因所在。

由此看來，劉備對待諸葛亮，遠遠不及孫權對待亮兄諸葛瑾之誠。史載，劉備東征之前，孫權曾以諸葛亮之兄諸葛瑾為使求和。當時有人誣稱，諸葛瑾可能暗地別遣親人與劉備、諸葛亮有勾結。孫權斷然表示絕不相疑，說：「孤與子瑜有死生不易之誓，子瑜之不負孤，猶孤之不負子瑜也。」[8]所謂「死生不易之誓」，大概是指的下面一件事。《三國志．諸葛瑾傳》注引《江表傳》說，諸葛瑾從討關羽以後，以綏南將軍領南郡太守，駐守公安，當時「人有密譏瑾者」。孫權說：「子瑜與孤從事積年，恩如骨肉，深相明究，其為人非道不行，非義不言。玄德（劉備）昔遣孔明至吳，孤嘗語子瑜曰：『卿與孔明同產，且弟從兄，於義為順，何以不留孔明？孔明若留從卿者，孤當以書解玄德，意自隨人耳。』子瑜答孤言：『弟亮以失身於人，委質定分（指諸葛亮已是劉備屬下），義無二心。弟之不留，猶瑾之不往也。』其言足貫神明。今豈當有此乎？孤前得妄語文疏，即封示子瑜，並手筆與子瑜，即得其報，論天下君臣大節一定之分。孤與子瑜，可謂神交，非外言所間也。」一片赤誠，令人感佩。

劉備「託孤」有兩方面的作用。積極的作用是：第一，加強了諸葛亮的權力，從而也有效地穩定了蜀漢秩序。封建時代，帝王物故的時候，最易發生權力之爭。尤當新主幼弱，權臣數人當政，更易釀成社會動盪，甚或流血。自然，也非常容易引發敵國覬覦之心。劉備明白這些，又知自己的兒子劉禪實在是軟弱無能，所以便考慮力保在劉氏江山不易的情況下，把最高權力交給諸葛亮。事實證明諸葛亮沒有辜負劉備的期望。第二，增強了諸葛亮盡忠國事之思，使他始終處在惶恐、感恩、責不容貸的焦慮之中，從而發出了誓報劉備殊遇之吟，鞠躬盡瘁，死而後已。我們略讀諸葛亮所留遺文便可看到，他至死都沒有忘記劉備的殊遇之恩。第三，更宏觀地看，確保了蜀漢享祚四十年。

「託孤」的負面影響也是明顯的。第一，諸葛亮功高蓋主，劉禪根據劉備的遺詔事諸葛亮「如父」，繼位之後即「封亮武鄉侯，開府治事（指丞相府開府）。頃之，又領益州牧。政事無巨細，咸決於亮」。既然政事不論大小都由諸葛亮一人決定，劉禪便沒有條件親理政事，從而更強化了劉禪的暗弱無能。第二，權力過於集中一人，又加諸葛亮不善培養人才，客觀上必然造成了蜀漢文無能臣、武無謀將的可悲局面。

遺詔後主

據《三國志・先主傳》注引《諸葛亮集》載先主遺詔敕子有二，其一為「敕後主」，文曰：

朕初疾但下痢耳，後轉雜他病，殆不自濟。人五十不稱夭，年已六十有餘，何所復恨，不復自傷，但以卿兄弟為念。射君（按指射援，時為祭酒）到，說丞相歎卿智量，甚大增修，過於所望，審（確實）能如此，吾復何憂！勉之，勉之！勿以惡小而為之，勿以善小而不為。惟賢惟德，能服於人。汝父德薄，勿效之。可讀《漢書》、《禮記》，閒暇歷觀諸子及《六韜》、《商君書》，益人意智。聞丞相為寫《申》、《韓》、《管子》、《六韜》一通已畢，未送，道亡，可自更求聞達。

這是劉備留於後世的重要文獻之一，記錄了他的死因，體現著他的為人及其重要思想。其要為：

第一，坦然視死。劉備沒有曹操那樣的思想深度，也沒有曹操那樣的絢麗文采，說不出「神龜雖壽，猶有竟時；騰蛇乘霧，終為土灰」那樣富有哲理的話，但他對待生死的態度，卻比曹操坦然得多。曹操晚年詩歌中表現著強烈的「期壽」情緒，說明他雖然知道人生必死，但怕死。劉備則說「人五十不稱夭，年已六十有餘，何所復恨，不復自傷」，態度泰然，實在令人歎服。

第二，對子女，重視做人的教育。從根本上說，劉備對於子女的教育和培養是失敗的。他沒有像曹操那樣責令兒子們文武兼修，不僅使其在經史子集和文化藝術等方面得到嚴格的培養，而且很小就被帶到前線，觀摩戰事，熟悉戰陣，從而為其以後的為學、謀政、用兵奠定了很好的基礎。劉備沒有這樣做。事實證明，性本愚弱的劉禪在其立為太子之前，文無明傅，武無嚴師，所以既即帝位，文武均無所長。又加「政事無巨細，咸決於亮」，諸事不躬，得不到實際的鍛鍊，從而只有耽娛後宮，愚笨暗弱之性就更加突出了。當然，必須看到的是，劉備為王稱帝以後，開始覺察到培養儲君的緊迫性，因而及時建立起了以董允、費禕、霍弋等為太子舍人的輔佐太子的班子，並以精通《左氏春秋》的來敏和尹默分別擔任太子家令和太子僕。但他沒有想到自己的死期來得這樣早，所以死期屆臨，更感到了問題的嚴重，不得不特意關注兒子帝王之術的學習和教育。他對兒子學有進步感到高興。尤當得知諸葛亮慨歎劉禪的智量和「甚大增修，過於所望」時感到特別的欣慰。他對兒子提出了學習要求，一是修身「惟賢惟德」。為此，他複述前賢之意，留下了常為歷史所稱的警句「勿以惡小而為之，勿以善小而不為」。[9] 二是學兼眾術。他希望兒子不僅讀經、讀史，而且「曆觀諸子」，以期「益人意智」。

其二為臨終時把魯王劉永叫到跟前，囑咐說：

吾亡之後，汝兄弟父事丞相，令卿與丞相共事而已。

另據《三國志．諸葛亮傳》載，劉備在託孤的同時又為詔敕告後主說：

汝與丞相從事，事之如父。

兩處記載，其義相同，或屬同詔而記載不同。囑其子事丞相如父，說明了他對諸葛亮的重視和託孤之誠，也說明了他對蜀漢以及天下大勢的清醒認識，同時更說明了他對兒子能力的深刻瞭解。敕子遺詔和臨終託孤一樣，從穩定大局和發展蜀漢功業來說，作用顯著。但如歷史的分析，又見其消極作用的一面。其中最大的是，諸葛亮攬權，劉禪少謀乏斷，事不能豫，一旦事變，難挽國祚於墜。

還葬成都

劉備晏駕以後，諸葛亮即上言於劉禪說：

伏惟大行皇帝邁仁樹德（邁仁，行仁），覆燾無疆（覆燾，覆蓋，指廣施仁德），昊天不弔（謂上天不憐憫），寢疾彌留。今月二十四日奄忽升遐（奄忽，忽然；升遐，升天，指死亡），臣妾號咷，若喪考妣。乃顧遺詔，事惟大宗（此尊稱劉禪），動容損益。百寮發哀，滿三日除服，到葬期復如禮。其郡國太守、相、都尉、縣令長，三日便除服。臣亮親受敕戒，震畏神靈（指劉備在天之靈），不敢有違。臣請宣下奉行。10

根據諸葛亮這裡所說「乃顧遺詔」和「臣亮親受敕戒，震畏神靈，不敢有違。臣請宣下奉行」等語不難看出，喪事是按照劉備的生前遺願安排的。因此，諸葛亮所言，體現著劉備的簡喪節葬思想。

第一，他告誡劉禪（諸葛亮宣詔時稱其為大宗）[11]國事為重，治喪適度，「動容損益」，即一舉一動，影響大局，理應慎重。

第二，他遺令中央百官和地方郡守、縣令等「三日除服」。「除服」是脫去孝服的意思。《禮記·喪服》說：「期而除喪（服），道也。」就是說，服喪期滿即可脫掉孝服。廣義而言，就是到此喪事結束，一切秩序恢復正常。劉備只要臣僚守三日之喪，不僅是適應了當時形勢的需要，而且有著重要的移風易俗的歷史意義。

「三日之喪」非自劉備始。我在《曹操評傳》一書中講到，漢文帝死前曾下令說：「無發民哭臨宮殿中（臨，弔喪）。殿中當臨者，皆以旦夕各十五舉音，禮畢罷。非旦夕臨時，禁無得擅哭。」還規定：「其令天下吏民，令到出臨三日，皆釋服。」[12]無疑，這是對古制「服喪三年」的重大改革。但後來漢平帝死時，「王莽欲眩惑天下，示忠孝，使吏六百石以上皆服喪三年」，[13]又恢復了服喪三年的制度。歷史地看，曹操「葬畢除服」，無疑又是一次對「服喪三年」制的否定。劉備繼之於後，更加明確地宣布「三日除服」，當然亦應給予相應的肯定。

章武三年五月，劉禪繼位於成都。禪，時年十七歲。同月，劉備的靈柩從永安運回成都，「諡曰昭烈皇帝。秋，八月，葬惠陵。」一位「機權幹略，不逮魏武（曹操）」，然而「折而不撓，終不為下者」的人物，到此便壽終正寢了。[14]

註釋

1《三國志．蜀書．先主傳》。

2《三國志．蜀書．楊洪傳》。

3《三國志．蜀書．先主傳》。

4《三國志．蜀書．先主傳》。據查，是年四月干支記日無癸巳。《三國志集解》注引潘眉說：「四月朔戊午，二十四日辛巳非癸巳也。」亦非是。按，陳垣《二十史朔閏表》四月朔癸丑；既然諸葛亮明確說劉備死於二十四日，那麼當在丙子。

5《三國志．蜀書．諸葛亮傳》注。

6王夫之：《讀通鑑論》卷一〇。

7《三國志．蜀書．諸葛亮傳》。

8《三國志．吳書．諸葛瑾傳》。

9《易．繫辭．傳》載孔子說：「善不積不足以成名，惡不積不足以滅身。小人以小善為無益而弗為也，以小惡為無傷而弗去也，故惡積而不可掩，罪大而不可解。」劉備的話，源出於此。

10《三國志．蜀書．先主傳》。

11大宗，一作太宗。據盧弼《三國志集解》等書載，向有三種解釋：一謂「當作大宗，謂後主也」；一謂「漢昭烈皇帝（劉備）廟號」；一謂當指漢文帝廟號。三種解釋均可通。以大宗謂後主，是謂諸葛亮轉述先主遺詔時對劉禪的敬稱；以太宗謂劉備，是說一切都應按照先主的遺詔辦（但歷史上沒有劉備廟號「太宗」的記載，且漢文帝既為「太宗」，劉備不當再以「太宗」稱）；以太宗謂漢文帝，是說劉備詔示喪事按照漢文帝遺詔的精神辦。竊以為，就文意看，似以第一種解釋更近事實和情理。

12《漢書．文帝紀》。

13《通典．禮．總論喪期》。

14《三國志．蜀書．先主傳》。惠陵，在今成都南郊公園武侯祠旁（或謂此非真塚。劉琳《華陽國志校注》注引南宋紹興中任淵《重修先主廟記》說：「成都之南三里許，丘阜巋然曰惠陵者，實昭烈弓箭所藏之地。」）

第十章　折而不撓的一代人物

對於劉備，歷史家常常崇其為人，但以「等而下之」的評語同曹操相比論其事功。《三國志》作者陳壽說：

先主之弘毅寬厚，知人待士，蓋有高祖之風，英雄之器焉。及其舉國託孤於諸葛亮，而心神無貳，誠君臣之至公，古今之盛軌也。機權幹略，不逮魏武（曹操），是以基宇亦狹。然折而不撓，終不為下者，抑揆（揣度）彼（曹操）之量必不容己，非唯競利，且以避害云爾！

《華陽國志》作者常璩說：

漢末大亂，雄傑並起。若董卓、呂布、二袁（袁紹、袁術）、韓（遂）、馬（超）、張楊、劉表之徒，兼州連郡，眾逾萬計，叱吒之間，皆自謂漢祖可踵，桓、文易邁。而魏武神武幹略，戡屠蕩盡。於時先主名微人鮮，而能龍興鳳舉，伯豫君徐，假翼荊楚，翻飛梁、益之地，克胤漢祚，而吳、魏與之鼎峙。非英才名世，孰克如之！

陳壽、常璩的評論突出了以下三點：第一，劉備不愧為一代英才；第二，劉備的才能和功業不及曹操；第三，劉備名微，然能折而不撓，終得一方天下。無疑，這樣的評論是有一定道理的。但是，隨著「帝蜀寇魏」之論起、「頌劉非曹」之風盛，曹操的形象江河日下，成為「奸雄」的典型代表，而劉備則頌聲日聞，成為「忠義」的化身，博得後人的廣泛同情和愛戴。曹操譎虐變詐和劉備弘毅寬厚的一面都被突出了，形象化了。宋人司馬光、蘇軾等人都極讚許劉備的為人。就連老百姓也認為劉備是「好人」，曹操是「壞人」。據蘇東坡《志林》說：「塗巷中小兒薄劣，其家所厭苦，輒與錢令聚坐聽說古話。至說三國事，聞劉玄德敗輒蹙眉，有出涕者，聞曹操敗，即喜唱快。」這說明，北宋期間，曹操的「奸詐」和劉備的「仁義」形象已為廣大的老百姓所接受。元、明、清時期，三國評話、演義作品的出現和三國戲曲的廣泛流傳，曹操、劉備的形象更加藝術化了。一般人等不再認為劉備的智勇和事功不如曹操，從而進一步使他成為正義的化身，忠義的楷模。

終究如何評價劉備呢？筆者試做如下幾方面的概括：

折而不撓終有一方天下

「折而不撓」四字，非常生動地概括了劉備的性格和奮鬥歷程。前述可見，劉備二十四歲從軍，參加鎮壓黃巾軍，因「討黃巾賊有功，除（授官）安喜尉」，但不久便因鞭杖督郵而「棄官亡命」了；繼而，再從軍，力戰有功，當上了下密丞，遷為高唐尉、高唐令，但不久又被黃巾攻破城池，再次亡命，奔投了公孫瓚；然後，他做了公孫瓚別部司馬，因抗拒袁紹數有戰功，「試守平原令，後領平原相。」十餘年間，他雖能「外禦寇難，內豐財施」，眾多歸附，但遭人嫉妒。

有人派刺客殺他，「客不忍刺」，倖免於死。三十四歲，是劉備人生道路上的重要轉折點，他成了方鎮之主。曹操征陶謙，劉備同青州刺史田楷一起赴救，陶謙表薦劉備為豫州刺史，繼領徐州牧，驟然名列最高地方長官之列。但他不久即遭到袁術、呂布的襲擊，老婆孩子都成了呂布的俘虜，不得已而依附於曹操。曹操厚待劉備，以為豫州牧，益其兵使東擊呂布，結果又被呂布的部將高順打敗，妻子再次被呂布虜去。直至曹操擒殺呂布以後，劉備才復得妻子。嗣後，劉備失去地盤，跟隨曹操回到許昌，被授以左將軍。他不甘心依附於曹操，參與了車騎將軍董承受詔欲誅曹操的陰謀，繼而心懷忐忑，借機離開了許昌，遂叛曹而與袁紹聯合。這是建安四年（一九九）的事，劉備三十九歲。自此以後便終生與曹操為敵了。建安五年，曹操東征劉備，「盡收其眾」，虜其妻子，並擒關羽以歸，劉備投奔了袁紹，充當了袁紹的馬前卒，白馬阪再敗於曹操的奇計之下。官渡戰後，劉備南投劉表，「表疑其心，陰禦之」，數年間鬱鬱不得伸其志，「見髀裡肉生，慨然流涕」，因歎「日月若馳，老將至矣，而功業不建，是以悲耳」。建安十三年（二〇八），劉備四十八歲。是年曹操南征劉表，劉琮投降，大敗劉備於當陽長阪，劉備棄妻子，僅以數十騎逃走。嗣後，復收餘眾，聯合孫權，大破曹軍於烏林赤壁。建安十四年，劉備自為荊州牧，真正開始並加快了謀創大業的實際行動。十六年入蜀，十九年破益，劉璋出降，繼則東拒孫權，北抗曹操，遂有漢中。建安二十四年秋自稱漢王於漢中。章武元年（魏黃初二年，西元二二一年），劉備六十一歲，在成都進號為帝，一切過程雖然是在悽愴的氣氛中進行的，但總算完卻了謀取大業的心願。繼而，東戰孫權，慘敗夷陵，抑鬱病結，物故白帝。

可見，劉備的人生道路，自始至終都坎坷不平、充滿危機。起步——挫折——爬起來——再挫折——發展，直至立足一方。這是一個戰鬥的歷程。撇開劉備的政治動機不講，它的確深刻地反映了一個人的精神：折而不撓，敗不氣餒，為了憧憬的目標而始終不懈地奮鬥著。

陳壽將劉備「折而不撓」的精神，歸結為「抑揆彼（指曹操）之量必不容己，非唯競利，且以避害云爾！」就一定時期而論，當然是有道理的。自從建安四年劉備參與董承受衣帶密詔謀誅曹操的陰謀以後，自然不再見容於操。既如此，惟有抗爭，才能保全自己，發展自己。但是，就其整體而論，不宜視為最重要的原因，而應當是一種謀立大業的深層意念所使然。

重義，愛民，甚知得人之要

劉備重義、愛民甚得歷史好評。特別是在諸多文藝作品中，由於突出了曹操的酷虐變詐、嗜殺、疑誅行為，更使他們形成了鮮明的對照。從而也使劉備獲得了更多的同情和諒解。但是，細審則不難發現，劉備固然有更多可以稱道的仁義之行，但也同樣突現著兩面性。曹操的兩面性人格，我在《曹操傳》一書中已經做了分析，這裡重在分析劉備。

一、義以待人

劉、關、張結義的佳話，長期在中國歷史文化發展和社會道德培養中發揮重大作用。其中，雖然不無負面影響，但積極的一面始終是主要的。他們一經結義，終生不易。人存兩地，心在一起。曹操厚待關羽，關羽深念劉備厚恩，信守「誓以共死，不可背之」的信條，不為所動。關羽的忠義精神，深深地打動了曹操。史謂，「曹公義之」，因而慨歎說：「事君不忘其本，天下義士也。」為此，裴松之在注《三國志》時還把曹操大大讚揚了一番：「曹公知羽不留而心嘉其志，去不遣追以成其義，自非有王霸之度，孰能至於此乎？斯實曹公之休美。」關羽被孫權殺害後，張飛為義所激，失去理智，暴戾有加，死於部下；劉備錯誤地判斷戰爭形勢，不聽眾臣勸諫，倉促出兵伐吳，以致慘敗而歸，為義誤國，為義把自己的性命也搭上了。對於劉備為義所累這一點，連旁觀人也看得清楚。如前所述《三國志・劉曄傳》載，魏文帝曹丕曾「詔問群臣令料劉備當為關羽出報吳不」，有人說：「蜀，小國耳，名將唯羽。羽死軍破，國內憂懼，無緣復出。」侍中劉曄則清楚地認識到：「蜀雖狹弱，而備之謀欲以威武自強，勢必用眾以示其有餘。且關羽與備，義為君臣，恩猶父子。羽死不能為興軍報敵，於終始之分不足。」

禮賢下士，厚待賓客。他在做平原相的時候，「士之下者，必與同席而坐，同簋而食，無所簡擇」，因而得到了廣泛的擁護和支持，「眾多歸焉」，由此引起了方鎮大員的重視，遂有陶謙薦代徐州牧、袁紹備讚「劉玄德弘雅有信義」的事情發生。[1]

善遇部屬，士兵甘為驅使。劉備拙於用兵，戰則常敗，但每每不久便又重新把自己的隊伍集中起來。建安元年，呂布將他打敗，虜其妻子，及至請和，求屯小沛，很快便「復合兵得萬餘人」。建安二年，又被呂布打敗，三年曹操擒殺呂布以後，他跟隨曹操還許，時過年餘，離開曹操，及還小沛，「郡縣多叛曹公為先主」，很快得眾數萬人。建安五年，被曹操打敗，幾乎隻身逃依袁紹，「駐月餘日，所失亡士卒稍稍來集。」諸此說明，劉備很知善待卒伍之要。士卒感恩，願為驅使。[2] 正因他懂得這一點，所以他對關羽「善待卒伍而驕於士大夫」和張飛「愛敬君子而不恤小人」都給予了關注，常常告誡張飛必須善待士兵，指出「鞭撾健兒，而令在左右，此取禍之道也」。[3]

二、愛民得民

劉備很懂「得人心者得天下」的道理。所以，為政在寬，史無苛斂記載。初為官，人民飢饉，他外禦寇難，內豐財施，以求穩定社會秩序。自為荊州牧，極少徵斂。既得益蜀，尤重社會安定。他非常贊同趙雲關於「益州人民，初罹兵革，田宅皆可歸還，令安居復業，然後可役調，得其歡心」的意見，避免了試圖「以成都中屋舍及城外園地桑田分賜諸將」的一次重大的傷及民利的決策失誤。4

最受人們讚揚的是他明知不利而不棄民的舉動。建安十三年，曹操取荊州，劉琮投降，荊州人多歸劉備。前面談到，當他到達當陽時，從眾已有十餘萬，輜重數千輛，嚴重地拖累了行動速度，日行只有十餘里。後有追兵，情勢危急，有人勸他棄眾而速走江陵，他毅然說：「夫濟大事必以人為本，今人歸吾，吾何忍棄去！」短短一句話，深刻地表達了他對待民眾的態度，而且深刻地反映了他的民本思想是同他謀圖大事緊緊相連的。歷史表明，劉備雖然慘敗當陽長阪，僅與諸葛亮、張飛、趙雲等數十騎得免，從政治上說更非明人之舉，但卻博得了廣泛的同情，對其以後的發展產生了非常積極的影響。晉人習鑿齒的話，反映了這種事實。他說：「先主雖顛沛險難而信義愈明，勢逼事危而言不失道。追景升（劉表）之顧，則情感三軍；戀赴義之士，則甘與同敗。觀其所以結物情者，豈徒投醪撫寒含蓼問疾而已哉！其終濟大業，不亦宜乎！」5

三、明示誠敬，但不以信義束縛自己

謀立大業的歷史人物，很少將信義作為目的而信守不移者。對他們來說，倡信崇義自始至終都是爭取人心，進而達到政治目的的手段。劉備自然也不例外。他崇尚信義，但決不為此自囿。所以，從另一角度看，劉備又是一個不講信義的人。就他與曹操的關係言，始則他被呂布打敗，歸依曹操，曹操「厚遇之，以為豫州牧」，繼而表為左將軍，「禮之愈重，出則同輿，坐則同席」，而劉備卻不念其遇，首啟釁端，陰謀誅操，得機離許以後又立即北聯袁紹對抗曹操，二人遂不相容。再就他與呂布的關係言，呂布固然是反覆無義小人，侵其地，掠其妻，死有餘辜，但在解除袁術的危機時亦曾有恩於劉備，及至呂布投降曹操，生死懸於劉備一言之間，他一句話便提醒了曹操，把呂布送上了斷頭臺。再如他同公孫瓚、袁紹的關係。劉備本是公孫瓚的同窗好友，瓚年長，備「以兄事之」。在劉備走投無路的時候，公孫瓚委以重任，讓他為別部司馬領兵抗袁紹，繼領平原相，劉備卻趁援救陶謙的機會，離開公孫瓚而歸依陶謙；當他被曹操打垮，幾乎是隻身投靠袁紹時，袁紹「遣將道路奉迎，身去鄴二百里」，與劉備相見，史謂：「備歸紹，紹父子傾心敬重。」劉備既已得兵，很快便「陰欲離紹」，詭說袁紹南連劉表，乘機南下，以謀自己發展的機會。

特別要著重說的是他對待劉表父子和劉璋的明示誠敬，陰懷詭詐的態度。

劉備對待劉表父子的態度，使他獲得了很大的政治資本。前述事實表明，劉備南投劉表完全是為了自己的發展，劉表「益其兵」，並以上賓禮待之，使他在荊州界內站住了腳跟。及至劉備部眾日多，荊州豪傑多依之，劉表憚其為人，自然會產生疑慮，所以「陰禦之」、「不甚信用」，甚至發生劉表的僚屬想除掉劉備的事都是有可能的。但不管怎麼說，劉表對於劉備是有恩的。劉備心裡自然也很明白。可是，劉備自始至終都是自以豫州牧、左將軍的身分客居荊州的。他羈旅在別人的地盤裡，卻等待機會建立自己的功業，所以「見髀裡肉生，慨然流涕」。

他深納諸葛亮「跨有荊益」的隆中對策，自然要覬覦荊州。歷史表明，劉表彌留之際，已經深深感到了劉備對其子孫的威脅，不得不以退為進，希望劉備善待其子。後人為了突出表現劉備的「信義」之心，遂有所謂劉表「託國」和劉備言說「此人待我厚，今從其言，人必以我為薄，所不忍也」之說。實際上，在劉琮、劉琦的爭嗣鬥爭中，劉備完全背棄了劉表的意願，支持了劉琦，從而加劇了荊州內部危機。及至劉琮已經遣使請降曹操，諸葛亮勸其攻琮取荊州，而言「吾不忍也」，又有人勸其劫持劉琮及荊州吏士南走江陵，劉備說什麼「劉荊州臨亡託我以孤遺，背信自濟，吾所不為，死何面目以見劉荊州乎！」等語，完全是主客觀條件都不具備，特別是曹操大軍壓境的形勢使然，而並非是不願。[6]

劉備對待劉璋的態度是最為明顯的以怨報德。劉璋上了張松的當，遣法正迎劉備，而且「前後賂遺以巨億計」。法正乘機向劉備陳說益州可取之策。劉備、諸葛亮既然將「跨有荊益」作為既定目標，自然非常高興。但他卻試圖將其真實的思想掩飾起來，而以虛假的面目面對現實。所以，當治中從事龐統說其取益州「權藉以定大事」時，他假惺惺地以寬、仁、忠、義相對，說什麼「今以小故而失信義於天下者，吾所不取也」。龐統以「逆取順守，報之以義，事定之後，封以大國，何負於信」的說辭，給了他一個下臺階，他便心安理得地出兵了。劉璋「敕在所供奉先主，先主入境如歸」。[7]因此，沒有多少日子，劉備便順利地自公安、宜都等地驅兵數百公里，到達益州的巴郡（治今重慶）。隨後，又由巴水（今涪江）溯流而上數百公里到達涪城（今四川綿陽），深入到益州的腹地。劉備至涪，劉璋親自從成都到涪出迎，誠心相待，相見甚歡。劉璋推劉備行大司馬，領司隸校尉；劉備推劉璋行鎮西大將軍，領益州牧如故。劉璋為劉備增兵，厚加資給。劉璋對待劉備真可謂是仁至義盡了。但不久便自知上當了，殺了內奸張松，敕令「關戍諸將文書勿復關通先主」。俗話說，請神容易送神難。劉璋搬起石頭砸了自己的腳，劉備則即無須再顧信義之言，便即「分定郡縣」，向成都進兵了。劉璋投降後，劉備無顏面對劉璋，遂按龐統所說「事定之後，封以大國，何負於信」的意思，「遷璋於南郡公安。」他為劉璋留了一條活路，也算「報之以義」了。

上述可見，劉備確有陰懷詭詐的一面。但在分析歷史人物的時候，自然還應注意從另一角度看問題，即：成大事者往往不以小義而廢大謀。劉邦、李世民、朱元璋是這樣，曹操、劉備也是這樣。當然，從道義上說，是不足為鑑的。

用人尚賢而不明於察

歷史證明，大凡開國者，一般都注意尚賢任能。劉備屢戰屢敗，頻遭挫折，自然亦知任用賢能的重要。

清人趙翼在《二十二史箚記》中就三國之主的用人特點做了概括。他說：「人才莫盛於三國，亦惟三國之主，各能用人，故得眾力相扶，以成鼎足之勢。而其用人，亦各有不同者，大概曹操以權術相馭，劉備以性情相契，孫氏兄弟以意氣相投，後世尚可推見其心跡也。」這樣概括自然很有道理，但亦失之於偏。

我在《曹操評傳》一書中曾對曹操的用人思想作過分析，認為曹操因出於功利的目的，惟才是舉，虛懷待人，不惜爵賞，使許多人，不管是歸投名賢，還是徵召入朝的地方官員或鄉隱俊士，都甘為其用。一大批知識分子集中鄴下，形成了事實上的文人集團；眾多的智能人士，被破例授官，出則牧守，入則列卿或中樞要津。這是曹操謀取大業的人才資本，是他「任天下之智力，以道御之」取得的實際效果。這裡面固然有其「以權術相馭」的問題，待人處事亦難免譎詐，有時已經把不合己意的人殺了，還表示痛惜，為之欷歔流涕；有時表面和氣而內實恨之，伺機而除之。但更當注意的是，確實不乏他以誠待人的事例。趙翼認為，曹操「以嫌忌殺人」、「亦以疑似之言殺人」，由此可以推知「從前之度外用人，特出於矯偽以濟一時之用，所謂以權術相馭也」。這是一種以點概全的分析方法，不足為訓。

孫權的用人之道，遠在劉備之上。他的兄長孫策就曾因為「善於用人」而著稱於時，史謂：「策為人，美姿顏，好笑語，性闊達聽受，善於用人，是以士民見者，莫不盡心，樂為致死。」有一個有趣的故事，常常為人所道。史載，東萊人太史慈為北海相孔融向劉備求救後南投揚州刺史劉繇，沒有得到重用，有人勸劉繇以慈為大將軍，而劉繇僅僅給了他一個相當「偵察排長」的職務。一次，太史慈「獨與一騎」出去偵察，突然同孫策遭遇，「策從騎十三，皆韓當、宋謙、黃蓋輩也。慈便前鬥，正與策對。策刺慈馬，而攬得慈項上手戟，慈亦得策兜鍪（ㄉㄡ ㄇㄡˊ，頭盔）。會兩家兵騎並各來赴，於是解散。」後來，太史慈「遁於蕪湖，亡入山中，稱丹楊太守。……進住涇縣（安徽今縣），立屯府，大為山越所附」，孫策親自「攻討」，太史慈寡不敵眾，「遂見囚執。」孫策見到這位曾把自己頭盔摘走的冤家對頭，立即為其解縛，並「即署門下督，還吳授兵，拜折衝中郎將」。[8]

正因孫策善於羅致人才，所以樂為其用的人很多，不幾年，便為孫權留下了文如張昭、張紘，武如周瑜、程普等一批頗有謀略的領導人物。

用人待之以誠，孫權又遠在其兄之上。孫策生前即已覺察到自己羅致人才的本事遠遠不及弟弟孫權。所以，他彌留之際囑以後事時特意講到了年僅十九歲的弟弟的這一突出優點，說：「舉江東之眾，決機於兩陳之間，與天下爭衡，卿不如我；舉賢任能，各盡其心，以保江東，我不如卿。」[9] 事實確實如此。孫權繼領吳地之後，敬待孫策舊部，如張昭、周瑜、程普、呂範等，「委心而服事焉」；「招延俊秀，聘求名士」，如魯肅、諸葛瑾等一大批文官武將，先後甘為所用；拔將於「行陣」，如呂蒙，成為一代名將；不疑歸從，如甘寧投吳，待之「同於舊臣」；更可貴的是，他不拘年資，重用新人，如以陸遜為督，大敗關羽和劉備，等等。據載，魏文帝曹丕曾問吳國使臣「吳王何等主」？使者突出講了孫權的知人善任的品質，回答說：「納魯肅於凡品，是其聰也；拔呂蒙於行陳，是其明也；獲于禁而不害，是其仁也；取荊州而兵不血刃，是其智也；據三州虎視於天下，是其雄也；屈身於陛下，是其略也。」[10]《三國志·吳主傳》注引晉人傅玄的話說，孫權繼承父兄的事業以後，「有張子布（昭字子布）以為腹心，有陸議（遜）、諸葛瑾、步騭以為股肱，有呂範、朱然以為爪牙，分任受職，乘間伺隙，兵不妄動，故戰少敗而江南安。」這也是從用人的角度，評論孫權的事功。可見，時人和後人，都很欣賞孫權重視人才、善於用人的一面。

不可否認，劉備用人重義，常能以誠待人，所以也的確收到了某些「以性情相契」的效果。少結豪傑，人多歸附；代領徐州，諸賢擁戴。但在當時他對於舉賢任能的重要性尚乏理性的認識。及至南依劉表、屯駐新野時，才真正徹悟招賢用賢之要，從而開始了自覺地訪賢用賢活動。徐庶來投，他器而用之。司馬徽隱居，他主動拜訪。司馬徽、徐庶不約而同地向他推薦諸葛亮、龐統，他即枉駕三顧諸葛亮於草廬之中。[11] 三顧茅廬，諮以大計，深深打動了諸葛亮的心，使諸葛亮「由是感激，遂許先帝以驅馳」，而終生不易。隆中對策，亦使劉備頓開茅塞，信心倍增，喜謂「孤之有孔明，猶魚之有水也」。諸此，都揭示了他求賢若渴的心情。他同關羽、張飛、趙雲等人的關係，更如趙翼所分析的那樣：「自少結契，終身奉以周旋，即羈旅奔逃，寄人籬下，無寸土可以立業，而數人者，患難相隨，別無貳志，此固數人者之忠義，而備亦必有深結其隱微而不可解者矣。」所謂「深結其隱微而不可解者」，就是待之以情，交之以義，「以性情相契。」

歷史證明，劉備在創業過程中，特別是入蜀前後，尤其注意廣開賢路。不管文官，還是武將，凡有來歸，總是以誠相待，量能授職。馬超來投，即以為平西將軍，遷左將軍、驃騎將軍，與關、張同列。黃忠「委質」，常先登陷陣，勇毅冠三軍，拜為討虜將軍，遷征西將軍、後將軍，亦與關、張同列。龐統歸屬，初為耒陽令，及見與談，大器之，以為治中從事，與諸葛亮並為軍師中郎將。法正助劉備入蜀有功，以為蜀郡太守，揚武將軍，「外統都畿，內為謀主」，繼為尚書令、護軍將軍。入蜀以後，劉璋舊部歸附者，賢能皆用。前已述及，此不一一。

但是，毋庸諱言，劉備不具備大政治家的資質，軍事才能更屬平平。可是，他卻獲得了比曹操更多的聲譽。這其中，除了曹魏最終逼漢禪位的重要政治原因之外，最主要的是劉備表現了能夠以誠敬待人，從而與曹操不加掩飾地表現出的譎詐、誅殺功臣的一面形成了鮮明的對照。但是，如就知人善任而言，他則遠遠不如曹操。曹操對於自己部屬的能力及其為人瞭若指掌，更加不疑歸從，敢於拔將才於卒伍之間，所以收到了人盡其用的效果。

劉備固然也有看人看得準的時候，例如，史載馬謖「才器過人，好論軍計，丞相諸葛亮深加器異。先主臨薨謂亮曰：『馬謖言過其實，不可大用，君其察之！』亮猶謂不然，以謖為參軍，每引見談論，自晝達夜。」[12]及至街亭兵敗，諸葛亮自愧知人不及劉備。另如，重用魏延。

劉備自為漢中王後，將還成都，需要一個得力的重要將領鎮守漢川，當時，「眾論以為必在張飛，飛亦以心自許。先主乃拔（牙門將）延為督漢中鎮遠將軍，領漢中太守，一軍盡驚。」為此，歷史上還記下了一個生動的故事：劉備大會群臣，問魏延：「今委卿以重任，卿居之，欲云何（你想說點什麼）？」魏延昂然回答說：「若曹操舉天下而來，請為大王拒之；偏將十萬之眾至，請為大王吞之。」劉備連稱其說得好，大家也「咸壯其言」。[13] 再如，他對張飛的弱點也能看得清楚，因而常常告誡張飛不要「刑殺過差」、「鞭撾健兒」。他甚至有時能夠洞察冤屈，為下臣辯誣：功曹書佐主簿李恢，「為亡虜所誣，引恢謀反」，職能部門將李恢捉起來，劉備「明其不然」，不僅不予治罪，反而「更遷恢為別駕從事」。[14]

但是，事實證明，劉備不少的時候是不明於察，不能深知部屬的心術及其長處和短處。因而，就連關羽、趙雲等一些心腹宿將也得不到正確地發揮作用。關羽剛愎自用，本非方鎮之材，劉備不僅授以重任，而且盡護其短，不斷助長其驕傲情緒，最終釀成大錯。正如王夫之所說：「關羽，可用之材也，失其可用而卒至於敗亡，昭烈（劉備）之驕之也，私之也，非將將之道也。」[15] 趙雲屢有戰功，入蜀以後，謀略常與劉備相左，劉備便不再信用，授官竟然不能與關、張、黃、馬同列。關、張、黃、馬均為名號將軍，都封了侯，而趙雲始終是雜號將軍，而且在劉備生前竟然得不到封侯。[16] 孟達對於劉備入蜀有功，並取得了攻奪房陵、上庸、西城等地的勝利。劉備卻對其不信任，又遣養子、副軍中郎將劉封自漢中乘沔水而下，奪了孟達的軍權，導致了孟達、劉封不和，最終釀成孟達叛歸曹魏、失掉三郡的後果。

劉備為人有少恩、多忌的一面。所以，在用人方面，有時表現得不容異己。明明自己急於做皇帝，卻假裝出很不願意的樣子，但當別人真的勸他緩一步稱帝的時候，便暗藏憤怒於心，找個機會把提建議的人殺了或貶了。

最為可悲的是，他對諸葛亮很不放心。王夫之曾用三個方面的事實證明這點：第一，留關羽守江陵，而不以諸葛亮率趙雲、張飛守江陵，「疑武侯（諸葛亮）之交固於吳，而不足以快己之志也」，「先主之信武侯也，不如其信羽，明矣」；第二，諸葛瑾奉使入蜀，兄弟二人不能私見，「不敢盡兄弟之私」（按：此當兩面論，因為諸葛瑾在吳也有避嫌問題）；第三，劉備臨崩託孤而有「君自取之」之言。其實，還有兩點可以證明：一是劉備封諸葛亮為丞相，但生前未准其開府，軍政權力仍牢牢地掌握在自己手裡；二是劉備東征，諸葛亮明知條件尚不成熟，出於私心而不敢諫，因歎「法孝直（法正，字孝直）若在，則能制主上，令不東行」。這生動地表明了二人各懷疑慮的心情。

劉備對於巴蜀名士和蜀籍官員存在戒心，從而影響了對他們的任用，影響了蜀國後繼人員的培養。王夫之指出：「先主所用，類皆東州之產，耄老喪亡，而固不能繼。蜀非乏才，無有為主效尺寸者，於是知先主君臣之圖此也，疏矣。」[17]的確是這樣，表現在：

第一，中央樞紐機關少用蜀人。據查，劉備稱帝以後，所任職官，諸卿、尚書、侍中、治中以上，只有楊洪（犍為武陽人）、黃權（巴西閬中人）、何宗（蜀郡郫人）、王謀（漢嘉人）等少數幾人。

第二，帶著偏見看人，言有不遜，諫有不稱，即黜其職，甚至收付刑獄。比如，秦宓，廣漢綿竹人，「少有才學」，劉備為益州牧時授宓為從事祭酒。劉備稱帝後，將東征吳，「宓陳天時必無其利」，便被抓進了監獄。彭羕，廣漢人，起初，仕州不過書佐，劉備領牧後，經龐統、法正推薦，拔為治中從事。彭羕為治中從事，「形色囂然」，降職江陽太守，言不遜，便收獄處死。張裔，蜀郡成都人，治公羊春秋，博涉史漢，頗有學問。善論人物臧否的許靖，謂「裔幹事敏捷，是中夏鐘元常之倫也」（鍾繇，字元常，官至曹魏相國）。張裔對於劉備和平入城做出了貢獻，劉備入成都，「以裔為巴郡太守，還為司金中郎將，典作農戰之器。」「典作農戰之器」云云，實質就是把冶鐵業控制在官府手裡。可見，司金中郎將是個比較重要的官職。但不久，便又左遷為益州郡（今雲南境內）太守，結果被少數族耆率雍闓縛送於吳。費詩，犍為南安（今四川夾江）人，開始曾經受到重視。後來，劉備準備做皇帝，他不識時務，上疏阻止，便被降了職，「左遷部永昌（今雲南保山）從事。」黃權，曾是劉璋的重要幕僚主簿，劉備拜他為偏將軍。劉備為漢中王，以權為治中從事，是一位難得的軍事人才，歸屬劉備以後屢獻奇謀，及至伐吳，二人意見不同，便將其調離前陣，使「督江北軍以防魏師」，孤軍懸處，道路隔絕，不能還蜀，被迫降魏。

另外，需要提及的還有：周群，巴西閬中（今縣）人，曉占候（觀天象以測吉凶），劉璋辟為師友從事，先主定蜀，署儒林校尉。劉備與操爭漢中，問群，群對曰：「當得其地，不得其民也，若出偏軍，必不利，當戒慎之！」由此，周群終生不得提升。後部司馬張裕，蜀郡人，亦曉占候，諫劉備說「不可爭漢中」。劉備不用裕言，遣將軍吳蘭、雷銅等入武都，結果打了敗仗，「皆沒不還」。劉備便藉故將其殺了。杜瓊，蜀郡成都人，學業精深，劉璋時辟為從事，劉備亦僅以為議曹從事。

第三，用而不信，不予實權。漢制，自武帝以後，軍政權力往往主要掌握在中朝官手裡。[18]蜀漢自然也是這樣。據查，劉備所置中朝官，尚書、侍中以上無蜀籍一人；九卿之列，僅少府王謀、大鴻臚何宗二人；[19]所置將軍，衛將軍、左右前後將軍以上自然不可能，[20]即使其他各種名號將軍、雜號將軍也不得與，僅有黃權被封為偏將軍，王平（巴西宕渠人）被封為裨將軍。偏、裨，皆為將軍之副。地方郡守一級的要員，二十餘人中，除張裔、楊洪、費詩等曾做過一段外，[21]亦大都是客籍人氏。

受到劉備重視並給予一定重用的人有幾個，但官秩達到二千石者很少，大都不過千石。尹默，梓潼涪人，「皆通諸經史，又專精於《左氏春秋》」，被劉備拔為勸學從事。及立太子，以默為僕。李恢，建寧俞元人。劉備領益，以恢為功曹書佐主簿，後遷為別駕從事。章武元年，以為庲降都督，使持節領交州刺史。官秩算是高的了。馬忠，巴西閬中人，建安末舉孝廉，授漢昌長。「先主東征，敗績猇亭，巴西太守閻芝發諸縣兵五千人以補遺缺，遣忠送往。先主已還永安，見忠與語，謂尚書令劉巴曰：『雖亡黃權，復得狐篤（馬忠，原名狐篤），此為世不乏賢也。』」建興元年，諸葛亮以忠為門下督。至於譙周（巴西西充人）、張翼（犍為武陽，今四川彭山東人）等人受到一定重視，那都是劉備死後的事。

尚儒而喜法術

劉備少年時期不太喜歡讀書，但從「年十五，母使行學，與同宗劉德然、遼西公孫瓚俱事故九江太守同郡盧植」[22]的記載看，他又是在儒學思想的影響下成長的，而且確曾投到當代碩儒門下，受過短期的正規儒學的薰陶。所以，他自處、辨事、建制、用人等方面都表現出了明顯的儒教特徵。但是，殘酷的歷史現實和坎坷的人生閱歷，又使他甚知諸子百家之可觀以及術法之可用。因此，劉備雖然不能具有曹操那樣豐富的思想，但也同樣具有霸王道雜之的思想特徵。

一、儒為學先

第一，如前所述，劉備特別重視以儒家的思想教育子女。劉禪為太子，劉備所發策文僅僅突出地對劉禪提出了一條要求，即：「行一物而三善皆得。」「行一物」是說每做一件事，「三善」係指父子之道、君臣之義、長幼之節。言簡意賅，一句話便把儒學的最基本的思想內涵包容其中，明令劉禪以儒家的父子、君臣、長幼之道修養自己。所置僕傅，特別強調了「以耆宿學士見禮於世」和「通諸經史」的人。及至彌留，再次遺詔劉禪將《漢書》、《禮記》作為最重要的學習科目。《漢書》為漢朝掌故，意在讓劉禪熟悉祖宗之法，學習治國為政之道。《禮記》為修身要籍，「行一物而三善皆得」就出於此。並且特別強調了「勿以惡小而為之，勿以善小而不為。惟賢惟德，能服於人」的內容。這是簡要地複述孔子在《易・繫辭下》中所說的話。

第二，重用儒人，倡辦儒學。劉備很知儒學之用，自定蜀之日起便注意重用儒人。儒者周群，少篤儒學，劉璋時為師友從事，劉備署為儒林校尉；杜瓊，少學於廣漢名儒任安，「精究安術」，劉璋時辟為從事，劉備以為議曹從事；許慈，「善鄭氏學，治《易》、《尚書》、《三禮》、《毛詩》、《論語》」；胡潛，「卓犖強識，祖宗制度之儀，喪紀五服之數，皆指掌畫地，舉手可采」，劉備定蜀，「承喪亂曆紀，學業衰廢，乃鳩合典籍，沙汰眾學。慈、潛並為博士，與孟光、來敏等典掌舊文」。據載，劉備為了調解許慈和胡潛的關係，還頗費過一番心思。《三國志・許慈傳》說：「值庶事草創，動多疑議，慈、潛更相克伐，謗讟忿爭，形於聲色；書籍有無，不相通借，時尋楚撻（時常找機會拷打），以相震撼（互相扭打。撼，音ㄒㄧㄢˇ）。其矜己妒彼，乃至於此。先主愍其若斯，群僚大會，使倡家假為二子之容（讓戲子假扮二人容貌），效其訟鬩之狀（仿效二人爭辯時的樣子），酒酣樂作，以為嬉戲。初以辭義相難，終以刀杖相屈，用感切之。」孟光，「博物識古，無書不覽，尤銳意三史，長於漢家舊典。好《公羊春秋》而譏呵左氏」，劉備定益州，拜孟光為議郎，與許慈等並掌制度。來敏，「涉獵書籍，善《左氏春秋》，尤精於《倉》、《雅》訓詁，好是正文字」，劉備定益州，署敏典學校尉。尹默，「通諸經史，又專精於《左氏春秋》，自劉歆條例，鄭眾、賈逵父子、陳元方、服虔注說，咸略誦述，不復按本」，劉備以為勸學從事。李譔（音ㄓㄨㄢ），「父仁，字德賢，與同縣尹默俱遊荊州，從司馬徽、宋忠等學。譔具傳其業，又從默講論義理，五經、諸子，無不該覽，加博好技藝，算術、卜數、醫藥、弓弩、機械之巧，皆致思焉」，劉備用為州書佐。[23]

後來，諸葛亮領益州牧，為蜀漢丞相，繼承了劉備的重儒倡學政策。諸如以耽古篤學、研精六經、尤善書札的譙周為勸學從事，以大將軍蔣琬為典學從事，總州之學者，等等。

二、重視法術

一個重要的表現是，劉備在留給劉禪的詔書中，非常清楚地表明了諸子、兵書、法術等著作在他心目中的地位。他指令劉禪除了讀好經書、《漢書》外，「閒暇歷觀諸子及《六韜》、《商君書》，益人意智。」又說：「聞丞相為寫《申》、《韓》、《管子》、《六韜》一通已畢，未送，道亡，可自更求聞達。」這說明：第一，劉備並沒有將儒學和其他諸子百家對立起來；第二，他也沒有把法術著作同儒學並列，而是放在次於儒學的位置。「閒暇歷觀」四字，生動地表明了這一點。可見，一切試圖以此具論劉備、諸葛亮為法家者都是不能成立的；第三，劉備和諸葛亮都知劉禪弱點所在，因而特別重視針對性的施教。《三國志集解》注引姜宸英說的話很對：「後主庸弱，故先主與（諸葛）亮皆欲其讀此書，可見古人讀書皆以致用。」

另一個重要表現是，如前所述，他指示諸葛亮等五人制定的法律制度（蜀科）非常嚴酷。

還有一個重要表現是，亦如前述，執法中時有枉法和寬貸。

歷經沙場而不善用兵

劉備一生，大部分時間是在戰爭環境下度過的。所以，他同曹操一樣，可謂是鞍馬勞頓，倥傯軍旅數十年。他重視兵書的學習，並在戰爭實踐中得知兵書之用，因而臨終能夠要求劉禪「閒暇」時讀《六韜》；他更知戰爭實踐的重要，因而當其脫離戰爭時間長了的時候，便覺不安。甚至自見「髀裡肉生」而「慨然流涕」。但是，歷史證明，他雖然以武力奪取一方天下，表現出的軍事才能遠超袁紹、袁術、呂布等，但同曹操、諸葛亮、孫權相比，他並不是一個善於用兵的人。如果說年輕時候在別人的統率下尚能「數有戰功」，那麼自從代領徐州牧、身為封疆大吏以後，由他自己指揮的戰爭便是敗多勝少了。僅據《三國志・先主傳》、〈武帝紀〉和《華陽國志》等書記載列表如下。

時間	戰爭	結果
建安元年	劉備拒袁術，呂布乘虛襲下邳，虜備妻子。	失敗

同年	楊奉、韓暹寇徐、揚，劉備邀擊。	勝利
建安二年	呂布攻劉備，劉備敗歸曹操。	失敗
建安三年	曹操益其兵使擊呂布，再敗，呂布復虜其妻子。	失敗
建安四年	劉備叛操，操派兵擊之，不克。	小勝
建安五年	曹操征劉備，盡收其眾，虜其妻子，生擒關羽。	失敗
同年	官渡戰爭期間，曹操誘敗劉備、文醜於白馬山南阪。	失敗
同年	袁紹派劉備助汝南黃巾劉辟，曹仁擊之，備還歸袁紹。	失敗
建安六年	劉備與汝南黃巾龔都等合兵，迎擊蔡揚。	勝利
同年	曹操南擊劉備，備聞操自行，奔歸劉表。	失敗
建安七年	劉備屯新野，北至葉，設伏擊夏侯惇等。	勝利
建安十三年	丟妻棄子，兵敗當陽。	失敗
同年	配合周瑜破曹操軍於赤壁、烏林。	勝利
建安十四年	南征荊州四郡。	勝利
建安十六至十九年	劉璋遣法正迎劉備入蜀，繼而相戰，劉璋降。	勝利
建安二十年	吳爭荊州三郡，備求和，與孫權分荊州地。	失敗
同年	曹將張部進軍宕渠，劉備使張飛與戰，破部。	勝利
建安二十二至二十三年	劉備遣張飛、馬超等屯下辯，被曹洪打敗。	失敗

建安二十三年	劉備遣陳式斷馬鳴閣道，被徐晃打敗。	失敗
建安二十四年	黃忠破夏侯淵於定軍山。	勝利
同年	關羽敗死，失荊州。	失敗
章武元年至二年	率兵伐吳，夷陵慘敗。	失敗

上述不完全統計，戰爭二十二次，失敗十三次，勝利九次。其中，劉備親自督陣或指揮的戰爭十七次，失敗九次。可見，雖然不能說他是一位長敗將軍，但敗多勝少確是事實。對此，時人都很清楚，國人固然不便多言，但敵國之謀臣戰將則常言及。吳國陸遜說他「前後行軍，多敗少成」。[24]魏國丞相掾趙戩說他「拙於用兵，每戰必敗」。[25]曹丕也說「備不曉兵」。[26]他的主要戰績是在法正、龐統、諸葛亮、趙雲、張飛的謀劃和支持下，譎詐與武功並用，一舉奪得益州，成就大業。但綜合考察，不能不承認，劉備雖然是通過軍事手段謀取天下，但有欠軍事才略。

王夫之認為，劉備所以屢出屢敗是由於兩方面的原因：一是「未能受命」的緣故。他說：「劉先主之刺豫州，因陶謙也；其兼領徐州，亦因陶謙也。二袁、曹操，皆受命於靈帝之末，呂布、劉表，亦拜爵王廷而出者，惟先主未受命也，而不得不因人而興。始因公孫瓚，繼因陶謙，周旋於兩不足有為者之左右，而名不登於天府（意謂不是朝廷正式任命的），是以屢出而屢敗。」二是「託非其人」。他說：「及其為左將軍，受詔誅操而出奔，乃北奔於袁紹，託非其人矣，而非過也。」[27]從戰略和戰爭號召力上以及自身的發展來說，此等條件，固然有所影響。但從戰術，以及諸次戰爭的勝敗來說，全委於此，自然是有意規避客觀力量的對比和回護其無能了。

註釋

1《三國志．蜀書．先主傳》注引《魏書》、《獻帝春秋》。
2《三國志．蜀書．先主傳》。
3《三國志．蜀書．張飛傳》。
4《三國志．蜀書．趙雲傳》注引《雲別傳》。
5《三國志．蜀書．先主傳》注引習鑿齒語。
6參閱《三國志．蜀書．先主傳》、《三國志．魏書．劉表傳》並注引《漢魏春秋》、《英雄記》等。
7《三國志．蜀書．劉二牧傳》。
8《三國志．吳書．太史慈傳》。
9《三國志．吳書．孫策傳》。
10《三國志．吳書．吳主傳》。
11竊以為，不必排除諸葛亮先自主動求見的記載。先是諸葛亮主動求見，進獻「益眾」之策，「備由此知亮有英略，乃以上客禮之」；後有劉備問大計於茅廬，亮遂投身於備，這是不矛盾的。參見本書第四章第一節。
12《三國志．蜀書．馬良傳》。
13《三國志．蜀書．魏延傳》。
14《三國志．蜀書．李恢傳》。
15王夫之：《讀通鑑論》卷九。
16趙雲封侯是在劉備死了以後。《三國志．蜀書．趙雲傳》說：「（後主）建興元年，（趙雲）為中護軍、征南將軍，封永昌亭侯，遷鎮東將軍。……七年卒，追謚順平侯。」而關羽早在建安五年，已由曹操表封為漢壽亭侯，死後追謚壯繆侯；張飛在劉備住荊州時已封新亭侯，章武元年又進封西鄉侯，死後追謚桓侯；馬超來投，即封前都亭侯，章武元年進封斄鄉侯，死後追謚威侯；黃忠在劉備為漢中王時，已「與關羽等齊位，賜爵關內侯」，死後追謚剛侯。
17王夫之，《讀通鑑論》卷一〇。
18中朝也稱內朝，中朝官也稱內朝官。《漢書．劉輔傳》說：「中朝，內朝也。大司馬、左右前後將軍、侍中、常侍、散騎、諸吏為中朝；丞相以下至六百石為外朝也。」外朝又稱外廷。
19王謀、何宗，除了具名上奏為劉備「上尊號」外，不見有所作為。《三國志．蜀書．楊戲傳》說，劉備用王謀為少府、何宗為大鴻臚，失其行事，故不為傳。《華陽國志．先賢士女總贊》說，何宗「贊立先主，為大鴻臚，方授公輔，會卒」。足見其沒有實際權力，也沒有做出像樣的事情來。

20《後漢書・百官一》說：「將軍……比公者四：第一大將軍，次驃騎將軍，次車騎將軍，次衛將軍。又有前、後、左、右將軍。」前、後、左、右將軍，皆金印紫綬，「位次上卿」（「位次」是相當的意思）。

21後來造反的漢嘉太守黃元，未能考知為何方人氏。

22《三國志・蜀書・先主傳》。

23參見《三國志》卷四二。

24《三國志・吳書・陸遜傳》。

25《三國志・蜀書・先主傳》注引《傅子》。

26《三國志・魏書・文帝紀》。

27王夫之：《讀通鑑論》卷九。

第十一章　後繼之人

劉備稱帝，倏忽之間，僅僅兩年（西元二二一年四月—二二三年五月）便鬱結成疾抱憾而終了。如果從建安十九年（二一四）克益取蜀自領益州牧算起，也只有八九年的時間。在此期間，他的主要精力，完全放在軍事上。北拒曹操，取得漢中，扼住北門鎖鑰，從而穩定了益州社會秩序，有著積極意義。但是，東戰孫權，頻遭挫折，失掉荊州，縮小了統治地盤，卻產生了重大的負面作用。他未曾注意，也沒有來得及考慮並實施社會經濟領域的措施，因而甚少建樹。所以，我用一句比較客氣的話，稱他是一個未及有所作為的皇帝。

那麼，他的後繼者又是個什麼樣子呢？

諸葛治蜀是與非

諸葛亮，東漢末年和三國時代除曹操以外最著名的政治家、思想家、軍事家。他的聰明才智受到後人的尊崇，他的事功得到歷史的承認。我在一個大的國家圖書館裡查閱有關三國人物的著作發現，寫劉備的書甚少，而研究諸葛亮的事功、演義諸葛亮的故事的書甚多。這說明，諸葛亮在人們心目中的地位遠在劉備之上。也說明，諸葛亮這個歷史名人已得到了相對比較充分的研究。所以，我放棄了為諸葛亮作傳的念頭。但是，諸葛亮是劉備蜀漢事業的實際繼承者，是劉備死後、劉禪親政以前的蜀漢的真正統治者。作為本書，雖然勿須全面論述諸葛亮的事功和思想，但不能不言及後繼者對於傳主事業的守成、發揚或衰敗，因而也就不能不略及諸葛亮治蜀的功過是非。

前述諸葛亮隆中對策，奠定了劉備「跨有荊、益，保其岩阻，西和諸戎，南撫夷越，外結好孫權，內修政理」的戰略指導思想。劉備因得諸葛亮而高興，自謂：「孤之有孔明，猶魚之有水也。」不久，諸葛亮即為劉備東聯孫權，打敗曹操，取得赤壁戰爭的勝利，做出了重要貢獻。繼而以軍師中郎將，督荊州之零陵、桂陽、長沙三郡，「調其賦稅，以充軍實。」在平蜀的戰爭中，先期功勞不及龐統，後與張飛、趙雲等「率眾泝江，分定郡縣，與先主共圍成都」。取得益州，驅逐劉璋，諸葛亮功不可沒。

劉備取得益州後，自領益州牧，以諸葛亮為軍師將軍，署左將軍府事，建起了以「諸葛亮為股肱，法正為謀主，關羽、張飛、馬超為爪牙，許靖、麋竺、簡雍為賓友」為基礎的最初的領導核心。諸葛亮主內政，「先主外出，亮常鎮守成都，足食足兵。」可惜的是，諸葛亮和劉備沒有很好地貫徹隆中對策之「結好孫權」的戰略方針，導致失掉荊州，關羽死難。

章武元年（二二一），諸葛亮在幫助劉備做皇帝中起了別人無可取代的作用。劉備即帝位，以亮為丞相，並錄尚書事，假節，共理大政。張飛死後，又兼領司隸校尉，內察中央百官，外督諸郡，權力日隆。但劉備生前，沒有讓諸葛亮以丞相開府治事，大政仍決於己。所以，此前的歷史責任，不管是成功，還是失敗，自然都應算在劉備的頭上。劉備伐吳失敗，章武三年春，病篤永安，「託孤」，囑亮以後事，並詔敕劉禪及其弟弟們事諸葛亮「如父」。

同年（亦即建興元年），劉禪繼位後，諸葛亮為武鄉侯，以丞相開府治事。建興二年，又領益州牧，「政事無巨細，咸決於亮。」自此，諸葛亮開始自主治蜀，直至病故五丈原，前後歷時十有二年。這是蜀漢的一個承前啟後的重要歷史階段，治史者不能不將其作為劉備事業的後繼者給予特別重視。

一、續結吳好

諸葛亮頭腦清楚，既知劉備伐吳之失，自然更加堅定其聯吳拒魏的戰略決策。所以，劉備死後，諸葛亮首先想到的是對外與吳通好。

史載，正當諸葛亮「深慮（孫）權聞先主殂隕，恐有異計，未知所如」的時候，尚書鄧芝建議「宜遣大使重申吳好」，並主動請纓為使。諸葛亮即遣鄧芝固好於吳。

鄧芝充分轉達了諸葛亮的意願，向孫權曉之以利害，說：「吳蜀二國四州之地，大王（指孫權）命世之英，諸葛亮亦一時之傑也。蜀有重險之固，吳有三江之阻，合此二長，共為唇齒，進可并兼天下，退可鼎足而立，此理之自然也。大王今若委質於魏，魏必上望大王之入朝，下求太子之內侍（內侍，此指做人質），若不從命，則奉辭伐叛，蜀必順流見可而進，如此，江南之地非復大王之有也。」經過一段艱苦的談判，吳王孫權終於決定「絕魏，與蜀連合」，並遣使「報聘（回訪）於蜀」。[1]

當然，談判所以取得成功，一個更重要的原因當如前面曾經說過的，即：魏國皇帝曹丕犯了戰略性錯誤。他傾全國主力，以三路大軍向吳國發起了新的進攻，吳國邊境吃緊，孫權再次感到了曹魏的威脅。

再一次聯吳的成功，蜀漢又獲得了相對穩定的外部環境，解除了東顧之憂，而且尤利於北拒曹魏，和集中力量穩定內部，平定內亂。

自此，聯吳方針再沒有動搖過。建興七年（吳黃龍元年，魏太和三年，西元二二九年），孫權稱帝號。吳國在承認劉備帝位的前提下，「其群臣以並尊二帝來告」。蜀國大臣們討論這件事，大家都以為「交之無益，而名體弗順」，一致主張，應該「顯明正義，絕其盟好」。諸葛亮力排眾議，剖析形勢，講明利害，指出：

權有僭逆之心久矣，國家所以略其釁情者（略，不計較；釁情，險惡用心），求掎角之援也。今若加顯絕（顯絕，斷然拒絕），仇我必深，便當移兵東伐，與之角力，須并其土，乃議中原。彼賢才尚多，將相緝穆，未可一朝定也。頓兵相持，坐而須老，使北賊（魏）得計，非算之上者。昔孝文（指漢文帝）卑辭匈奴，先帝（指劉備）優與吳盟，皆應權通變，弘思遠益，非匹夫之為忿者也。今議者咸以（孫）權利在鼎足，不能并力，且志望已滿，無上岸之情（意謂不能再向魏蜀用兵）。推此，皆似是而非也。何者？其智力不侔（不侔，不相稱），故限江自保；權之不能越江，猶魏賊之不能渡漢，非力有餘而利不取也。若大軍致討，彼高當分裂其地以為後規，下當略民廣境，示武於內，非端坐者也。若就其不動而睦於我，我之北伐，無東顧之憂，河南之眾不得盡西（按：指魏兵因要備吳而不能全力抗蜀），此之為利，亦已深矣。權僭之罪，未宜明也。[2]

不難看出，這是夷陵之戰以後，諸葛亮處理蜀吳關係的一次綱領性的談話，完全是一種戰略的考慮：一是明確了聯吳的目的在「求掎角之援」，深刻地指出，如果與吳絕盟，吳蜀立即又成敵國，對方「仇我必深」，我方則當「移兵東伐，與之角力」，但條件很不成熟，一旦出兵，必「頓兵相持，坐而須老」，給曹魏以可乘之機，反之，吳蜀盟好則可給曹魏以壓力；二是講清了「應權通變」之宜，要學習先人，遇事想得遠一點，不能感情用事；三則進一步分析形勢，指出當前均勢狀態下，吳國孫權不能越江，就像曹魏之不能渡漢（水）一樣，「非力有餘而利不取」，而是「智力不侔，故限江自保」，但是，如果對其用兵，他們必將動員起來，全力對我；四則透露了「和吳」對於即將北伐曹魏的重大意義，指出「若就其不動而睦於我，我之北伐，無東顧之憂」。

諸葛亮說服了大家，對孫權稱帝不僅沒有明確表示反對，而且特派衛尉陳震代表蜀國去向孫權慶賀。

二、平定內亂，安撫夷越

劉備生前死後的一段時間裡，蜀漢境內曾經出現混亂。劉備、諸葛亮，可謂得計，短期內便把動亂基本平定下來。

建安十九年（二一四），劉備定蜀，即以安遠將軍鄧方為朱提（今雲南昭通）太守、庲降都督，治南昌縣（今雲南鎮雄境）。鄧方，「輕財果毅，夷漢敬其威信」。

建安二十三年，馬秦、高勝等人「起事於郪（今四川三台南），合聚部伍數萬人」，很快打到資中縣（今縣）。這幫迅速集聚的烏合之眾，沒有什麼戰鬥力。資中屬犍為郡，犍為太守李嚴僅「率將郡士五千人討之」，便將馬秦、高勝等斬首，「枝黨星散，悉復民籍。」[3]

章武元年（二二一），鄧方死後，劉備以別駕從事李恢代為庲降都督，治平夷縣（今貴州畢節）。[4]

章武三年，漢嘉（治今四川雅安北）太守黃元因與諸葛亮不睦而反。如前所述，益州治中從事楊洪奏明劉禪，「遣其親兵，使將軍陳曶、鄭綽討元」。黃元軍敗，「順流下江，為其親兵所縛，生致成都，斬之。」[5]

同年，越巂（今四川西昌境）郡，夷叟（按：夷人大種曰「昆」，小種曰「叟」）大帥高定反，殺郡將軍焦璜，舉郡稱王以叛，[6]並遣軍圍攻新道縣（按：漢無新道縣，或僰道之誤，或蜀新設，約在今四川宜賓境）。犍為太守李嚴「馳往赴救」，將高定的軍隊擊敗。[7]高定軍隊的殘部又回到越巂集結。

約同時，益州郡（今雲南曲靖境）大姓雍闓反，「殺太守正昂，耆率雍闓恩信著於南土，使命周旋，遠通孫權」。劉備以張裔為益州郡太守，徑往至郡，雍闓「據郡不賓（不賓，不歸順）」，流張裔於吳。史載，雍闓假借鬼教，說：「張府君如瓠壺（瓠壺，酒葫蘆），外雖澤而內實粗，不足殺，令縛與吳。」直到劉備死後，諸葛亮讓尚書鄧芝到吳國約和時，「令芝言次可從權請裔」，張裔才又回到了蜀國。[8]

劉備死後，南中益州、永昌（今雲南保山）、牂牁（治今貴州凱里西北）和越巂等郡並叛，從而使諸葛亮面臨更加嚴峻的形勢。

南中四郡，包括今四川西南部、雲南和貴州廣大地區，居住著今稱苗、傣、彝等的許多少數民族，史稱「西南夷」。[9]如何對待這些少數民族是中國歷代王朝所必須解決的問題。諸葛亮早在「隆中對」中就提出了「西和諸戎，南撫夷越」的既定政策。

諸葛亮先是以龔祿為越巂太守，住安上縣（今四川屏山西），遙領太守。不久，龔祿被殺。

史載，自丞相諸葛亮討伐高定以後，叟夷數反，殺太守龔祿，「是後太守不敢之郡，只住安上縣，去郡八百餘里，其郡徒有名而已」。

雍闓等得知劉備已死，「驕黠滋甚。」都護李嚴給雍闓一連發去六封信，「解喻利害。」雍闓僅回一信，拒絕內附，說：「蓋聞天無二日，土無二王，今天下鼎立，正朔有三（指蜀、魏、吳），是以遠人惶惑，不知所歸也。」但他越過蜀漢而約降於吳，吳則遙以雍闓為永昌太守。據載，雍闓欲往赴任，永昌郡功曹呂凱與府丞王伉「帥厲吏民，閉境拒闓」，並且針對雍闓來文回答說：「……先帝（劉備）龍興，海內望風，宰臣（諸葛亮）聰睿，自天降康。而將軍不睹盛衰之紀，成敗之符，譬如野火在原，蹈履河冰，火滅冰泮（冰泮，冰融化，比如分崩離析），將何所依附？曩者將軍先君雍侯，造怨而封，竇融知興，歸志世祖（按：竇融，據河西，劉秀稱帝後，內附，被授涼州牧，累官至大司空），皆流名後葉，世歌其美。今諸葛丞相英才挺出，深睹未萌，受遺託孤，翊贊季興，與眾無忌，錄功忘瑕（忘瑕，意謂不計較做的錯事）。將軍若能翻然改圖，易跡更步，古人不難追，鄙土何足宰哉（意寓統治的地盤還可以擴大呢）！……」[10] 雍闓未敢貿然進駐永昌，而是即地壯大力量，「使郡人孟獲誘扇諸夷。」雍闓、孟獲「誘扇諸夷」的措施和行動，獲得相當成功，「諸夷皆從之」，[11] 勢力得到不少發展。

建興元年（二二三），牂牁太守朱褒「擁郡反」，與雍闓相呼應。[12] 越巂夷王高定亦同呼應。最初幾年，「諸葛亮以新遭大喪，皆撫而不討。」[13]

建興三年三月，諸葛亮南征四郡，「五月渡瀘（金沙江），深入不毛。」臨行，曾一度做過越巂太守的馬謖「送之數十里」，諸葛亮向馬謖徵求意見，說：「雖共謀之歷年，今可更惠良規。」「共謀歷年」之謂，說明南征之事，已經謀劃了很久。馬謖貢獻了一條很好的意見，說：

「南中恃其險遠，不服久矣，雖今日破之，明日復反耳。今公方傾國北伐以事強賊。彼知官勢內虛，其叛亦速。若殄盡遺類以除後患，既非仁者之情，且又不可倉卒也。夫用兵之道，攻心為上，攻城為下，心戰為上，兵戰為下，願公服其心而已。」史稱：「亮納其策。」[14]

諸葛亮至南中，「所在戰捷」。兵分三路，一路由諸葛亮親率主力自成都南下至金沙江北岸，「由越巂入」，取得了「斬雍闓及高定」的勝利。[15]一路由駐紮在今貴州畢節的庲降督李恢「由益州（今雲南曲靖境）入」，作牽制性戰鬥。一路由新拜牂牁太守、門下督馬忠「由牂牁入」，李恢、馬忠「擊破諸縣，復與亮合」。[16]經過幾個月的戰鬥，至秋，四郡皆平。

對於主力一路，有的軍事著作根據歷史記載描述說：「諸葛亮所屬的蜀軍主力到達金沙江北岸後，即經安上（今四川屏山），沿江西上，向集結在旄牛（今四川漢源）、卑水（今四川昭覺附近）、定筰（今四川鹽源）等地築壘防守的高定的軍隊突然發起進攻。結果高定被殺，蜀軍順利地占領了越巂郡。」[17]

南征中，李恢、馬忠等均很好地貫徹了諸葛亮的意圖。

《三國志．李恢傳》說，劉備死後，「高定恣睢於越巂，雍闓跋扈於建寧（按：益州郡，蜀漢改稱建寧郡），朱褒反叛於牂牁。丞相亮南征，先由越巂，而恢案道向建寧。諸縣大相糾合，圍恢軍於昆明。」這說明李恢一路曾經陷入困境。「時恢眾少敵倍，又未得亮聲息」，為擺脫困境，先施以緩兵之計，欺誑南人，假意欲與共謀大事，說：「官軍糧盡，欲規退還，吾中間久斥鄉里（按：李恢，建寧人，故言鄉里），乃今得旋，不能復北，欲還與汝等同計謀，故以誠相告。」然後，出其不意，奇襲破敵。史稱，「南人信之，故圍守怠緩。於是恢出擊，大破之，追奔逐北，南至槃江，東接牂牁，與亮聲勢相連。」因此，南土平定，恢軍功居多，被封漢興亭侯，加安漢將軍。18

馬忠打下牂牁，平定了朱褒叛亂，然後繼續向益州郡進發，同諸葛亮、李恢會師於昆明。馬忠平叛、進軍、治理地方，甚知得民之要，恩威並施，兩手同用，「撫育恤理，甚有威惠」，得到了南人的擁護。19

諸葛亮出征南中諸郡，最有戲劇性的是「七擒七縱」孟獲的故事。

孟獲，建寧郡（治今雲南曲靖）人，是一位得到西南少數民族擁護的人物。他收攏雍闓餘眾對諸葛亮進行抵抗。據《三國志．諸葛亮傳》注引《漢晉春秋》說：「亮至南中所在戰捷，聞孟獲者為夷漢所服，募生致之。既得，使觀於營陣之間，問曰：『此軍何如？』獲對曰：『向者不知虛實故敗，今蒙賜觀看營陣，若只如此，即定易勝耳。』亮笑，縱使更戰，七縱七擒，而亮猶遣獲。獲止不去，曰：『公天威也，南人不復反矣。』遂至滇池，南中皆平，皆即其渠率而用之。」

諸葛亮平定南中諸郡，為了安定南中秩序，採取了一系列改善民族關係和發展生產的措施。《中國軍事史》第二卷根據史傳和《華陽國志．南中志》、諸葛史跡等概括為十項，頗得其要，謹做節錄如下：

（一）把南中四郡增改為越巂、建寧、永昌、牂牁、雲南、興古六郡，縮小郡區便於管轄；

（二）選用本地人或熟悉當地情況的人做各郡太守；

（三）尊重少數民族的風俗習慣，不變更他們的部落組織，保留原來渠率的首領地位和特權，通過他們進行地區統治；

（四）吸收少數部族上層中有威望的一些人到蜀漢中央政府去，給以較高的政治待遇（如孟獲被授御史中丞）；

（五）把一些態度惡劣的大姓豪紳強制遷到成都和內地，使他們離開本土，不再干涉地方行政；

（六）把一些強壯的男子編入軍隊，號稱飛軍，連同其家屬一萬多戶遷到蜀中。這支軍隊成為蜀軍中的一支勁旅；

（七）把一些民戶配給焦、雍、婁、爨、孟、量、毛、李等大姓為部曲。客觀上，對南中地區社會的進一步封建化起了一定促進作用；

（八）把漢族比較先進的生產技術傳授給當地的少數部族，使他們會使用牛耕，改變原來的刀耕火種的落後耕作方法，使生產得到發展；

（九）設置鹽鐵官，管理冶鐵煮鹽；派人傳授織錦技術，促進手工業的生產；

（十）在永昌太守張嶷的主持下，修復了旄牛道（從今四川雅安到西昌的古道）和沿途亭驛，便利商旅往來。[20]

諸葛亮南征四郡的戰爭相當成功，尤其是「皆即其渠率而用之」（按：即以少數民族原來的頭領仍然擔任地方官）的政策，不僅有保土安民，平撫少數民族，和解民族關係，從而取得了南中四郡相對安定的作用，而且還由於得到少數民族頭領和人民的支持，從而取得了重大的經濟效益。當時，蜀國經濟甚為困難，平定四郡後，出其金、銀、丹、漆、耕牛、戰馬以給軍國之用，史云「軍資所出，國以富饒」。[21]

據說，有人不同意諸葛亮「皆即其渠率而用之」的辦法，諸葛亮分析利害說：「若留外人，則當留兵，兵留則無所食，一不易也；加夷新傷破，父兄死喪，留外人而無兵者，必成禍患，二不易也；又夷累有廢殺之罪，自嫌釁重，若留外人，終不相信，三不易也。今吾欲使不留兵，不運糧，而綱紀粗定，夷、漢粗安故耳。」[22]所論非常透徹。這種以撫為主，從而加強民族和睦的政策，在中國民族關係史上留下了光輝的一頁。

諸葛亮建興三年三月出兵，十二月回到成都，歷時九個月，史稱「南中四郡皆平」。[23]「四郡皆平」之云，自然是相對而論。史實證明，儘管諸葛亮採取了許多好的措施，穩定、改善了民族關係，發生了影響久遠的歷史作用，但並不是一次征伐性的戰爭就能使其完全賓服，而是常有反覆。所以，司馬光《資治通鑑》第七〇卷所說「自是終亮之世，夷不復反」的評論是不確切的。後世把平撫西南地區的功勞全都記在諸葛亮的頭上，自然也有失於絕對化。

應該說，承諸葛亮之後，遵循諸葛亮的既定方略，最終取得比較安定局面的任務，是由李恢、馬忠、張嶷，以及霍弋等逐步完成的。

《三國志·李恢傳》說，諸葛亮大軍撤回以後，南夷又曾復叛，殺害守將。李恢「身往撲討」。李恢做建寧太守六年之久，「鋤其惡類，徙其豪帥於成都，賦出叟、濮，耕牛戰馬金銀犀革，充繼軍資，於時費用不乏。」

《三國志·張翼傳》說，建興九年（二三一），翼為庲降都督、綏南中郎將，「翼性持法嚴，不得殊俗之歡心。耆率劉胄背叛作亂，翼舉兵討胄。」張翼「修攻戰方略資儲」，未及平定，而被調回。

《三國志·馬忠傳》說，建興十一年（二三三），「南夷豪帥劉胄反，擾亂諸郡。征庲降都督張翼還，以忠代翼。忠遂斬胄，平南土。」馬忠將庲降都督治所由平夷（今貴州畢節）移至味縣（今雲南曲靖），「處民夷之間」，以便接觸、控制和融洽相互關係。《華陽國志·南中志》

說，忠至，承張翼之方略、資儲，滅掉劉冑。忠在南，「柔遠能爾，甚垂惠愛，官至鎮南大將軍。」另，《三國志．馬忠傳》還說，越巂郡長時間不穩，「亦久失土地，忠率將太守張嶷開復舊郡，由此就加安南將軍。」馬忠任庲降都督達十二年之久，「卒後，南人為之立祠，水旱禱之。」

諸葛亮死後，延熙三年（二四〇），劉禪以張嶷為越巂太守，「嶷將所領往之郡，誘以恩信，蠻夷皆服，頗來降附。」24

張嶷曾是馬忠的屬下，北討叛羌，南平蠻夷，「輒有籌畫戰克之功」。計其著者：（一）往討「捉馬」部，生縛其帥魏狼，然後，「又解縱告喻，使招懷餘類。表拜狼為邑侯，種落三千餘戶皆安土供職。」史稱：「諸種聞之，多漸降服。」（二）平定了蘇祁（一作蘇示，今四川西昌北）邑君冬逢及其弟弟隗渠等的反覆降反，殺冬逢，隗渠西逃。據載：「渠剛猛捷悍，為諸種深所畏憚，（渠）遣所親二人詐降嶷，實取消息。嶷覺之，許以重賞，使為反間，二人遂合謀殺渠。渠死，諸種皆安。」（三）殺死了加害原太守龔祿的斯都耆帥李承求。（四）收服了去郡三百餘里的定筰、台登、卑水三縣夷率，「種類咸面縛謝過」，張嶷則「殺牛饗宴，重申恩信」，因此收到了「遂獲鹽鐵，器用周贍」的成效。（五）收服旄牛夷種類四千餘戶，開通經旄牛至成都舊道，「千里肅清，復古亭驛。」至此，越巂郡才平定下來，「諸種皆安」。25

據載，馬忠死後，接任庲降都督者有張表、閻宇等。霍弋為閻宇參軍，繼而代為監軍，「時永昌郡夷獠恃險不賓，數為寇害，乃以弋領永昌太守，率偏軍討之，遂斬其豪帥，破壞邑落，郡界寧靜。」隨後，霍弋因功升遷為監軍將軍，兼領建寧太守。26

應該強調的是，蜀漢四十餘年，對待西南少數民族基本上是沿用諸葛亮的鎮、撫兩手並用政策，而且確實收到成效。所以，當魏軍兵臨城下時，劉禪和他的一些臣僚竟然想到是不是南走少數民族地區的問題。

三、務農殖穀，閉關息民

諸葛亮對於恢復和發展蜀漢的經濟，給予了必要的重視。建興二年春，開始實行「務農殖穀，閉關息民」[27]的經濟措施。可惜史無詳細記載。

「務農殖穀，閉關息民」是諸葛亮試圖恢復和發展蜀漢經濟的總的政策的有機整體，是一個問題的兩個方面。從當時的情勢言，只有「閉關息民」，才能獲得一個暫時的相對穩定的生產環境，達到「務農殖穀」的目的；反之，只有提倡農業，增加生產，也才能夠使疲敝於戰爭的廣大農民得到相應生息。就其本質來說，「務農殖穀」是其長期的立國之本，「閉關息民」是根據形勢而確定的臨時措施。

這裡主要應該注意三個方面的內容：

一是體現了諸葛亮具有傳統的「重農」思想，即其所謂「惟勸農業，無奪其時，惟薄賦斂，無盡民財」。[28]

二是實行休養生息。不過，從歷史的時間表來看，所謂「閉關息民」，時間並不很長。第一段，從開始到第二年春天，僅一年。建興三年春天，諸葛亮開始南征，「閉越嶲之靈關」，自然是不可能了。南征歷時九個月，諸葛亮當年十二月回到成都。此後，即從建興四年春開始，可以算是「閉關息民」的第二段，大約又有一年多的時間，至建興五年春，諸葛亮率軍北駐漢中，戰爭用兵、勞民又開始了。

三是休士、屯田，增加糧食儲備，以待軍事需要。我在《曹操評傳》中講過，曹操曾設立了帶有軍事性質的管理屯田的專門機構和職官，「置典農中郎將，秩二千石；典農都尉，秩六百石或四百石；典農校尉，秩比二千石，所主如中郎。部分別而少，為校尉丞。」[29]典農系統的官吏一般不受郡國行政系統的管轄，而是一個獨立系統，大的郡國設典農中郎將，小郡設典農校尉，典農都尉的地位相當於縣令長。典農都尉直接管理生產單位——屯。屯置司馬，每屯五十人。軍屯，大體是按照原軍事單位進行的，它的基層單位為「屯營」，每營六十人，中央和地方另設掌管軍屯之官。根據諸多資料分析，蜀漢沒有建起如此系統的督農組織，但它也沒有破壞東漢原有的督農系統，即如《後漢書．百官五》所說：「凡郡國皆掌治民，進賢勸功，決訟檢奸。常以春行所主縣，勸民農桑，振救乏絕。」各縣皆置諸曹，其中五官掾「監鄉五部，春夏為勸農掾，秋冬為制度掾」。諸葛亮正是在此基礎上，約在此時，調整、恢復、相應建立起來一套雖非完整但卻相當有效的督農系統，在一些重要郡縣保留、設置了專職或兼職農官。無疑，這是同曹操所置完全不同的另一套督農系統。它的主要特點是，一些地方官，特別是邊場郡縣地方官，既治兵，又治民，並且大都兼領農事。如呂乂為漢中太守，「兼領督農，供繼軍糧。」[30]「督農」是個名詞，指督導農事的官職。

隨後，諸葛亮數次出兵不能取得成功，一個很重要原因就是糧食供應困難。因此，數年之間更是常常在解決糧食問題上動腦筋，如：建興十年「休士勸農於黃沙（今陝西勉縣東）」；十二年「分兵屯田，為久駐之基」。事實證明，這些措施都收到了不少好的效果，一是支援了糧食供應，二是改善了軍民關係，「耕者雜於渭濱居民之間，而百姓安堵，軍無私焉。」[31]

為了務農殖穀，諸葛亮對於水利建設給予了重視。例如，為了發揮都江堰的作用，設置「堰官」，並徵發丁壯常駐，以維護和保證堤壩的安全。此即《水經注》所說，灌縣都安大堰，亦曰湔堰，又謂之金堤，「諸葛亮北征，以此堰農本，國之所資，以徵丁千二百人主護之。」還在成都外圍修築了防水工程。《成都志》說，九里堤在縣西北，堤長九里，故老相傳，諸葛亮所築，以捍水勢。另，《夔州府志》說，夔州有義泉，諸葛武侯所鑿，「侯慮城中無水，乃接筒引泉入城。」《一統志》說，有大諸葛堰、小諸葛堰「在金齒指揮使司城南一十五里，皆有灌溉之利」。32

又，諸葛亮從當地實際出發，還特別重視鹽鐵的生產事業。不僅設置、健全鹽鐵之官，而且親自督察、指導生產。這從流傳的一些故事可見其一斑。

張華《博物志》說：「臨邛火井一所，從（縱）廣五尺，深二三丈。井在縣南百里，昔時人以竹木投以取火，諸葛丞相往視之，後火轉盛熱，以盆蓋井上，煮鹽得鹽。」《山川紀異》說：「諸葛鹽井有十四。」《初學記・異苑》說：「臨邛縣有火井，漢室之隆則炎赫彌熾，桓、靈之際火勢漸微，諸葛亮一瞰而更盛。」

《元和郡縣誌》說：「陵州始建縣東南有鐵山，出鐵，諸葛亮取為兵器，其鐵剛利，堪充貢焉。」《周地圖》說：「蒲亭縣有鐵山，諸葛武侯取為刀劍。」《嘉定府志》說：「鐵山從仁壽來，橫亙井、犍、榮、威間數百里，產鐵，諸葛武侯取鑄兵器。」《方輿紀要》說：「鐵鑽山在崇寧縣西六里，武侯鑄鐵鑽於此，以造軍器。」又說：「鐵溪河自邛州流入新津，注於江，相傳諸葛武侯曾烹鐵於此。」33

文獻中還留下了一些諸葛亮善鑄銅鼓的故事。例如《益部談資》載，諸葛鼓乃銅鑄，面廣一尺七寸，高一尺八寸，邊有四獸，腰束下空，旁有四耳，花文甚細，色澤如瓜皮，重二十餘斤，懸於水上，用梄木槌擊之，聲極圓潤。34《一統志》還記載，在柳州府融縣二十里有銅鼓山，「舊傳諸葛武侯散埋銅鼓，以厭僚人，後有得於是山者，故名。」[35]可見，蜀漢冶銅鑄銅的技術已經達到相當水準和規模。

諸葛亮注意發展生產，重視與民休息，收到了效果。表現之一是蜀漢人民戶口有了增加。史載：「魏武據中原，劉備割巴蜀，孫權盡有江東之地，三國鼎立，戰爭不息，魏氏（景元四年，西元二六三年）戶六六三、四二三，口四、四三二、八八一；漢昭烈章武元年（二二一），有戶二十萬，男女九十萬；蜀亡時（二六三），戶二十八萬，口九十四萬，帶甲將士一〇二、〇〇〇，吏四萬；吳赤烏三年（二四〇年），戶五十二萬，男女口二百三十萬，吳亡時（二八〇），戶五十三萬，吏三萬二千，兵二十三萬，男女口二百三十萬。」[36]

《文獻通考・戶口一》記謂：「興平、建安之際，海內荒廢，天子奔流，白骨盈野，故陝津之難，以箕撮指（形容死人很多），安邑之東，后裳不全（意謂地方高官也穿著破舊衣裳。后，諸侯），遂有戎寇，雄雌未定，割剝庶民，三十餘年，及魏武克平天下，文帝受禪，人眾之損，萬有一存。」曹魏統治區，人口銳減，長期不能恢復元氣，《三國志・張繡傳》說：「天下戶口耗減，十裁一在。」魏明帝太和年間（二二七—二三二）杜恕上疏說：「今大魏奄有十州之地，而承喪亂之弊，計其戶口不如往昔一州之民。」[37]青龍年間（二三三—二三六）陳群上疏也說：「今喪亂之後，人民至少，比漢文景之時，不過一大郡。」[38]這些記載，話雖說得有所誇張，但的確真實地反映了社會的殘破情況。

相比較：東漢桓帝永壽二年（一五六），全國有戶約一、六〇七萬，口約五、六四八萬；至西晉太康元年（二八〇年），平吳，全國戶約二百四十六萬，口約一、六一六萬。百餘年間，戶存二十五・三％，減少八十四・七％；口為二八・六％，減少七十一・四％。這些數字，雖然不一定準確（主要是在社會動盪情勢下，一些隱戶、依附戶，往往不能計入。下同），但足以從一個特定角度，透視出魏國戶口銳減的嚴重性。

吳國，西元二四〇—二八〇年，四十年間，僅增戶一萬，略為二%，口增（含兵、吏）二十六·二萬，略為十一%。

歷史證明，在魏國戶口銳減和吳國戶口增長甚微的時期，蜀漢戶口卻有相應增加。西元二二一—二六三年，四十三年間，蜀漢戶增八萬，約增長四十%，口增十八萬餘（包括兵、吏），約增長二十%。

應該說，這些都與諸葛亮治蜀的有關措施分不開。不過，他也遠遠沒有將蜀漢人口恢復到東漢桓帝時期的水準，甚至不及一郡之多。據《後漢書·郡國五》載，益州之巴郡曾有戶三十一萬餘，口近一百〇九萬；蜀郡戶三十萬，口一百三十五萬。如果加上漢中、廣漢、犍為、牂牁、越嶲、益州、永昌各郡和諸屬國，整個益州刺史部所轄，漢桓帝時期，約有戶一百五十六·五萬，口近六百萬。這些數字，由於可知和不可知的原因，沒有科學的可比性，但其折射出的大的趨勢，是可作為研究問題的參考的。當然，漢末社會大勢和天災、人禍所造成的人口凋零，並不是某一個政治人物所決定得了的。所以，也不當過責於諸葛亮。

四、「刑法峻急」

諸葛亮特別重視以法治國。前述劉備在時，即命諸葛亮同法正、伊籍、劉巴、李嚴「共造蜀科」，以及裴松之在注《三國志·諸葛亮傳》時駁晉人郭沖所說五事時提到「亮刑法峻急，刻剝百姓」等，都說明了這一點。

他的法治思想特點，突出地表現為從實際出發。他認為，益州的社會風氣已被劉璋父子搞壞了：「劉璋暗弱，自（劉）焉已來有累世之恩，文法羈縻，互相承奉，德政不舉，威刑不肅。蜀土人士，專權自恣，君臣之道，漸以陵替；寵之以位，位極則賤，順之以恩，恩竭則慢（慢，傲慢，不敬）。所以致弊，實由於此。」因而，他很有針對性地提出了「威之以法」、「限之以爵」的政策：「吾今威之以法，法行則知恩，限之以爵，爵加則知榮；榮恩並濟，上下有節，為治之要，於斯而著。」[39]

諸葛亮認為：「治國之政，其猶治家。治家者務立其本，本立則末正矣。」什麼叫「本」呢？他說：「本者，經常之法，規矩之要。圓鑿不可以方枘，鉛刀不可以砍伐，此非常用之事不能成其功，非常用之器不可成其巧。」[40]一句話，欲要治國，必須用法。因而，主張「峻法」。

對於吏治，他指出，內外上下，宮中（朝廷）府中（丞相屬下）「俱為一體，陟罰臧否，不宜異同。若有作奸犯科及為忠善者，宜付有司論其刑賞，……不宜偏私，使內外異法」。

在治軍中，諸葛亮尤重法治，因而能夠收到「戎陳整齊，賞罰肅而號令明」的效果。[41]現行清人張澍編《諸葛忠武侯文集》中收集的諸葛亮軍事著作，僅「軍令」、「兵要」和有關軍事教令就有三十餘則。這些論兵著作，明顯地表現著兩個特點：一是具體，二是嚴酷。例如，「聞雷鼓音，舉白幢絳旗，大小船進戰，不進者斬」；「凡戰臨陳，皆無讙嘩，明聽鼓音，謹視幡麾，麾前則前，麾後則後，麾左則左，麾右則右，不聞令而擅前後左右者斬。」

據說，諸葛亮嚴肅執法，竟致有點「惜赦」。《華陽國志》載：「丞相亮時，有言公惜赦者，亮答曰：『治世以大德，不以小惠，……若景升（表）、季玉（璋）父子，歲歲赦宥，何益於治！』」

至於「峻法」的程度如何，晉人郭沖說：「自君子小人咸懷怨歎。」同是晉人陳壽則說：「刑政雖峻而無怨者。」[42]自然，兩人所說都有道理，但都失之於絕對化。

遍觀事實，不難發現，諸葛亮確實執法嚴峻，甚或加其罪而除之。例如，前述對劉備養子劉封，「慮封剛猛，易世之後終難制御」，便勸劉備以「封之侵陵（孟）達，又不救（關）羽」之罪將其殺掉；[43]對治中從事彭羕，因其「形色囂然」，便讓劉備降了彭羕的官，既而以謀反罪捉起來殺掉。[44]侍中廖立，被諸葛亮降職為長水校尉，「立本意，自謂才名宜為諸葛亮之貳，而更遊散在李嚴等下（遊散，閒散），常懷怏怏」，並且公然批評先帝劉備用兵「徒勞役吏士」、用人多為「凡俗之人」，關羽「怙恃勇名，作軍無法」。於是，諸葛亮便上表彈劾：「長水校尉廖立，坐自貴大，臧否群士，公言國家不任賢達而任俗吏，又言萬人率者皆小子也；誹謗先帝，疵毀眾臣。人有言國家兵眾簡練，部伍分明者，立舉頭視屋，憤吒作色曰：『何足言？』凡如是者不可勝數。羊之亂群，猶能為害，況立託在大位，中人以下識真偽邪？」表中所說廖立對「有言國家兵眾簡練，部伍分明者」不以為然，顯然是針對諸葛亮的。於是諸葛亮即以劉禪名義下詔，「廢立為民，徙汶山郡。」據說，廖立躬率妻子耕殖自守，聞諸葛亮卒，垂泣歎曰：「吾終為左衽矣！」自知再也沒有翻案的機會了。[45]

當然，刑政雖峻也有「無怨」者。李嚴（後改名李平），章武二年，拜尚書令。三年「與諸葛亮並受遺詔輔少主」，為中都護，統內外軍事。九年，諸葛亮軍出祁山，李嚴主管督運糧草，「秋夏之際，值天霖雨，運糧不繼。」李嚴怕承擔責任，一方面派人假說劉禪「軍糧難繼」之意，「呼亮來還」。既而，諸葛亮退軍，李嚴又裝作不知而陽驚，說「軍糧饒足，何以便歸」，目的是「欲以解己不辦之責，顯亮不進之愆」。另一方面，又表後主，說「軍偽退，欲以誘賊與戰」，試圖解脫自己指喻諸葛亮退軍之過。據載：「亮具出其前後手筆書疏本末，平違錯章灼。平辭窮情竭，首謝罪負。」李嚴雖然「謝罪」，但諸葛亮還是沒有放過他，即上表彈劾，歷數李嚴之過，將其廢為庶民，逐出成都，徙居梓潼郡。李嚴被廢後，諸葛亮厚待其子李豐，豐官至朱提太守；並且寫了一封很感人的信給李豐，其中有言：「吾與君父子戮力以獎漢室，此神明所聞，非但人知也。……今雖解任（指李嚴被廢），形業失故，奴婢賓客百數十人，君以中郎參軍居府，方之氣類（意謂同差不多的人相比），猶為上家。若都護（指李嚴）思負一意，君與公琰（蔣琬，字公琰）推心從事者，否可復通，逝可復還也。詳思斯戒，明吾用心，臨書長歎，涕泣而已。」無疑，諸葛亮在這裡為李嚴留下「復還」的希望。所以，李嚴得知諸葛亮死的消息後，便著急發病死了（大概是心腦血管病）。陳壽說得很對，李嚴「常冀亮當自補復，策後人不能，故以激憤也」。這是一個典型的「刑政雖峻而無怨」案例，大受後人讚揚。晉人習鑿齒曾評論說：「諸葛亮之使廖立垂泣，李平致死，豈徒無怨言而已哉！……水鏡無私，猶以免謗，況大人君子懷樂生之心，流矜恕之德，法行於不可不用，刑加乎自犯之罪，爵之而非私，誅之而不怒，天下有不服者乎！諸葛亮於是可謂能用刑矣，自秦漢以來未之有也。」[46]

峻刑重法，有效地穩定了社會秩序，保證了經濟政策的實施，加強了軍隊的戰鬥力。

五、北伐曹魏

諸葛亮務農殖穀、閉關息民和南撫夷越，以及嚴厲法治、重視吏治和社會穩定的政策都取得了預期的效果，東聯孫吳也獲得了相當成功。國家相對富強了，出兵抗魏的後顧之憂也消除了，強兵之事自然就提到日程上了，於是「治戎講武，以俟大舉」。[47]

建興四年（魏黃初七年，西元二二六年），魏國發生了重大變故，魏文帝曹丕死了，明帝曹叡初登帝位，忙於內務。吳王孫權聞曹丕死，先是親自率兵攻江夏郡，繼則以左將軍諸葛瑾攻襄陽。諸葛亮認為這是北伐曹魏的好機會。於是五年（二二七）三月，便率軍出發，「北駐漢中」了。臨發，他給劉禪上了一個長疏，這就是聞名的《出師表》。《出師表》所言內容很多，大都是對劉禪的囑咐性言語和誓報劉備「殊遇」之恩的表示，並且反映了諸葛亮的一些重要思想：

先帝創業未半而中道崩殂，今天下三分，益州疲敝，此誠危急存亡之秋也。然侍衛之臣不懈於內，忠志之士忘身於外者，蓋追先帝之殊遇，欲報之於陛下也。誠宜開張聖聽，以光先帝遺德，恢弘志士之氣，不宜妄自菲薄，引喻失義（引用比喻說明問題導致遠離事物本義），以塞忠諫之路也。宮中府中（宮，指皇宮；府，指丞相府），俱為一體，陟罰臧否，不宜異同。若有作奸犯科及為忠善者，宜付有司論其刑賞，以昭陛下平明之理，不宜偏私，使內外異法也。侍中、侍郎郭攸之、費禕、董允等，此皆良實，志慮忠純，是以先帝簡拔以遺陛下。愚以為宮中之事，事無大小，悉以咨之，然後施行，必能裨補闕漏，有所廣益。將軍向寵，性行淑均，曉暢軍事，試用於昔日，先帝稱之曰能，是以眾議舉寵為督。愚以為營中之事，悉以咨之，必能使行陣和睦，優劣得所。親賢臣，遠小人，此先漢所以興隆也。親小人，遠賢臣，此後漢所以傾頹也。先帝在時，每與臣論此事，未嘗不歎息痛恨於桓、靈也。侍中、尚書、長史、參軍，此悉貞良死節之臣，願陛下親之信之，則漢室之隆，可計日而待也。

臣本布衣，躬耕於南陽，苟全性命於亂世，不求聞達於諸侯。先帝不以臣卑鄙，猥自枉屈，三顧臣於草廬之中，咨臣以當世之事，由是感激，遂許先帝以驅馳。後值傾覆，受任於敗軍之際，奉命於危難之間，爾來二十有一年矣。先帝知臣謹慎，故臨崩寄臣以大事也。受命以來，夙夜憂歎，恐託付不效，以傷先帝之明，故五月渡瀘，深入不毛。今南方已定，兵甲已足，當獎率三軍，北定中原，庶竭駑鈍，攘除奸凶，興復漢室，還於舊都。此臣所以報先帝，而忠陛下之職分也。

至於斟酌損益，進盡忠言，則攸之、禕、允之任也。願陛下託臣以討賊興復之效。不效，則治臣之罪，以告先帝之靈。〔若無興德之言，則〕責攸之、禕、允等之慢，以彰其咎。陛下亦宜自謀，以諮諏（音ㄗㄡ，咨詢）善道，察納雅言，深追先帝遺詔。臣不勝受恩感激。今當遠離，臨表涕零，不知所言。

《表》中內容，大多前面已有涉及。就軍事而言，諸葛亮甚知蜀漢勢力遠不及魏，對魏用兵並沒有什麼取勝的把握。但為什麼又要主動發動對魏的戰爭呢？一是自認取得南方勝利以後，內外形勢比較有利，二是欲報劉備信用、託孤之恩，即所謂「蓋追先帝之殊遇，欲報之於陛下也」。就政治而言，一是力倡親賢臣，遠小人，廣聽不同意見，不塞忠諫之路，重用賢能；二是主張刑賞平明，內外執行統一的法律標準，即所謂「不宜偏私，使內外異法也」。

諸葛亮振兵與魏戰爭共有五次。

第一次，出祁山（今甘肅西和西北），先勝後敗。史載：「建興六年（魏太和二年，西元二二八年）春，（諸葛亮）揚聲由斜谷道（今陝西眉縣西南）取郿（治今眉縣北），使趙雲、鄧芝為疑軍，據箕谷（今陝西漢中北）。魏大將軍曹真舉眾拒之。亮身率諸軍攻祁山，戎陣整齊，賞罰肅而號令明，南安（今甘肅隴西東）、天水（今甘肅通渭西北）、安定（今甘肅定西）三郡叛魏應亮，關中響震。」這是一種聲東擊西的戰術，趙雲、鄧芝自東路佯攻，可以牽制魏軍的重要主力；實則自率主力西出祁山，攻其不備。從歷史的記載來看，曹魏對於蜀漢的第一次北伐幾乎沒有什麼軍事和思想的準備。正如《資治通鑑》所轉書的那樣，「始，魏以漢昭烈（劉備）既死，數歲寂然無聞，是以略無備豫；而卒聞亮出，朝野恐懼，於是天水、南安、安定皆叛應亮。」可見，開局的勢頭不謂不好，竟然使得魏明帝曹叡不得不倉促派出兵馬步騎五萬，西鎮長安，一命大將軍曹真都督關右諸軍駐郿，一命右將軍張郃拒亮。結果是，兩軍剛一接觸，蜀軍便敗：「亮使馬謖督諸軍在前，與郃戰於街亭。謖違亮節度，舉動失宜，大為郃所破。亮拔西縣（今甘肅天水西南）千餘家，還於漢中，戮謖以謝眾。」[48]東路，趙雲、鄧芝之部雖然擁眾多於曹真，但也因諸葛亮的戰略指導思想有誤，導致諸將麻痹輕敵，失於戒備，均被曹真軍隊擊敗而退出戰場。[49]

第一次出兵失敗了。兵敗後，諸葛亮總結教訓，勇於承擔責任。他認為：「大軍在祁山、箕谷，皆多於賊，而不能破賊為賊所破者，則此病不在兵少也，在一人耳（意謂責任在自己）。」於是，「考微勞，甄壯烈，引咎責躬，布所失於天下，厲兵講武，以為後圖，戎士簡練，民忘其敗矣。」諸葛亮上疏自貶：「臣以弱才，叨竊非據（意謂才能不足以任其職）。親秉旄鉞以厲三軍，不能訓章明法，臨事而懼，至有街亭違命之闕，箕谷不戒之失，咎皆在臣授任無方。臣明不知人，恤事多暗，《春秋》責帥，臣職是當。請自貶三等，以督厥咎。」[50]為了安撫臣下，劉禪不得不按照諸葛亮的意見、實則有限度地接受了諸葛亮的自貶，下詔：以亮為右將軍，行丞相事，所總統如前。第一次出兵的重要收穫是，收降了天水參軍姜維。

第二次，同年冬，出散關（今陝西寶雞西南），圍陳倉（今陝西寶雞東）。據說，出征前諸葛亮又寫了第二份出師表。現存的這份《後出師表》，雖有偽託之嫌，但也的確寫出了諸葛亮的複雜心情。《三國志・諸葛亮傳》注引習鑿齒《漢晉春秋》說，諸葛亮「聞孫權破曹休，魏兵東下，關中虛弱」，以為又有了出擊的機會，於是十一月再次上表，其中說到，「先帝慮漢（蜀）賊（魏）不兩立，王業不偏安，故託臣以討賊也。以先帝之明，量臣之才，故知臣伐賊才弱敵強也；然不伐賊，王業亦亡，惟坐待亡，孰與伐之？是故托臣而弗疑也。臣受命之日，寢不安席，食不甘味，思惟北征，宜先入南，故五月渡瀘，深入不毛，並日而食。臣非不自惜也，顧王業不得偏全於蜀都，故冒危難以奉先帝之遺意也，而議者謂為非計。今賊適疲於西，又務於東，兵法乘勞，此進趨之時也。」[51]這說明諸葛亮的心情是惶惑的，矛盾的，期於僥倖的。事實證明，諸葛亮的形勢分析又是錯誤的。史載，蜀軍第一次失敗後，魏大將軍曹真料定，「以亮懲於祁山，後出必從陳倉」，於是「使將軍郝昭、王生守陳倉，治其城」。[52]結果，第二年春天，諸葛亮果然圍陳倉，曹真屬下郝昭以千餘人守陳倉，諸葛亮有眾數萬，「晝夜相攻拒二十餘日」，傷亡慘重，終不能拔。據載，諸葛亮先是試圖說服郝昭投降，遭到嚴辭拒絕；繼而，諸葛亮「自以有眾數萬，而昭兵才千餘人，又度東救（指魏兵）未能便到，乃進兵攻昭，起雲梯衝車以臨城，昭於是以火箭逆射其梯，梯然（燃），梯上人皆燒死；昭又以繩連石磨至其衝車，衝車折。亮乃更為井闌百尺以射城中（胡三省注：以木交構若井闌狀），以土丸填塹，欲直攀城，昭又於內築重牆。亮又為地突（地道），欲踴出於城裡，昭又於城內穿地橫截之」。[53]諸葛亮陳兵城下，對於魏國的一個彈丸小城（按：指陳倉新城）和一位雜號將軍，竟然無計可施。不久糧盡，又聞曹真派出的救兵和魏明帝派出的名將張郃將到，只好引軍而還。還軍中，取得小勝。魏將

集於斜谷口，治斜谷邸閣（邸閣，指倉庫）。」

建興十二年（魏青龍二年，西元二三四年）春，諸葛亮第五次出兵，「悉大眾由斜谷出，以流馬運，據武功五丈原（今陝西岐山南），與司馬宣王對於渭南。」在此，他沒有發動攻勢，「是以分兵屯田，為久駐之基。」據說：「耕者雜於渭濱居民之間，而百姓安堵，軍無私焉。」不幸，相持百餘日，其年八月，諸葛亮染病，死於軍，時年五十四。

根據諸葛亮遺命，「葬漢中定軍山（今陝西勉縣南），因山為墳，冢足容棺，斂以時服，不須器物。」遺命反映了東漢末年以來，包括曹操在內的諸多政治家的節葬思想。他雖然不及曹操有關喪葬思想那樣系統和具體，但亦足為後人所尚。

諸葛亮死後，劉禪下詔，大讚其事功，說：「惟君體資文武，明睿篤誠，受遺託孤，匡輔朕躬，繼絕興微，志存靖亂。爰整六師，無歲不征，神武赫然，威鎮八荒（八方荒遠之地），將建殊功於季漢（即蜀漢），參伊、周之巨勳。如何不弔，事臨垂克，遘疾隕喪。朕用傷悼，肝心若裂。夫崇德序功，紀行命謚，所以光昭將來，刊載不朽。今使使持節左中郎將杜瓊，贈君丞相武鄉侯印綬，謚君為忠武侯。魂而有靈，嘉茲寵榮。嗚呼哀哉！嗚呼哀哉！」[54] 這是一篇悼詞辭的詔書，頌其為人，揚其事功，將其比作伊尹、周公，自然不無不可，但謂「事臨垂克」，顯然是一種很不現實的誇張。

六、局限和失誤

「下國臥龍空悟主，中原逐鹿不由人」（溫庭筠：《過五丈原》）。

「出師未捷身先死，長使英雄淚滿襟」（杜甫：《蜀相》）。

諸葛亮死後，蜀漢不復再振。因而諸葛亮之智能，便更加備受歷史的好評。

晉人，《三國志》作者陳壽說：「諸葛亮之為相國也，撫百姓，示儀軌，約官職，從權制，開誠心，布公道；盡忠益時者雖仇必賞，犯法怠慢者雖親必罰，服罪輸情者雖重必釋，遊辭巧飾者雖輕必戮。善無微而不賞，惡無纖而不貶。庶事精練，物理其本，循名責實，虛偽不齒。終於邦域之內，咸畏而愛之，刑政雖峻而無怨者，以其用心平而勸戒明也。可謂識治之良才，管（仲）、蕭（何）之亞匹矣。」不過，陳壽認為，諸葛亮的軍事才能不及行政，指出「連年動眾，未能成功，蓋應變將略，非其所長歟！」又說，諸葛亮「治戎為長，奇謀為短，理民之幹，優於將略」。55

《華陽國志》作者常璩在〈劉後主志〉中描述諸葛亮開府治事後的重大作為和成就時，承襲並引錄了陳壽的觀點。並說，諸葛亮「政修民理，威武外振」。同時，他非常不客氣地將其比作「宋襄公求霸」，說：「諸葛亮雖資英霸之能，而主非中興之器，欲以區區之蜀，假已廢之命，北吞強魏，抗衡上國，不亦難哉！似宋襄求霸者乎？」

傅玄說，諸葛亮「達治知變，正而有謀」。56

袁宏說，諸葛亮「治國以禮，民無怨聲，刑罰不濫，沒有餘泣，雖古之遺愛，何以加茲。及其臨終顧託，受遺作相，劉后（備）授之無疑心，武侯（亮）處之無懼色，繼體納之無二情，百姓信之無異辭，君臣之際，良可詠矣」。57

袁準如陳壽一樣，也從多方面評價讚揚諸葛亮，第一，稱其相才，說：「張飛、關羽與劉備俱起，爪牙腹心之臣，而武人也。晚得諸葛亮，因以為佐相，而群臣悅服，劉備足信，亮足重故也。及其受六尺之孤，攝一國之政，事凡庸之君，專權而不失禮，行君事而國人不疑，如此即以為君臣百姓之心欣戴之矣。」第二，稱其治國有方，說：「行法嚴而國人悅服，用民盡其力而下不怨。」第三，稱其用兵之能，說：諸葛亮「兵出入如賓，行不寇，芻蕘者不獵，如在國中。其用兵也，止如山，進退如風，兵出之日，天下震動，而人心不憂」。又說：「亮之行軍，安靜而堅重。安靜則易動，堅重則可以進退。亮法令明，賞罰信，士卒用命，赴險而不顧。」第四，讚其成就，說：「亮之治蜀，田疇辟，倉廩實，器械利，蓄積饒，朝會不華，路無醉人。」又說：「本立故末治，有餘力而後及小事，此所以勸其功也。」第五，言其局限，當有人提出疑問，「以亮之才而少其功，何也？」袁宏明確指出：「亮持本者也，其於應變，則非所長也，故不敢用其短。」58

吳國大鴻臚張儼作《默記》，在其〈述佐篇〉中對比諸葛亮與司馬懿而講到諸葛亮時說：「孔明起巴、蜀之地，蹈一州之土，方之大國，其戰士人民，蓋有九分之一也，而以貢贄大吳，抗對北敵（魏），至使耕戰有伍，刑法整齊，提步卒數萬，長驅祁山，慨然有飲馬河洛之志。」他說：「余觀彼（諸葛亮）治國之體，當時既肅整，遺教在後，及其辭意懇切，陳進取之圖，忠謀謇謇，義形於主，雖古之管、晏，何以加之乎？」59

應該說，上列各家評價，顯多過譽，但基本上是作為人看待的，所以雖過而不離大譜。可是後人常嫌不夠，以致將其神化。

至唐，便有尚馳〈諸葛武侯廟碑銘序〉所說：「至今官書廟食，成不刊之典，一山之內，每有風行草動，狀帶威神，若歲大旱，邦人禱之，能為雲為雨，是謂存與沒人皆福利，生死古今一也。死而不朽，反貴於生。」60

呂溫《諸葛武侯廟記》說，諸葛亮「大勳未集，天奪其魄。至誠無忘，炳在日月，烈氣不散，長為雷雨」。[61]

裴度、房玄齡等則對陳壽有關諸葛亮的評價，屢加撻伐。裴度《蜀丞相諸葛武侯祠堂碑銘》說：「陳壽之評，未極其能事，崔浩（按：崔浩，北魏人，善文，累官至司徒）之說，又詰其成功，此皆以變詐之略，論節制之師，以進取之方，語化成之道，不其謬與！」因說，劉備「爰得武侯，先定蜀土，道德城池，禮義干櫓。煦物如春，化人如神，……」[62]

房玄齡等撰《晉書》時對陳壽提出批評，認為「壽為亮立傳，謂亮將略非長，無應敵之才，言（諸葛）瞻惟工書，名過其實。議者以此少之（少之，意謂低看陳壽）」。[63]

宋、明時期，更復神化，竟然出現了一些更加離奇的典故。據清人張澍輯《諸葛忠武侯文集》錄《蜀古跡記》記載說，宋建隆二年（九六一），曹彬為都監，伐蜀，謁武侯祠，見宇第雄觀，頗有不平之色，對左右說：「孔明雖忠於漢，然疲竭蜀之軍民，不能復中原之萬一，何得為武？當因其傾敗者拆去之，止留其中，以祀香火。」左右都認為不可，並且立即有人報告說，中殿摧塌，有石碑出，驚視之，出土尺許，石有刻字，宛若新書，乃孔明親題也。題曰：「測吾心腹事，惟有宋曹彬。」曹彬讀罷，當即下拜，叩頭說：「公，神人也，小人安能測哉！」遂令蜀守新其祠宇，為文祭之而去。又錄《遊梁雜鈔》說，明嘉靖年間，建乾清宮，遣少司馬馮清求大材於蜀地，至孔明廟，見柏，謂「無出其右」，定為首選，用斧削去其皮，朱書「第一號」字。遂聚千百人斫伐，「忽群鴉無數，飛繞鳴噪，啄人面目。藩臬諸君皆力諫，遂止，命削去朱書，深入膚理，字畫粲然。」

竊認為，諸葛亮確實是一個偉大的歷史人物：定益治蜀，治民有道，使蜀漢地區得到一段相對穩定的時期；治軍嚴明，刑政峻急而不酷，給後人留下了許多可以借鑑的東西；東聯孫吳，南撫夷越，在外事交往和民族關係史上給人以諸多啟示；盡心事業，鞠躬盡瘁，一種高尚的做人精神垂範後世；為官清廉，倡儉節喪，聰明睿智，長於巧思，皆令後人佩服。

出師前，他在給劉禪的奏表中說：「成都有桑八百株，薄田十五頃，子弟衣食，自有餘饒。至於臣在外任，無別調度，隨身衣食，悉仰於官，不別治生，以長尺寸。若臣死之日，不使內有餘帛，外有贏財，以負陛下。」[64]及卒，檢其所有，如其所言。一國丞相，在死之前，「不使內有餘帛，外有贏財」，這是一種多麼偉大的全心為國、不謀私利的精神啊！

但是，諸葛亮是人，不是神，所以也有人的局限和弱點。數其大者：

第一，司馬懿曾說「亮志大而不見機，多謀而少決，好兵而無權（變）」，當有一定道理。就其為劉禪所作《伐魏詔》和他的《出師表》，不難看出，他先是錯誤估計形勢，自認為是正義之師，「天命既集，人事又至，師貞勢并，必無敵矣。」既而，他率步騎二十萬眾（實際不會超過十萬），以優於魏國駐守關中的兵力伐魏，但始終不能伸其志。魏延提出出敵不意，派其率領精兵五千，循秦嶺而東，出子午谷，直搗長安的策略，雖非必勝，但足可給敵以重大打擊，迫使大部分魏軍自隴右東撤保長安。但諸葛亮「以為此縣（懸）危，不如安從坦道，可以平取隴右，十全必克而無虞，故不用延計」。[65]結果，貽誤戰機。第一次出兵失敗，嗣後敵方增加了兵力，己方挫傷了士氣，雖然偶有小勝，但再也不能發動有規模的戰爭了。不僅滅魏的夢想破滅，就是犯邊略地亦屬困難。以後用兵，都是在盡忠王事、報答劉備「殊遇」之恩的心情驅使下進行的，明知不可為而為之，耗兵損國，遂使蜀漢開始走向下坡。換言之，這場由諸葛亮主動發動的戰爭，傷亡甚大，得地甚少，是非常得不償失的。當代軍事家毛澤東指出，諸葛亮軍事方面的嚴重過失和失敗，怨不得天時，根源在於其軍事戰略與實踐的屢屢失誤。

第二，陳壽說諸葛亮「科教嚴明，賞罰必信，無惡不懲，無善不顯」，自然有其道理。但他也有執法不公之時。據《三國志・後主傳》注引《魏氏春秋》說：「初，益州從事常房行部（行部，巡視郡縣），聞（朱）褒將有異志，收其主簿案問，殺之。褒怒，攻殺房，誣以謀反。諸葛亮誅房諸子，徙其四弟於越嶲，欲以安之。褒猶不悛改，遂以郡叛應雍闓。」可見，諸葛亮處理朱褒謀反事，竟妄殺常房諸子是非常錯誤的。此事讓人難以相信，正如裴松之所疑，常房為朱褒所誣，「執政所宜澄察，安有妄殺不辜以悅奸慝？」[66]另如前述，「寬法」對待法正，「重法」對待彭羕、劉封、廖立等，都是執法隨意的表現。至於對待同受遺詔輔政、中都護、有權力統內外軍事、地位僅次於自己的李嚴，是否心存乘機剪除，不敢妄斷。歷史證明，歷代受詔共同輔政者，最終權力總是集中於一人，其他能如李嚴全其身者，已經算是幸運的了。看到一篇文章，其中說到朱德在讀完了《蜀書》中的〈劉封傳〉、〈廖立傳〉、〈彭羕傳〉、〈李嚴傳〉後，批語：「所以敗也，不容將何能克敵？亮、備之不成事在此」，「亮忌才」。

第三，魏延被殺，是一件歷史冤案。這件事與諸葛亮有很大關係。史載：「延每隨亮出，輒欲請兵萬人，與亮異道會於潼關，……亮制而不許。延常謂亮為怯，歎恨己才用之不盡。」諸葛亮與魏延在軍事戰術上有分歧，因而不信任魏延。死前，他不用處於最高軍事地位的前軍師征西大將軍、假節、南鄭侯魏延，而安排自己的親信、丞相府長史（祕書長）楊儀主持退軍事宜，令魏延斷後。諸葛亮死後，楊儀祕不發喪，魏延認為：「丞相雖亡，吾自見在。府親官屬便可將喪還葬，吾自當率諸軍擊賊，云何以一人死廢天下之事邪？且魏延何人，當為楊儀所部勒，作斷後將乎！」魏延滿腹牢騷，固不可取，但「何以一人死廢天下之事」云云頗有道理。楊儀根本不聽魏延的意見，「遂使欲案亮成規，諸營相次引軍還。」魏延大怒，阻軍後撤。丞相府的原來班底留府長史蔣琬、司馬費禕以及侍中董允都站在楊儀一邊，「保儀疑延」。於是魏延便成了反賊，結果被馬岱斬殺，並夷三族。陳壽作〈魏延傳〉時，明確指出：「原延意不北降魏而南還者，但欲除殺儀等。平日諸將素不同，冀時論必當以代亮。本指如此，不便背叛。」另，《魏略》記載有所不同，但魏延不反，觀點也是明白的：諸葛亮病，令延攝行己事，「亮長史楊儀宿與延不和，見延攝行軍事，懼為所害，乃張言延欲舉眾北附（指降魏），遂率其眾攻延。延本無此心，不戰軍走，追而殺之。」

諸葛亮重視用人，主張尚賢，因而史有所稱。《文獻通考．選舉九》說：「漢昭烈（劉備）既崩，諸葛孔明秉政，懲惡舉善，量能授任，不計資敘。時犍為郡守李嚴以楊洪為功曹，嚴未去郡而洪以才能已為蜀郡守；洪門下書佐何祇有才策，洪未去郡而祇已為廣漢郡守。」但這只是事實的一方面。他也有用人不明之事。這不僅表現在重用「狷狹」成性的楊儀，而且表現在錯用「言過其實」的馬謖。史載，諸葛亮出祁山，「時有宿將魏延、吳壹等，論者皆言以為宜令為先鋒，而亮違眾拔謖。」[67]致有街亭失敗，士卒離散。還表現在懷疑魏延，拒用其謀略，[68]掣肘其行動，不給其應有的地位和權力，導致軍事分裂，冤殺驍將，自毀「長城」。

還有，對人對事有時為了大局而不講原則，比如前述明知關羽缺點很大，而有意給其戴高帽子，從而進一步助長了關羽高傲自負的發展，貽誤軍機；等等。據李銀橋回憶錄，毛澤東說過：當初諸葛亮留守荊州，劉備調諸葛亮入川，諸葛亮不該留關羽守荊州。讓關羽守荊州是一著錯棋呢！關羽驕傲呢！不能認真貫徹執行諸葛亮聯吳抗曹的戰略意圖，結果失掉了根據地、丟了荊州，關羽也被殺了。

第四，沒有認真在提高劉禪的素質上下工夫。劉禪固然愚鈍，是扶不起的阿斗，但諸葛亮僅止於不篡其位，而沒有讓他得到為政的實際鍛鍊。所以，一旦諸葛亮死去，蜀漢便無法再振了。

章武三年（建興元年，西元二二三年）四月，劉備死於白帝永安宮。五月，劉禪繼位於成都，時年十七歲。劉備為政短暫，根基不深，沒有來得及培養和建立起堅強的領導核心。儒子無教，暗弱少能。諸葛雖智，政無巨細，咸斷一人，百事待決，力不從心。據載，劉備在時，諸葛亮尚能為劉禪寫《申子》、《韓非子》、《管子》、《六韜》等，試圖提高他的素質，但後來不僅不見此類事再現，而且面陳策謀、勸諫事，除《出師表》中的一些原則性的話外，便很少見到了。

劉禪繼位前後，諸葛亮以丞相錄尚書事，領司隸校尉，領益州牧。這樣的安排，自然就「政事無巨細，咸決於亮」、內外百官全統於一人了。諸葛亮的主要精力是放在了丞相府的「開府」上，而沒有放在朝廷中樞機構的建設和人員的配備上。為此，劉禪也只好宣布「政由葛氏，祭則寡人」了，僅僅保有了名義上的地位而不預政事。

劉禪性本愚鈍，幼又失教，長不自厲，壯不自奮，老乏志氣，當為歷史所非。但是，就其後天教育來說，劉備、諸葛亮都應承擔重要責任。劉備對於劉禪，少不施教，既立為太子，才感到問題的嚴重和迫切，急置僕傅，但為時已晚。兩年後，劉備死了，文未深修、武未得練的劉禪便登極為君了。劉備深知兒子無能，難以支撐並發展蜀漢局面，不得不「託孤」於諸葛亮。諸葛亮受託後，寢不安席，食不甘味，鞠躬盡瘁，死而後已，「蓋追先帝（劉備）之殊遇，欲報之於陛下（劉禪）也。」諸葛亮還說過，「受命以來，夙夜憂歎，恐託付不效，以傷先帝之明」，因而「五月渡瀘，深入不毛」，並把目標定為「獎率三軍，北定中原，庶竭駑鈍，攘除奸凶，興復漢室，還於舊都」。[69] 依此，我們不能不讚歎其忠於所託的品德和作為。但是，諸葛亮並沒有致力於提高劉禪的素質，亦沒有把劉禪放在主導地位而輔佐。揣度之，這絕不會是劉備「託孤」

的全部意義。

諸葛亮對於劉禪的毛病看得很清楚。僅據諸葛亮《出師表》寓意即見：他（劉禪）「妄自菲薄」，不思作為，缺乏志氣；他本愚鈍，但又不善於聽取意見，而且常鬧笑話，「引喻失義，以塞忠諫之路」，因此諸葛亮告誡他「亦宜自謀，以咨諏善道，察納雅言」；他包庇親近，宮闈之中常有違禁亂法者，因而引發了諸葛亮關於執法「不宜偏私，使內外異法也」的議論；他有親小人、遠賢臣之嫌，因而使諸葛亮放心不下，臨別慨歎：「親賢臣，遠小人，此先漢所以興隆也。親小人，遠賢臣，此後漢所以傾頹也。」諸葛亮指出劉禪的缺點，並希望他改正，自然是好的，但為什麼不早謀匡正而任其存在和發展到如此地步呢？

第五，諸葛亮執政以後，事無巨細，咸決於己，忽視並妨礙了後繼者的任用和培養。因此，及至諸葛亮死後，執政者只能是原丞相府的班底。蔣琬、費禕、董允等，均為守成之臣，自知才能不及諸葛亮，不敢做更張之想。董允之後，相繼為尚書令或「平尚書事」的有呂乂、陳祗、董厥、諸葛瞻、樊建等。呂乂「治身儉約，謙靖少言，為政簡而不煩」，但缺乏開拓精神。陳祗「上承主指，下接閹豎」，是一位同宦官勾結用事的尚書令。至於董厥、諸葛瞻、樊建，史載：「自瞻、厥、建統事，姜維常征伐在外，宦人黃皓竊弄機柄，咸共將護，無能匡矯。」70

諸葛亮不信魏延，而用楊儀，遽拔姜維，自然都是重大的失誤。

至於其他後繼人物，歷史證明，或世之碩儒，文藻壯美，或修身謹嚴，不謀家產，或忠勇堅貞，臨官忘家，甚或得到配享武侯之榮。但以定國安邦大器言，無一足稱。

有關此一問題，本章最後一節，將作簡略評述。

行文至此，不由想起成都武侯祠中清人趙藩撰寫的對聯：「能攻心則反側自消，從古知兵非好戰；不審勢即寬嚴皆誤，後來治蜀要深思。」此說反映了諸葛亮用兵治蜀的一些情況，出言不虛，發人深思，堪讓後人廣而思之。

劉禪暗弱難為國

章武三年（建興元年，西元二二三年）四月，劉備死于白帝永安宮。五月，劉禪繼位於成都，時年十七歲。據此計算，劉禪應該出生於建安十二年（二〇七）劉備依附於荊州劉表之時，母甘氏。他死於晉泰始七年（二七一），終年當為六十五歲。

關於劉禪的生年和出身，還有另外一些說法。同時代，魏人魚豢所作《魏略》說：「初（按指建安五年），備在小沛，不意曹公卒至，遑遽棄家屬，後奔荊州。禪時年數歲，竄匿，隨人西入漢中，為人所賣。及建安十六年，關中破亂，扶風人劉括避亂入漢中，買得禪，問知其良家子，遂養為子，與娶婦，生一子。初禪與備相失時，識其父字玄德。比舍人有姓簡者，及備得益州而簡為將軍，備遣簡到漢中，舍都邸。禪乃詣簡，簡相檢訊，事皆符驗。簡喜，以語張魯，魯為洗沐送詣益州，備乃立以為太子。初備以諸葛亮為太子太傅，及禪立，以亮為丞相，委以諸事，謂亮曰：『政由葛氏，祭則寡人。』亮亦以禪未閑於政，遂總內外。」這段記載，從出身的角度為劉禪懦弱無能、不諳政事，找到了歷史的「根據」；亦為諸葛亮總攬內外大政而君臣相安，提供了生動的說明，但卻是不可靠的。南朝宋人裴松之根據《三國志・二主妃子傳》「後主生於荊州」和〈後主傳〉「初即帝位，年十七」以及〈趙雲傳〉「雲身抱弱子以免」等記載指出，「以事相驗，理不得然，此乃《魏略》之妄說」；並指出，諸葛亮亦不曾為太子太傅。裴論很有道理。不過，令人疑惑的是，《魏略》之作早於陳壽《三國志》，更早於常璩《華陽國志》等書。魚豢，魏人，官居郎中，屬於內（中）朝官，撰寫《魏略》期間，劉禪尚在人世，甚至已經被虜到了洛陽，其作何以謬誤至此。

除了劉禪本身的素質條件外，歷史的客觀形勢使他必然成為一代暗弱無能的君主。

天下靠人打，國賴謀者治。可歎的是，「天不祚漢」，在重要的歷史轉折時期，謀臣宿將相繼離世。據《三國志》、《華陽國志》諸書載，劉備為帝前後，亦即劉禪即位前，許多有威望、有能力的人都死了，其中著者有：

軍師中郎將龐統，建安十九年，率眾攻雒城，中流矢死，年僅三十六歲；

前將軍關羽，建安二十四年，失荊州，被孫權部將所殺；

後將軍黃忠，建安二十五年，病死；

尚書令法正，建安二十五年，病死，年四十五歲；

安漢將軍麋竺，建安二十五年，病死；

秉忠將軍孫乾、昭德將軍簡雍、昭文將軍伊籍，均死於建安末；

右將軍，遷車騎將軍張飛，章武元年，被帳下將殺死；

左將軍，遷驃騎將軍馬超，章武二年，病死，年四十七歲；

司徒許靖，章武二年，病死；

尚書令劉巴，章武二年，病死；

侍中馬良，章武二年，死於夷陵之戰。

可見，劉禪繼位後面臨的是中央機構不健全、人才極為短缺的局面。

更為無可奈何的是，建興十二年（二三四），諸葛亮病死五丈原（今陝西武功境），事出突然，朝無能臣，自然還是丞相府的班底執掌大權。丞相的兩位長史，亦即現代意義的兩位「總管」或「祕書長」，分別統制軍權與政權。丞相長史楊儀掌軍事；丞相留府長史蔣琬為尚書令，「總統國事」。這就是諸葛亮為劉禪安排的生存環境。據《三國志・楊儀傳》載：「（楊）儀既領軍還，又誅討（魏）延，自以為功勳至大，宜當代亮秉政，呼都尉趙正以《周易》筮之，卦得〈家人〉，[71]默然不悅。而亮平生密指，以儀性狷狹（狷狹，狹隘，偏激），意在蔣琬，琬遂為尚書令、益州刺史。儀至，拜為中軍師，無所統領，從容而已（悠閒不幹事）。」可見，楊儀想做接班人，但諸葛亮「意在蔣琬」。《三國志・蔣琬傳》載，諸葛亮常說：「公琰（琬字）託志忠雅，當與吾共贊王業者也。」並且密表劉禪說：「臣若不幸，後事宜以付琬。」既有密表，又是留守成都，蔣琬自然捷足先登，遂總國政。繼而又遷大將軍，錄尚書事。不久，又進位大司馬。因此，劉禪又在新的當政的卵翼下，深居宮中，女樂為娛，打發其無所作為的日子了。據《三國志・後主傳》注引魚豢《魏略》說，直到延熙九年（二四六），蔣琬病死，「禪乃自攝國事」。時，劉禪已經四十歲，且已做了二十四年的不問政事的蜀漢皇帝，飽食終日，無所用心，冥頑成性，已是很難改變了。

劉禪在位四十一年，是個享祚不短的皇帝。在此期間，益州地區有過一段相對穩定和發展。但是，由於大部時間政出於下，他既非決策，又不身躬，所有成績，似乎都不能記在他的頭上。相反，所有失誤，最終國破家亡，他作為一國之君，自然是難辭其咎。因此，歷史的公平秤，只能將他放在庸君的位置上進行貶斥，以戒來者。

一、自甘無能，不務進取

如前所述，劉禪性本愚鈍，幼又失教，長不自厲，壯不自奮，老乏志氣，當為歷史所非。但是，就其後天教育來說，劉備當負重要責任。歷史證明，對於子女的教育，劉備遠遠不及曹操。

曹丕在其《典論．自敘》中說過，曹操考慮到時代的需要，在曹丕五歲的時候，便教其學射，六歲的時候，便教其學騎。因而，曹丕八歲的時候，便能騎馬射箭。嗣後便常常被帶到前沿陣地，熟悉戰陣，觀摩戰事。曹丕少習弓馬，從而養成了愛好武功的習慣，既長，不僅箭法精妙，而且劍術也很高明。更為重要的是，曹操要求兒子們既要習武，更要習文。曹丕按照這個要求，文武兼修。因而在經史子集和文化藝術等方面都得到嚴格的修養，從而為其以後的為政和樂府的創作奠定了很好的基礎。

劉備對於劉禪則不然。當他感到問題的嚴重和迫切時，為時已晚。劉備深知兒子無能，難以支撐並發展蜀漢局面，臨終不得不「託孤」於諸葛亮。諸葛亮對劉禪，從一定意義上說，不能不說有負劉備之託。他沒有給予劉禪以實際鍛鍊的機會，任其淫欲頹唐，逸樂後宮，不謀進取。

國之大事，全由諸葛亮決斷。劉禪文不能謀，武不能戰，自甘無能，難務進取，自然只好安於「政由葛氏，祭則寡人」的局面。他親政之前無所事事二十幾年，沉湎於宮中生活，愚劣之質和自卑之感日甚一日。諸葛亮在《出師表》中提醒他不要「妄自菲薄」。其實，劉禪的這種「妄自菲薄」的感覺，主要是自慚於諸葛亮。這是客觀環境所使然。質言之，從某種意義上說，這正是由諸葛亮造成的。

劉禪親政之後，惡習難改。學不長進，謀難己出，在處理國政和兵戎大事方面，自然就難免依舊受制於人。

他生活腐敗，驕奢淫逸。嬪妃之數已逾古制，但仍不饜足，「常欲采擇（按：指選妃、選宮女）以充後宮」，因此受到董允的抵制。史稱：「（董）允以為古者天子后妃之數不過十二，今嬪嬙已具，不宜增益，終執不聽。」[72]另外，還有一段逸事，也反映了大臣們對劉禪驕奢淫逸生活的反感。《三國志·劉琰傳》說，車騎將軍劉琰的妻子胡氏入賀太后，「太后令特留胡氏，經月乃出。胡氏有美色，琰疑其與後主有私，呼卒五百撾胡，至於以履搏面，而後棄遣。」胡氏將劉琰的行為上告，劉禪即將劉琰抓進監獄，讓刑事部門議罪。因此，「有司議曰：『卒非撾妻之人，面非受履之地。』琰竟棄市。自是，大臣妻母朝慶遂絕。」

他荒於政事，喜歡遊山玩水，「頗出遊觀，增廣聲樂」，沉於聲色犬馬之中。因此，引出了太子家令譙周一篇長諫。譙周在歷述王莽以來的成敗典故之後，講到劉禪「至於四時之祀，或有不臨，池苑之觀，或有仍出（按：意為頻繁出遊）」，因此表示了自己的深感不安，進而勸諫說：「夫憂責在身者，不暇盡樂。先帝（劉備）之志，堂構（按：指祖先遺業）未成，誠非盡樂之時。願省減樂官、後宮所增造，但奉修先帝所施，下為子孫節儉之教。」[73]事實證明，劉禪對此倒是挺有主意，我行我素，譙周的勸諫沒有收到應有的效果。

二、既總國政，治國乏術

諸葛亮在世，軍政總統，一切軍事、政治、經濟、文化等方面的成功與失敗，自然都應記在諸葛亮的帳上。諸葛既歿，蔣琬開府掌權十三年，軍不見進，政無建樹。延熙六年，蔣琬在給劉禪的上疏中不得不承認：「臣既暗弱，加嬰（患）疾疹，奉辭六年，規方無成，夙夜憂慘。」[74]

蔣琬之死，對於劉禪來說是個重要的轉捩點。史有明記，延熙九年，蔣琬死後，劉禪開始「自攝國事」。[75]

漢制，凡大將軍領尚書事，或錄尚書事、平尚書事，就是最大的權力者。正如《文獻通考·職官十三》所說：「兩漢以來，大將軍之官，內秉國政，外則仗鉞專征，其權任出宰相之右（按：右為上）。」諸葛亮死後，蜀漢沒有再置丞相，大將軍錄尚書事，就是實際的執政。尚書令在一定意義上也就是實際的丞相。先是以蔣琬為尚書令，再遷大將軍、錄尚書事、領益州刺史，總統國事。蔣琬病死前後，又以費禕為大將軍、錄尚書事、領益州刺史，當權。

劉禪既已「自攝國事」，自此以後，蜀漢休咎的主要責任，當然就該由劉禪來承擔了。歷史證明，蜀漢不僅沒有因此好起來，而是更加一天不如一天了。簡而言之，第一，諸葛亮的一些行之有效的政治、經濟措施，沒有得到繼續貫徹；第二，諸葛亮的一些弊政和局限性，諸如用人不明，執法不公，反而有所發揚；第三，宦官干政，朝無諍臣；第四，經濟凋敝，生產衰微，「民有菜色」；第五，疲於用兵，國力難支，民不得安息；第六，內部腐敗，大臣失信，互為掣肘，不求有功，但求免罪自保。

據《華陽國志·劉後主志》載，劉禪先是「超遷（意為破格提拔）蜀郡太守南陽呂乂為尚書令，進姜維為衛將軍，與大將軍禕並錄尚書事」。這說明，劉禪親政之後，依然只能依靠諸葛亮遺留下的班底。他沒有辦法、也沒有能力完全擺脫諸葛亮及其僚屬的影響。當然，從另一個角度說，幸然如此，否則，說不定情況更糟。

呂乂主內政。《三國志·呂乂傳》說，呂乂曾為巴西太守，「丞相諸葛亮連年出軍，調發諸郡，多不相救，乂募取兵五千人詣亮，慰喻檢制（勸慰約束），無逃竄者」，得到諸葛亮的信任，調為漢中太守，兼領督農。諸葛亮死後，呂乂累官廣漢太守、蜀郡太守，入為尚書，「代董允為尚書令，眾事無留，門無停賓。乂歷職內外，治身儉約，謙靖少言，為政簡而不煩，號為清能。然持法刻深，好用文俗吏，故居大官，名聲損於郡縣。」可見，呂乂曾經是一個不錯的官，但是持法峻刻，好用俗吏，官做大了，卻沒有做出像樣的成績來，名聲也大不如做地方官的時候了。

延熙十四年（一作十五年），呂乂死，劉禪任用侍中陳祗為守尚書令，加鎮軍將軍，主政事。《三國志‧陳祗傳》載，陳祗「多技藝，挾數術，費禕甚異之」，因而被越級提拔，從「選曹郎」一躍而為侍中，繼而「又以侍中守尚書令，加鎮軍將軍」。「大將軍姜維雖班在祗上，常率眾在外，希親朝政。祗上承主指，下接閹豎，深見信愛，權重於維。」《華陽國志‧劉後主志》也說：「姜維雖班在祗右（古代官以右為上），權任不如，蜀人無不追思董允者。」陳祗主政七年，朝風日壞，寸績未見，卻得劉禪的信愛和重用。景耀元年（二五八），陳祗死，「後主痛惜，發言流涕」，並下詔枉讚其功績，諡為忠侯，賜其長子爵關內侯，拔其次子為黃門侍郎。可見其昏庸不明之甚。

費禕、姜維主軍事。二人雖然並錄尚書事，應該管更多的事情，但主要是把精力放在軍事上。他們在平撫涼州，以及益州境內汶山平康、涪陵蜀國少數民族的「反叛」中屢建「功勳」，但在對魏戰爭中卻敗多勝少。而且，二人在戰爭策略上存在很大分歧。《三國志‧姜維傳》說：「維自以練（熟習）西方風俗，兼負其才武，欲誘諸羌、胡以為羽翼，謂自隴以西可斷而有也。每欲興軍大舉，費禕常裁制不從，與其兵不過萬人。」費禕對姜維說：「吾等不如丞相亦已遠矣。丞相猶不能定中夏，況吾等乎！且不如保國安民，敬守社稷，如其功業，以俟能者，無以為希冀僥幸而決成敗於一舉。若不如志，悔之無及。」[76] 應該說，費禕的方略，雖然難建大功，但比較符合蜀漢的實際。

延熙八年（魏正始六年，西元二四五年）冬，劉禪批准費禕出屯漢中。費禕承襲諸葛亮、魏延的做法，據險禦敵，圍守為主。九年，回成都，十一年復出漢中。此期間，因魏、吳二國均致力內部，都沒有主動向外耀兵。所以，蜀軍未致兵敗。

十二年（魏嘉平元年，西元二四九年），魏國發生內亂，司馬懿殺大將軍曹爽，本在秦隴與蜀軍相抗的右將軍夏侯霸（夏侯淵的兒子）懼誅，自駐屯地隴右出奔，投降蜀漢。劉禪、姜維認為，時機可乘。姜維出兵攻雍州，依麴山（今甘肅岷縣東）築二城，使牙門將勾安、李歆等守之。魏以征西將軍、都督雍涼諸軍事郭淮與雍州刺史陳泰、南安太守鄧艾等，圍其城，「斷其運道及城外流水」，蜀軍「將士困窘，分糧聚雪以稽日月」。姜維自牛頭山（今甘肅岷縣東南）來救，陳泰等截斷姜維的退路。姜維「懼，遁走」，置二城於不顧，勾安、李歆「孤懸」無援，降魏。77

十三年（一作十二年），姜維復出西平（今青海西寧），「不克而還。」78

十六年（魏嘉平五年，西元二五三年）春，費禕為魏降人郭修所殺。《華陽國志．劉後主志》載，費禕雖典戎於外，慶賞刑威，都向劉禪報告、請示，聽聽朝廷的意見。自禕歿後，閹宦秉權。姜維自負才兼文武，「至是無憚，屢出師旅，功績不立，政刑失錯矣。」

是年夏，姜維再次率數萬人出石營（今甘肅西和西北），經董亭，圍南安（今甘肅隴西東北）。魏雍州刺史陳泰驅兵解圍，姜維「糧盡退還」。

十七年（魏正元元年，西元二五四年）夏，魏狄道長李簡密書請降，姜維率蕩寇將軍張嶷復出隴西，「軍前與魏將徐質交鋒，嶷臨陣隕身」，雖然取得小的勝利，但斷送了善處民族關係的安邦名臣張嶷的命。79 魏軍敗退，姜維乘勝拔河關（今甘肅蘭州西）、狄道（今甘肅臨洮西南）、臨洮（今縣）三縣民而還。

十八年春，姜維又提出出征，劉禪召集大臣討論，征西大將軍張翼「廷爭」，以為「國小民勞，不宜黷武」。姜維不聽，而且故意要張翼從征，讓劉禪改授張翼為鎮南大將軍。是年夏，姜維即率魏降將、車騎將軍夏侯霸（按：夏侯霸投降後，被授車騎將軍）和張翼等俱出狄道。史載：「維至狄道，大破魏雍州刺史王經，經眾死於洮水者以萬計。」張翼勸其適可而止，對姜維說：「可止矣，不宜復進，進或毀此大功。」姜維大怒說：「為蛇畫足。」80 姜維遂進兵圍王經於狄道，魏代征西將軍、都督雍涼諸軍事陳泰，進軍陳倉，趨兵上邽（今甘肅天水西南），「分兵守要，晨夜進前。」陳泰分析軍事態勢說，姜維「縣（懸）軍遠僑，糧穀不繼，是我速進破賊之時也，所謂疾雷不及掩耳，自然之勢也。洮水帶其表，維等在其內，今乘高據勢，臨其項領（項領，喻咽喉要道），不戰必走」。果如陳泰所料。魏軍「潛行，夜至狄道東南高山上，多舉烽火，鳴鼓角。狄道城中將士見救者至，皆憤踴。維始謂官救兵當須眾集乃發，而卒聞已至，謂有奇變宿謀，上下震懼」。81 陳泰與王經密謀，截斷姜維的退路，姜維等聽到消息後，隨即退駐鍾提（今甘肅臨洮西）。

十九年（魏甘露元年，西元二五六年）春，劉禪升遷姜維為大將軍。姜維「更整勒戎馬，與鎮西大將軍胡濟期會上邽。濟失誓不至，故維為魏大將鄧艾所破於段谷（今天水境），星散流離，死者甚眾。」82 本來形勢有利於蜀而不利於魏，如魏將鄧艾所說：「（魏）洮西之敗，非小失也。破軍殺將，倉廩空虛，百姓流離，幾於危亡。今以策言之，彼有乘勝之勢，我有虛弱之實，一也。彼上下相習，五兵犀利，我將易兵新，器杖未復，二也。彼以船行，吾以陸軍，勞逸不同，三也。

狄道、隴西、南安、祁山，各當有守，彼專為一，我分為四，四也。從南安、隴西，因食羌穀，若趨祁山，熟麥千頃，為之縣餌，五也。賊有黠數，其來必矣。」姜維果出祁山，「聞艾已有備，乃回從董亭趣南安，艾據武城山以相持。維與艾爭險，不克。其夜，渡渭東行，緣山趣上邽，艾與戰於段谷（在今甘肅天水境），大破之。」[83]姜維敗退，蜀國「眾庶由是怨讟，而隴已西亦騷動不寧。維謝過引負，求自貶削」。[84]於是降為後將軍，行大將軍事。

二十年，魏征東大將軍諸葛誕反於淮南，分關中兵東下，姜維意欲乘虛取秦川，再次率數萬人出駱谷（今陝西周至西南），至芒水（今陝西周至西南），與魏征西將軍、都督雍涼二州諸軍事、司馬懿的侄子司馬望和鎮西將軍鄧艾相拒。當時，「長城（地名，在今陝西周至西南）積穀甚多而守兵乃少，聞維方到，眾皆惶懼。」[85]司馬望、鄧艾傍渭堅圍，不與戰。既而，姜維得知諸葛誕失敗，魏國將移兵來戰，料難進取，主動撤兵，回到成都。

景耀元年（魏甘露三年，西元二五八年），劉禪恢復了姜維大將軍的職務。據《三國志・姜維傳》載：「初，先主留魏延鎮漢中，皆實兵諸圍以禦外敵。敵若來攻，使不得入。及興勢（今陝西洋縣北）之役，王平捍拒曹爽，皆承此制。」但姜維認為，這種立足於防禦的布兵方式，不易獲得大的成功，「不若使聞敵至，諸圍皆斂兵聚穀，退就漢（今陝西勉縣西南）、樂（今陝西城固境）二城。使敵不得入平，且重關鎮守以捍之。有事之日，令游軍並進以伺其虛。敵攻關不克，野無散穀，千里縣糧，自然疲乏。引退之日，然後諸城並出，與游軍并力搏之，此殄敵之術也。」一廂情願地自我設計，非常美妙。劉禪接受了姜維的建議。於是，姜維一改諸葛亮用兵方略，重新部署了軍隊。

嗣後數年，魏國司馬昭忙於鞏固權力，吳國內部不穩，也未對外用兵，三國短暫相安。

景耀五年（魏景元三年，西元二六二年），蜀漢已屬積弱不振，姜維又率眾出漢、侯和（今甘肅臨潭南）。86

姜維數出兵，「蜀人愁苦」，很多人提出了反對意見。征西大將軍張翼廷爭，「以為國小民勞，不宜黷武。」87太中大夫（一作中散大夫）譙周鑑於「軍旅數出，百姓凋瘁」，而與尚書令陳祗論其利害，因作《仇國論》以諷之，其中有言「可為（周）文王，難為漢（高）祖」。又謂：「夫民疲勞，則騷擾之兆生，上慢下暴則瓦解之形起。諺曰：『射幸數跌，不如審發（意謂射箭屢屢失敗而僥幸射中一次，不如審慎而一箭射中）。』是故智者不為小利移目，不為意似改步，時可（時可，時機合適）而後動，數合而後舉（數合，天下大勢有利），故湯、武之師不再戰而克，誠重民勞而度時審也。如遂極武黷征，土崩勢生，不幸遇難，雖有智者將不能謀之矣。」88意思很明白，他把劉禪、姜維的屢屢用兵，視為窮兵黷武，並進而危言後果不堪設想。右車騎將軍廖化說得更明白：「兵不戢，必自焚，伯約（姜維字）之謂也。智不出敵而力少於寇，用之無厭，何以能立！」89

姜維不悟，結果在侯和被鄧艾打敗。然後，他置益州咽喉於不顧，還住沓中（今甘肅臨潭西南），遠離漢中而不在漢中設重兵固守。這是重大的戰略性錯誤。

事實證明，姜維住兵沓中，完全是出於自利自保的目的；也是劉禪昏庸所導致的結果。對於姜維來說，固然情有可原；但對於劉禪來說，實在是罪不容貸。《三國志．姜維傳》說：「維本羈旅託國，累年攻戰，功績不立。而宦官黃皓等弄權於內，右大將軍閻宇與皓協比（協比，意同朋比，勾結），而皓陰欲廢維樹宇。維亦疑之，故自危懼，不復還成都。」《華陽國志．劉後主志》說：「大將軍維惡皓之恣擅，啟後主欲殺之。後主曰：『皓，趨走小臣耳。往者董允切齒，吾常恨之，君何足介意！』維本羈旅自託，而功效無稱，見皓枝附葉連，懼於失言，遜辭而出。後主敕皓詣維陳謝，維說皓求沓中種麥，以避內逼。」

景耀六年（八月改元炎興元年。魏元帝景元四年，西元二六三年），魏相國司馬昭知道時機成熟，即大興徒眾，發動滅蜀戰爭，命征西將軍鄧艾、鎮西將軍鍾會、雍州刺史諸葛緒數路並進。姜維「聞鍾會治兵關中，欲規進取」，乃上表劉禪，要求增兵，提出：「宜並遣張翼、廖化督諸軍分護陽安關口（今陽平關，在陝西寧強西北）、陰平橋頭（今玉壘關，在甘肅文縣東南），以防未然。」劉禪昏庸，沒有主意，什麼事都聽黃皓的。他把表章先給黃皓一個人看。據說，「皓徵信鬼巫」，用求神弄鬼、打卦問卜的伎倆，自欺欺人，散布鬼、巫誑語，說敵人最終是不會來的。他把這些鬼話上奏劉禪，讓劉禪「寢（擱置）其事」，把姜維的表章壓下來。所以，朝臣都不知有姜維從前線送回情報和要求派兵這回事。[90] 及至魏軍蜂擁而來，才知大事不好了。

據《三國志．鍾會傳》載，鄧艾督三萬餘人自狄道向甘松（在今甘肅迭部境）、沓中進發，以牽制姜維；諸葛緒督三萬餘人自祁山向武街（今甘肅武都西南）、橋頭（今甘肅文縣東南之玉壘關）進發，「絕維歸路」；鍾會統十餘萬眾分從斜谷、駱谷、子午谷取漢中。劉禪下詔，敕令「諸圍皆不得戰，退保漢、樂二城」。

鍾會一路：鍾會率領諸軍平行前進，直取漢中。令前將軍李輔統萬人圍蜀將王含於樂城，護軍荀愷圍蜀將蔣斌於漢城，護軍胡烈攻蜀將傅僉於關口。蔣斌投降，傅僉戰死。鍾會得知前部已將關口拿下，「長驅而前，大得庫藏積穀。」[91]

鄧艾一路：鄧艾令天水太守王頎直攻姜維營，令隴西太守牽弘截斷姜維後路，令金城太守楊欣趨取甘松。姜維「聞鍾會諸軍已入漢中，引退還。欣等追躡於強川口（在今甘肅文縣境），大戰，維敗走」。[92]

諸葛緒一路：諸葛緒得知姜維自強川口敗退，屯住橋頭，當即回軍三十里，欲以截擊，追之不及，姜維退守劍閣。

史稱，劉禪派出右車騎將軍廖化、左車騎將軍張翼、輔國大將軍董厥等分別至沓中、陽安關口增援。「比至陰平，聞魏將諸葛緒向建威（今甘肅成縣西），故住待之。月餘，維為鄧艾所摧，還住陰平。鍾會攻圍漢、樂二城，遣別將進攻關口，（蜀將）蔣舒開城出降，傅僉格鬥而死。（鍾）會攻樂城，不能克。聞關口已下，長驅而前，翼、厥甫至漢壽，維、化亦舍陰平而退。適與翼、厥合，皆退保劍閣以拒會。」[93]

兩軍相持於劍閣，鍾會與姜維書勸降，「維不答書，列營守險。」正當鍾會陷入困境，「糧運縣遠，將議還歸」的時候，鄧艾「道行無人之地七百餘里，鑿山通道，造作橋閣。山高谷深，至為艱險，又糧運將匱，頻於危殆。艾以氈自裹，推轉而下。將士皆攀木緣崖，魚貫而進」。[94]奪取江油（四川今縣），進逼綿竹（今四川德陽東北）。蜀漢亡國危機，便迫在眉睫了。

三、信用宦者，貽誤大事

歷史說明，君主昏庸，易被宦者所控。劉禪自然不會例外。他從立為太子，即與宦官黃皓相善；繼位以後，事多依從。正因如此，諸葛亮便將太子舍人、洗馬董允提拔為黃門侍郎，主宮中事。建興六年，諸葛亮北出祁山前，更「慮後主富於春秋，朱紫難別，以允秉心公亮，欲任以宮省之事」，上表要求劉禪「宮中之事，事無大小，悉以咨之，然後施行」。不久，又升遷董允為侍中，領虎賁中郎將，統宿衛親兵。據載：「獻納之任，允皆專之矣。允處事為防制

（防制，防備與制約），甚盡匡救之理。」劉禪和黃皓都有點怕他。劉禪常想廣選美女以充後宮，如前所述，董允曾經「以為古者天子后妃之數不過十二，今嬪嬙已具，不宜增益」為由，堅決不同意。劉禪漸長，益加寵幸黃皓，「皓便辟佞慧，欲自容入。」董允常常「上則正色匡主，下則數責於皓」。因此，劉禪有點怕他，黃皓也有點怕他。「皓畏允，不敢為非。終允之世，皓位不過黃門丞。」[95]

延熙九年（二四六），蔣琬、董允先後死去，劉禪自攝國政，黃皓便有恃無恐、肆無忌憚了。劉禪任用陳祗代董允為侍中，繼而又讓他以侍中守尚書令，加鎮軍將軍。自從陳祗有寵，劉禪「追怨」董允日深，認為是董允降低了自己的威望。陳祗「上承主指，下接閹豎」，與黃皓互相表裡。[96]可見，劉禪親攝國政之日，也是黃皓「始預國政」之時。景耀元年（二五八），陳祗死去，宦人黃皓開始「專政」，「操弄威柄，終至覆國。」[97]

劉禪在最後的幾年裡，也算是逐步「健全」了自己的領導核心：黃皓從黃門令而為中常侍、奉車都尉，全面掌握權力；以僕射董厥為尚書令，繼遷輔國大將軍；拜諸葛亮的兒子、劉備的女婿、尚書僕射、軍師將軍諸葛瞻為行都護衛將軍，與董厥「並平尚書事」；繼而又以侍中樊建守尚書令。[98]史稱：「自瞻、厥、建統事，姜維常征伐在外，宦人黃皓竊弄機柄，咸共將護，無能匡矯，然建特不與皓和好往來。」[99]這說明，諸葛瞻、董厥都曾為虎作倀，「咸共將護」黃皓的權力，只有樊建還有點志氣，不與黃皓相善。

劉禪信宦誤國，重有三端：一是把權力交給了黃皓，自己沉湎酒色、不修政事。二是阻斷良謀，賢者離心。諸如前面所說，黃皓與右大將軍閻宇勾結，陰欲廢黜姜維而樹立閻宇的權力，姜維疑懼，不敢回成都。再如，祕書令郤正，博覽墳籍（古代典籍），性淡榮利，「自在內職（按：

郤正由祕書吏轉遷祕書令，是能夠接近皇帝的內朝官），與宦人黃皓比屋周旋，經三十年。皓從微至貴，操弄威權，正既不為皓所愛，亦不為皓所憎，是以官不過六百石。」[100]三是貽誤國家大事。國難當頭，竟然聽信黃皓的鬼話，把姜維求援的表章擱置不理，貽誤了僅有的一點戰機。

陳壽說得很對，像劉禪這樣無能的君主，是否有所作為，全在輔佐，即所謂：「後主任賢相則為循理之君，惑閹豎則為昏暗之後（君），《傳》曰『素絲無常，唯所染之』，信矣哉！」[101]

劉禪統治下的蜀國，到底是個什麼樣子呢？質言之，不幾年，便把諸葛亮取得的成就耗光了。政治昏暗，經濟凋敝，人民食不果腹。有一個歷史故事足可證明這一點：景耀四年（魏景元二年，吳永安四年，西元二六一年），吳國派遣五官中郎將薛珝出使蜀漢，薛珝回國後，吳景帝孫休「問漢政得失」，薛珝生動地描述了蜀漢的情況：「主暗而不知其過，臣下容身以求免罪，入其朝不聞直言，經其野民皆菜色。」薛珝因此還發表了一通議論，說：「臣聞燕雀處堂，子母相樂，自以為至安也，突決棟焚，而燕雀怡然不知禍之將及，其是（指蜀漢）之謂也。」[102]一言中的，蜀漢君臣上下正是這個樣子，目光短淺，安於逸樂，不知亡國之期將至。

當然，蜀之亡，並非只有劉禪信用宦者一個方面的原因，古代歷史家常把歷史的責任過多地加在黃皓頭上，也是不公平的。《三國志．譙周傳》記載了一個異兆故事說：「宦人弄權於內，景耀五年，宮中大樹無故自折，（譙）周憂之……。」這都屬於蜀漢亡後的附會言論。況且，黃皓專權，諸葛瞻、董厥等人「咸共將護，無能匡矯」，不是也有「助紂為虐」之嫌嗎？

四、苟且偷生，沒有志氣

劉備征戰數十年爭得了一方天下，由於未及建起牢固的基礎；諸葛執政，初有政績，繼而徒耗國力，積弱難復；阿斗昏庸，文無謀事之思，武無馭將之能，自然無所作為，所以，沒有多年的工夫，這個偏居一隅的小朝廷便徹底斷送了。亡國之際，劉禪的怯懦之性、昏庸本質更加充分地反映出來。

景耀六年（魏景元四年，西元二六三年）十月，魏征西將軍鄧艾以「攻其不備，出其不意，掩其空虛」之術，鑿山通道，驅軍於無人之地七百里，直至江油。蜀漢江油守將馬邈投降，衛將軍諸葛瞻不聽尚書郎黃崇「速行固險，無令敵得入坪（平地）」的勸告，即棄涪城（今四川綿陽）而退保綿竹。[103] 鄧艾誘降諸葛瞻，說：「若降者，必表封琅邪王。」瞻憤怒，殺掉鄧艾的使者。鄧艾即遣其子鄧忠等「出其右」，右司馬師纂等「出其左」，鄧忠、師纂出戰不利，還告鄧艾說「賊未可擊」，艾大怒：「存亡之分在此一舉，何不可之有！」艾叱忠、纂等出，將斬之，「忠、纂馳還更戰，大破之，斬瞻及尚書張遵等首，進軍到雒（治今四川廣漢北）。」[104] 諸葛瞻長子諸葛尚不禁歎道：「父子荷恩，不早斬黃皓，以致敗國殄民，用生何為！」於是「驅馬赴魏軍而死」。[105] 由此可見，諸葛瞻父子不愧是諸葛亮的子孫，戰死陣前。

雒縣至成都，路僅八十里，不及一日之遙。劉禪昏弱，不懂軍事，更不知未雨綢繆之要，諸葛瞻既死，姜維、董厥、張翼、廖化等遠在劍閣，於是蜀漢朝野一片驚慌。據《三國志‧譙周傳》說：「蜀本謂敵不便至，不作城守調度，及聞艾已入陰平（按：入陰平，誤。當以《華陽國志》作『入坪』，或如《資治通鑑》所說作『入平土』），百姓擾擾，皆迸山野，不可禁制。」

大敵當前，劉禪召開了一次御前會議，「計無所出」。

有的主張投吳，認為「蜀之與吳，本為和國，宜可奔吳」。

有的主張南逃，認為「南中七郡，阻險斗絕（陡峭險峻。斗，通陡），易以自守，宜可奔南」。

光祿大夫譙周則主張投降。他針對「奔吳」的主張指出：「自古已來，無寄他國為天子者也，今若入吳，固當臣服。且政理不殊，則大能吞小，此數之自然也。由此言之，則魏能并吳，吳不能并魏明矣。等為小稱臣，孰與為大？再辱之恥，何與一辱？」又針對「奔南」的主張指出：「若欲奔南，則當早為之計，然後可果；今大敵以近，禍敗將及，群小之心，無一可保，恐發足之日（發足，開步走），其變不測，何至南之有乎！」

據說，聚議時，大臣們質問譙周說，現在鄧艾已經離成都不遠，如果不肯接受我們投降怎麼辦？譙周根據天下形勢，做出判斷，認為：「方今東吳未賓（賓，服），事勢不得不受之，受之後不得不禮。」並進而保證說：「若陛下降魏，魏不裂土以封陛下者，周請身詣京都，以古義爭之。」

經過聚議，眾人期於自保，「皆從周議」，劉禪則依然有點傾向於南奔少數民族地區。譙周即又上疏，陳說四點不可南去的理由：一為南方不可靠，指出：「南方遠夷之地，平常無所供為，猶數反叛，自丞相亮南征，兵勢逼之，窮乃幸從。是後供出官賦，取以給兵，以為愁怨，此患國之人也。今以窮迫，欲往依恃，恐必復反叛」；二為難免敵人追及，指出：「北兵之來，非但取蜀而已，若奔南方，必因人勢衰，及時赴追」；三為南方沒有立足的條件，指出：「若至南方，外當拒敵，內供服御，費用張廣，他無所取，耗損諸夷必甚，甚必速叛」；四為失掉民心，民必「亡叛」，分析說：「昔王郎以邯鄲僭號，時世祖（東漢光武帝）在信都，畏逼於郎，欲棄還關中。邳肜（一作彤（初為王莽屬下，後歸劉秀））諫曰：『明公西還，則邯鄲城民不肯捐（棄）父母，背城（成）主，而千里送公，其亡叛可必也。』世祖從之，遂破邯鄲。今北兵至，陛下南行，誠恐邳肜之言復信於今。」[106]最後，譙周對兩條道路做了對比，指出：「早為之圖，可獲爵土；若遂適南，勢窮乃服，其禍必深。」107

最終，劉禪覺得譙周的話有道理，於是決定投降。

當時，堅決反對投降的只有劉禪的第五子北地王劉諶。108據《三國志・後主傳》注引《漢晉春秋》說：「後主將從譙周之策，北地王諶怒曰：『若理窮力屈，禍敗必及，便當父子君臣背城一戰，同死社稷，以見先帝可也。』後主不納，遂送璽綬。是日，諶哭於昭烈之廟（劉備廟），先殺妻子，而後自殺，左右無不為涕泣者。」

劉禪命祕書令郤正起草投降文書，並派侍中張紹（張飛的兒子）、駙馬都尉鄧良（鄧芝的兒子）等到鄧艾營，聯絡投降。投降文書，竭盡屈辱媚敵、搖尾求憐之語。

> 限分江、漢（長江、漢水相隔），遇值深遠（得機占有遠離中原之地），階緣（憑藉）蜀土，斗絕（險峻地勢）一隅，干運犯冒，漸苒歷載，遂與京畿攸隔萬里。每惟（想起）黃初中，文皇帝（按指曹丕）命虎牙將軍鮮于輔，宣溫密之詔，申三好之恩，開示門戶，大義炳然，而否德暗弱（否德，卑劣的品德），竊貪遺緒（遺緒，前人留下的功業），俯仰累紀（意謂很快幾十年。紀，十二年。劉禪在位已三紀餘），未率大教（意謂沒有奉行魏國教令）。天威既震，人鬼歸能之數，怖駭王師，神武所次，敢不革面，順以從命！輒敕群帥投戈釋甲，官府帑藏一無所毀。百姓布野，餘糧棲畝，以俟后來之惠，全元元（老百姓）之命。伏惟大魏布德施化，宰輔伊、周（伊，伊尹；周，周公。此喻司馬昭），含覆藏疾（意謂包容社會存在的弊病）。謹遣私署侍中張紹、光祿大夫譙周、駙馬都尉鄧良奉齎印綬，請命告誠，敬輸忠款，存亡敕賜，惟所裁之。輿櫬（用車載著棺材）在近，不

復縷陳（不再細說）。[109]

既然要投降，勢之所在，語含屈辱，似乎也不必多責。《三國志．後主傳》載：「紹、良與艾相遇於雒縣。艾得書，大喜。」接受了劉禪投降，並立即報以回書，讓紹、良先還。鄧艾的書信，首言自古以來凡與中原對抗者沒有不滅亡的，繼而言及受降之意：「銜命來征，思聞嘉響，果煩來使，告以德音，此非人事，豈天啟哉！昔微子歸周（微子，名啟，商末大臣），實為上賓，君子豹變（豹變，豹文越變越美），義存《大易》，來辭謙沖，以禮輿櫬，皆前哲歸命之典也。全國為上，破國次之，自非通明智達，何以見王者之義乎！」[110]可見，用車拉著棺材（輿櫬）、自縛出降實際也是鄧艾向劉禪提出的條件。

劉禪為了表示歸從，即遣太常張峻、益州別駕汝超歸鄧艾節度。同時，遣太僕蔣顯通知姜維投降鍾會。《華陽國志．劉後主志》說：「姜維未知後主降，謂且固城；素與執政者不平，欲使其知衛敵之難，而後逞志；乃回由巴西（治今四川閬中），出郪（今四川三台縣南）、五城（今四川中江）。會被後主手令（被，收到），乃投戈釋甲，詣鍾會，降於涪。軍士莫不奮激，以刀斫石。」

同時，劉禪又遣尚書郎李虎獻《士民簿》給鄧艾。簿計：「領戶二十八萬，男女口九十四萬，帶甲將士十萬二千，吏四萬人，米四十餘萬斛，金銀各二千斤，錦綺采絹各二十萬匹，餘物稱此（稱此，相當）。」[111]

鄧艾至成都城北，劉禪率太子諸王及群臣六十餘人，輿櫬自縛，銜璧出迎（銜璧，口中含著玉璧）。鄧艾親釋其縛，受其璧，焚其櫬，承制拜劉禪為驃騎將軍（承制，代表皇帝），仍讓其住在成都宮中。蜀漢群僚皆「各隨高下拜為王官，或領艾官屬」[112]。據《華陽國志・劉後主志》載，鄧艾捉住了宦官黃皓，「將殺之，受賄而赦之。」

不久，景元（魏元帝年號）五年（二六四年）正月，鍾會誣陷鄧艾謀反，詔書「檻車征艾」（檻車，囚車）。鍾會陰懷異計，重用姜維，出則同車，坐則同席，「將至成都，自稱益州牧以叛。侍維爪牙，欲遣維為前將軍伐中國。」姜維教鍾會誅殺「北來諸將」，南安太守胡烈等知其謀，「燒成都東門以襲殺會及維、張翼、後主太子璿等。」[113]

景元五年三月，劉禪被舉家東遷洛陽，封為安樂縣公。由司馬昭控制的魏國末代朝廷以皇帝曹奐的名義發的策命中，稱劉禪「恢崇德度，深秉大正，不憚屈身委質，以愛民全國為貴，降心回慮（平下心來想想過去），應機豹變，履言思順，以享左右無疆之休，豈不遠歟！」又說，根據前訓舊典，「錫茲玄牡（黑色公牛），苴以白茅（用白茅包土。古代帝王分封諸侯的儀式。苴，包裹），永為魏藩輔」，食邑萬戶，賜絹萬匹，奴婢百人。史載，劉禪子孫為三都尉封侯者五十餘人。尚書令樊建、侍中張紹、光祿大夫譙周、祕書令郤正、殿中督張通等一干幫助劉禪投降的人們並封列侯。[114]

對於譙周、郤正等勸說劉禪投降的主張，歷史常有譴責之論。《三國志・譙周傳》注引晉人孫綽和孫盛的話可作為代表。孫綽說：「譙周說後主降魏，可乎？曰：自為天子而乞降請命，何恥之深乎！夫為社稷死則死之，為社稷亡則亡之。先君（指劉備）正魏之篡，不與同天矣。推過於其父，俯首而事仇，可謂苟存，豈大居正之道哉！」孫盛說：「春秋之義，國君死社稷，卿大夫死位，況稱天子而可辱於人乎！（譙）周謂萬乘之君偷生苟免，亡禮希利，要冀微榮，惑矣。……禪既暗主，周實駑臣，方之（相比）申包、田單、范蠡、大夫种，不亦遠乎！」客觀地說，此皆迂闊之說，屬於傳統的儒家忠君死國理論。三國形勢，實為華夏疆域內的三個地方政權的鼎立，任何一方的戰爭行動都是統一和反統一戰爭的實施，不宜以嚴格意義的國家間關係論。「國」既難保，為使老百姓免遭塗炭，財產免遭蹂躪，全土安民，相機而降，實是對國家統一的重大貢獻，也是對人民負責的精神體現。正因如此，司馬昭為魏相國，發兵征蜀，並以「愛民全國」之功，封賞劉禪和譙周等，都是應該肯定的。陳壽的評論更是有道理的：「劉氏無虞，一邦蒙賴，周之謀也。」

應該受到譴責的主要人物只有劉禪。身為一國之君，雖然從譙周之策投降了，但他更多的是出於保命保族的考慮，況且他：第一，初無治國之方；第二，臨難怯敵，不明禦敵之策；第三，苟安偷生，沒有骨氣。

「樂不思蜀」的故事，生動地說明了劉禪的平庸、暗弱、可笑。《三國志・後主傳》注引《漢晉春秋》載，劉禪投降到洛陽後，司馬昭為他辦了一次宴會，故意「為之作故蜀技」，以刺激他。結果是，「旁人皆為之感愴，而禪喜笑自若。」這不由使司馬昭發出了「人之無情，乃可至於是乎！雖使諸葛亮在，不能輔之久全，而況姜維」的慨歎。有一天，司馬昭問劉禪：「頗思蜀否？」劉禪回答說：「此間樂，不思蜀。」隨從劉禪到洛陽的原祕書令郤正聞知此等毫無人情味的回答後，急見劉禪，給其出主意說：「若王（指司馬昭）後問，宜泣而答曰：『先人墳墓遠在隴蜀，乃心西悲，無日不思』，因閉其目。」後來司馬昭果然又問，劉禪便按郤正的話回答，司馬昭深知劉禪說不出此等話來，因說：「何乃似郤正語邪！」劉禪嚇得目瞪口呆，便即承認：「誠如尊命。」惹得左右人等「皆笑」。

劉禪，晉泰始七年（二七一）病死洛陽，諡思公。第六子劉恂嗣爵安樂縣公。

蜀無能臣謀將

三國鼎立，蜀漢先亡，自然有許多方面的原因。諸如，國小力弱，難抗大國；後主暗弱，諸葛亮壯志未酬身先死；宦官誤國，等等。但最為重要的還是人才問題。所以我的結論是：蜀無能臣謀將。

這個結論不是我的創造，曾任蜀漢蜀郡太守的王崇後來著《蜀書》時即說：「後主庸常之君，雖有一亮之經緯，內無胥附之謀（胥附，使遠者親附），外無爪牙之將，焉可包括天下也！」115 攝乎晉人常璩則說：「爰迄（蔣）琬、（費）禕，遵修弗革（意指遵循諸葛亮的方針不變），攝乎大國之間，以弱為強，猶可自保。姜維才非亮匹，志繼洪軌，民嫌其勞，家國亦喪矣。」116 孫盛說：「蜀少人士。」117 袁宏說：「小國賢才少。」118 後人王夫之也說：「先主之初微矣，雖有英雄之姿，而無袁、曹之權藉，屢挫屢奔，而客處於荊州，望不隆而士之歸之也寡。及其分荊據益，曹氏之勢已盛，曹操又能用人而盡其才，人爭歸之，蜀所得收羅以為己用者，江、湘、巴、蜀之士耳。……雖若費禕、蔣琬之譽動當時，而能如鍾繇、杜畿、崔琰、陳群、高柔、賈逵、陳矯者，亡有也。」119

最為不幸的是，劉備崩殂前後，相當一部分稍見武能定國、文能安邦的英才，壯年逝去了（前已述及）。諸葛亮執政以後，事無巨細，咸決於己，忽視了後繼者的任用和培養，所選非能，守成尚恐不支，何談事業的發展和壯大。

《華陽國志》說：「時蜀人以諸葛亮、蔣琬、費禕及董允為四相，一號四英也。」實際上，蔣琬、費禕、董允都是原丞相府的班底，均為守成之臣，根本無法同諸葛亮相比。

蔣琬，字公琰，零陵湘鄉人。諸葛亮很賞識他，稱其為「社稷之器，非百里之才也」（姑且不論做不好地方官的人而能做大官的理論是否正確）。諸葛亮開府，以琬為東曹掾，主管人事；繼而升為參軍、長史，加撫軍將軍，主持丞相府事，表現出一定的辦事能力。史載：「亮數外出，琬常足食足兵以相供給。」因此，諸葛亮常說：「公琰託志忠雅，當與吾共贊王業者也。」並且密表劉禪說：「臣若不幸，後事宜以付琬。」諸葛亮死後，劉禪即以蔣琬為尚書令，隨後加行都護，假節，領益州刺史，遷大將軍，錄尚書事，開府，加大司馬。他為人穩重，頗得時人好評，所以史稱「琬出類拔萃，處群僚之右，既無戚容，又無喜色，神守舉止，有如平日，由是眾望漸服」。他的對魏策略，如劉禪延熙元年詔中所說：「諸軍屯住漢中，須吳舉動，東西掎角，以乘其釁」；又「以為昔諸葛亮數窺秦川，道險運艱，竟不能克，不若乘水東下。乃多作舟船，欲由漢、沔襲魏興、上庸」。蔣琬保守的戰略方針，和乘水東下的打算，就當時的形勢來說，未可為非。但他長駐漢中，「會舊疾連動，未時得行。」因此，諸葛亮的這第一位接班人是，內無建樹，外無勳功，九年而事無所成。[120]

費禕，字文偉，江夏鄳（今河南羅山西）人，是諸葛亮心目中的第二任接班人。曾為丞相府參軍、中護軍、司馬，幫助楊儀除掉魏延；後為後軍師，代蔣琬為尚書令，遷大將軍，錄尚書事，領益州刺史。延熙十一年，出住漢中，「自琬及禕，雖自身在外，慶賞刑威，皆遙先諮斷，然後乃行，其推任如此。」什麼事情都向昏庸的劉禪請示，雖免專斷之嫌，但也證明了他才有所限，缺乏政治家、謀略家的能力。延熙十五年，費禕開府，十六年初被魏降人郭修所殺。據說，費禕為人倒也聰明。《三國志·費禕傳》注引《禕別傳》說：「於時軍國多事，公務煩猥，禕識悟過人，每省讀書記，舉目暫視，已究其意旨，其速數倍於人，終亦不忘。」而且為官清正，「雅性謙素，家不積財。兒子皆令布衣素食，出入不從車騎，無異凡人。」但是，為官平平，內無匡主殊勳，外未建功立業。應該肯定的是，他甚有自知之明，軍事上主張戰略防禦，所以對姜維說：「吾等不如丞相亦已遠矣。丞相猶不能定中夏，況吾等乎！且不如保國治民，敬守社稷，如其功業，以俟能者，無以為希冀僥幸而決成敗於一舉。若不如志，悔之無及。」應該說，費禕的方略，雖然難建大功，但比較符合蜀漢當時的實際。121

董允，字休昭，南郡枝江人，是諸葛亮心目中的第三任接班人，所以《出師表》中有所謂「若無興德之言，則戮允等以彰其慢」之語。董允為侍中，上能正色匡主，下能抑制黃皓為非作歹。後以侍中守尚書令，做大將軍費禕的副手，可惜未及有所大的成就，便先費禕而亡了。122

董允之後，相繼為尚書令或「平尚書事」的有呂乂、陳祗、董厥、諸葛瞻、樊建等。呂乂，字季陽，南陽人，「治身儉約，謙靖少言，為政簡而不煩」，但好用俗吏，缺乏開拓精神。陳祗，字奉宗，汝南人，「上承主指，下接閹豎」，是第一位同宦官勾結用事的尚書令。主政期間，毫無成績。董厥，字龔襲，義陽（今河南桐柏東）人，初為丞相府令史，曾經受到諸葛亮的好評：「董令史，良士也。吾每與之言，思慎宜適。」因此能以尚書僕射代陳祗為尚書令，遷輔國大將軍。諸葛瞻，字思遠，是諸葛亮的兒子，史稱「美聲溢譽，有過其實」，為行都護衛將軍，與董厥「並平尚書事」。樊建，字長元，也是義陽人，由侍中守尚書令。前已言及：「自瞻、厥、建統事，姜維常征伐在外，宦人黃皓竊弄機柄，咸共將護，無能匡矯。」「咸共將護」反映了他們品德上的欠缺，「無能匡矯」道出了他們能力上的局限。他們三人，除諸葛瞻死難外，董厥、樊建均降魏，做了魏國的官。123

諸葛亮不信魏延，而用楊儀，遽拔姜維都是重大的失誤。

楊儀，字威公，襄陽人，是個野心家，自認為「當代亮秉政」，結果蔣琬做了尚書令、大將軍，因而對諸葛亮在世時的安排和當政的人很為不滿。史載：「初，儀為先主尚書，琬為尚書郎，後雖俱為丞相參軍長史，儀每從行，當其勞劇，自為年宦先琬，才能逾之，於是怨憤形於聲色，歎咤之音發於五內。」《三國演義》中諸葛亮說魏延「腦後有反骨」，史實證明，真正「腦後有反骨」的人不是魏延，而是楊儀。當其野心得不到滿足時，便徹底暴露了自己的嘴臉，自謂「往者丞相亡沒之際，吾若舉軍以就魏氏，處世寧當落度如此邪！令人追悔不可復及。」費禕先是幫助楊儀除掉了魏延，此時又將楊儀的話密報劉禪，楊儀被廢為民，自殺。124

姜維，字伯約，天水冀人，建興六年以州郡從事歸降，諸葛亮即以為丞相府倉曹掾，加奉義將軍，封侯，並稱：「姜伯約忠勤時事，思慮精密。」又說：「姜伯約甚敏於軍事，既有膽義，深解兵意。」因為得到諸葛亮器重，四年後，姜維便為輔漢將軍，「統諸軍」，繼而劉禪將其升遷為衛將軍，錄尚書事，大將軍。如果諸葛亮晚死數年，姜維的實際本領得到體現，或許沒有什麼問題。但諸葛亮早死，問題就來了。第一，諸將不服，姜維也覺自卑。姜維為大將軍，本來年資淺短而不易服眾，可劉禪還另封了一些其他名號的大將軍，如以王平為鎮北大將軍，胡濟為鎮西大將軍，閻宇為右大將軍，董厥為輔國大將軍，張翼為征西大將軍、鎮南大將軍、左車騎將軍，宗預為征西大將軍、鎮軍大將軍，廖化為右車騎將軍，等等。大將軍太多了，所以便出現了調度不靈，軍事指導思想難以統一的問題：胡濟「失誓不至」，導致姜維為鄧艾所破，「星散流離，死者甚眾」；閻宇與黃皓勾結，策劃奪取姜維的兵權；張翼在戰略主張上與姜維不同，因而軍事行動上不易協調；宗預、廖化，年齡較大，不僅軍事主張與姜維不同，而且不求進取。史載諸葛瞻初統朝事，廖化約宗預去見諸葛瞻，宗預說：「吾等年逾七十，所竊已過，但少一死耳，何求於年少輩而屑屑造門邪？」寥寥數語，足見其一斑心情。第二，維不善知勢而用兵。頻繁出兵，徒傷國力，及至敵以優勢兵力來犯，遂不能支。第三，維「外寬內忌」，聽不得不同意見。史載：「自（張）翼建異論，維心與翼不善，然常牽率同行，翼亦不得已而往」；射聲校尉楊戲「隨大將軍姜維出軍至芒水。戲素心不服維，酒後言笑，每有傲弄之辭。維外寬內忌，意不能堪，軍還，有司承旨奏戲，免為庶人」。第四，重己安危，私心太重，不能果斷行事。閻宇與黃皓想奪他的兵權，他「亦疑之，故自危懼，不復還成都」，關鍵的時刻，不能果斷地剷除阻力，謀劃大的進取。第五，及至蜀亡，試圖利用鍾會叛魏的機會復國，精神可嘉，但少知天下形勢，亦乏知軍之明，徒致滅頂，累及妻子。晉人孫盛在《晉陽秋》中說：「……鄧艾之入江油，士眾鮮少，維進不能奮節綿竹之下，退不能總帥五將，擁衛蜀主，思後圖之計，而乃反復於逆順之間，希違情於難冀之會，以衰弱之國，而屢觀兵於三秦，已滅之邦，冀理外之奇舉，不亦暗哉。」[125] 此論遭到裴松之的批評，但竊以為倒是頗有一定道理。

至於其他一些在劉備、諸葛亮死後的後繼人物，或世之碩儒，文藻壯美，或修身謹嚴，不謀家產，或忠勇堅貞，臨官忘家，甚或得到配享武侯之榮。但以定國安邦大器言，有的過早謝世，更多的是才不足稱。諸如：

陳震，南陽人，建興三年，以犍為太守入拜尚書，遷尚書令。建興七年，曾受諸葛亮派遣出使吳國，祝賀孫權稱帝，「申盟初好」，為諸葛亮的「續結吳好」的政策做出了貢獻。但諸葛亮死後不久，未及作為，他便死去了。[126]

向朗，襄陽宜城人，年輕時師事司馬徽，與徐庶、龐統相善。隨劉備入蜀，曾為巴西、牂牁、房陵太守，領丞相長史。因為袒護馬謖，被免官。數年後，為光祿勳。諸葛亮死後，為左將軍。

本來「以吏能見稱」，但「自去長史，優游無事垂三十（按：當作二十）年，乃更潛心典籍，孜孜不倦。年逾八十，猶手自校書，……開門接賓，誘納後進，但講論古義，不干時事，以是見稱。」既然不干政事，政治上自然也就無所成就了。延熙十年死去。127

杜瓊，成都人，曾被授予諫議大夫、左中郎將、大鴻臚、太常。精究安術，蔣琬、費禕等「皆器重之」。然而，「為人靜默少言，闔門自守，不與世事」，且年事已高，延熙十三年死時，已八十多歲，自然難為治國之術。128

許慈，南陽人，官至大長秋；孟光，洛陽人，官至大司農；來敏，義陽新野人，官至光祿大夫；尹默，梓潼涪人，官至太中大夫。四人皆為儒者，官非政要，且在劉禪「自攝國事」時，都已年屆耄耋，苟活尚恐不及，何來振國之思。

最可算得上人物的是譙周和郤正了。譙周，巴西西充國（四川今縣）人，耽古篤學，「研精六經，尤善書札」，身長八尺，「體貌素樸，性推誠不飾，無造次辯論之才，然潛識內敏。」曾官益州勸學從事、典學從事、太子家令、中散大夫、光祿大夫。歷史記載了他的三大事蹟，一是疏諫劉禪，不要沒有節制地外出遊觀、增廣聲樂、擴建後宮；二是著《仇國論》，以寓言形式，譏論頻繁出兵、百姓凋瘁之非；三是勸劉禪投降於魏。據說，譙周「不與政事，以儒行見禮，時訪大議，輒據經以對」。可見，是一位儒者，基本上不具備大政治家的才質。129

郤正，本名纂，河南偃師人。史稱：「少以父死母嫁，單煢隻立，而安貧好學，博覽墳籍。弱冠能屬文，入為祕書吏，轉為令史，遷郎，至令。性淡於榮利，而尤耽意文章，自司馬、王、揚、班、傅、張、蔡之儔遺文篇賦，及當世美書善論，益部有者，則鑽鑿推求，略皆寓目。自在內職（內朝官），與宦人黃皓比屋周旋，經三十年。皓從微至貴，操弄威權，正既不為皓所愛，亦不為皓所憎，是以官不過六百石，而免於憂患。」應該說，郤正是蜀漢末年惟一具備政治家才能的人，有文采，善韜晦，多智謀，但沒有得到應有的重用。

軍事人物，略如：

吳壹，陳留人，劉備之吳皇后的哥哥，劉璋時為中郎將，投降劉備後先後被授為護軍討逆將軍、關中都督。諸葛亮死後，壹都督漢中，以車騎將軍，假節，領雍州刺史。然而，三年後就死了。

吳班，吳壹族弟，劉備時為領軍，是蜀吳夷陵之戰時的主要將領，後主世，為驃騎將軍，未見殊功而逝。

向寵，襄陽宜城人，曾是受到劉備、諸葛亮重視的軍事優秀人才。建興元年封都亭侯，後為中部督，典宿衛兵。諸葛亮《出師表》中提到的惟一軍事人物。諸葛亮說：「將軍向寵，性行淑均，曉暢軍事，試用於昔日，先帝稱之曰能，是以眾議舉寵為督。愚以為營中之事，悉以咨之，必能使行陣和睦，優劣得所。」遷中領軍。正當可能成為軍事領袖人物的時候，延熙三年，「征漢嘉蠻夷，遇害」，死去了。130

馬忠，巴西閬中人。劉備死前，曾經在永安見過馬忠，談話之後對時任尚書令的劉巴說：「雖亡黃權（按：指黃權降魏），復得狐篤（按：馬忠少養外家，姓狐名篤），此為世不乏賢也。」曾官牂牁太守、丞相參軍、州治中從事、庲降都督、鎮南大將軍，為平撫夷越做出了貢獻。為人「寬濟有度量，但詼啁大笑，憤怒不形於色。然處事能斷，威恩並立，是以蠻夷畏而愛之」。可惜，劉禪親政不久，延熙十二年，馬忠也便死去了。131

王平，巴西宕渠人，初為裨將軍，曾是參軍馬謖的部屬。諸葛亮出祁山，「謖舍水上山，舉措煩擾，平連規諫謖，謖不能用，大敗於街亭。眾盡星散，惟平所領千人，鳴鼓自持，魏將張郃疑其伏兵，不往逼也。於是平徐徐收合諸營遺迸，率將士而還。」因此，加拜參軍，進位討寇將軍。諸葛亮死後，幫助楊儀除掉魏延，被授安漢將軍，協助車騎將軍吳壹住漢中，領漢中太守，進而代壹督守漢中。延熙六年，升職前監軍、鎮北大將軍。王平生長戎旅，屢有戰功，頭腦清楚，「口授作書，皆有意理。」但他又是一個「手不能書，而所識不過十字」的文盲，且「性狹侵疑，為人自輕」，自卑感很重。自然，他難承大任。況且，他也於劉禪自攝政事以後不久就死了。[132]

鄧芝，義陽新野人，在劉備死後曾向諸葛亮自薦出使吳國，為吳、蜀再次聯合做出了貢獻。軍無大功，年逾七十，被授車騎將軍。年事既高，期其大為，難矣哉。[133]

張翼，犍為武陽人，累官梓潼、廣漢、蜀郡太守，庲降都督、綏南中郎將，前軍都督、領扶風太守，前領軍，征西大將軍、鎮南大將軍、左車騎將軍，是蜀漢末年惟一可資重用的大將，然而因與姜維意見不合，受到姜維的鉗制，難挽狂瀾於既倒。[134]

另，宗預，南陽人，官至征西大將軍、鎮軍大將軍；廖化，襄陽人，官至右車騎將軍。蜀漢末年，他們都是七十歲以上的人了。正如宗預對廖化所說，「吾等年逾七十，所竊已過，但少一死耳」，自然是不會有所作為了。[135]

以上就是劉備、諸葛亮為劉禪留下的班底。老朽者多，平平者眾，懷奸者當道，略有微能者受到鉗制而發揮不出應有的作用。特別要指出的是，諸葛亮和劉禪都繼承了劉備的不重視、培養、任用巴蜀人士的錯誤思想。僅從本書所舉人員看，平、錄尚書事和尚書令以上者十幾人，僅馬忠一人為蜀籍；大將軍、驃騎、車騎、衛將軍以上十數人，除鎮北大將軍王平、左車騎將軍張翼、鎮南大將軍馬忠外，餘皆客籍。甚至已經受到諸葛亮一定賞識的人也沒得到重用。例如，楊戲，犍為武陽人，年輕時，從州書佐為督軍從事，「職典刑獄，論法決疑，號為平當，府（丞相府）辟為屬主簿。」諸葛亮死後，為尚書右選部郎，蔣琬以大將軍開府，又辟為東曹掾，遷南中郎參軍，副貳庲降都督，領建寧太守，繼拜護軍監軍，出領梓潼太守，入為射聲校尉，「所在清約不煩」，頗多智能，就是因為對姜維不服，便被免去了全部職務。136

君主平庸，國無出色的政治家、軍事家，以至「內無胥附之謀，外無爪牙之將」，欲求國之不亡，怎麼可能呢！

歷史證明，相對於蜀無能臣謀將的情形來說，魏國，先期不論，明帝以後仍有司馬懿父子，以及辛毗、蔣濟等一批老臣和張郃等謀勇俱佳的武將；及至末年，司馬昭當政，其人本善權謀，又有不少有計謀、敢冒險者如鍾會、鄧艾等聽其驅使，力量自然非蜀吳可比。吳國，孫權親政五十餘年，顧雍、陸遜相繼為相，他們都是善於謀國強兵之人，因此能夠有力地扼住長江天塹，不時給魏以威脅。當然魏、吳地比蜀大，兵比蜀眾，蜀漢先亡，亦屬於情理中事。

蜀漢亡（二六三）後，不久，司馬氏用政變的手段奪取了曹魏的政權（二六五），建晉；又十餘年，西元二八〇年，晉滅孫吳。魏、吳滅國，最重要的原因也同蜀國一樣，後繼者平庸無能，既乏良謀，又少賢者為其用，於是或被權臣篡奪，或被強者剿滅。

註釋

1 《三國志・蜀書・鄧芝傳》。
2 《三國志・蜀書・諸葛亮傳》注引《漢晉春秋》。
3 《三國志・蜀書・李嚴傳》。
4 《華陽國志・南中志》、《三國志・蜀書・先主傳》。
5 《三國志・蜀書・楊洪傳》、〈先主傳〉。
6 詳見《華陽國志・蜀志・越巂》。
7 《三國志・蜀書・李嚴傳》。
8 《三國志・蜀書・張裔傳》、〈後主傳〉。
9 《華陽國志・南中志》載：「南中在昔蓋夷越之地，滇、濮、句町、夜郎、葉榆、桐師、巂唐侯王國以十數。編髮左衽，隨畜遷徙，莫能相雄長。」
10 《三國志・蜀書・呂凱傳》。
11 《資治通鑑》卷七〇。
12 《三國志・蜀書・後主傳》。
13 《資治通鑑》卷七〇。
14 《三國志・蜀書・馬良傳附馬謖》注引《襄陽記》。
15 《三國志・呂凱傳》記載不同，稱：「及丞相亮南征討闓，既發在道，而闓已為高定部曲所殺。」
16 參閱《資治通鑑》卷七〇。
17 《中國軍事史》第二卷，頁四七一，解放軍出版社一九八六年版。
18 《三國志・蜀書・李恢傳》。
19 《三國志・蜀書・馬忠傳》。
20 《中國軍事史》第二卷，頁四七二—四七三，解放軍出版社一九八六年版。
21 《三國志・蜀書・諸葛亮傳》並注、《華陽國志・南中志》。
22 《三國志・蜀書・諸葛亮傳》注引《漢晉春秋》。
23 《三國志・蜀書・後主傳》、《諸葛亮傳》。
24 《三國志・蜀書・張嶷傳》。
25 同上。
26 《華陽國志・南中志》、《三國志・霍峻傳》。
27 《三國志・蜀書・後主傳》。閉關，胡三省說「閉越巂之靈關也」。實際上，不妨廣其義而視之。
28 參見《諸葛亮集・便宜十六策・治人》。《便宜十六策》和《將苑》，皆為依託之作。不足信，但有些語言符合諸葛亮的思想，故偶取而用之。
29 《後漢書・百官三》注引《魏志》。
30 《三國志・蜀書・呂乂傳》。

31《三國志・蜀書・諸葛亮傳》。
32 轉自《諸葛亮集・故事・遺跡篇》。
33 以上參見《諸葛亮集・故事・遺跡篇》。
34《諸葛亮集・故事・製作篇》。
35《諸葛亮集・故事・遺跡篇》。
36《文獻通考》卷一〇。
37《三國志・魏書・杜恕傳》。
38《三國志・魏書・陳群傳》。
39《三國志・蜀書・諸葛亮傳》注引郭沖語。
40《諸葛亮集・便宜十六策・治國》。
41 以上《三國志・蜀書・諸葛亮傳》。
42《三國志・蜀書・諸葛亮傳》並注。
43《三國志・蜀書・劉封傳》。
44《三國志・蜀書・彭羕傳》。
45《三國志・蜀書・廖立傳》。
46 以上參見《三國志・蜀書・李嚴傳》並注。
47《三國志・蜀書・諸葛亮傳》。
48《三國志・蜀書・諸葛亮傳》、《資治通鑑》卷七一。
按:〈諸葛亮傳〉說諸葛亮「戮謖以謝眾」,〈馬謖傳〉說「謖下獄物故,亮為之流涕」。「下獄物故」是說死在監獄裡,並非斬首。所記不同。
49 按:《三國志・蜀書・趙雲傳》說趙雲、鄧芝「兵弱敵強,失利於箕谷,然斂眾固守,不至大敗」,乃史家回護之筆。當以《漢晉春秋》所載諸葛亮語「大軍在祁山、箕谷,皆多於賊」為是,並非「兵弱敵強」。
50《三國志・蜀書・諸葛亮傳》並注引《漢晉春秋》。
51《三國志・蜀書・諸葛亮傳》注引《漢晉春秋》。裴松之指出:「此表,亮集所無,出張儼《默記》。」後代史學家雖然有的認為可信,但大都認為是偽託之作,故不全錄。
52《三國志・魏書・曹真傳》。
53《資治通鑑》卷七一。
54 以上《三國志・蜀書・諸葛亮傳》、〈後主傳〉。習謂諸葛亮「六出祁山」,實際五次主動出兵、一次被動應敵,其中只有兩次出祁山。
55《三國志・蜀書・諸葛亮傳》。
56《太平御覽》卷四四四。傅玄,晉代名臣,官至司隸校尉,著《傅子》,《晉書》有傳。
57《文選》卷四七。袁宏,晉人,文才快捷,以「倚馬可待」,留名後世,《晉書》有傳。
58《三國志・蜀書・諸葛亮傳》注引《袁子》。袁準,晉人,儒者,著《袁子》,《晉書》有傳。

59《三國志・蜀書・諸葛亮傳》注引《默記》。
60《唐文粹》卷五五上。
61 同上。
62 同上。
63《晉書・陳壽傳》。
64《三國志・蜀書・諸葛亮傳》。
65《三國志・蜀書・魏延傳》注引《魏略》。
66《三國志・蜀書・後主傳》。
67《三國志・蜀書・馬謖傳》。
68 按：諸葛亮第一次伐魏失敗後的自貶疏中有「不能訓章明法，臨事而懼」之語，實際含有不用魏延計謀之檢討。
69 見諸葛亮《前出師表》、《後出師表》。
70 以上參見《三國志・蜀書・呂乂傳》、〈陳祇傳〉、〈諸葛亮傳〉。
71 家人，卦名。《周易正義》說：「家人之義，各自修一家之道，不能知家外他人之事也。統而論之，非元亨利君子之貞。」
72《三國志・蜀書・董允傳》。
73《三國志・蜀書・譙周傳》。
74《華陽國志・劉後主志》。
75《三國志・蜀書・後主傳》注引《魏略》。
76《三國志・蜀書・姜維傳》注引《漢晉春秋》。
77《三國志・魏書・陳泰傳》。
78《三國志・蜀書・後主傳》。
79《三國志・蜀書・張嶷傳》。
80《三國志・蜀書・張翼傳》。
81《三國志・魏書・陳泰傳》。
82《三國志・蜀書・姜維傳》。
83《三國志・魏書・鄧艾傳》。
84《三國志・蜀書・姜維傳》。
85 同上。
86《三國志・蜀書・姜維傳》。按：漢城、侯和相距甚遠，似難同出。《華陽國志・劉後主志》只說「（姜）維出侯和」，未提漢城；《資治通鑑》卷七八說，景元三年十月，姜維「入寇洮陽，鄧艾與戰於侯和，破之」，也沒提到漢城，應當是對的。
87《三國志・蜀書・張翼傳》。
88《三國志・蜀書・譙周傳》。
89《三國志・蜀書・廖化傳》注引《漢晉春秋》。
90《三國志・蜀書・姜維傳》。
91《資治通鑑》卷七八。
92《三國志・魏書・鄧艾傳》。

93 《三國志・蜀書・姜維傳》。
94 《三國志・魏書・鄧艾傳》。
95 以上參見《三國志・蜀書・董允傳》。
96 《三國志・蜀書・陳祇傳》。
97 《三國志・蜀書・後主傳》、〈陳祇傳〉。
98 《三國志・蜀書・諸葛亮傳》、《華陽國志・劉後主志》。
99 《三國志・蜀書・諸葛亮傳》。
100 《三國志・蜀書・郤正傳》。
101 《三國志・蜀書・後主傳》評語。
102 《資治通鑑》卷七七。
103 《華陽國志・劉後主志》。
104 《三國志・魏書・鄧艾傳》。
105 《華陽國志・劉後主志》。
106 參見《三國志・蜀書・譙周傳》。
107 同上。
108 《三國志・蜀書・二主妃子傳》注引孫盛《蜀世譜》說，後主太子璿，璿弟瑤、琮、瓚、諶、恂、璩六人。蜀敗，諶自殺，餘皆內徙。
109 《三國志・蜀書・後主傳》。
110 《三國志・蜀書・後主傳》注引王隱《蜀記》。「君子豹變」，語出《周易・革》，喻君子遷善去惡之意。「輿櫬」，用車載著棺材，表示願意受死。典出《左傳》僖公六年，許僖公見楚子，「許男面縛銜璧，大夫衰絰，士輿櫬」。據傳，微子降周就是這樣的情形。
111 《三國志・蜀書・後主傳》注引王隱《蜀記》。
112 《資治通鑑》卷七八。
113 《華陽國志・劉後主志》。
114 《三國志・蜀書・後主傳》。
115 《華陽國志・劉後主志》。
116 同上。
117 《三國志・蜀書・許慈傳》注。
118 《三國志・蜀書・諸葛亮傳》注引《袁子》。
119 王夫之：《讀通鑑論》卷一〇。
120 《三國志・蜀書・蔣琬傳》。
121 《三國志・蜀書・姜維傳》注引《漢晉春秋》。
122 《三國志・蜀書・董允傳》。
123 《三國志・蜀書・呂乂傳》、〈陳祇傳〉、〈諸葛亮傳〉。
124 《三國志・蜀書・楊儀傳》。
125 以上見《三國志・蜀書・姜維傳》並注、〈宗預傳〉、〈廖化傳〉、〈楊戲傳〉，《華陽國志・劉後主志》。
126 《三國志・蜀書・陳震傳》。
127 《三國志・蜀書・向朗傳》。

128《三國志・蜀書・杜瓊傳》。
129《三國志・蜀書・譙周傳》。
130《三國志・蜀書・向朗傳》附〈向寵傳〉。
131《三國志・蜀書・馬忠傳》。
132《三國志・蜀書・王平傳》。
133《三國志・蜀書・鄧芝傳》。
134《三國志・蜀書・張翼傳》。
135《三國志・蜀書・宗預傳》。
136《三國志・蜀書・楊戲傳》。

第十二章 《三國演義》是怎樣塑造劉備形象的

本書以比較大的篇幅系統地論述了劉備坎坷崎嶇、充滿危機的人生歷程，著力分析了他那種折而不撓、敗不氣餒的戰鬥精神。同時，對其功業、某些思想主張，以及為人、平庸的一面做出適當的分析和研究。明顯的結論是：第一，劉備「折而不撓」，終得一方天下，他的堅韌精神值得讚許；第二，劉備參與了東漢末年的軍閥混戰，但也為結束這種局面，為國家的漸趨統一，做出了一定貢獻；第三，劉備是一個兩面性突出的人物，一位平庸君主（或客氣地稱其為未及有所作為的皇帝）；第四，劉備重義、愛民甚得歷史好評，但同封建時代一切謀立大業的歷史人物一樣，他並沒有將信義作為目的而信守不易。從一定意義上說，他同曹操一樣也是一個很不講信義的人；第五，劉備不喜歡讀書，沒有真才實學，一門心思「打天下，坐天下」，在中國歷史上對於政治、經濟、思想、文化的發展，沒有多少貢獻，難與曹操同日而語；第六，劉備同曹操一樣，可謂是鞍馬勞頓，倥偬軍旅數十年，但他不是一個善於用兵的人，指揮的戰爭敗多勝少，甚乏軍事才略。如果說他在中國軍事史上有什麼貢獻的話，主要不在少有的幾次「成功」，而在幾次頗有警示意義的失敗「教訓」；第七，劉備不具備大政治家的素質，不善分析形勢、把握時局，易被感情左右，導致盲動、被動，最終失敗；第八，劉備用人不如曹操，更不如孫權，既信之又疑之，喜歡搞小圈子，不重視人才的羅致和培養，貽誤國家，導致蜀無名臣謀將；第九，三國鼎立，蜀漢先魏、吳而亡，劉備和諸葛亮都應承擔一定責任。

無疑，這樣的結論同人們心目中景仰的傳統的劉備形象是大相逕庭的。通常覺得，劉備是一個正人君子，重義尚賢，恤民疾苦，為民所愛；一個心存漢室、不惜身家性命，為挽漢室於既倒的大忠臣；一個力挽狂瀾、歷經磨難的真命天子；一個同奸邪勢力冰炭不容、戰鬥終生的典範；一個中國歷史帝王傳承中的正統皇帝。

殊不知，這是基於「帝蜀寇魏」的指導思想，從「尊劉抑曹」出發，著力於刻畫曹操的奸詐一面，不切實際地褒揚劉備的作為，隱其詭詐之行，並且有形或無形地給劉備以極大同情、給曹操以極大鄙視，使之最終形成忠與奸、美與醜、好與壞的尖銳對比，成功地完成了兩個人物的藝術創造，從而所達到的社會和藝術效果。這不是歷史上的真正的曹操和劉備。這樣的形象是在歷史中，特別是在文藝創作中逐漸演繹，並由《三國演義》這部不朽的著作最後完成的。

我在《曹操傳》中講到：據學者們考證，敘說三國故事的話本在宋元時代已經有了。如元初至元年間《三分事略》話本。我們現在看到的三國故事的最早寫定本是元代至治年間（一三二一—一三二三）的新安虞氏刊刻的《全相三國志平話》，長達八萬多字，三國故事的始末已粗具規模。金院本、元雜劇中存留至今的三國故事劇目也有四十多種，劇本一二十種。學界共認，羅貫中《三國演義》就是參照史籍、採摭傳說，並在這諸多已流傳頗廣的平話、雜劇的基礎上寫成的。因此，《三國演義》的思想傾向，代表著一個時代的思想。

歷史的正統觀和《三國志平話》、《三國演義》以及雜劇類的著作影響著千百年來人們對曹操、劉備、諸葛亮、孫權等人的認識和評價。所以，要在廣大人民群眾中還原歷史的本來面目，最重要的莫過於讓人們能夠區分歷史上和文藝作品中人物形象的不同。

這裡，我試圖以正史與《三國演義》相比照，探討一下後者（有些內容，自然包括它的源頭《三國志平話》和元雜劇等）是怎樣塑造劉備形象的。無疑，這對我們更準確地瞭解劉備是有益的。

續家譜，說天命，「劉皇叔」當有天下

東漢末年，天下大亂，軍閥割據，「群雄」爭霸，名顯當世、功垂後代和遺臭千古者都不少。然而，《三國演義》開篇卻置當時諸多顯赫人物於一邊，首先將後起的、出身孤寒、名不見經傳的劉備作為第一位「英雄」推向讀者，以期收到先入為主之效。渲染他的出身，描繪他的異形怪貌，突顯他的遠大志向，預示他必將獲得成功而貴為天子，進而不斷完善他的形象，提高他的身世，從而使讀者自始至終都有一種期盼劉備獲得成功的欲望，把同情寄到了劉備一邊。

一、提高身世

所有正史和有影響的歷史著作，對於劉備的身世，大都寥寥數語。前已論到，根據對《史記》、《漢書》和《三國志》等書有關記載的分析，劉備雖屬漢景帝子中山靖王劉勝的兒子劉貞的後代，但自西元前一一二年劉貞因「坐酎金失侯」，至西元一六一年劉備出生，二百七十餘年，他們這一支再無一人封侯，早已是平民百姓了。雖然祖父劉雄做過縣令，但並不能改變他們的這種社會地位，所以父親死了以後，便失去了生活依靠，成了孤兒，只好「與母販履織席為業」。南朝人裴松之和元人胡三省在注《三國志》和《資治通鑑》時均已明確指出：劉備「雖

云出自孝景，而世數悠遠，昭穆難明」，「自祖父以上世系不可考。」

《三國演義》的作者為了塑造人物的需要，自然不肯囿於這些僅有的記載，因此不惜虛構事實，千方百計地提高劉備的身價。

第一，編造宗族世譜。《三國演義》第二十回編造了一個自漢景帝至劉備共十九代（若從漢高祖算起，共二十二代）的直系傳承世系，其中在劉貞失侯以後至劉備的曾祖「濟川侯劉惠」，仍有十三人封侯。雖然祖父、父親未及封侯，但劉備出身於皇族的「世爵之家」，卻是非常明確的。

第二，讓皇帝認劉備為皇叔。《三國演義》說：「帝（劉協）排世譜，則玄德乃帝之叔也。帝大喜，請入偏殿敘叔侄之禮。帝暗思：『曹操弄權，國事都不由朕主，今得此英雄之叔，朕有助矣！』遂拜玄德為左將軍、宜城亭侯。設宴款待畢，玄德謝恩出朝。自此人皆稱為劉皇叔。」（第二十回）這是非常滑稽、荒唐的記敘。其一，漢獻帝是漢高祖劉邦的第十七代孫，既然他按照世譜確定劉備是劉邦的二十二代孫，輩分比自己小得多，怎麼會認做皇叔呢？其二，劉備歸依曹操之後，是曹操先後表薦劉備為豫州牧、左將軍、宜城侯的，史有明記，怎麼可以偷樑換柱變成劉協為了除掉曹操而特意加封的呢！

第三，通過別人之口，宣示劉備的「高貴」身世，以期灌輸到讀者的頭腦中去。劉備得蜀之前，在《三國演義》中有兩個尊稱，一是見於史傳的「劉豫州」（或作「劉使君」）。這是因為在曹操的薦舉下，劉備曾被皇帝正式授予豫州牧的官職；一是「劉皇叔」。這是《三國演義》和話本、戲劇等藝術作品中給劉備戴上的藝術桂冠。這後一個稱呼，在重視封建繼統的社會裡，自然更容易獲得人格上的敬仰。所以作者不斷加以宣示，讓朝野上下人等皆肅然稱之，肅然敬之。國舅、車騎將軍董承受衣帶詔密謀除操，聯絡劉備時稱其為「漢朝皇叔」（第二十一回）；劉備投靠袁紹，作者婉稱「皇叔敗走投袁紹」（第二十四回）；不久，就連曹操也稱其為皇叔了（第二十五回）；甚至自己的老婆和「結義」兄弟在同別人說話時，竟然也用「皇叔」稱呼（第二十六回）……如此等等，不一而足。最為重要的是，作者在處理敵友關係時，總是忘不了把劉備的「高貴」身世抬出來。諸葛亮「舌戰群儒」，直謂「劉豫州堂堂帝冑」（第四十三回）；當魯肅代表孫權要求劉備退還荊州時，諸葛亮理直氣壯地說：「自我高皇帝斬蛇起義，開基立業，傳至於今；不幸奸雄並起，各據一方；少不得天道好還，復歸正統。我主人乃中山靖王之後，孝景皇帝玄孫，今皇上之叔，豈不可分茅裂土？況劉景升乃我主之兄也，弟承兄業，有何不順？汝主乃錢塘小吏之子，素無功德於朝廷；今倚勢力，占據六郡八十一州，尚自貪心不足，而欲併吞漢土。劉氏天下，我主姓劉倒無分，汝主姓孫反要強爭？」似乎這樣一強調，對方就矮了半截似的，使得談判對手也以皇叔相稱（第五十四回）。劉備東吳招親，「吳國太佛寺看新郎，劉皇叔洞房續佳偶」，自吳國太、喬國老以至魯肅和參與設計加害劉備的大將呂範等無不敬稱為「皇叔」。

第四，讓劉備經常自報家門。作者經常拉大旗作虎皮，讓劉備自報顯赫家門。比如，第一次面君即謂：「臣乃中山靖王之後，孝景皇帝閣下玄孫」（第二十回）；三顧茅廬見諸葛，叩門自稱「漢左將軍、宜城亭侯、領豫州牧、皇叔劉備，特來拜見先生」（第三十七回）。及至劉備稱王稱帝，作者更是大力宣揚劉備表章中出身帝冑當有天下的核心內容。

二、天貴、天助、天成

《三國演義》成功地利用了歷史記載中一切有利於劉備的史料，生動地貫徹了一種「天生貴人」必有「天助」，而最終獲得「天成」的宿命思想。

劉備乃天生貴人，本是《三國志．先主傳》已有的荒唐記述，《三國演義》加以改造，更加突出了「風水」效應：「其家之東南，有一大桑樹，高五丈餘，遙望之，童童如車蓋。相者云：此家必出貴人。」（第一回）進而讓少年的劉備直白自己將來必為「天子」。

劉備「垂手下膝，顧自見其耳」，長相怪異，被呂布罵為「大耳賊」。這種異形怪體，本來沒有什麼值得誇耀的，但在《三國演義》中被改寫成了「兩耳垂肩，雙手過膝，目能自顧其耳，面如冠玉，唇若塗脂」（第一回），陡然便成了福態貴相的美男子。

孟子說：「天將降大任於斯人也，必先苦其心志，勞其筋骨，餓其體膚，空乏其身，行拂亂其所為，所以動心忍性，增益其所不能。」不難發現，《三國演義》就是懷著這樣的心情去刻畫劉備的坎坷人生的。相反，對待曹操卻自始至終都將蘊含著的一種鄙視心情發諸筆端。因此，不惜掩蓋劉備的無能，渲染曹操的詭詐。早在宋代，據蘇東坡《志林》說：「塗巷中小兒薄劣，其家所厭苦，輒與錢令聚坐聽說古話。至說三國事，聞劉玄德敗輒蹙眉，有出涕者，聞曹操敗，即喜唱快。」這種效果，被《三國演義》進一步加強了。廣大的讀者和善良的人們被「征服」了，同情心完全倒向了劉備一邊。

封建時代的皇帝，不管是有德者，還是無賴潑皮，都視自己為天子。奪得權力的手段，不管多麼惡劣，都被他自己及其從屬演繹成「天命所歸」。曹丕、劉備、孫權等自然也不例外。

有趣的是，《三國演義》將《三國志．文帝紀》以及裴注中連篇累牘的有關曹丕稱帝的「瑞兆」和大臣們呈說「天命」的奏章，非常簡短地帶過了，突出逼禪情勢，隨後加寫了一段怪像，說：曹丕登壇受禪，「百官請曹丕答謝天地。丕方下拜，忽然壇前卷起一陣怪風，飛砂走石，急如驟雨，對面不見；壇上火燭，盡皆吹滅。丕驚倒於壇上，百官急救下壇，半晌方醒。侍臣扶入宮中，數日不能設朝。後病稍可，方出殿受群臣朝賀。」（第八十回）很明顯，這是向讀者儆示「天不佑魏」。對於劉備，則將大臣們不多的勸進內容和讖語、瑞兆錄於書中，突出其遜讓之德和迫於「天命不可以不答，祖業不可以久替，四海不可以無主」的心情，完成了一個當之無愧的「真命天子」形象。

另外，《三國演義》還常常通過百姓之口傳述謠言，不斷散布和確認劉備的非凡身分。例如，第三十五回講劉備「躍馬過溪」，逃跑中偶遇水鏡先生司馬徽，司馬徽對劉備解釋兒歌「到頭天命有所歸，泥中蟠龍向天飛」時，不怕洩露「天機」，明確說：「天命有歸，龍向天飛，蓋應在將軍也。」

多其義德之行

《三國演義》中，曹操的殘忍譎詐和劉備的仁義好德形象都被典型化了。二者形成了鮮明的對比。雖然許多情況並非空穴來風，但有不少事實真相被特意模糊了，並且虛構了若干故事，從而使劉備獲得了更多分數。

一、義貫始終

《三國演義》以「宴桃園豪傑三結義」開篇，以「雪弟恨」興兵伐吳、為義而死結束劉備的一生，真可謂是義貫始終。

歷史上的劉備確有重義的一面。我在前面已有論述。這是劉備取得一定成功的一個重要條件，因此而讓他獲得某些歷史好評亦屬自然。但是，《三國演義》中劉備、關羽的高大「義人」形象，除確實反映了他們尚義重義的某些事實外，而在很大程度上是被藝術加工出來的。手法有三：

第一，昇華故事。《三國志》中有關劉、關、張的初期關係非常簡單。〈關羽傳〉說，關羽「亡命奔涿郡。先主於鄉里合徒眾，而羽與張飛為之禦侮」；「先主與二人寢則同床，恩若兄弟，而稠人廣坐，侍立終日，隨先主周旋，不避艱險。」〈張飛傳〉說，張飛「少與關羽俱事先主，羽年長數歲，飛兄事之」。僅有的這些記載，反映了他們之間的真摯情感，同時也表明了他們之間的尊卑關係，但並沒有涉及三人結拜的事。《三國演義》據此大加渲染，設計出了生動的桃園結義的場面，將「恩若兄弟」變成了「結拜兄弟」，並寫出了影響後世千餘年的結拜誓詞：「……不求同年同月同日生，只願同年同月同日死。皇天后土，實鑑此心。背義忘恩，天人共戮。」開篇伊始，一個藝術化、理性化的桃園三結義的故事，便深入人心了。

第二，變假為真。劉備的諸多假仁假義，常被演繹成真仁真義。

比如，劉表「託國」，想讓劉備繼為荊州牧，劉表說：「吾今年老多病，不能理事，賢弟可來助我。我死之後，弟便為荊州之主也。」裴松之早已指出，劉表舍嫡立庶，情計久定，無緣臨終舉荊州以授備，此亦不然之言。其實，當時劉表周圍有蒯越、傅巽、王粲等為代表的一股很強的親曹勢力和以其次子劉琮為首的實權派，他們不僅不願輕易失國於人，竭力抵制劉琦，而且經常醞釀除掉劉備。劉備自然明白其中情理，「不敢當此重任」，所以詭稱「此人待我厚，今從其言，人必以我為薄，所不忍也」。[1]《三國演義》加上了諸葛亮同劉備的如下對話：諸葛亮問：「景升（劉表字）欲以荊州付主公，奈何卻之？」劉備說：「景升待我，恩禮交至，安忍乘其危而奪之！」諸葛亮不由感慨而歎：「真仁慈之主也！」（第三十九回）諸葛亮說：「今若不取，後悔何及！」劉備說：「吾寧死，不忍作負義之事。」（第四十回）

另如，劉備入川的目的本來非常明確，就是要奪得劉璋的益州而自為其主。這是他同諸葛亮早已確定的既定方針。[2]但《三國演義》卻盡力回避劉備的真實思想，好像一切都是龐統、法正等人的計謀，將他陷入不義，使他漸離初衷，最後不得已才決定奪取以誠相待的「兄弟」劉璋的地盤。作者繪聲繪色地寫了一個新的「鴻門宴會」，讓龐統支使魏延「舞劍筵前」，劉備大驚，急掣左右所佩之劍，站起來說：「吾兄弟相逢痛飲，並無疑忌。又非『鴻門會』上，何用舞劍？不棄劍者立斬。」又說：「吾弟兄同宗骨血，共議大事，並無二心。汝等勿疑。」劉璋嚇得執著劉備的手泣感救命之恩，劉備則譴責龐統等「公等奈何欲陷我於不義耶？」（第六十一回）甚至篡改事實，使劉備的「不義」之舉變成「正義」行動。例如，史載，劉備召斬劉璋大將楊懷、高沛。這本是劉備、龐統的計謀暴露以後的實際行動。《三國演義》則顛倒原委，說成是楊懷、高沛「各藏利刃」，陰謀行刺，劉備不得已而為之。

第三，圍繞「義」字講故事。《三國演義》特意著力於用一個「義」字貫穿於劉備的事業之中，諸多行事都成了為義而舉。

例一，陶謙面臨曹操的威脅，深知自己的兩個兒子無能，不足以承當大任，臨死讓劉備接任徐州牧。劉備鑑於當時的局勢，北有曹操、袁紹，南有袁術，不敢貿然答應。此有史可據。《三國演義》卻加上了如下對話，以表露劉備「義」性心理，面臨大利而不忘大義：關羽說：「既承陶公相讓，兄且權領州事。」張飛說：「又不是我強要他的州郡，他好意相讓，何必苦苦推辭。」劉備說：「汝等欲陷我於不義耶！」（第十一回）

例二，呂布被曹操打敗，投奔徐州，《三國演義》說劉備明知呂布反覆無常，不可信賴，又得曹操密書「教殺呂布」，而且關羽、張飛也都勸劉備殺掉呂布。張飛說：「呂布本無義之人，殺之何礙！」劉備卻說：「他勢窮而來投我，我若殺之，亦是不義。」（第十四回）

例三，官渡之戰本是袁紹、曹操為爭奪和加強最終權力而不可避免的戰爭，深刻地影響了東漢末年的形勢。就當時的形勢言，無所謂「正義」和「非正義」。《三國演義》把它同劉備聯繫起來，說劉備為了防止曹操對自己的進攻，用陳登之計，請大學者、「棄官歸田」的尚書鄭玄寫信給袁紹，勸其起兵伐曹。袁紹接到信後，遂與文武官員商量，袁紹問：「鄭尚書有書來，令我起兵助劉備，起兵是乎?不起兵是乎？」有的反對，有的則說應該「從鄭尚書之言，與劉備共仗大義，剿滅曹操」，最終決定幫助劉備同曹操打一仗，即令書記陳琳起草《討曹檄文》，起精兵三十萬，向黎陽進發。（第二十二回）不久，劉備被曹操趕出徐淮地區，丟妻失子，歸投袁紹。當時，袁紹屬下分歧嚴重，有遠見的沮授、田豐都不主張進一步發動進攻，這使袁紹非常生氣。《三國演義》說，袁紹去問劉備，劉備向袁紹曉之以大義：「曹操欺君之賊，明公若不討之，恐失大義於天下。」袁紹說：「玄德之言甚善。」遂興兵。這些宣傳劉備為了「大義」而推動袁紹抗曹的情節，歷史上是根本不存在的。（第二十五回）

例四，《三國演義》特寫了一場不曾存在的軍師徐庶幫助劉備計襲樊城的戰爭，打敗曹仁、李典。曹操為了得到徐庶，設計將徐庶的母親抓去，劉備聞此消息後，大哭說「子母乃天性之親」，便忍痛讓徐庶去歸投曹操。謀士孫乾密勸劉備「切勿放去」，並對劉備說：「操見元直（徐庶字）不去，必斬其母。元直知母死，必為母報仇，力攻曹操也。」劉備大不為然，說：「不可。使人殺其母，而吾用其子，不仁也；留之不使去，以絕其子母之道，不義也。吾寧死，不為不仁不義之事。」大家聽了都很感動。（第三十六回）

例五，作者寫劉備「攜民渡江」，兵敗當陽，雖以不少文字描述戰爭過程，但自始至終都是用「仁、德、義、情、勇」這條線貫穿起來。

例六，作者說，劉備聞知關羽遇害，哭倒於地，半日方醒，說：「孤與關、張二弟桃園結義時，誓同生死，今雲長已亡，孤豈能獨享富貴乎！」（第七十八回）。得知張飛被殺，又哀痛至甚，飲食不進，說：「朕想布衣時，與關、張結義，誓同生死。今朕為天子，正欲與兩弟同享富貴，不幸俱死於非命。」「二弟俱亡，朕安忍獨生。」（第八十一回）這樣，便把一場帶有重要政治意義的劉備伐吳的戰爭，完全變成為兄弟「義氣」而戰了。

另外，關羽「千里走單騎」、「會古城主臣聚義」等許多歷史上不曾存在的情節，雖然突出寫了關羽、張飛的義舉，實際也是為了在更深的層面上表現劉備的「信義」人格。

二、德及黎庶

我在前面講到劉備很懂「得人心者得天下」的道理。所以，為政在寬，史無苛斂記載。不少作為，應該肯定。

《三國演義》作者筆下的劉備，則完全「德君」化了。他考慮問題，總是以「以德及人」為出發點。

劉備得到「的盧」馬一匹，先是作為禮物送給劉表，劉表聽蒯越言「此馬眼下有淚槽，額邊生白點，名為『的盧』，騎則妨主」，便託辭說：「賢弟不時征進，可以用之，敬當送還。」劉備騎馬出城，伊籍對他說：「此馬不可騎，乘則傷主」；不久，單福（徐庶）對他說，「的盧」雖是千里馬，「卻只妨主」，如「意中有仇怨之人，可將此馬賜之，待妨過了此人，然後乘之，自然無事」。劉備聞言變色說：「公初至此，不教吾以正道，便教作利己妨人之事，備不敢聞教。」單福說：「向聞使君仁德，未敢便信，故以此言相試耳」，「吾自潁上來此，聞新野之人歌曰『新野牧，劉皇叔，自到此，民豐足』，可見使君之仁德及人也。」（第三十五回）

劉琮降操後，荊州許多人歸投劉備，「比到當陽，眾十餘萬，輜重數千輛」，諸葛亮等勸劉備棄眾而「速行保江陵」，劉備不忍，說：「濟大事必以人為本，今人歸吾，吾何忍棄去。」[3]撇開戰略上的失算不談，這的確算得上是劉備的義德之舉。由此受到後人讚揚，實屬應當。但《三國演義》為了更加提高劉備的形象，說劉備望見百姓「扶老攜幼，將男帶女，滾滾渡河，兩岸哭聲不絕」，便痛不欲生，「欲投江而死，左右急救止」，實屬外加之筆。（第四十一回）

三、渴得人才

劉備和曹操、孫權都很愛才。但《三國演義》對於曹操、孫權愛才用人的思想和行動，並沒有做到充分反映。相反，劉備愛才、求才、用才的一些作為和思想，雖然不及曹操和孫權，但卻通過典型事例被誇張了。

例一，「伐樹望徐」。劉備歷經磨難，逐漸認識到人才的重要，所以從駐紮新野時開始了主動地訪賢活動。這是他的進步。徐庶是第一個投到劉備麾下的比較有文才武略的人物，非常受到劉備的重視。但歷史上並沒有記錄下徐庶的業績。後來，徐庶的母親的確被曹操捉去，劉備不得不放徐庶到曹操那裡去。《三國演義》虛擬的樊城大戰，讓徐庶大展鴻圖，大出風頭。徐庶別去，劉備設酒餞行，「二人相對而泣，坐以待旦。」劉備不忍相離，送了一程，又送一程，「玄德立馬於林畔，看徐庶乘馬與從者匆匆而去。玄德哭曰：『元直去矣，吾將奈何？』凝淚而望，卻被一樹林隔斷。玄德以鞭指曰：『吾欲盡伐此處樹木。』眾問何故。玄德曰：『因阻吾望徐元直之目也。』」（第三十六回）如此描寫，全是為了表現劉備對人才的重視和渴望人才的來歸，以與曹操「用權術相馭」的用人指導思想相區別。

例二，「三顧茅廬」。我說過，劉備通過與徐庶、司馬徽的接觸，知道了諸葛亮、龐統以及客居荊州的潁川石韜（廣元）、博陵崔州平、汝南孟建（公威）等。這都是一些待機而出的人物，並不是隱士。但他們中的多數，並不看重劉備，而是傾向於北去，到曹操那裡做官。諸葛亮認為中原人才濟濟，難以出人頭地，所以暫時待機於家。史稱劉備見諸葛亮，「凡三往，乃見」（按：俗謂「三請諸葛亮」，其說不甚確切，不是「三請」，而是去了「三次」，即「三顧」才見到，一請也）。《三國演義》正是根據這一模糊記載，藝術地加工出了劉備請諸葛亮出山的艱辛、曲折和關羽、張飛的不理解。但作者隻字未提有關諸葛亮可能曾經主動求見劉備的記載。困難說得大、阻力講得多、避開諸葛亮可能主動求見的情節，這樣，便將劉備求才的急迫心情更加突出而生動化了。

例三，「禮遇張松」。張松背叛劉璋，是將劉備引入益州的關鍵人物。他本想投靠曹操，但曹操以貌取人，看不起他。張松志不得酬，受到侮辱，因此痛恨曹操，勸劉璋絕操而與劉備相結，為劉備入蜀提供了有利機會。但劉備並沒有直接見過張松。《三國演義》卻在講述了曹操不禮張松之非後，長篇敘說了本不存在的劉備禮遇張松的行動，說：曹操欲斬張松，楊修、荀彧力諫，方免其死，「令亂棒打出」，張松連夜出城，往荊州界而來。劉備隆禮相迎，一派趙雲在數百里外的郢州界口迎接，「軍士跪奉酒食，雲敬進之」；二派關羽在荊州界首擊鼓迎接，關羽馬前施禮：「奉兄長將令，為大夫遠涉風塵，令關某灑掃驛庭，以待歇宿。」三是親自出城迎接：張松「次日早膳畢，上馬行不到三五里，只見一簇人馬到。乃是玄德引著伏龍、鳳雛，親自來接。遙見張松，早先下馬等候。」張松見狀，亦慌忙下馬相見。劉備給張松大戴「高帽」，並發出正式邀請，說：「久聞大夫高名，如雷灌耳。恨雲山遙遠，不得聽教。今聞回都，專此相接。倘蒙不棄，到荒州暫歇片時，以敘渴仰之思，實為萬幸！」張松大喜，上馬與劉備並轡入城，「至府堂上各各敘禮，分賓主依次而坐，設宴款待。」一連飲宴三日，張松見劉備「如此寬仁愛士」，很受感動，便即「披肝瀝膽」勸劉備入川取蜀，並獻上了蜀中地圖，「上面盡寫著地理行程，遠近闊狹，山川險要，府庫錢糧，一一俱載明白。」劉備以「情」「敬」「禮」「義」待人，收到了羅致人才之效，推動了事業的大發展。

例四，「不責」劉巴和黃權。劉備久知劉巴名，欲致之而不得，「深以為恨」。劉璋準備迎劉備入蜀，劉巴、黃權等人竭力諫阻。劉璋不聽，巴閉門稱疾。劉備攻成都，下令軍中說：「其有害巴者，誅及三族。」可見其對於劉巴的重視。《三國演義》將此令之效，擴及黃權，說：「玄德入成都，百姓香花燈燭，迎門而接。玄德到公廳，升堂坐定。郡內諸官，皆拜於堂下。惟黃權、劉巴，閉門不出。眾將忿怒，欲往殺之。玄德慌忙傳令曰：『如有害此二人者，滅其三族！』

玄德親自登門，請二人出仕。二人感玄德恩禮，乃出。」歷史確有劉巴主動「辭謝罪負」而劉備「不責」的紀錄。但《三國演義》作者誇大了劉備對劉巴和黃權的信任和任用，說劉備授劉巴為左將軍，黃權為右將軍。（第六十五回）這裡，為了展示劉備對人才的重視，連事實也不顧了。當時，劉備的武銜不過是「左將軍」，諸葛亮不過是「左將軍軍師」，怎麼可能授二人為左右將軍呢？實際上是，劉備給黃權的頭銜是「假偏將軍」；劉巴在諸葛亮數薦其之能的情況下，才被授為左將軍西曹掾。西曹掾，官秩四百石。差不多五年後，算是得到重用，授以尚書、尚書令。我在前面說過，劉巴的惶懼之心，始終未曾平靜，「自以歸附非素，懼見猜嫌，恭默守靜，退無私交，非公事不言。」所以，嚴格說來，劉巴、黃權都沒有得到應有的重用。

另外，比如繪聲繪色地寫「趙子龍單騎救主」，趙雲血染征袍，「懷抱公子（劉禪），身突重圍」，劉備接過阿斗，擲之於地，因說：「為汝這小子，幾損我一員大將！」純屬言過其實。作者的目的，全在表現劉備的愛才、愛將之心。所以隨後便寫道：趙雲忙向地下抱起阿斗，泣拜曰「雲雖肝腦塗地，不能報也」！《三國演義》製造了這個情節以後，也不得不承認其真實目的：「無由撫慰忠臣意，故把親兒擲馬前。」（第四十一、四十二回）

誇其勇謀，戰功傑出

劉備倥傯軍旅數十年，終得一方天下，固有其可稱之處，斷非「草包」。所以曹操、孫權以及他們的謀士、將領都很重視劉備，稱其為「英雄」、「人傑」。但他一生，敗仗打得多，勝仗打得少，勇不及呂布，謀不如曹操，也是不爭的事實。毫無疑問，是宋代以後的說書人和《三國演義》讓他成了智勇俱佳的人。

一、大其戰功

《三國演義》中，劉備參與或指揮過的戰爭，大都是確實存在的，但也有一些是查無史據的，或被誇張了的。數其著者：

（一）大挫黃巾。劉備以乘天下大亂投軍參加鎮壓黃巾起義起家，史稱「從校尉鄒靖討黃巾有功」，被授安喜尉；在下邳「遇賊」，力戰有功，被授下密丞。但歷史並沒有記載劉備參加過什麼樣的具體戰鬥。這樣便給藝術家們的創作留出了馳騁的天地。

《三國演義》說，劉備投軍「不數日」，即受命與鄒靖「統兵五百」去與進犯涿郡的「黃巾賊將程遠志統兵五萬」戰鬥。五百比五萬，以一抵百，力量對比懸殊，「玄德等欣然領軍前進，直至大興山下」，兩軍相對，「玄德出馬，左有雲長，右有翼德，揚鞭大罵：『反國逆賊，何不早降！』」張飛「挺丈八蛇矛直出」，刺中鄧茂心窩，關羽「舞動大刀」，將程遠志揮為兩段，劉備「揮軍追趕，投降者不計其數，大勝而回」。次日，又受命救援青州。初戰不勝，劉備即對關、張說：「賊眾我寡，必出奇兵，方可取勝。」於是以關羽率一千兵伏山左，以張飛率一千兵伏山右，鳴金為號，齊出接應，劉備等則「引軍鼓噪而進」，接戰便退，「方過山嶺，玄德軍中一齊鳴金，左右兩軍齊出，玄德麾軍回身復殺。三路夾攻，賊眾大潰。」從軍伊始，僅僅兩次戰鬥，劉備的智勇形象便被鑄就了。因此，作者借詩為贊：「運籌決算有神功，二虎還須遜一龍。初出便能垂偉績，自應分鼎在孤窮。」肯定了劉備的智謀，預示了劉備的未來。（以上第一回）

《三國演義》專題講述「劉皇叔北海救孔融」，說劉備接到太史慈來報，即刻同關羽、張飛點精兵三千，往北海郡進發。管亥望見救軍來到，親自引兵迎敵；因見玄德兵少，不以為意。玄德與關、張、太史慈立馬陣前，管亥忿怒直出。太史慈卻待向前，雲長早出，直取管亥。兩馬相交，眾軍大喊。量管亥怎敵得雲長，數十合之間，青龍刀起，劈管亥於馬下。太史慈、張飛兩騎齊出，雙槍並舉，殺入賊陣。「玄德驅兵掩殺。城上孔融望見太史慈與關、張趕殺賊眾，如虎入羊群，縱橫莫當，便驅兵出城，兩下夾攻，大敗群賊，降者無數，餘黨潰散。」其實，歷史的真相完全不是這個樣子，而是黃巾軍聞有救兵來到，隨即「解圍散走」。既如此，自然未曾交手，《三國演義》所說劉備救孔融的情節也自然是被誇大了的。

更為滑稽的是《三國演義》還寫了劉備親戰黃巾首領張角、張寶的場面。其一說，劉備勇戰張角救董卓。劉備引軍北行，忽聞山後喊聲大震，「見漢軍大敗，後面漫山塞野，黃巾蓋地而來，旗上大書『天公將軍』。玄德曰：『此張角也，可速戰！』三人飛馬引軍而出。張角正殺敗董卓，乘勢趕來，忽遇三人衝殺，角軍大亂，敗走五十餘里。三人救了董卓回寨。」（第一回）其二說，劉備破解張寶妖法，箭中張寶左臂。張寶引賊眾八九萬人，屯於山後，朱儁令劉備為其先鋒，「玄德麾軍直衝過去。張寶就馬上披髮仗劍，作起妖法。……次日，張寶搖旗擂鼓，引軍搦戰，玄德出迎。交鋒之際，張寶作法，風雷大作，飛砂走石，黑氣漫天，滾滾人馬，自天而下。玄德撥馬便走，張寶驅兵趕來。將過山頭，關、張伏軍放起號炮，穢物齊潑。但見空中紙人草馬，紛紛墜地；風雷頓息，砂石不飛。張寶見解了法，急欲退軍。左關公，右張飛，兩軍都出，背後劉備、朱儁一齊趕上，賊兵大敗。玄德望見『地公將軍』旗號，飛馬趕來，張寶落荒而走。玄德發箭，中其左臂。張寶帶箭逃脫，走入陽城，堅守不出。」場面好不熱鬧。（第二回）

另外，還有一些跟隨朱儁討破黃巾餘部的無稽故事，不另一一列出。這都是不可能的。若有此等事情，史籍不可能不記。

（二）英戰呂布。歷史上沒有可靠證據證明劉備參加了曹操首義後發起的藩鎮聯合討伐董卓的大會。所以，不僅關羽「酒尚溫時斬華雄」、「威鎮乾坤第一功」純屬張冠李戴，就是虎牢關「三英戰呂布」的雄壯場面也是不存在的。《三國演義》特意藝術地加寫了呂布搦戰，八路諸侯齊出而不能敵，公孫瓚敗陣遇險，張飛「抖擻精神，酣戰呂布」，關羽「舞動青龍偃月刀，夾攻呂布」，劉備「掣雙股劍，驟黃鬃馬，前來助戰」，三人圍住呂布，「轉燈兒般廝殺，八路人馬都看得呆了……呂布蕩開陣角，倒拖畫戟，飛馬便回。三個哪裡肯舍，拍馬趕來。八路軍兵，喊聲大震，一齊掩殺。呂布軍馬望關上奔走，玄德、關、張隨後趕來。……張飛拍馬上關，來擒董卓」。（第五回）就這樣，「梟雄玄德掣雙鋒，抖擻天威施勇烈」，一個「英雄」的形象，再次被強化了。

（三）赤壁破曹。赤壁之戰，孫劉聯合，打敗曹操。前面的論述，已很清楚。劉備的主要作用在陸戰方面，當周瑜在烏林一側登陸時，劉備的軍隊，主要是張飛和趙雲，也自蜀山（今湖北嘉魚境）向烏林進發，所以他們能在曹操敗退之時與周瑜的軍隊形成共同追擊之勢，迫使曹操退至巴丘時，主動將餘船燒掉。如果說趙雲、張飛先後同曹操的軍隊有過接觸，不無可能。但說曹操在華容道又遭遇關羽，關羽念操舊情，把他放走了，純屬子虛烏有。真實情況是，劉備在華容行動遲緩，沒有趕上曹操，只是放了一把火而已。《三國演義》作者竭力渲染劉備軍隊在追擊曹操中的作用，意圖全在擴大劉備的戰果，美化關羽的人格，深化諸葛亮的智謀，醜化曹操的嘴臉。

（四）南取四郡。曹操敗歸之後，劉備乘周瑜、曹仁相持江北之際，南征江南荊州轄地武陵、長沙、桂陽、零陵四郡，因為四郡都是已故荊州牧劉表和時為荊州牧劉琦的屬地，所以基本上沒有遇到很大的抵抗，四郡太守皆降。《三國演義》藝術化地誇大了戰況，鋪述了諸葛亮智得零陵、趙雲計取桂陽、張飛勇奪武陵、關羽大戰長沙的精彩的戰爭場面。從而說明劉備之有荊州絕非「苟得」，而是經過艱苦戰鬥得來的，為劉備對付孫權「索還」荊州，準備了更為充足的理由。

另外，《三國演義》還特別誇張了劉備的勇力。

一曰武藝高超。如說，曹操聚兵城外，入請天子田獵，劉、關、張各彎弓插箭，內穿掩心甲，手持兵器，隨駕前往。獻帝對劉備說：「朕今欲看皇叔射獵。」劉備領命上馬，忽草中趕起一兔，「玄德射之，一箭正中那兔，帝喝彩。」（第二十回）前面提到的劉備「箭中張寶左臂」，也屬此類。

二曰勇力異常。如說，劉備東吳招親遇驚，更衣出殿前，見庭下有一石塊，拔從者所佩之劍，仰天祝謂：「若劉備能夠回荊州，成王霸之業，一劍揮石為兩段。如死於此地，劍剁石不開。」言罷，「手起劍落，火光迸濺，砍石為兩段。」（第五十四回），等等。

二、虛構戰役

劉備一生，打仗的時候，敗多勝少，史有定評。但《三國演義》中的劉備卻完全不是這個樣子了。作者充分反映了劉備的一些成功戰例，同時，為了塑造劉備的智勇形象，也虛構了若干戰役。

劉備代陶謙為徐州牧後，袁術曾幾次進攻劉備。對於袁術的進攻，劉備「使司馬張飛守下邳，自將拒術於盱眙、淮陰，相持經月，更有勝負」。[4]袁術又以呂布攻下邳，張飛大潰。劉備收拾餘兵，東取廣陵，再與袁術戰，結果又敗，不得已轉屯於海西（今江蘇東海縣南）。[5]劉備抗拒袁術失敗了，以致被呂布端了老窩。後來袁術再次攻打劉備，呂布為了自身的利益，「轅門射戟」，平息了戰鬥。這些，《三國演義》都做了接近事實的鋪述。但《三國演義》有意將袁術的徹底失敗記到劉備的功勞簿上，便虛構了劉備對袁術的最後一戰。《三國志・先主傳》說：「袁術欲經徐州北就袁紹，曹公遣先主督朱靈、路招要擊術。未至，術病死。」意思很明白，劉備與袁術沒有正式接戰。《三國演義》則說劉備兵至徐州，探子報道：「術勢甚衰，乃作書讓帝號於袁紹。紹命人招術，術乃收拾人馬、宮禁御用之物，先到徐州來。」劉備知袁術將至，「乃引關、張、朱靈、路招五萬軍出，正迎著先鋒紀靈至。張飛更不打話，直取紀靈。鬥無十合，張飛大喝一聲，刺紀靈於馬下，敗軍奔走。袁術自引軍來鬥。玄德分兵三路，朱靈、路招在左，關、張在右，玄德自引兵居中，與術相見，在門旗下責罵曰：『汝反逆不道，吾今奉明詔前來討汝，汝當束手受降，免你罪犯。』袁術罵曰：『織席編屨小輩，安敢輕我！』麾兵趕來。玄德暫退，讓左右兩路軍殺出。殺得術軍屍橫遍野，血流成渠；兵卒逃亡，不可勝計。」袁術「又被嵩山（當作灊山）雷薄、陳蘭劫去錢糧草料。欲回壽春，又被群盜所襲，只得住於江亭。止有一千餘眾，皆老弱之輩。時當盛暑，糧食盡絕，只剩麥三十斛，分派軍士。家人無食，多有餓死者。術嫌飯粗，不能下嚥，乃命庖人取蜜水止渴。庖人曰：『止有血水，安有蜜水。』術坐於床上，大叫一聲，倒於地下，吐血斗餘而死。」（第二十一回）這樣說來，剷除袁術這股軍閥勢力，便是劉備的功勞了。其實，真正打得袁術走投無路的是當時受到曹操支持的呂布。

劉備投靠劉表，劉表待以上賓之禮。《三國演義》特意安排了一次劉備為劉表「平叛」的戰鬥，以作進見之禮。「一日正相聚飲酒，忽報降將張武、陳孫在江夏擄掠人民，共謀造反。」劉表聞報大驚，劉備便對劉表說：「不須兄長憂慮，備請往討之。」劉表大喜，即點三萬軍給劉備。劉備領命即行，來到江夏，張武、陳孫引兵來迎。玄德與關、張、趙雲出馬在門旗下，望見張武所騎之馬，極其雄駿。玄德曰：「此必千里馬也。」言未畢，趙雲挺槍而出，徑衝彼陣。張武縱馬來迎，不三合，被趙雲一槍刺落馬下，隨手扯住轡頭，牽馬回陣。陳孫見了，隨趕來奪。張飛大喝一聲，挺矛直出，將陳孫刺死。眾皆潰散。玄德招安餘黨，平復江夏諸縣，班師而回。表出郭迎接入城，設宴慶功。

劉備在新野，曾拒夏侯惇、于禁、李典等於博望，設伏兵，將其打敗。我在前面說過，劉備用誘敵深入的計策打贏了這一仗，取得小勝，但未敢主動擴大戰果。這是他一生中少有的勝仗之一。《三國演義》將劉備指揮的這次小規模戰役放在「三顧茅廬」之後，移植為諸葛亮加入劉備陣營後指揮的第一次漂亮的戰爭——博望坡軍師初用兵（第三十九回）。這對劉備是不公平的。因此，作者為了顯示劉備的智勇，特意於此前另外加寫了一場樊城大戰，讓劉備和徐庶都大出風頭。此次戰爭，第一仗，劉備出馬於旗門下，使關羽、張飛、趙雲出馬，趙雲一槍刺曹操大將呂曠於馬下，張飛挺矛直取呂翔，一矛刺中，呂翔翻身落馬而死。「餘眾四散奔走，劉備合軍追趕，大半多被擒獲」；第二仗，大破曹仁「八門金鎖陣」。曹仁敗北，全軍大亂，劉備「麾軍衝擊，曹兵大敗而退」；第三仗，設伏兵打敗曹仁劫營，乘虛奪取了樊城，「曹軍大半淹死水中，曹仁渡過河面，上岸奔至樊城，令人叫門。只見城上一聲鼓響，一將引軍而出，大喝曰：『吾已取樊城多時矣！』眾驚視之，乃關雲長也。仁大驚，撥馬便走。雲長追趕過來。

曹仁又折了好些軍馬，星夜投許昌。」（第三十五、三十六回）如此轟轟烈烈，實在是好。但這是歷史上不曾存在的戰爭。

劉琮投降曹操，劉備在樊城，不知曹操「卒至」，及聞之，知難抵禦，逃之惟恐不及，遂率其眾南行。《三國演義》加寫了劉備自新野退據樊城前「諸葛亮火燒新野」的場面，說：曹仁、曹洪引軍十萬為前隊，前面已有許褚引三千鐵甲軍開路，浩浩蕩蕩，殺奔新野來。許褚方欲前進，只聽得山上大吹大擂。抬頭看時，只見山頂上一簇旗，旗叢中兩把傘蓋：左玄德，右孔明，二人對坐飲酒。許褚大怒，引軍尋路上山。山上擂木砲石打將下來，不能前進。又聞山後喊聲大震。欲尋路廝殺，天色已晚。曹仁領兵到，教且奪新野城歇馬。軍士至城下時，只見四門大開。曹兵突入，並無阻當，城中亦不見一人，竟是一座空城了。……初更已後，狂風大作，西、南、北三門皆火起。曹仁急令眾將上馬時，滿縣火起，上下通紅。曹仁尋路逃命，又遭趙雲、糜芳、劉封各殺一陣；關羽在上流用布袋遏住河水，望見新野火起，急令軍士一齊掣起布袋，水勢滔天，望下流沖去，曹軍人馬俱溺於水中，死者極多。曹仁引眾將望水勢慢處奪路而走，行到博陵渡口，張飛又攔住了去路，大叫：「曹賊快來納命！」曹軍軍士自相踐踏，死者無數。（第四十回）這是作者寫在劉備慘敗當陽之前的一次讓讀者認知劉備能力的戰爭，以使讀者能夠理解當陽之敗不是劉備無能，而是仁者「不忍棄眾」所致，從而獲得更多同情，讓讀者更加期盼劉備成功。

孫權想將劉備擠出荊州，聲稱欲與劉備共取蜀，劉備自然不同意。孫權派遣奮威將軍孫瑜率水軍進住夏口，蓄勢待發。周瑜自京急還江陵，部署進兵。劉備迅疾調整並加強了阻抗孫權的布防，使關羽屯江陵，張飛屯秭歸，諸葛亮居南郡，自己在孱陵，構成了數百里防線。孫權知道劉備、諸葛亮已洞悉其用意，只好命令孫瑜撤軍；周瑜「道於巴丘病卒」。可見，雙方並未直接戰鬥。《三國演義》勾畫了周瑜「假途滅虢」和諸葛亮氣死周瑜的場面：周瑜率領人馬徑往荊州而來，「忽一聲梆子響，城上軍一齊都豎起槍刀」，趙雲對周瑜說：「孔明軍師已知都督『假途滅虢』之計，故留趙雲在此。」周瑜聽此一說，勒馬便回，只見馬前一人報道：「探得四路軍馬，一齊殺到：關某從江陵殺來，張飛從秭歸殺來，黃忠從公安殺來，魏延從孱陵小路殺來，四路正不知多少軍馬。喊聲遠近震動百餘里，皆言要捉周瑜。」又見劉備、諸葛亮在前山頂上「飲酒作樂」，周瑜馬上大叫一聲，箭瘡復裂，墜於馬下。周瑜催軍前行，行至巴丘，上流有劉封、關平截住水路；忽然又接到諸葛亮來信，拆閱之後，仰天長歎「既生瑜，何生亮」，連叫數聲而亡。這是大長劉備志氣，大滅周瑜的威風的生動描繪。但它與歷史的真實卻是相距甚遠的。

劉備進軍益州，總的來說，比較順利，沒有遇到特別嚴重的抵抗。在劉備由涪向成都進發時，劉璋曾經組織抵抗，其中最重要的是劉璝、冷苞、張任、鄧賢等先拒劉備於涪，後退守雒城，亂箭射死龐統。張任勒兵出戰於雁橋（在雒城南），兵敗，被劉備殺了。《三國演義》說「孔明定計捉張任」，特意讓諸葛亮分享了戰爭的功勞，同時回避了劉備殺害名將張任之不明之舉。（第六十四回）

為了寫足劉備的武功和展現其知人善任之明，《三國演義》虛構了大戰馬超的戰鬥。《三國志・馬超傳》說，馬超投奔張魯後，以張魯「不足與計事，內懷於邑（憂鬱）」，聞先主圍劉璋於成都，密書請降。先主遣人迎超，超將兵徑到城下」。劉備得知馬超來到，高興地說「我得益州矣」。《典略》記載，劉備「潛以兵資之」，令屯城北，「超至未一旬而成都潰。」可見，劉備大戰馬超的事是不存在的。《三國演義》繪製的這次戰爭場面特別精彩，說馬超受張魯之命進兵葭萌關，劉備、諸葛亮讓張飛、魏延出戰。魏延被馬岱射中左臂；張飛戰敗馬岱，直接向馬超挑戰。「次日天明，關下鼓聲大震，馬超兵到。……張飛便要下關，玄德急止之曰：『且休出戰，先當避其銳氣。』關下馬超單搦張飛出馬，關上張飛恨不得平吞馬超，三五番皆被玄德當住。看看午後，玄德望見馬超陣上人馬皆倦，遂選五百騎，跟著張飛，衝下關來。……兩馬齊出，二槍並舉。約戰百餘合，不分勝負。玄德觀之，歎曰：『真虎將也！』恐張飛有失，急鳴金收軍。兩將各回。張飛回到陣中，略歇馬片時，不用頭盔，只裹包巾上馬，又出陣前搦馬超廝殺。超又出。兩個再戰。玄德恐張飛有失，自披掛下關，直至陣前；看張飛與馬超又鬥百餘合，兩個精神倍加。玄德教鳴金收軍。二將分開，各回本陣。」隨後，劉備根據張飛的要求「多點火把，安排夜戰」，張飛「搶出陣來，叫曰：『我捉你不得，誓不上關！』超曰：『我勝你不得，誓不回寨！』兩軍吶喊，點起千百火把，照耀如同白日。兩將又向陣前鏖戰。」最後是諸葛亮用計，離間了張魯與馬超的關係，馬超不得已才投靠了劉備。（第六十五回）

《三國演義》說，曹將張郃兵敗瓦口關，復攻葭萌關。劉備、諸葛亮以老將黃忠、嚴顏為將，大戰天蕩山。黃忠揮刀斬韓浩，嚴顏手刃夏侯德。曹軍「軍馬自相踐踏，死者無數」，張郃、夏侯尚「前後不能相顧，只得棄天蕩山，望定軍山投奔夏侯淵去了」。繪聲繪色，轟轟烈烈。可惜！於史無徵。

劉備在定軍山，聽從法正的建議，「命黃忠乘高鼓噪」而攻夏侯淵，並同時派軍燒毀夏侯淵軍營外圍的鹿角。夏侯淵「自將輕兵護南圍」，因為輕敵，帶兵很少，遭遇劉備的軍隊，被殺。這是事實。《三國演義》進一步擴大戰果，以致引申出黃忠、趙雲夾擊曹軍，「徐晃大敗，軍士逼入漢水，死者無數」；劉備再次同曹操面對面對話（按：沒有這種可能），高叫「奉詔討賊」，結果「曹兵大潰而逃」；曹操命許褚出戰，「戰不數合，（許褚）被張飛一矛刺中肩膀，翻身落馬」；曹操引兵來戰，「蜀兵營中，四下炮響，鼓角齊鳴。曹操恐有伏兵，急教退軍。曹兵自相踐踏，死者極多。奔回陽平關，方才歇定，蜀兵趕到城下：東門放火，西門吶喊；南門放火，北門擂鼓。操大懼，棄關而走。蜀兵從後追襲。操正走之間，前面張飛引一枝兵截住，趙雲引一枝兵從背後殺來，黃忠又引兵從褒州殺來。操大敗。」又說，曹操收兵後退，魏延擋住去路，「拈弓搭箭，射中曹操，操翻身落馬。」（第七十二回）等等，諸多情節，有的是被誇大了的，更多的是出於作者的想像，為了長劉備的志氣、滅曹操的威風、出曹操的醜，並讓曹操撤出漢中的行動蒙羞，而特意撰寫出來的。

這樣，就把本來曹操觀形勢、察地理、度兵力，知道漢中很難保住，且急於回去鞏固權力，主動「引出漢中諸軍還長安」這件事，變成了被劉備打得狼狽逃竄了。《三國演義》概括說，曹操急急班師，三軍銳氣墮盡，人人喪膽，「操令軍士急行，曉夜奔走無停，直至京兆方始安心。」（第七十三回）真可謂是大快「疾曹愛劉」者之心。

劉備征吳，慘敗而歸，憂死白帝。《三國演義》沒有竄改這一歷史大局。很顯然，這樣的結局，不僅難慰關、張地下之靈，而且也讓讀者徒增悲傷，因此作者另外加寫了一些小的「戰鬥」和生動場面。

其一，讓關興、張苞大展乃父雄風，說關興、張苞互相配合，大戰東吳名將孫桓、韓當和周泰，殺入吳軍，刀劈李異、周平，槍挑謝旌、夏恂，生擒譚雄、崔禹。

其二，黃忠寶刀不老，勇戰潘璋。

其三，沙摩柯射死東吳名將甘寧。（以上第八十二、八十三回）

其四，梟首仇人，血冤得報。這是最為激動人心的情節：

一日關公顯聖，幫助兒子關興殺死潘璋。作者描繪說：「關興殺入吳陣，正遇仇人潘璋，驟馬追之。璋大驚，奔入山谷內，不知所往。」關興往來尋覓不見，迷蹤失路，投宿一老者之家，「三更已後，忽門外又一人擊戶。老人出而問之，乃吳將潘璋亦來投宿。恰入草堂，關興見了，按劍大喝曰：『歹賊休走！』璋回身便出。忽門外一人，面如重棗，丹鳳眼，臥蠶眉，飄三縷美髯，綠袍金鎧，按劍而入。璋見是關公顯聖，大叫一聲，神魂驚散；欲待轉身，早被關興手起劍落，斬於地上；取心瀝血，就關公神像前祭祀。興得了父親的青龍偃月刀，卻將潘璋首級，擐於馬項之下，辭了老人，就騎了潘璋的馬，望本營而來。老人自將潘璋之屍拖出燒化。」

二曰關興刀剮麋芳、傅士仁。作者說，麋、傅二人殺了殺害關羽的吳將馬忠，到御營中來見先主，獻上馬忠首級，「伏乞陛下恕罪」，劉備大怒，「令關興在御營中，設關公靈位。先主親捧馬忠首級，詣前祭祀。又令關興將麋芳、傅士仁剝去衣服，跪於靈前，親自用刀剮之，以祭關公。」

三曰張苞手刃范強和張達。作者說，「此時先主威聲大震，江南之人盡皆膽裂，日夜號哭」，孫權心怯，「遂具沉香木匣，盛貯（張）飛首，綁縛（殺害張飛的）范強、張達，囚於檻車之內」，送至猇亭。劉備聞知，兩手抱頭，說「此天之所賜，亦由三弟之靈也」，即令張苞設張飛靈位，「先主見張飛首級在匣中，面不改色，放聲大哭。張苞自仗利刀，將范強、張達萬剮凌遲，祭父之靈。」（以上第八十三回）

其五，趙雲救主，槍刺東吳名將朱然於馬下。劉備敗走，狼狽不堪，《三國演義》說，劉備奔走之間，喊聲大震，吳將朱然引一軍截住去路，「關興、張苞縱馬衝突，被亂箭射回，各帶重傷，不能殺出。背後喊聲又起，陸遜引大軍從山谷中殺來。先主正慌急之間，此時天色已微明，只見前面喊聲震天，朱然軍紛紛落澗，滾滾投岩：一彪軍殺入，前來救駕。先主大喜，視之，乃常山趙子龍也。……陸遜聞是趙雲，急令軍退。雲正殺之間，忽遇朱然，便與交鋒；不一合，一槍刺朱然於馬下，殺散吳兵，救出先主，往白帝城而走。」（第八十四回）

其六，孔明預設「八陣圖」，迫使已經取得勝利的陸遜狼狽而歸。作者說：「陸遜大獲全功，引得勝之兵，往西追襲。前離夔關不遠，遜在馬上看見前面臨山傍江，一陣殺氣，沖天而起；遂勒馬回顧眾將曰：『前面必有埋伏，三軍不可輕進。』即倒退十餘里，於地勢空闊處，排成陣勢，以禦敵軍；即差哨馬前去探視。回報並無軍屯在此，遜不信，下馬登山望之，殺氣復起。遜再令人仔細探視，哨馬回報，前面並無一人一騎。遜見日將西沉，殺氣越加，心中猶豫，令心腹人再往探看。回報江邊止有亂石八九十堆，並無人馬。遜大疑，令尋土人問之。須臾，有數人到。遜問曰：『何人將亂石作堆？如何亂石堆中有殺氣沖起？』土人曰：『此處地名魚腹浦，諸葛亮入川之時，驅兵到此，取石排成陣勢於沙灘之上。自此常常有氣如雲，從內而起。』」陸遜率數騎入石陣觀看，「方欲出陣，忽然狂風大作，一霎時，飛砂走石，遮天蓋地。但見怪石嵯峨，槎枒似劍；橫砂立土，重疊如山；江聲浪湧，有如劍鼓之聲。遜大驚曰：『吾中諸葛之計也！』急欲回時，無路可出。」幸諸葛亮預讓岳父黃承彥在此等候，才將其引出陣外。陸遜歎曰：「孔明真臥龍也，吾不能及。」於是下令「班師」。（第八十四回）

以上諸多情節，無須逐一甄誤，只要知道了以下諸點，便可知其全非。

第一，關興、張苞二人沒有參與戰爭。《三國志・關羽傳》說，關興「少有令問，丞相諸葛亮深器異之，弱冠為侍中，中監軍，數歲卒」。這說明，關興曾經受到諸葛亮的重用，並被授官，但夷陵猇亭戰時，關興年少，未預戰事。否則，歷史不會不做記載。《三國志．張飛傳》說：「（飛）長子苞，早夭。次子紹嗣。」這說明，張苞死在張飛被殺之前，所以不得「嗣爵」，而由他的弟弟張紹繼承。既已「早夭」，如何能夠參加戰爭。因此，戰爭中凡與關興、張苞有關的情節，都是不存在的。

第二，黃忠死於建安二十五年（二二〇），夷陵猇亭之戰發生在章武元年（魏黃初二年，西元二二一年）至章武三年。人既已死，怎麼能去勇戰潘璋呢？

第三，戰前吳國名將甘寧已故，所以《三國志．陸遜傳》載，「劉備率大眾來向西界，權命遜為大都督，假節，督朱然、潘璋、宋謙、韓當、徐盛、鮮于丹、孫桓等五萬人拒之。」名單中沒有甘寧的名字。既如此，自然不會陣前被殺。

第四，《三國志．潘璋傳》記載，「劉備出夷陵，璋與陸遜并力拒之，璋部下斬備護軍馮習等，所殺傷甚眾，拜平北將軍、襄陽太守。……吳嘉禾三年（二三四）卒。」潘璋既然死在夷陵戰爭十年以後，又怎麼可能被關興「取心瀝血，就關公神像前祭祀」呢？

第五，《三國志．吳主傳》記載，吳黃武二年（蜀後主建興元年，西元二二三年）六月，「（孫）權令將軍賀齊督麋芳、劉邵等襲蘄春，邵等生虜（魏蘄春太守）宗。」麋芳既然兩年後還活著，那麼也就不可能存在兩年前麋芳、傅士仁回到劉備那裡去自找其死的事了。

第六，《三國志．朱然傳》說，吳黃武元年（二二二）「劉備舉兵攻宜都，（朱）然督五千人與陸遜并力拒（劉）備。然別攻破備前鋒，斷其後道，備遂破走」。又說：「自創業功臣疾病，（孫）權意之所鍾，呂蒙、凌統最重，（朱）然其次矣。（朱然）年六十八，赤烏十二年（二四九）卒。」二十多年後才死的人，作者讓他二十八年前就被趙雲槍挑了，實在是太過分了。

第七，關於諸葛亮布石為「八陣圖」，後人的確有些記載：北魏酈道元《水經注》說：「沔陽定軍山有亮八陣（通陣）圖」；唐李吉甫《元和郡縣誌》說：「諸葛公八陣，在新都縣北十九里」；宋樂史《太平寰宇記》說：「夔州奉節縣，本漢魚復縣。八陣圖在縣西南七里。」另《輿元志》說：「西縣有武侯八陣圖」；《九州通志》說，定軍山下有「八陣圖」。諸葛亮所到之處，喜歡用石布陣，實屬演練陣法的示意圖，不知其詳者走進去，有似迷宮，不易找到出口走出來。但擺在地上的石陣本身，是個「圖」，並不具備實時的戰鬥作用，什麼「殺氣沖天而起」、「狂風大作，飛砂走石，遮天蓋地」、「怪石嵯峨，槎枒似劍；橫砂立土，重疊如山；江聲浪湧，有如劍鼓之聲」云云，純屬臆斷妄說。實際上，這是作者特加的撫慰讀者之筆，劉備雖然失敗了，但諸葛亮的預謀卻讓陸遜狼狽而回。自然，也是為了表達對劉備的同情和神化諸葛亮。

三、雖敗猶榮

劉備常打敗仗。有趣的是即使打仗失敗了，《三國演義》也常抹上些光彩，使之雖敗猶榮。董承衣帶詔事暴露，曹操殺董承及王子服、种輯等，夷其三族，並徹底知道了劉備參與其謀，因此更想將其除掉。劉備急遣孫乾與袁紹連合。曹操派遣司空長史劉岱、中郎將王忠擊劉備，「不克」，隨即決定親征。

我在前面已指出，曹操打了劉備一個措手不及。當時劉備錯誤地估計了形勢，認為曹操正與大敵袁紹對峙，不能東顧；及至探子來報曹操兵馬即到，便慌了手腳。《三國志・先主傳》注引《魏書》說：「是時，公（曹操）方有急於官渡，乃分留諸將屯官渡，自勒精兵征備。備初謂公與大敵連，不得東，而候騎卒至，言曹公自來。備大驚，然猶未信。自將數十騎出望公軍，見麾旌，便棄眾而走。」曹操盡收其眾，虜備妻子，進拔下邳，擒關羽，又擊破昌豨。對於劉備「望風而逃」、置妻子於不顧、關羽被俘、關係劉備人生轉折、但場面並不激烈的這次戰爭，《三國演義》特寫了劉備、張飛劫寨失利和關羽死守下邳、力保劉備妻小、大戰曹操名將夏侯惇、徐晃、許褚的場面，保全了劉備、關羽的面子，使劉備雖敗猶榮，讓關羽雖降而義。（第二十四、二十五回）

建安五年，袁紹為了牽制曹操曾派劉備率領本部兵馬兩至汝南。第一次，「紹遣劉備徇㶏強諸縣」。據說：「自許以南，吏民不安。」曹操「以為憂」，遂使曹仁南征。曹仁打敗劉備，「盡收諸叛縣而還」；劉備不敵，又跑回袁紹那裡去。第二次，劉備到汝南後，即與黃巾龔都等部聯合，有眾數千人，擊斬葉縣守將蔡揚。[6]不久，官渡之戰結束，曹操「自南擊先主」。據載：「公（操）南征備，備聞公自行，走奔劉表，（龔）都等皆散。」[7]劉備逃依劉表時，曹操沒有追擊他。

《三國演義》卻描繪出一場不存在的、有聲有色的、雖敗猶榮的、曹操與劉備的面對面的戰爭，說：「玄德與關、張、趙雲等，引兵欲襲許都。行近穰山地面，正遇曹兵殺來，玄德便於穰山下寨。軍分三隊：雲長屯兵於東南角上，張飛屯兵於西南角上，玄德與趙雲於正南立寨。曹操兵至，玄德鼓噪而出。操布成陣勢，叫玄德打話。玄德出馬於門旗下。操以鞭指罵曰：『吾待汝為上賓，汝何背義忘恩？』玄德曰：『汝託名漢相，實為國賊！吾乃漢室宗親，奉天子密詔，來討反賊！』遂於馬上朗誦衣帶詔。操大怒，教許褚出戰。玄德背後趙雲挺槍出馬。二將相交三十合，不分勝負。忽然喊聲大震，東南角上，雲長衝突而來；西南角上，張飛引軍衝突而來。三處一齊掩殺。曹軍遠來疲困，不能抵擋，大敗而走。玄德得勝回營。」只是後來中了曹操的計，

力戰不勝，不得已才殺出重圍，投奔了劉表。這樣，劉備的形象，又大大提高了。（第三十一回）

劉備兵敗當陽。《三國演義》雖然講述了其慘敗的情況，但同時加寫了若干局部的勝利，以迎合讀者不願劉備失敗和憎惡曹操猖狂的心理。例如，劉備使張飛率領二十騎兵斷後，張飛「據水斷橋」，延遲了敵軍對劉備的逼進，立有功勞。《三國演義》形容說，張飛倒豎虎鬚，圓睜環眼，手綽蛇矛，立馬橋上……曹操親自來看，張飛厲聲大喝曰：「我乃燕人張翼德也！誰敢與我決一死戰？」聲如巨雷。曹軍聞之，盡皆股栗。大將夏侯傑驚得肝膽碎裂，倒撞於馬下。操便回馬而走。於是諸軍眾將一齊望西奔走，「一時棄槍落盔者，不計其數，人如潮湧，馬似山崩，自相踐踏。」曹操「懼張飛之威，驟馬望西而走，冠簪盡落，披髮奔逃」。作者作詩稱讚：「一聲好似轟雷震，獨退曹家百萬兵。」這是什麼？說穿了，這是「精神勝利法」，是為了醜化曹操，給劉備挽回點面子。

四、隱其失敗

有些劉備參與或指揮的戰爭，暴露了劉備的怯懦、乏謀，導致了失利或失敗。《三國演義》為了顧全劉備的面子，特意將這些戰爭場面隱去了。

劉備參加過平定張純反叛的戰爭，有史可據。但進軍中，他突與叛軍遭遇，受傷後裝死，才倖免於難。史籍不載劉備有何戰績。《三國演義》隱去了不光彩的情節，而只說幽州牧劉虞「令玄德為都尉，引兵直抵賊巢，與賊大戰數日，挫動銳氣」。因此，「劉虞表奏劉備大功，朝廷赦免鞭督郵之罪，除下密丞，遷高堂尉。公孫瓚又表陳玄德前功，薦為別部司馬，守平原縣令。」（第二回）

建安末年，曹操後方政局不穩，決策錯誤，撤離漢中。劉備抓住時機，兩路出兵，一是自己在法正的輔佐下，親率趙雲、黃忠、魏延等諸將，出東路，向漢中進兵；二是派遣張飛、馬超、吳蘭等，出西路，攻取曹操西北駐軍重地下辯（今甘肅成縣西）。

劉備自己直接指揮的軍隊，屯駐陽平關，微有進展，但他錯誤地低估了曹操軍隊的力量，派遣陳式等十餘營兵力去切斷馬鳴閣棧道（在今四川昭化縣境）。結果被曹將徐晃打得大敗，蜀兵「自投山谷，多死者」。[8]本來處於進攻勢頭的劉備軍隊反而為敵反包圍，失掉主動權，吃了敗仗。劉備的主力部隊攻張郃，雖然形成了包圍形勢，但也未能克敵制勝。據說，劉備「以精卒萬餘，分為十部，夜急攻郃。郃率親兵搏戰，備不能克」。[9]

張飛、馬超、吳蘭一路，「欲斷（曹）軍後」，結果被曹操的騎都尉曹休和議郎辛毗等識破，曹軍乘張飛、馬超等「未集」，突襲吳蘭，大破之，斬吳蘭將任夔等，吳蘭逃亡中被氐人殺死。《三國志．先主傳》說，劉備「分遣將軍吳蘭、雷銅等入武都（即下辯），皆為曹公軍所沒」。張飛、馬超敗走漢中方向。

如此重要情節，《三國演義》概不反映。

掩蓋其詭詐和失誤

《三國演義》「白門樓呂布殞命」一節，比較客觀地反映了曹操和劉備的心態，適量據史直書了劉備的詭詐。使讀者得知劉備也存在著另外的一面。「曹操煮酒論英雄」一節，據史演繹了劉備善於謊對緊急事態和為防曹操加害而偽作後園種菜的故事。從而，使讀者理解到劉備能在形勢危急之時善為「韜光養晦」之舉。

但是，劉備的更多的陰暗心理和作為被掩蓋了，有些事實被顛倒了。甚至，有的記載本來很有利於說明劉備深得人心的形象，作者因怕產生負面影響，也有意不講了。

一、移花接木，掩蓋事實真相

史載，呂布、袁術被消滅，劉備追隨曹操到了許昌，曹操即以車冑為徐州刺史。不久，劉備、朱靈受命截擊袁術，袁術南走而死，朱靈等還許，劉備遂據下邳。劉備據有下邳以後，為了徹底擺脫曹操，以求在徐淮地區發展，乘機殺死曹操所置徐州刺史車冑，留關羽守下邳（暫攝徐州刺史事），自還小沛（表明自己是名正言順的豫州牧）。從此，劉備不再聽從曹操的號令。所以，史稱：「備到下邳，殺徐州刺史車冑，反。」[10]但《三國演義》卻故意顛倒事情原委，說車冑接曹操鈞旨教殺劉備。車冑伏兵甕城邊，欲待劉備到來，「一刀斬之」。可是，出此主意的陳登又把此謀「飛馬」告知關羽和張飛。關、張假扮曹軍，夜叫城門，「車冑只得披掛上馬，引一千軍出城；跑過吊橋。火光中只見雲長提刀縱馬直迎車冑，大叫曰：『匹夫安敢懷詐，欲殺吾兄！』車冑大驚，戰未數合，遮攔不住，撥馬便回。到吊橋邊，城上陳登亂箭射下，車冑繞城而走。雲長趕來，手起一刀，砍於馬下，割下首級提回，望城上呼曰：『反賊車冑，吾已殺之；眾等無罪，投降免死！』諸軍倒戈投降，軍民皆安。雲長將冑頭去迎玄德，具言車冑欲害之事，今已斬首。玄德大驚曰：「曹操若來，如之奈何？」雲長曰：「弟與張飛迎之。」玄德懊悔不已，遂入徐州。百姓父老，伏道而接。玄德到府，尋張飛，飛已將車冑全家殺盡。」（第二十一回）一場謀奪地盤、叛離曹操的行動變成了不得已而為之的自衛反擊，並將殺人責任推到了張飛、關羽身上。

劉備鞭打督郵，史有明記。《三國志．先主傳》說：「督郵以公事到縣，先主求謁，不通，直入縛督郵，杖二百，解綬繫其頸著馬枊，棄官亡命。」《三國演義》為了塑造劉備的寬宏仁慈形象，竟移花接木，把劉備親手做的這件事改作「張翼德怒鞭督郵」，說：督郵無禮，意欲索賄，勒令縣吏誣告劉備「害民」，劉備求免不得，張飛飲了數杯悶酒，乘馬從館驛前過，見五六十個老人，皆在門前痛哭。飛問其故。眾老人答曰：「督郵逼勒縣吏，欲害劉公；我等皆來苦告，不得放入，反遭把門人趕打！」張飛大怒，睜圓環眼，咬碎鋼牙，滾鞍下馬，徑入館驛，把門人哪裡阻擋得住，直奔後堂，見督郵正坐廳上，將縣吏綁倒在地。飛大喝：「害民賊！認得我麼？」督郵未及開言，早被張飛揪住頭髮，扯出館驛，直到縣前馬樁上縛住；攀下柳條，去督郵兩腿上著力鞭打，一連打折柳條十數枝。玄德正納悶間，聽得縣前喧鬧，問左右，答曰：「張將軍綁一人在縣前痛打。」玄德忙去觀之，見綁縛者乃督郵也。玄德驚問其故。飛曰：「此等害民賊，不打死等甚！」督郵告曰：「玄德公救我性命！」玄德終是仁慈的人，急喝張飛住手。旁邊轉過關公來，曰：「兄長建許多大功，僅得縣尉，今反被督郵侮辱。吾思枳棘叢中，非棲鸞鳳之所，不如殺督郵，棄官歸鄉，別圖遠大之計。」玄德乃取印綬，掛於督郵之頸，責之曰：「據汝害民，本當殺卻；今姑饒汝命。吾繳還印綬，從此去矣。」事實竄改了，目無「王法」的面目被「偷樑換柱」了，一個寬厚仁慈的劉備和一個胸懷坦蕩、正義而莽撞的張飛，同時被加工出來。（第二回）

二、不寫有損劉備形象的內容

《三國演義》的寫作傾向很明確，對曹操「顯其詐」，對劉備「隱其惡」。所以劉備酷虐的一面和一些虛偽，大都被隱去了。

《三國演義》渲染的趙雲「截江奪阿斗」，吳將被殺，孫夫人隻身回吳情景，考諸事實，基本上是不存在的。這個生動的情景，掩蓋了劉備入蜀以後在法正的建議下主動「出婦」的作為。

劉備克蜀之後，施行峻刑苛法，「自君子小人咸懷怨歎。」《三國演義》基本沒有反映這方面的事實。例如，前面提到的：

劉備根據自己的好惡律外妄殺治中從事彭羕；為報宿恨，挾嫌殺死後部司馬張裕；為了避免死後親生兒子的皇位受到威脅，以劉封「侵陵（孟）達」、「不救（關）羽」為由，賜養子劉封死，「使自裁」。

劉備對於阻礙自己謀王稱帝的人，或抑之，或除之，從不手軟。益州前部司馬費詩勸劉備不要急於稱帝，「由是忤指」，被降了職；尚書令劉巴和主簿雍茂，勸劉備緩稱帝，劉備便找了一個別的理由把雍茂殺了，並使劉巴受到威懾，嚇得劉巴惶恐萬狀，「懼見猜嫌，恭默守靜，退無私交，非公事不言。」

最為難以讓人理解的是，像趙雲那樣的戰功累累的忠臣、宿將，只是因為克蜀之後某些政見和軍事見解不同，便受到了壓抑。《三國演義》關於關、張、趙、馬、黃「五虎將」的排列，完全沒有事實根據。事實是，劉備稱王後，封關羽為前將軍，張飛為右將軍，馬超為左將軍，黃忠為後將軍，趙雲不得入列，而為翊軍將軍。據《漢書・百官志》載，大將軍、驃騎將軍，位次（按：相當於）丞相；車騎將軍、衛將軍、前後左右將軍，「皆金紫，位次上卿。」而翊軍將軍是次於前後左右將軍的一種名號將軍，或謂雜號將軍、列將軍。劉備稱帝，關羽、黃忠已死，右將軍張飛升為車騎將軍，領司隸校尉，並由新亭侯進爵為西鄉侯；左將軍馬超升為驃騎將軍，領涼州牧，由前都亭侯進封斄鄉侯。而趙雲仍為翊軍將軍，而劉備生前始終不給趙雲封侯。

以上僅是幾個典型的例子。此類情事，如果發生在曹操身上，那就不同了。《三國演義》對於曹操的酷虐變詐的一些事例，不僅大都書錄在案，而且更加典型化、藝術化了，所以使得人們過目不忘。

另外，還有諸多用人不明、待人不公、疑慮並壓抑蜀籍官員、拒諫、記仇報復和軍事行動中表現出來的乏謀無能、色厲內荏、狼狽形象等，都沒有得到應有的暴露。

甚至，有些好事，如《三國志．先主傳》說，劉備做平原相的時候，「郡民劉平素輕先主，恥為之下，使客刺之。客不忍刺，語之而去。其得人心如此。」這是一個非常有利於給劉備臉上貼金的故事，但不見於《三國演義》。原因就在於依作者看來這事非常不容易把劉備深得人心的話說圓，所以就捨而不用了。

另如，南朝宋人劉義慶《世說新語》中所反映的有關曹操的眾多詭譎事例，幾乎全收，而其中僅有的曹操問劉備「才」的紀錄，卻不見提及。《世說新語．識鑑》載：「曹公問裴潛曰：『卿昔與劉備共在荊州，卿以（劉）備才如何？』潛曰：『使居中國，能亂人，不能為治，若乘邊守險，足為一方之主。』」這樣的評論，雖然反映了一定事實，但在作者看來，無疑是貶抑之筆，所以不予著錄。

渲染危難，突出其坎坷人生

劉備一生，坎坷多難，史不諱言。這些，在《三國演義》中，有的，因為不利於劉備的美好形象，被隱去了；有的，則不僅做了反映，而且更加渲染，使其更加形象化。下面是一些突出的例子。

一、渲染危難

在許昌，劉備被董承拉進了除曹陰謀的活動，因而惶惶不可終日。曹操「煮酒論英雄」一番話，嚇得他「手中所執匙箸，不覺落於地下」。故事本來已很精彩，《三國演義》作者又加寫了關羽、張飛突入曹操後園，「見玄德與操對坐飲酒。二人按劍而立。操問二人何來。雲長曰：『聽知丞相和兄飲酒，特來舞劍，以助一笑。』」把氣氛渲染到了極致。（第二十一回）

在荊州，劉表的老婆蔡夫人和部屬蒯越、蔡瑁等幾次想把劉備除掉。《三國演義》根據幾條簡單的記載，演繹出「蔡夫人隔屏聽密語，劉皇叔躍馬過檀溪」大篇文字。史載，劉表使劉備屯新野，「荊州豪傑歸先主者日益多，表疑其心，陰禦之。」[11]《三國演義》將「陰禦」變成「明門」，杜撰劉備失言「若有基本（按：指地盤），天下碌碌之輩，誠不足慮也」，使劉表產生疑慮。蔡夫人因而告誡劉表：「適間我於屏後聽得劉備之言，甚輕覷人，足見其有吞併荊州之意。今若不取，必為後患。」同時，讓蔡瑁「連夜點軍」，實施「就館舍殺之」的陰謀。幸虧伊籍探知蔡瑁欲害劉備的陰謀，「夤夜來報」，劉備才「急喚從者，一齊上馬，不待天明，星夜奔回新野」，躲過一難。隨後，蔡瑁與蔡夫人又生一計，籌畫了一次襄陽大會。劉備雖有疑慮，但沒有理由不參加，只好讓趙雲帶三百人馬「圍繞保護」。蔡瑁預請蒯越計議說：「劉備世之梟雄，久留於此，後必為害，可就今日除之。」並告訴蒯越，已經部署停當：「東門峴山大路，已使吾弟蔡和引軍守把；南門外已使蔡中守把；北門外已使蔡勳守把；止有西門不必守把；前有檀溪阻隔，雖有數萬之眾，不易過也。」蒯越設計將趙雲請入另席，「蔡瑁在外收拾得鐵桶相似，將玄德帶來三百軍，都遣歸館舍，只待半酣，號起下手。」又是伊籍救了他，「酒至三巡，伊籍起把盞，至玄德前，以目視玄德，低聲謂曰：『請更衣。』玄德會意，即起如廁。伊籍把盞畢，疾入後園，接著玄德，附耳報曰：『蔡瑁設計害君，城外東、南、北三處，皆有軍馬守把。惟西門可走，公宜速逃！』玄德大驚，急解的盧馬，開後園門牽出，飛身上馬，不顧從者，匹馬望西門而走。門吏問之，玄德不答，加鞭而出。門吏當之不住，飛報蔡瑁。瑁即上馬，引五百軍隨後追趕。」「玄德撞出西門，行無數里，前有大溪，攔住去路。那檀溪闊數丈，水通湘江，其波甚緊。玄德到溪邊，見不可渡，勒馬再回，遙望城西塵頭大起，追兵將至。玄德曰：『今番死矣！』遂回馬到溪邊。回頭看時，追兵已近。玄德著慌，縱馬下溪。行不數步，馬前蹄忽陷，浸濕衣袍。玄德乃加鞭大呼曰：『的盧，的盧，今日妨吾！』言畢，那馬忽從水中湧身而起，一躍三丈，飛上西岸，玄德如從雲霧中起。」九死一生的場景，非常動人。（第三十四回）

在東吳，《三國演義》說，早在赤壁之戰發動以前，周瑜就想把諸葛亮、劉備幹掉。周瑜受孫權之命，統率三萬人馬，欲與劉備聯合抗曹，同諸葛亮「一同登舟，駕起帆檣，迤邐向夏口而進」，先是謀劃借曹操之手殺死諸葛亮，既而謀略被諸葛亮識破，不由搖首頓足說：「此人見識勝我十倍，今不除之，後必為我國之禍。」結果反被諸葛亮戲弄。周瑜駐夏口，想把劉備誆來殺死，對劉備的來使糜竺說：「欲見劉豫州，共議良策；奈身統大軍，不可暫離。若豫州肯枉駕來臨，深慰所望。」魯肅問周瑜：「公欲見玄德，有何計議？」瑜曰：「玄德世之梟雄，不可不除。吾今乘機誘至殺之，實為國家除一後患。」魯肅再三勸諫，周瑜只是不聽，遂傳密令：「如玄德至，先埋伏刀斧手五十人於壁衣中，看吾擲杯為號，便出下手。」劉備與關羽乘小舟，並從者二十餘人，赴江東。軍士飛報周瑜：「劉豫州來了。」瑜問：「帶多少船隻來？」軍士答曰：「只有一隻船，二十餘從人。」瑜笑曰：「此人命合休矣。」乃命刀斧手先埋伏定，然後出寨迎接。劉備引關羽等二十餘人，直到中軍帳，敘禮畢，乃分賓主而坐。周瑜設宴相待。酒行數巡，周瑜起身把盞，「猛見雲長按劍立於玄德背後」，大驚，汗流浹背，未敢動手。（第四十五回）以上都不是事實，事實是，已如前述，大敵當前，孫權已經決定同劉備聯合抗曹。劉備得知周瑜帶兵來，「單舸往見」。會見中，周瑜的確有點盛氣凌人，但並沒有借機殺死劉備的打算。

孫權嫁妹與劉備，意在「固好」。最多也不過像周瑜、呂範等人所想的那樣，「徙備置吳，盛為築宮室，多其美女玩好，以娛其耳目」，瓦解他的鬥志。《三國演義》不講此間孫、劉兩家「綢繆恩紀」，關係暫有緩和的事實，而是大講孫權、周瑜、呂範等設計欲害劉備的情節，幸喬國老幫助，吳國太喜歡上了這位「有龍鳳之姿，天日之表」（按：即帝王之相）的「女婿」。及至「劉皇叔洞房續佳偶」，入得房來，「燈光之下，但見槍刀簇滿，侍婢皆佩劍懸刀，立於兩旁，諕得玄德魂不附體。」（第五十四回）劉備想回荊州，用哭聲和雙膝下跪感動了孫夫人，夫妻毅然離開南徐。孫權得知，先後派出幾路人馬追殺。險情環生，危難重重，多虧孫夫人智退諸軍，諸葛亮派軍接應，周瑜「縱馬逃命」，「賠了夫人又折兵」，氣得「金瘡迸裂」，不省人事。劉備化險為夷，回到荊州。（第五十五回）如此諸多生動的情節，自然都是小說家言。

在益州，劉備進圍雒縣，龐統「率眾攻城，為流矢所中，卒」。《三國演義》根據《三國志・龐統傳》這極簡單的記載，繪聲繪色地寫了龐統代死的場面，說：劉備傳下號令，軍士五更造飯，平明上馬。黃忠、魏延領軍先行。龐統的坐騎，忽然「眼生前失，把龐統掀將下來」。玄德跳下馬，親自為龐統籠住那馬，因對龐統說：「臨陣眼生，誤人性命。吾所騎白馬，性極馴熟，軍師可騎，萬無一失。劣馬吾自乘之。」遂與龐統更換所騎之馬。龐統引軍前進，張任軍士遙指軍中大將：「騎白馬者必是劉備。」結果，蜀兵亂箭齊發，「只望騎白馬者射來」，因使龐統在落鳳坡被亂箭射死，劉備又逃過一難。（第六十三回）

二、哭藏異蘊

《三國志・先主傳》說：「少語言，善下人，喜怒不形於色。」這大概是劉備的性格所使然。《三國演義》給劉備另加了一個特別的性格，即善哭。哭的原因和形式各有不同，但作者的立意很明確，不是醜化他，而是表現其「大志」、「大義」、「大德」和「善謀」、「多情」，以及「能屈能伸」之能，以顯現其坎坷多難的人生，以博得更多的同情和理解。

劉備被呂布打敗，丟妻失子，奔投曹操。《三國演義》說，劉備「途次絕糧」，曾到村中求食，「但到處，聞劉豫州，皆爭進飲食。一日到一家投宿，其家一少年出拜，問其姓名，乃獵戶劉安也。當下劉安聞豫州牧至，欲尋野味供食，一時不能得，乃殺其妻以食之。」劉備知之，「不勝傷感，灑淚上馬。」（第十九回）這是見之於書的第一次哭，當屬人之常情之哭，硬說其有什麼目的，自然有失公允。而以後諸哭，就不那麼簡單了。

《三國演義》說，劉備見自己髀肉復生，不覺潸然淚下。（第三十四回）確有其事。這是劉備為了遠離劉表駐地、避免不測、以求更好地發展自己的勢力想出的計策。前已論及。

劉備聞徐庶要去，大哭；並假意說「先生既去，劉備亦將遠遁山林矣」；送別徐庶，就馬上握徐庶手說：「先生此去，天各一方，未知相會卻在何日！」說罷，淚如雨下，庶亦涕泣而別。（第三十六回）這是要折射劉備深愛人才，情動於中，從而感動了徐庶，使其身在曹營，「終身不設一謀」。實際上，徐庶到了人才匯聚的曹操那裡，便算不上什麼傑出的人物了，官至右中郎將、御史中丞，一生沒有大的作為，實屬情在其中，所以諸葛亮感歎說：「魏殊多士邪！何彼二人（按：指徐庶、石韜）不見用乎？」[12]

曹兵殺來，劉備棄樊城而走，百姓隨者十餘萬。作者加寫了一個生動場面：「兩岸哭聲不絕。玄德於船上望見，大慟曰：『為吾一人而使百姓遭此大難，吾何生哉！』欲投江而死，左右急救止。聞者莫不痛哭。船到南岸，回顧百姓，有未渡者，望南而哭。」

史載，劉備過辭劉表墓，「遂涕泣而去」。作者加寫了劉備哭致的「望兄英靈，垂救荊襄之民」的禱辭。

史載，有人勸劉備「速行保江陵」，劉備不忍，說：「濟大事必以人為本，今人歸吾，吾何忍棄去！」一般的對話，在《三國演義》中變成了「泣曰」，並渲染為「臨難仁心存百姓，登舟揮淚動三軍」悲壯場面。

以上三哭（第四十一回），陡然之間，一個「仁德之君」的形象便被樹立起來了。

趙雲長阪坡救阿斗，殺透重圍，血滿征袍，「見玄德與眾人憩於樹下，雲下馬伏地而泣，玄德亦泣。」（第四十二回）此地此情，不能不哭。敗兵折將，從者十餘萬遭殃，妻死子失，僅與數十騎得免，前途茫然，不知所至。事實鑿鑿，作者無法避開，不能不寫。同時寫到劉備傷心痛哭，亦屬理所當然。否則，劉備的有德、有義、有情的形象，便要大打折扣了。

劉琦病亡，劉備聞知，「痛哭不已」。諸葛亮勸劉備說：「生死分定，主公勿憂，恐傷貴體。且理大事：可急差人到彼守禦城池，並料理葬事。」劉備即時便教雲長前去襄陽保守。劉備說：「今日劉琦已死，東吳必來討荊州，如何對答？」諸葛亮說：「若有人來，亮自有言對答。」（第五十三回）劉備以劉琦為荊州牧，乘機在荊州地盤獲得了重大發展。劉琦既亡，他同孫權的關係便會立即緊張起來，所以情緒上有點激動是可能的。但從劉備與諸葛亮的對話和後來諸葛亮對魯肅高論「劉皇叔當有荊州」中不難看到，《三國演義》安排此哭，純粹是為後文對付東吳討荊州張本。

劉備東吳招親，久之，聞知荊州「有警」，入見孫夫人，「暗暗流淚」，跪告孫夫人說：「備欲不去，使荊州有失，被天下人恥笑；欲去，又舍不得夫人。」孫夫人被感動了，不僅願意跟隨他回荊州，而且智退孫權、周瑜、程普等派來的追殺部隊。（第五十五回）哭之為用，可謂妙極。自然也得到了讀者的認可和同情。

又說，劉備來到劉郎浦，沿江岸尋渡，「一望江水瀰漫，並無船隻」，俯首沉吟，「驀然想起在吳繁華之事，不覺淒然淚下。」作者評謂「誰知一女輕天下，欲易劉郎鼎峙心」，適度地反映了劉備的「平凡」的一面。（第五十五回）這是作者從「人之常情」的角度去寫劉備，拉近了讀者與主人公的情感，從而讓讀者從緊張的情緒中回到平靜，從劉備的淚面上去領會人生。

孫、劉兩家為「借荊州」、「索還荊州」事鬥爭激烈，最終難免兵戎相見。《三國演義》加寫了一個用哭解除危機的場面，說：孫權命魯肅去「索還」荊州，劉備根據諸葛亮授意，「掩面大哭。」諸葛亮對魯肅說：「當初我主人借荊州時，許下取得西川便還。仔細想來：益州劉璋是我主人之弟，一般都是漢朝骨肉，若要興兵去取他城池時，恐被外人唾罵；若要不取，還了荊州，何處安身？若不還時，於尊舅（按：指孫權）面上又不好看。事實兩難，因此淚出痛腸。」孔明說罷，觸動劉備衷腸，「真個捶胸頓足，放聲大哭。」魯肅是個寬仁長者，見劉備如此哀痛，只得應允去說服孫權「再容幾時」。（第五十六回）一次嚴重的爭土拓地之爭，被劉備的眼淚化解了。

《三國演義》說，劉備在荊州盛宴款待張松，十里長亭餞行，劉備舉杯對張松說「甚荷大夫不外，留敘三日，今日相別，不知何時再得聽教」，言罷，潸然淚下。動之以情，眼淚深深打動了張松，使其不由自思：「玄德如此寬仁愛士，安可舍之，不如說之，令取西川。」隨即獻上了軍事地圖。（第六十回）為後面劉備進軍益州張本。真可謂：眼淚一滴，不啻雄兵十萬。

《三國演義》說，劉璋與簡雍同車出城投降，劉備出寨迎接，握手流涕曰：「非我不行仁義，奈勢不得已也！」（第六十五回）這樣的哭，簡直無異於人們常說的「鱷魚的眼淚」，但作者卻要通過此情此景表現劉備的「仁德」。

至於聞知關羽遇害，號哭終日，「一日哭絕三五次，三日水漿不進，只是痛哭，淚濕衣襟，斑斑成血。」（第七十八回）張飛被殺，放聲大哭，昏絕於地（第八十一回），自然屬於情理中事。

《三國演義》在劉備彌留之際，讓他做了最後一哭，說：劉備病入膏肓，又哭二位結義兄弟，其病愈深，兩眼昏花，「忽然陰風驟起，將燈吹搖，滅而復明，只見燈影之下，關、張二人侍立。劉備起而視之，上首乃雲長，下首乃翼德也。劉備扯定大哭。」在此，作者特意撰述三兄弟「集首」於病榻之旁，並讓關羽告訴大哥「上帝以臣二人平生不失信義，皆敕命為神」，預示大哥也將仙逝為神，呼應並完成了作者所設定的「但求同年同月同日死」的「大義」之舉。

(第八十五回)

劉備以哭終命,顯然不是大的政治家的形象,但足可博得廣泛同情。

贅言:我如上敘說《三國演義》對於劉備形象的塑造,是不是要否定《三國演義》這部著作呢?不,絕對不。我一直認為,《三國演義》是中國歷史上最具經典意義的偉大的文藝作品之一。《三國演義》的思想傾向,代表著一個時代的思想潮流,它在充分渲染曹操詭譎奸詐、殘忍少信及其無君之心的一面的同時,盡力塑造劉備的正面形象,突出他的忠勇,渲染他的智能義德,誇張他的事功,不講或少講他的弱點和錯誤,回避他的虛偽酷虐,都是著作的主題思想所要求的。這種經過藝術加工過的曹操和劉備,已經不是或不完全是原來意義上的曹操和劉備。我在《曹操評傳》一書中說過,這種差距是應該允許的,因為它是文藝作品,是歷史小說,而不是歷史書。

歷史著作要求的是史實本來面目的記述和探索,是歷史經驗和歷史教訓的總結,以及由此得出的規律性結論,進而讓讀者得到或增長歷史知識,從歷史中汲取營養,受到歷史的、政治的、道德的,以及藝術的、科技的等諸多方面的教育;文藝著作,包括歷史小說和戲劇,是服務於一種大的思想前提下的形象思維作品,而這種前提往往是作者所處社會和歷史環境所決定了的,作者可以根據時代和作品本身的需要,在大的思想前提下,在大的歷史框架內引述、素描、渲染,甚至虛構某些歷史場景和人物。所以,歷史著作和文藝作品中的歷史人物有一致的地方,但常有或更多的是差別,甚至迥然不同。這一點,自然會在一定範圍內造成一些混亂,但是,它們的社會、思想作用,卻在某種意義上又可能是殊途同歸的。正因如此,二者完全可以並行不悖而絕對不能相互取代。

《三國演義》鞭笞詭詐邪惡、褒揚義德忠勇的積極意義，以及描述戰爭場面和眾多人物而取得的可喜的愉悅人心的藝術價值，是永生的。它的負面作用，始終是第二位的。關鍵的問題是，我們必須時刻不忘，《三國演義》中的人物和歷史中的真實人物，特別是曹操、劉備、諸葛亮等重頭人物，是不同的，或不完全相同的。否則，我們獲得的知識將是片面的，或是混亂的。

註釋

1 《三國志．蜀書．先主傳》注引《英雄記》。
2 《三國志．蜀書．先主傳》。
3 《三國志．蜀書．先主傳》。
4 《資治通鑑》卷六二，獻帝建安元年。
5 《三國志．蜀書．先主傳》、《三國志．魏書．呂布傳》並注。
6 《三國志．魏書．曹仁傳》、《三國志．蜀書．先主傳》。
7 《三國志．魏書．武帝紀》。
8 《三國志．魏書．徐晃傳》。
9 《三國志．魏書．張郃傳》。
10 《三國志．魏書．董昭傳》。
11 《三國志．蜀書．先主傳》。
12 《三國志．蜀書．諸葛亮傳》注引《魏略》。

三國紀年	西元	大事紀	世界大事紀要
東漢桓帝 永壽元年	一五五	曹操出生。孫堅出生。	在此前後，貴霜王朝胡毗色伽王即位。
延熹二年	一五九	外戚梁冀自殺，宦官單超等被封縣侯，宦官專權愈演愈烈。	
延熹四年	一六一	劉備出生。	羅馬皇帝馬可·奧勒留·安東尼·奧古斯都即位。日耳曼人入侵激化。
延熹九年	一六六	第一次黨錮事件。	在此前後，卑彌呼即位。
永康元年	一六七	桓帝駕崩，靈帝即位。	
東漢靈帝 建寧元年	一六八	外戚竇武、太傅陳蕃驅除宦官失敗被殺。	

熹平元年	一七二	魯肅出生。	
四年	一七五	立五經石碑於太學（《熹平石經》）。 孫策、周瑜出生。	
五年	一七六	第二次黨錮事件。	
光和二年	一七九	司徒劉詒誅討宦官失敗。 龐統、司馬懿出生。	高句麗故國川王即位。
三年	一八〇	何氏立為皇后，其兄何進晉升侍中。	暴君康茂德即位羅馬皇帝，政治陷入混亂。
四年	一八一	朱儁平定交趾之亂。 諸葛亮出生。	
五年	一八二	孫權出生。	
六年	一八三	陸遜出生。	
中平元年	一八四	二月，黃巾起義。 劉備關羽張飛，桃園結義。 朝廷派軍討伐，張角病死，黃巾大致平定。	

四年	一八七	曹操任東郡太守。曹丕出生。	
六年	一八九	四月，靈帝駕崩，少帝即位。 八月，宦官張讓等殺外戚何進，袁紹清除宦官。 九月，董卓廢少帝劉辯為弘農王，立九歲的陳留王劉協為帝，是為獻帝。 十二月，曹操號召各鎮諸侯共起討伐董卓。	
東漢獻帝 初平元年	一九〇	一月，各路諸侯起兵反董卓。董卓令李儒毒死弘農王（少帝），卒年十五歲。 二月，董卓焚洛陽，遷都長安，洛陽古都殘破。 公孫度自立為遼東侯。	
二年	一九一	孫堅打敗董卓軍，攻入洛陽，尋回傳國玉璽。 袁紹奪州牧韓馥的冀州，自領州牧。	
三年	一九二	四月，王允設連環計，呂布殺死董卓。 六月，李傕、郭汜圍長安，殺王允，敗呂布。 曹操擊敗青州黃巾軍，收編為「青州兵」實力得以壯大。 孫堅攻擊劉表，戰死，兒子孫策投靠袁術。	羅馬皇帝康茂德被殺。
四年	一九三	曹操於匡亭打敗袁術，袁術南逃至壽春。 公孫瓚斬幽州牧劉虞，統領全州。	

		曹操東征徐州，大敗陶謙。	
興平元年	一九四	益州牧劉焉逝世，兒子劉璋繼位。 曹操東征陶謙，呂布襲取兗州，曹操回師兗州。 陶謙病亡，劉備領徐州牧。	
二年	一九五	十月，曹操領兗州牧。 孫策攻打江東大敗劉繇。 李傕、郭汜爭奪獻帝。	
建安元年	一九六	七月，獻帝在楊奉等人護送下，回長安。 呂布占徐州，劉備投曹操。 曹操始興屯田，將獻帝劫持到許。	在此前後，貴霜王朝韋蘇提婆王即位。
二年	一九七	袁術在壽春稱帝。 曹操討伐張繡，失敗。 袁紹占領冀、幽、青、并四州。	高句麗山上王即位。
三年	一九八	九月，呂布攻打劉備，破小沛。 十二月，曹操擒殺呂布。 周瑜同小喬成親。	
四年	一九九	十一月，張繡投降曹操。	

		董承與王子服等密謀除曹操。 孫策襲取廬江，敗劉勳。 劉備討伐袁術，袁術病死。	
五年	二〇〇	曹操誅殺董承一夥。 孫策遇刺身亡，孫權繼位。 陳琳撰寫《討曹檄文》，官渡之戰開始。 十月，曹操偷襲烏巢。	在此前後，區連即位林邑王。
六年	二〇一	曹操敗袁紹於倉亭。 劉備投奔劉表。	范蔓自稱扶南大王。
七年	二〇二	五月，袁紹病死。 姜維出生。	
八年	二〇三	孫權討伐黃祖。	
九年	二〇四	曹操平定冀州。 遼東公孫度死，子公孫康繼位。	
十年	二〇五	曹操平定青州。	
十一年	二〇六	曹操平定并州。	

十二年	二〇七	八月，曹操大破烏桓，消滅袁氏殘餘勢力，統一了北方。 劉備三顧茅廬請出諸葛亮。 曹操從南匈奴贖回蔡文姬。	
十三年	二〇八	六月，曹操封為漢丞相。 七月，曹操南征劉表。 八月，劉表病死；曹操殺孔融。 九月，劉琮投降曹操。 十月，赤壁之戰，曹操被孫劉聯軍打敗。	
十四年	二〇九	十月，劉備與孫權之妹成親。	高句麗遷都丸都。
十五年	二一〇	曹操建成銅雀台。 周瑜亡，魯肅繼任。	
十六年	二一一	曹操攻破馬超。 劉備入川。	
十七年	二一二	五月，曹操誅殺馬騰，滅三族。 十月，曹操南下進攻濡須口。 劉備駐紮葭萌關。 孫權移治秣陵，改名建業。	

十八年	二一三	五月，漢獻帝封曹操為魏公，加九錫。 九月，馬超投身漢中張魯。
十九年	二一四	五月，孫權攻破宛城。 七月，孫權進攻合肥，被張遼擊敗。 十月，伏后與國丈伏完密謀除曹操，事洩，曹操誅殺眾人。 劉璋投降劉備，劉備自領益州牧。
二十年	二一五	一月，曹操女曹節被封為皇后。 三月，曹操征張魯。 十一月，張魯降曹操。 逍遙津之戰，曹操在濡須打敗孫權。
二十一年	二一六	曹操被封魏王。
二十二年	二一七	一月，曹操在濡須口再次討伐孫權，未果而退。 三月，魯肅死，呂蒙繼任。
二十三年	二一八	曹彰大破烏桓軍，鮮卑部落投降，北方平定。
二十四年	二一九	一月，平定侯音之亂。劉備在定軍山斬殺魏將夏侯淵。 七月，劉備自稱漢中王。

		八月，關羽進攻樊城，水淹七軍。 十一月，呂蒙突襲荊州。 十二月，關羽失荊州，被孫權殺害。	
魏黃初元年	二二〇	一月，曹操病亡，曹丕繼位魏王和丞相。 七月，孟達向魏投降。 十月，曹丕稱帝，建魏國。漢朝亡。	
魏黃初二年 蜀章武元年	二二一	四月，劉備稱帝。 張飛遇害，劉備伐吳。 孫權稱吳王。	
三年 二年 吳黃武元年	二二二	閏六月，彝陵之戰，陸遜大敗劉備，備逃入白帝城。	
四年 建興元年 二年	二二三	四月，劉備死於白帝城，劉禪繼帝位。 八月，曹丕五路伐蜀。 蜀吳重修和好。 蜀臣雍闓叛亂降吳。	
六年 三年 四年	二二五	諸葛亮南征。諸葛亮七擒七縱孟獲，平定蜀國南方。 鍾會出生。	在此前後，扶南王范蔓死，侄范旃繼位。

七年	四年	五年	二二六	曹丕病亡，曹叡繼位。 十二月，曹叡封司馬懿為驃騎大將軍。 孫權圍攻江夏，兵敗。	薩珊王朝波斯國建立。波斯滅安息。
太和元年	五年	六年	二二七	諸葛亮上書《出師表》，出兵北伐。	
二年	六年	七年	二二八	一月，司馬懿斬孟達。諸葛亮第一次北伐。 姜維降蜀。 馬謖失街亭。 八月，周魴詐降誘曹魏攻吳，陸遜大敗曹休。 十二月，諸葛亮第二次北伐。遼東公孫康死，公孫淵繼位。	
三年	七年	黃龍元年	二二九	春，諸葛亮第三次北伐。 四月，孫權稱帝（吳大帝）。 九月，孫權遷都建業。	波斯破羅馬。
四年	八年	二年	二三〇	吳派衛溫、諸葛直航海到夷洲。 諸葛亮第四次北伐。	

五年	九年	三年	二三一	諸葛亮第五次北伐。 曹真病亡。	
六年	十年	嘉禾元年	二三二	曹植死。	
青龍元年	十一年	二年	二三三	陳壽出生。	
二年	十二年	三年	二三四	三月，山陽公（漢獻帝）死。 四月，諸葛亮六出祁山。 五月，吳大舉攻魏合肥。 六月，魏明帝親征，吳軍撤退。 八月，諸葛亮病逝於五丈原。	
三年	十三年	四年	二三五	一月，曹叡封司馬懿為太傅。 四月，蜀蔣琬為大將軍、費禕為尚書令。	羅馬軍人皇帝時代開始。

四年	十四年	五年	二三六	吳張昭死。	
景初元年	十五年	六年	二三七	魏將毌丘儉討伐公孫淵失敗。 公孫淵自立為燕王。 魏明帝殺毛皇后。	高句麗派使節訪魏。
二年	延熙元年	赤烏元年	二三八	司馬懿平遼東，殺公孫淵。 魏明帝病危。 日本邪馬台女王卑彌呼派使者到魏，魏封卑彌呼為「親魏倭王」。	高句麗派兵增援討伐遼東。
三年	二年	二年	二三九	一月，曹叡亡，曹芳繼位。 曹爽掌實權，推司馬懿為太傅。	
正始元年	三年	三年	二四〇	蜀將張嶷平定蠻族之亂。	在此前後，扶南王范旃被殺，范尋繼位。 薩珊王朝波斯國沙普爾一世即位。

二年	四年	四年	二四一	魏國在淮河興修水利。 孫權兵分四路伐魏失敗。 蜀將蔣琬沿漢水出兵。	
三年	五年	五年	二四二	孫權派軍攻打海南島。	
五年	七年	七年	二四四	吳陸遜為丞相。 曹爽派兵攻打蜀漢不利，傷亡慘重。	
六年	八年	八年	二四五	吳太子孫和與魯王孫霸爭權，陸遜因受牽連，憂憤而死。 蜀宦官黃皓開始干政。	
七年	九年	九年	二四六	魏將毌丘儉兩度攻破高句麗。 蜀將姜維升衛將軍。 蔣琬死。	
八年	十年	十年	二四七	蜀姜維出隴右攻魏，接應附蜀的羌、胡部落。	倭國內亂，卑彌呼求助帶方郡。

嘉平元年 十二年 十二年	二四九	一月，司馬懿誅殺曹爽一夥。 夏侯霸降蜀。 姜維伐魏，被郭淮擊退。	至遲此年卑彌呼死， 壹与繼位女王。 羅馬大肆鎮壓基督徒。
二年 十三年 十三年	二五〇	孫權廢太子孫和為庶人，賜魯王孫霸死，立孫亮為太子。 姜維攻魏西平失敗。	印度佛教學者龍樹死。
三年 十四年 太元元年	二五一	魏國太尉王凌陰謀叛變，被司馬懿平定。 八月，司馬懿亡，司馬師繼位。	
四年 十五年 建興元年	二五二	孫權亡，孫亮繼位。 司馬昭攻吳，失敗。	
五年 十六年 二年	二五三	諸葛恪進攻魏國，無功而返。 姜維攻魏狄道失敗。 吳孫峻誅殺諸葛恪。	
正元元年 十七年 五鳳元年	二五四	九月，司馬師廢曹芳，自封為齊王。 十月，立曹髦為帝。 吳孫英謀殺孫峻未果。	

二年	十八年	二年	二五五	魏將毌丘儉、文欽叛亂，被司馬師平定，文欽亡命吳。 司馬師亡，司馬昭為大將軍。 孫峻攻打壽春，被諸葛誕擊退。 姜維攻魏狄道，先勝後敗。	
甘露元年	十九年	太平元年	二五六	司馬昭討伐諸葛誕。 姜維伐魏被鄧艾擊敗。 吳孫峻死，弟孫綝專政。孫綝殺死滕胤等人。	
二年	二十年	二年	二五七	魏諸葛誕與孫吳聯合起兵反魏。 吳孫壹亡命魏。 姜維出駱谷攻魏失敗。	
三年	景耀元年	永安元年	二五八	魏軍攻破壽春，斬諸葛誕。 孫綝廢吳帝孫亮為會稽王，立琅琊王孫休為帝。 孫休與丁奉設計殺死孫綝。	
景元元年	三年	三年	二六〇	曹髦發動政變失敗被殺。 司馬昭立常道鄉公曹奐繼位，是為魏元帝。	羅馬皇帝瓦勒良被波斯俘虜。

三年 五年 五年	二六二	蜀後主寵信宦官黃皓，姜維率軍於沓中屯田避禍。	
四年 炎興元年 六年	二六三	司馬昭派鍾會、鄧艾兩路大舉伐蜀。 鄧艾攻入成都，後主劉禪投降，蜀國滅亡。	
咸熙元年 元興元年	二六四	鍾會和姜維密謀叛亂，失敗被殺。 魏帝曹奐任司馬昭為晉王。 吳景帝孫休逝世，孫皓繼位，是為末帝。	
晉泰始元年 甘露元年	二六五	晉王司馬昭逝世，其子司馬炎繼位。 司馬炎廢曹奐自立，國號晉，是為晉武帝，魏亡。	
七年 建衡三年	二七一	吳孫皓出兵攻晉，因士兵怨恨而止。 劉禪死。	
八年 鳳凰元年	二七二	司馬炎派楊肇、羊祜等率軍支持戰略要地西陵。 陸抗大敗楊肇，殺步闡。	
十年 三年	二七四	吳大司馬陸抗死。	

咸寧五年 天紀三年	二七九	西晉出動六路兵馬攻打吳國。	
太康元年 天紀四年	二八〇	西晉消滅吳國，吳帝孫皓投降，吳亡。 三國時代結束。	高句麗破肅慎。

劉備傳 / 張作耀 著. -- 初版. -- 新北市：臺灣商務，2018. 08
面； 公分（歷史. 中國史）

ISBN 978-957-05-3152-7（精裝）

1.（三國）劉備 2. 傳記

782.825 107009326

歷史 中國史

劉備傳

作　　者—張作耀
發 行 人—王春申
總 編 輯—李進文
編輯指導—林明昌
責任編輯—徐平
校　　對—鄭秋燕
封面設計—吳郁婷

營業經理—陳英哲
行銷企劃—葉宜如
出版發行—臺灣商務印書館股份有限公司
23141 新北市新店區民權路 108-3 號 5 樓（同門市地址）
電話：(02)8667-3712　傳真：(02)8667-3709
讀者服務專線：0800056196
郵撥：0000165-1
E-mail：ecptw@cptw.com.tw
網路書店網址：www.cptw.com.tw
Facebook：facebook.com.tw/ecptw

本書由人民出版社授權臺灣商務印書館出版發行，
僅限中國大陸以外地區銷售。

局版北市業字第 993 號
初版一刷：2018 年 8 月
印刷：沈氏藝術印刷股份有限公司
定價：新台幣 650 元
法律顧問：何一芃律師事務所
有著作權・翻印必究
如有破損或裝訂錯誤，請寄回本公司更換

廣 告 回 信
板橋郵局登記證
板橋廣字第1011號

免 貼 郵 票

23141
新北市新店區民權路108-3號5樓
臺灣商務印書館股份有限公司 收

請對摺寄回，謝謝！

傳統現代　並翼而翔

Flying with the wings of tradtion and modernity.

讀者回函卡

感謝您對本館的支持，為加強對您的服務，請填妥此卡，免付郵資寄回，可隨時收到本館最新出版訊息，及享受各種優惠。

■ 姓名：______________________ 性別：□ 男 □ 女

■ 出生日期：________年________月________日

■ 職業：□學生 □公務(含軍警) □家管 □服務 □金融 □製造
□資訊 □大眾傳播 □自由業 □農漁牧 □退休 □其他

■ 學歷：□高中以下（含高中）□大專 □研究所（含以上）

■ 地址：
____
____

■ 電話：(H) ______________________ (O) ______________

■ E-mail：______________________________

■ 購買書名：______________________________

■ 您從何處得知本書？

□網路 □DM廣告 □報紙廣告 □報紙專欄 □傳單
□書店 □親友介紹 □電視廣播 □雜誌廣告 □其他

■ 您喜歡閱讀哪一類別的書籍？

□哲學．宗教 □藝術．心靈 □人文．科普 □商業．投資
□社會．文化 □親子．學習 □生活．休閒 □醫學．養生
□文學．小說 □歷史．傳記

■ 您對本書的意見？（A/滿意 B/尚可 C/須改進）

內容 __________編輯________校對________翻譯________
封面設計________價格________其他________________

■ 您的建議：______________________________

※ 歡迎您隨時至本館網路書店發表書評及留下任何意見

臺灣商務印書館 The Commercial Press, Ltd.

23141新北市新店區民權路108-3號5樓 電話：(02)8667-3712
讀者服務專線：0800-056196 傳真：(02)8667-3709
郵撥：0000165-1號 E-mail：ecptw@cptw.com.tw
網路書店網址：www.cptw.com.tw
臉書：facebook.com.tw/ecptw

成都城平面示意圖（三國蜀漢時期）

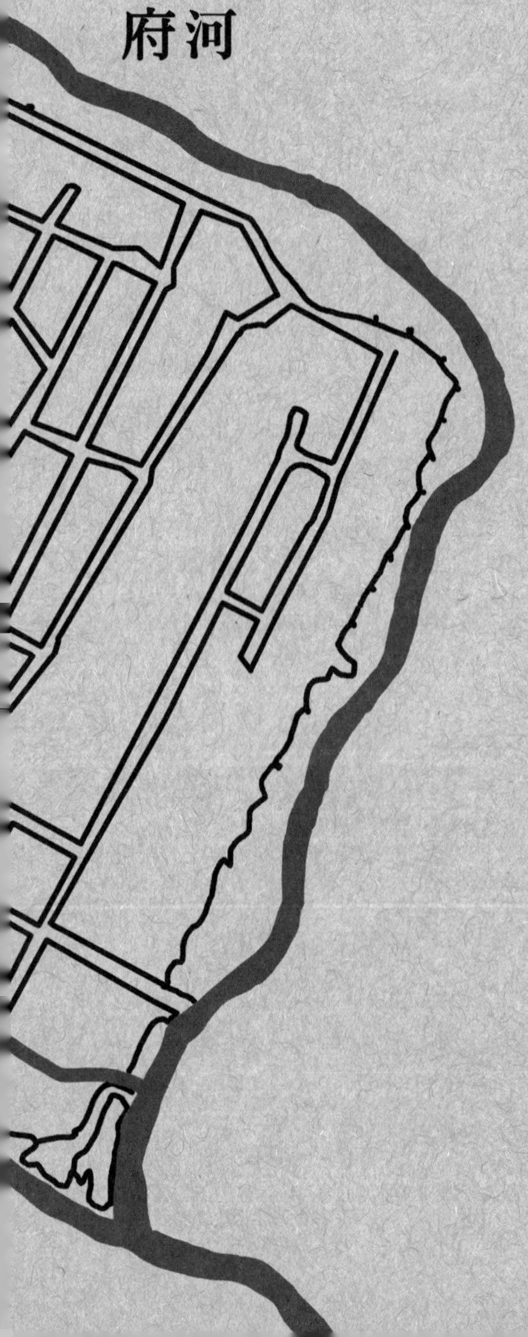

蜀漢章武元年（二二一），漢中王劉備在諸葛亮等人的輔佐下稱帝，繼承漢統，沿定國號為漢（史稱蜀漢，亦簡稱蜀），並建都於成都，這一時期，形成了曹魏、蜀漢、東吳三國割據鼎立的局面。成都的農業、鹽業和織錦業在這一時期得到較大恢復發展，發展成蜀漢最大的城市，是蜀漢政權的政治、經濟、軍事、文化中心。魏景元四年（蜀漢炎興元年，西元二六三年），魏鄧艾、鍾會率軍進攻蜀漢，蜀漢後主劉禪在成都投降。